云南大学国际经济与贸易专业特色教材

国际区域经济一体化
理论与政策

崔庆波　编著

中国社会科学出版社

图书在版编目（CIP）数据

国际区域经济一体化：理论与政策 / 崔庆波编著. -- 北京：中国社会科学出版社，2024.11. -- （云南大学国际经济与贸易专业特色教材）. -- ISBN 978-7-5227-4230-4

Ⅰ.F114.41

中国国家版本馆CIP数据核字第2024RS7454号

出 版 人	赵剑英
责任编辑	孙　萍
责任校对	周　昊
责任印制	李寡寡

出　　版	中国社会科学出版社
社　　址	北京鼓楼西大街甲158号
邮　　编	100720
网　　址	http://www.csspw.cn
发 行 部	010-84083685
门 市 部	010-84029450
经　　销	新华书店及其他书店
印　　刷	北京君升印刷有限公司
装　　订	廊坊市广阳区广增装订厂
版　　次	2024年11月第1版
印　　次	2024年11月第1次印刷
开　　本	710×1000　1/16
印　　张	22.25
字　　数	341千字
定　　价	98.00元

凡购买中国社会科学出版社图书，如有质量问题请与本社营销中心联系调换
电话：010-84083683
版权所有　侵权必究

前　言

随着人类经济社会的飞速发展，不同国家、地区之间的联系日益紧密，全球化、一体化进程持续深化，国际市场变得日益融合，密不可分。国际贸易、国际投资和人才跨国流动的空前发展使以民族国家为基础的分散化、碎片化本土市场的相互依存程度空前提高，"地球村"的概念已经深入人心，国际区域经济一体化在理论和实践上都成为与我们日常生活紧密相关的重要事件和现象。

国际区域经济的融合已经经历了漫长历程。国际区域经济一体化是成员国之间市场一体化的过程，是各国在产品市场、生产要素市场和经济政策协调等方面开展制度化合作的逐步深入。在国际区域经济一体化区域中，贸易壁垒大幅消减，贸易投资便利化自由化水平大幅提升，跨境配置资源效率显著提高，跨境交易成本不断趋近于国内交易成本，从而极大激发了区域的经济活力。欧洲联盟（EU）是我们最耳熟能详的成功典型案例。欧盟前身是1952年成立的欧洲煤钢共同体，1993年《马斯特里赫特条约》正式生效，欧洲联盟正式成立，1999年欧盟正式启动欧元。目前，欧盟是全球一体化水平最高的区域组织。20世纪90年代以来，区域经济一体化组织不断涌现，已经成为世界经济发展的重要趋势，在塑造世界经济新秩序新格局中发挥着日益重要的作用。

国际区域经济一体化已经取得了重要的理论进展和突出的实践成效，然而，国际区域经济一体化推动世界经济走向融合并不是一帆风顺的。从欧盟来看，2016年6月，英国就是否留在欧盟举行全民公投，2020年1月30日，欧盟正式批准英国脱欧。至此，英国不再受欧盟法律、欧洲单一市场及自由贸易协定约束，重新取得了对移民政策的控制权。由此可见，在区域经济一体化进程中，成员国利益的平衡始终是个难题。在对外方面，国际区域一体化的溢出效应也非常突出。由于存在对区外第三国的歧视性，某些一体化组织的政治色彩浓厚，具有突出的针对性和排斥性。尤其在原产地规则、投资者保护、市场竞争和国有企业等方面，制定了倾向性明显的条款，有关政要也毫不避讳地表达了遏制思维，对国际区域经济一体化的健康发展形成了极大负面作用。

值得庆幸的是，虽然国际区域经济一体化发展面临种种阻碍，但一体化的红利效应仍将长期鼓励各个国家长期相向而行。在当代工业技术条件下，通过开拓国际市场实现规模经济效应，借助引进来和走出去实现对国内外资源要素的优化配置，基于资源禀赋优势或资本、技术、产品、市场等先发优势参与国际分工，是所有国家、产业、企业发展面临的必然选择。作为对参与国际区域经济一体化的正面回馈和激励，国际区域经济一体化进程必然是以各国包容发展和多边共赢为基础的。在一体化进程中，各国产业政策、贸易政策、货币政策都亟待形成有效的沟通协调机制，同时，国家之间的文化隔阂、民族偏见等也需要逐步消除，从而为经济深度融合、市场有效运转和社会稳定有序奠定良好基础。构建"人类命运共同体"是新时代我国提出的重要倡议，既彰显了坚持开放包容、促进共同发展的美好愿景，又明确了区域经济一体化融合发展的终极目标，也指明了人类文明的前进方向。2013年3月，国家主席习近平在莫斯科国际关系学院发表演讲，首次提出人类命运共同体理念。他指出："这个世界，各国相互联系、相互依存的程度空前加深，人类生活在同一个地球村里，生活在历史和现实交汇的同一个时空里，越来越成为你中有我、我中有你的命运共同体。"2013年10月，习近平主席在印尼国会的演讲中郑重提出"携手建设中国—东盟命运共同体"的倡议，强调要坚持讲信修睦、合作共赢、守望相助、心心相印、开放包容，使双方成为兴衰相伴、安危与共、同舟共济的好邻居、好朋友、好伙伴。

国际区域经济一体化对成员国乃至世界经济格局都具有重要影响。一体化进程既能形成贸易投资的发展红利，也会加剧区内外利益的失衡，因此，要深入挖掘一体化的红利效应，处理好区域经济一体

前 言

化与多边贸易自由化的关系，充分发挥区域经济一体化对多边贸易自由化的促进作用，这是区域经济一体化的必然趋势。在本书编写过程中，我国参与国际区域经济一体化建设取得重大进展。2020 年 11 月，我国与东盟十国及日本、韩国、澳大利亚、新西兰正式签署了《区域全面经济伙伴关系协定》（Regional Comprehensive Economic Partnership，RCEP），宣告了全球最大自贸区的诞生，是我国自贸区建设取得的最新成效。国际区域经济一体化进程方兴未艾，我们热切期待着国际区域经济一体化理论与实践能够更好地促进区域经济共同发展，塑造出更加公正合理的新型国际经贸规则和秩序，共同走向人类命运共同体更加光明的未来。

在本书付梓之际，云南大学国际经济与贸易专业入选国家级一流本科专业建设点，我和同事们都备受鼓舞。在此，向各位潜心科研、悉心育人并做出卓著贡献的前辈、恩师和亦师亦友的同事们致以崇高敬意！

本书是集体智慧的结晶，在编写过程中，我们参考借鉴了很多优秀学者的研究成果和同类教材，在此表示诚挚谢意。由于学识有限，对本书存在的错漏和不足，敬请批评指正。

崔庆波

2023 年 12 月 28 日

目 录

第一章 导论 …………………………………………………………（1）
 第一节 国际区域经济一体化的内涵与类型……………………（1）
 第二节 国际区域经济一体化的产生与发展……………………（10）
 第三节 主要区域经济一体化组织………………………………（13）
 本章小结……………………………………………………………（17）

第二章 马克思主义国际区域经济一体化相关理论 …………（20）
 第一节 马克思相关理论对国际区域经济一体化的启示………（20）
 第二节 西方马克思主义的国际区域经济一体化理论…………（27）
 第三节 中国特色社会主义市场经济与国际区域经济
    一体化 …………………………………………………（31）
 本章小结……………………………………………………………（37）

第三章 国际区域经济一体化的贸易效应 ……………………（40）
 第一节 贸易效应的定义及内涵…………………………………（40）
 第二节 贸易静态效应的局部均衡分析…………………………（50）
 第三节 贸易静态效应的一般均衡分析…………………………（62）
 第四节 一体化对贸易条件的影响………………………………（81）
 本章小结……………………………………………………………（91）

第四章 国际区域经济一体化的投资效应 ……………………（95）
 第一节 静态投资效应……………………………………………（96）
 第二节 引入跨国公司的经济一体化理论………………………（98）

— 1 —

第三节　国际直接投资对经济一体化的策略性反应 ……… (110)
本章小结 …………………………………………………… (115)

第五章　国际区域经济一体化的动态效应 ……………… (117)
第一节　竞争效应 ………………………………………… (117)
第二节　规模经济效应 …………………………………… (121)
第三节　增长效应 ………………………………………… (127)
本章小结 …………………………………………………… (144)

第六章　国际区域经济一体化的第三国效应 …………… (147)
第一节　第三国效应的形成及影响 ……………………… (147)
第二节　投资的第三国效应及影响 ……………………… (150)
第三节　第三国效应视角下的竞争性自贸区的形成
　　　　与发展 ………………………………………… (157)
本章小结 …………………………………………………… (162)

第七章　国际区域经济一体化与多边贸易自由化 ……… (164)
第一节　多边贸易体制的内涵及比较 …………………… (165)
第二节　区域经济一体化对多边贸易自由化的影响 …… (174)
第三节　国际区域经济一体化发展历程及实现路径 …… (182)
本章小结 …………………………………………………… (193)

第八章　国际区域经济一体化组织的贸易政策 ………… (197)
第一节　一体化组织贸易政策的目标 …………………… (197)
第二节　一体化组织贸易政策的工具 …………………… (201)
第三节　一体化组织贸易政策的比较 …………………… (212)
本章小结 …………………………………………………… (227)

第九章　国际区域经济一体化组织的投资政策 ………… (231)
第一节　区域一体化组织投资政策的目标 ……………… (231)
第二节　区域一体化组织投资政策工具 ………………… (240)

第三节　一体化组织投资政策的比较 …………………… (253)
　　本章小结 ……………………………………………………… (271)

第十章　国际区域经济一体化组织的竞争政策 …………… (274)
　　第一节　一体化组织竞争政策的目标 ……………………… (275)
　　第二节　一体化竞争政策的工具 …………………………… (282)
　　第三节　一体化组织竞争政策的比较 ……………………… (290)
　　本章小结 ……………………………………………………… (301)

第十一章　国际区域经济一体化的发展趋势及前景 ……… (304)
　　第一节　国际区域经济一体化的发展趋势 ………………… (304)
　　第二节　国际区域经济一体化的发展前景 ………………… (310)
　　第三节　国际区域经济一体化发展动态 …………………… (314)
　　本章小结 ……………………………………………………… (328)

参考文献 ………………………………………………………… (330)

后　记 …………………………………………………………… (346)

第一章

导　论

本章学习目标：
- 掌握国际区域经济一体化的内涵及概念；
- 熟悉国际区域经济一体化的类型；
- 了解国际区域经济一体化的发展阶段；
- 了解主要国际区域经济一体化组织。

当前，国际区域经济一体化方兴未艾，世界上大多数国家都加入了各种类型的一体化进程当中。本章的目标在分析国际区域经济一体化的内涵与类型的基础上，介绍国际区域经济一体化的产生与发展，以及当前主要的国际区域经济一体化组织发展的情况。

第一节　国际区域经济一体化的内涵与类型

一　国际区域经济一体化的内涵及概念

区域经济一体化是经济一体化的类型之一，而国际区域经济一体化则是超越国界的区域经济一体化。本部分在阐述区域经济一体化基本内涵的基础上，分析了国际区域经济一体化组织的不同类型及特点。

（一）经济一体化的内涵及概念

"一体化"（Integration）一词来源于拉丁文"integratio"，其原意为"更新、修复"。17世纪初，它开始被用于表示"将各个部分结合为一个整体"的现象。在经济学中,"一体化"最初起源于企业之间的联合,是指厂商通过协定（Agreement）、卡特尔（Cartel）、康采恩（Konzern）、托拉斯（Trust）及兼并（Merger）等方式联合而成的产业组织,又分为水平一体化（Horizontal Integration）和垂直一体化（Vertical Integration）两种形式。"水平一体化"指竞争者之间的合并,"垂直一体化"指互补性厂商之间的结合①。一体化为经济发展带来了显著效益,如生产中的水平一体化、垂直一体化和多角化经营等。在经济学的一般理论中,对国际经济一体化尚未形成明确而统一的标准定义。

经济一体化（Economic Integration）是各个经济主体为了谋求共同的利益和经济发展,融合成为一个更大区域的过程和状态。1952年,荷兰经济学家丁伯根（Jan Tinbergen）在其著作《论经济政策理论》（On the Theory of Economic Policy）中首次提出了经济一体化概念。丁伯根对经济一体化的阐述是从生产要素流动性与政府机构之间的关系入手的,他主要强调了政府在经济一体化中的作用以及如何发挥作用。他认为,"经济一体化就是将有关阻碍经济最有效运行的人为因素加以消除,通过相互协作与统一,创造最适当的国际经济结构"。②

（二）区域经济一体化的内涵及概念

按照美国经济学家弗里茨·马克鲁普（Fritz Machlup）的解释,"区域"（Region）即主权国家或其内部的各地区。"区域"不是几个地区的任意简单组合,而是几个地区由于具有经济的共同特性或政治的共同利益而联合在一起,既可以地理位置邻近、内陆接壤,也可以跨越洲际。

区域经济一体化（Regional Economic Integration）是为区别于全球化而提出的,是在地域上比较接近的两个或两个以上的国家为了共同的利益所实行的某种程度的经济结合。与全球化不同,区域经济一

---

① 伍贻康、周建平：《区域性国际经济一体化的比较》,北京经济科学出版社1994年版,第6—7页。

② Jan Tinbergen, *International Economic Integration*, Amsterdam: Elsevier, 1954.

体化主要以区域特征和区域联系为基础，通过消除商品和生产要素在区域内自由流动的障碍，实施共同政策与措施，发挥区域的优势，实现各种生产要素的合理配置，逐步消除各国之间在经济发展水平和经济制度安排方面的差别，在经济上联结成一个单一的经济实体。经济一体化最终降低了交易成本，实现了各经济主体之间产品和要素的充分自由流动，进而深化和提高了区域分工的联系和水平。

综合现有研究，"区域经济一体化"可以定义为：由主权国家政府或地区当局出面签订一系列的协议和条约，以获取生产、消费、贸易等利益为目的，逐步消除成员之间的贸易壁垒和非贸易壁垒，实现成员的商品、服务甚至生产要素在本地区内自由流动，进而协调成员之间的社会经济政策，形成一个超越国界的、商品、资本、人员和劳动力自由流动的跨国性经济区域集团的过程。

(三) 国际区域经济一体化的内涵及概念

根据对区域的不同界定，我们可以把区域经济一体化区分为国际区域经济一体化和国内区域经济一体化。其中，国际区域经济一体化内涵有国界的概念，是不同国家和地区之间的经济合作；而国内区域经济一体化的内涵是行政边界的概念，是同一国家主体内部各行政区域之间的经济合作。显然，由于需要克服更多的障碍，国际经济一体化比国内经济一体化更为复杂。实践中，由于对区域界定的不同，我们常常把国际区域经济一体化做进一步的区分，把国家和地区之间覆盖全境的经济一体化称为国际区域经济一体化，而把局限于部分区域之间的经济一体化称为次区域经济一体化。在整体性的国际区域经济一体化存在风险和阻碍的情况下，次区域经济一体化已经成为加快和探索国际经济合作的重要形式。目前，我国与东南亚邻国实施的大湄公河次区域经济合作机制和与东北亚邻国实施的图们江区域合作开发就属于次区域经济一体化的范畴。

1954年，丁伯根在其论著《国际经济一体化》(*International Economic Integration*) 中更加系统和详尽地阐释了世界经济一体化的现象，并从政府当局促进经济一体化的措施方面把经济一体化分为"消极一体化"(Negative Integration) 和"积极一体化"(Positive Integration)。其中，消极一体化主要是指取消各种规章制度，消除成员国之间各种生产要素流动的障碍，即消除各国的物质、资金和人员流动的壁垒；积极一体化主要是建立新的规章制度以纠正自由市场的错误信号，同时使正确信号得以强化，最终使经济一体化的自由市场力量得到加强①。

1961年，美国经济学家贝拉·巴拉萨（Bela Balassa）发展了丁伯根的定义。他在其名著《经济一体化理论》中提出："经济一体化既是一个过程（a Process），又是一种状态（a State of Affairs）。就过程而言，它包括采取种种措施消除各国经济单位之间的歧视；就状态而言，则表现为各国间各种形式的差别的消失。"② 他在《新帕尔格雷夫经济学大辞典》中进一步对经济一体化做出比较全面和比较客观的解释，他认为："在经济文献里，'经济一体化'这个术语没有明确的含义。一方面，两个独立的国民经济之间，如果存在贸易关系就可认为是经济一体化；另一方面，'经济一体化'又是各国经济之间的完全联合。"③ 贝拉·巴拉萨的关于经济一体化的定义得到了西方学者的比较普遍的认同并被广泛引述，后来很多学者在对经济一体化概念进行描述时都围绕着"过程"和"状态"两个方面展开。

对于巴拉萨的定义标准，许多经济学家持有异议。例如，1968年，约翰·平德（John Pinder）指出："一体化是达到一种联盟状态的过程"，"不仅要消除各成员国经济单位之间的歧视，而且要形成、实施和协调共同的政策，其范围应足以保证实现主要的经济与福利目标"。1974年，维多利亚·柯森（Victoria Curson）从生产要素配置角度，解释一体化"过程"为导向全面一体化的成员国的生产要素的再配置，解释一体化"状态"为业已一体化的国家的生产要素的最佳配置④。而经济学家弗里茨·马克鲁普（Fritz Machlup）曾批评说，巴拉萨的定义只说明不同国家加入一个区域集团，而没有考虑一

---

① 丁斗：《东亚地区的次区域经济合作》，北京大学出版社2001年版，第7页。
② Bela Balassa, *The Theory of Economic Integration*, London: Allen & Unwin, 1962, p.1.
③ 约翰·伊特韦尔、默里·米尔盖特、彼得·纽曼编：《新帕尔格雷夫经济学大辞典》，经济科学出版社1992年版，第45页。
④ Bela Balassa, *The Theory of Economic Integration*, London: Allen & Unwin, 1962, p.2.

国之内各地区和各国之间的情况，实际上经济一体化可以有一国之内各个地区的，也可以有各国之间的。于是，1975年巴拉萨对经济一体化的定义做了修改，提出经济一体化包括区域性国际经济一体化、国内地区经济一体化和全球经济一体化。还有学者从手段或目的等方面入手对"经济一体化"进行解释。1961年，保罗·斯特里坦（Paul Streeten）指出，一体化不应该按手段（自由贸易、统一市场、可兑换性、自由化等）定义，而是应该定义为目的："平等、自由、繁荣。"而皮德·罗伯逊（Peter Robson）则认为，"国际经济一体化是手段不是目的"，国际经济一体化的安排应体现三个方面的特征："一是在某种条件下，成员国之间歧视的消失；二是维持对非成员国之间的歧视；三是成员国之间在企图拥有持久的共同特性和限制经济政策工具的单边使用上有一致的结论"[1]。

综上所述，国际区域经济一体化是通过消除国家间的歧视性政策和各种贸易壁垒，协调宏观经济政策，从而实现贸易商品和生产要素自由流动的过程及状态。因此，区域经济一体化的特点显而易见。

一是制度建设性。区域经济一体化是由主权国家政府或地区当局出面签订经济一体化文件或签署自由贸易协议来实现的，旨在逐步实现成员间商品、服务以及生产要素自由流动，从而建立起一个更大的经济区。

二是主权让渡性。大多数区域经济一体化组织都是建立在国家主权让渡的基础上，并且一体化程度越高，让渡的主权也就越多。

三是区域有限性。区域经济一体化组织具有区域性、集团性、排他性和超国家性。其中，区域性是指一体化组织通常具有明显的地域或地区特点，成员既可以内陆接壤，也可以跨越洲际；集团性是指某些一体化组织内成员国联合的形式和程度高于一般一体化组织而形成更为紧密的群体，如欧盟；排他性是指区域经济一体化具有"对内自由，对外保护"的特点，以维护一体化组织内各成员国的共同利益；超国家性是指在某些经济领域需要对一体化组织内各成员国实行

---

[1] Peter Robson, *The Economics of International Integration*, London Unwin Hyman Ltd., 1989, p. 1.

区域或跨区域层次上的协调干预和合作，各成员国对这些领域的宏观调控需要服从于这种集体的协调干预和合作①。

在国际区域经济一体化进程中，无论是最终商品还是生产要素，其跨境交易成本都势必发生显著变化，这将直接改变相关产业的国际贸易格局，影响国际投资区位选择，进而重塑区域产业链和对外贸易结构。

二　国际区域经济一体化的类型

学术界对区域经济一体化形式有着不同的分类标准，但一般来说更为普遍的是根据区域经济一体化程度的高低这一分类标准。根据区域经济一体化程度的高低，加拿大经济学家理查德·利普赛（Richard Lipsey）将区域贸易协定划分为优惠贸易安排、自由贸易区、关税同盟、共同市场、经济联盟以及完全经济一体化6种类型。

1. 优惠贸易安排（Preferential Trade Agreements，PTA）

优惠贸易安排是指两个或两个以上的成员国之间通过签订协定或者以其他方式，对全部或部分商品实行特别的关税优惠。优惠贸易安排的核心是成员国相互或者单方面降低关税。优惠贸易安排包括单向安排，例如普惠制安排，也包括互惠安排，而采用后者的较多。优惠贸易安排是区域经济一体化中最低级、最松散的一种形式。最典型的优惠贸易安排的实例是1932年英国与一些大英帝国以前的殖民地国家实行的英联邦优惠计划，其特点是涉及的商品类别往往比较有限，是经济一体化的原始形态。

2. 自由贸易区（Free Trade Area，FTA）

自由贸易区由签订同一个自由贸易协定的国家组成，是两个或两个以上成员国或地区之间通过签订协定，相互取消关税和非关税壁垒，实现商品在区域内自由流动，但各成员国仍对区外国家保持各自关税结构。因此，自由贸易区的特点是内外有别。在自由贸易区内，各成员国之间彼此取消关税和其他贸易壁垒，实现区内商品的完全自由流动，但每个成员国仍保留对非成员国的原有壁垒。相对于优惠贸

---

① 兰天：《欧盟经济一体化模式研究》，博士学位论文，东北财经大学，2005年。

易安排，自由贸易区是一种比较紧密的区域经济一体化形式，但是它仍然处于区域经济一体化的初级形式。自由贸易区的特点是仅仅在成员国之间取消关税和非关税壁垒，使区域内成员国的商品自由流动，而允许成员国保持自己对非成员国的关税和非关税壁垒。由于内外有别、各自对外的特征，自由贸易区各成员国对第三国的关税水平可能存在差异。在实践中，为了避免这种关税差异导致贸易扭曲，在自由贸易区内成员国之间边界上仍需设立海关检查，并实施原产地规则，以防止非成员国货物绕开关税壁垒较高的成员国，而通过贸易壁垒较低的成员国进入自由贸易区内。因此，原产地规则是自由贸易区谈判的核心内容，具有至关重要的作用。其次，在实践中，自由贸易区内成员国之间商品贸易零关税并不是一步到位的，往往在对绝大多数商品免税的同时提出例外清单，对少量商品降低关税并制订减税方案。

自由贸易区与优惠贸易安排相同的是，它仍然未对区外实行统一的关税壁垒，可以保持独立的关税结构，并按照各自税目和税则对非成员国进口商品征收关税。这会使得不同成员国的对外关税差别很大，从而容易出现非成员国的出口避税的情况。非成员国为了达到出口避税的目的，会让本国商品先进入自由贸易区中关税较低的成员国，然后再转入关税较高的成员国来逃避较高的关税。因此为了防止出口避税的情况发生，自由贸易区需要制定统一的"原产地规则"，限制区外非成员国的"搭便车"行为。自由贸易区是迄今为止最为流行的一种区域经济一体化组织形式，最典型的自由贸易区是建立于1994年由美国、加拿大和墨西哥等三国成立的北美自由贸易区（NAFTA）。

3. 关税同盟（Custom Union，CU）

关税同盟的一体化程度较自由贸易区更进一步。在自由贸易区"内外有别"的基础上，关税同盟的成员国之间除了完全取消关税或其他壁垒，允许同盟内部的自由贸易，还通过政策协调，建立对外的统一关税，形成了在关税上"一致对外"的格局。对同盟以外的国家，则建立一套由各成员国同意的共同的关税和贸易限额制度，形成统一对外的关境，因而，同盟成员国内部边界上无须设置海关检查。各国在一定程度上让渡了关税主权，使得关税同盟具有超国家的性质。由于各国对外关税的统一，关税同盟已经不再需要依托原产地规则对各国进口商品进行鉴别从而确定关税，这无疑直接降低了交易成本。但由于存在主权让渡，国际协调变得更为重要。由于关税同盟是在自由贸易区的基础上对非成员国建立了共同、统一的关税税率，从而在对外贸易政策上取得某种程度的统一，因此关税同盟是比自由贸易区更高一级的区域经济一体化形式。

相对于自由贸易区，关税同盟最大的突破是其超国家性质，即成员国被视为一个整体，对外实行统一关税，防止了非成员国商品先进入关税较低的成员国，然后再转入关税较高的成员国的"搭便车"行为的发生，提高一致对外的整体竞争能力。同时，关税同盟的建成使各成员国丧失了对关税税则的自主决定权。现实中比较典型的关税同盟有1958年建立的欧洲经济共同体（EEC）以及1991年建立的拉美的南方共同市场（MERCOSUR）等。

4. 共同市场（Common Market，CM）

在关税同盟基础上，共同市场超越了商品贸易，进一步实现了生产要素的自由流动，形成了成员国间商品和生产要素的双重自由流动格局。共同市场的关税、贸易和市场的多重一体化更有利于国际分工的优化，也是更高层次的一体化。共同市场的特点是在关税同盟的基础上，各国主权让渡超越了关税，超国家机构的权力进一步扩展。由于生产要素和商品都实现了自由流动，区域内国家之间的依赖大大增强，国际协调成本也大幅上升。实践中，鉴于其风险和成本，很多冠以共同市场称谓的一体化组织还没有形成真正意义上的共同市场，其政治含义和愿景意味更加浓厚。共同市场在关税同盟的基础上，除了实现了产品市场的一体化，还允许各种生产要素的自由流动而实现了要素市场的一体化，因此共同市场是比关税同盟更高一级的区域经济一体化形式。

相比于关税同盟，共同市场的成立条件更为严格，不仅要求统一贸易政策，还要求成员国的经济发展水平、经济结构、政治倾向以及社会制度等相似，只有这样才能实现生产要素在市场内部自由流动，维护共同的政治经济利益，促进各国经济发展。现实中比较典型的关税同盟有1993年底建立的欧洲统一大市场和1981年建立的海湾合作委员会（GCC）等。

5. 经济联盟（Economic Union，EU）

经济联盟是经济一体化的高级阶段，在经济领域形成了更广泛的协调一致。经济联盟的成员国在实现了关税、贸易和市场一体化的基础上，还建立了制定这些政策的超国家的管理机构，在国际经济决策和交往中采取统一立场，实行统一的货币制度和组建统一的银行机构，从而真正在经济、财政、货币、关税、贸易和市场等方面实现全面的经济一体化。相较于共同市场，经济联盟的国际权力让渡更为广泛和充分。这意味着经济联盟不仅商品和生产要素可以完全自由流通并建立共同对外关税，而且还要求成员国制定和执行共同的经济政策和社会政策，使一体化程度从商品扩展至生产、分配及整个国民经济领域，形成一个庞大的超国家的经济实体。经济联盟是在共同市场的基础上，要求经济主权即宏观经济政策（财政政策、金融政策、贸易政策、产业政策等）也要由超国家机构统一管理，因此经济联盟是比共同市场更高一级的区域经济一体化形式。到目前为止，世界上只有欧洲联盟成功实现了经济联盟，它是目前世界上一体化程度最高、综合实力最强的国家联合体。

6. 完全经济一体化（Complete Economic Integration，CEI）

完全经济一体化是经济一体化的最高形式，也是经济一体化的最高阶段。在经济联盟基础上，完全经济一体化区域内各国在经济、金融、财政等政策方面均完全统一，成员国之间完全取消商品、资本、劳动力、服务等自由流动的人为障碍，并且进一步实现经济制度、政治制度和法律制度等方面的协调。其特点是完全经济一体化已经从经济联盟扩展到政治联盟，区域内国家主权博弈基本消失，如同一个国家，因此也往往被称为政治经济一体化。完全经济一体化除了允许商品、服务、生产要素的自由流动之外，还要求各成员间经济政策、政治政策的统一，从而形成单一的经济实体。完全经济一体化是区域经济一体化的最高形式也是最后阶段，各成员国在实现经济货币同盟的基础上，进一步实现经济制度、政治制度和法律制度等方面的协调，乃至形成统一的经济体的区域经济合作形式。完全经济一体化和以上几种一体化形式的主要区别在于：它拥有新的超国家的权威机构，实际上支配着各成员国的对外经济主权。到目前为止，欧洲联盟（欧盟）是世界上唯一实现完全经济一体化的贸易集团。但完全经济一体化并不是完美的，2020年英国正式脱欧，显示了一体化过程中让渡部分主权过程带来的政策自由度下降、政策协调难度提升、非均衡成本分担及利益补偿等问题。

表1-1　　　　　各种区域经济一体化组织的比较

集团类型	逐项互惠关税减低	区内废除所有关税	统一对外关税	生产要素的自由流动	各种经济政策协调一致	经济、政治、法律制度协调统一
优惠贸易安排	Y	N	N	N	N	N
自由贸易区	Y	Y	N	N	N	N
关税同盟	Y	Y	Y	N	N	N
共同市场	Y	Y	Y	Y	N	N
经济联盟	Y	Y	Y	Y	Y	N
完全经济一体化	Y	Y	Y	Y	Y	Y

资料来源：赫国胜等编：《新编国际经济学》，清华大学出版社2003年版。

上述六种形式的区域经济一体化组织是按照一体化程度由低到高的顺序排列的，然而在现实中，一个区域一体化组织的发展不一定是由低向高逐级发展的，它可以超越某一阶段，也可能由于发展得不顺利而导致发展程度倒退。另外，由于复杂的现实情况，相当多的一体化组织并不能明确地归于某一类之下，现实的一体化组织往往同时具有多种组织类型的特征，因此对现实的区域经济一体化组织进行划分的时候，要根据协定的主要内容进行具体分析，而不是仅仅从一体化组织的名称上进行区分。

第二节　国际区域经济一体化的产生与发展

国际区域经济一体化自萌芽以来，已经经历了三次发展的浪潮，极大促进了区域内经济贸易的一体化，为国际经济政策协调和促进国际贸易自由化便利化提供了新的路径和平台，日益成为世界国际贸易组织以外重要的国际经贸政策的制定者和参与者。

一 二战前：区域经济一体化的萌芽发展阶段

区域经济一体化的萌芽可以追溯到1921年。当时，比利时和卢森堡组成了经济同盟，两国成为单一市场并且货币等值。其后，荷兰参加，比荷卢三国创建了关税同盟，1958年升级为经济联盟，2008年改为比荷卢联盟，实现了商品、人员的自由流动、广泛的政策协调和共同立场。该区域经济一体化的有效推进和成功实践，为其他国家和地区的区域经济发展奠定了坚实的基础。

二 二战后至20世纪80年代初：区域经济一体化发展的第一次浪潮

区域经济一体化的兴起发端于第二次世界大战之后。20世纪80年代中后期以前，区域经济一体化的地域特征非常明显。当时的区域经济一体化组织基本上是由在地理上相连或接近的国家组成的，参加区域经济一体化组织的成员国社会经济制度往往相同，参加国的经济发展水平比较接近，参加国大多数是中小国家。在这一阶段，区域经济一体化的发展以地缘联系为基础，往往局限于传统地理区域内，以小国抱团发展为主要特征。世界上的主要经济体如美国、日本的重心是全球化和多边贸易自由化，较少参与区域经济一体化组织。在这一阶段，由于区域经济一体化的先行国家主要实施的是内向型经济体制，以实施进口替代战略为导向，区域经济一体化的成效并不显著，很多区域经济一体化组织陷入停滞甚至瓦解。在该轮区域经济一体化浪潮中，由于国际经济环境和各国工业发展模式的限制，区域经济一体化成功案例比较有限，除了欧盟以外均进展缓慢。

三 20世纪80年代中后期至90年代：区域经济一体化发展的第二次浪潮

20世纪80年代中后期是区域经济一体化发展的重要节点。20世纪80年代中后期，广大经济体纷纷转向外向型经济发展模式，多边谈判不断取得突破，世界范围内的平均关税水平已经大幅降低，区域经济一体化又迎来了新的繁荣发展阶段。

随着区域经济一体化的深入发展，80年代中后期以来的区域经济一体化发生了一些重要变化：区域集团内的政治体制出现相融性；经济发展水平大致相同已经不再是区域经济一体化组织的基本特征，自由贸易区实践发展超越了南南型和北北型，涌现出了大量更具互补性的发达国家和发展中国家组建的南北型自由贸易区；区域集团开始突破传统地域限制，向大洲和大洋等更大范围扩展，建立跨区域经济一体化组织已经成为重要发展趋势；区域经济一体化组织已经成为世界政治经济舞台上的重要力量，对世界多边体系造成深远影响；区域经济一体化的形成机制和潜在收益更加多元化，这使得区域经济一体化组织在世界范围内不断涌现并成为引领世界经济发展的新动力。在这一阶段，由于世界各国广泛采取出口导向型的外向型经济发展战略，世界平均关税水平也显著降低，大大降低了区域经济一体化的成本。区域经济一体化组织的发展取得了显著成效，区域内成员国的经济发展和经济联系都得到有效增强。加上国际经济环境的变化，世界上绝大多数国家都加入了区域经济一体化进程中，世界主要经济体如美国、日本和中国的加入进一步促进了区域经济一体化的发展。

四 20世纪90年代末期至今：区域经济一体化发展的第三次浪潮

20世纪90年代末期以来，全球区域经济一体化加快发展，并呈现出新的特征，掀起了区域经济一体化发展的第三次浪潮。本次浪潮的特点是区域贸易协定在全球各地广泛涌现，国际区域经济一体化与多边贸易自由化进程受阻、贸易保护主义兴起和区域贸易协定扩容相伴而行。

进入21世纪以来，经济全球化深入发展，国际区域经济一体化在广度、深度、影响力等方面都取得显著成效。一体化在推动经济融合、提升资源优化配置的同时，也加剧了在全球化进程中区域经济分化、贫富差距加大、国际收支失衡和全球共同治理及责任分担等问题。对这些问题的关切形成了对全球化和一体化过程的反对和质疑，尤其是在遭受贸易保护主义、国内经济停滞和重大卫生事件冲击的影响下，全球化和区域一体化进入曲折发展阶段。美国宣布退出 TPP，美加墨自贸区进行重新谈判，印度在最后阶段放弃加入 RCEP，中日韩自贸区一再推迟，英国脱欧，都是这个阶段的代表性事件。

21 世纪以来，区域贸易协定在竞争中的作用也愈发突出，第三国效应也成为各国积极参与国际区域化进程的重要因素。各国为避免经济贸易因其他区域贸易协定的歧视性政策而被边缘化，纷纷加入不同的区域贸易协定。同时，区域贸易组织开始成为国际政治经济的重要参与者。各国通过加入区域经济组织，一方面有效开拓和融入了新市场，另一方面也增强了应对外部竞争压力的能力，明显提升了区域贸易自由化便利化水平。但同时，区域经济一体化也存在加剧对第三国歧视的风险。如果这些措施长期化，就可能在长期内阻碍成员国与第三国的经济贸易合作，从而形成一体化对全球化的"绊脚石"效应。

第三节　主要区域经济一体化组织

欧洲联盟（European Union，EU）、北美自由贸易区（North American Free Trade Area，NAFTA）和中国—东盟自由贸易区（China-ASEAN Free Trade Area，CAFTA）是世界上三大区域经济一体化组织。其中，欧盟是目前一体化程度最高的区域经济一体化组织；北美自由贸易区是世界上第一个由最富裕的发达国家和发展中国家联合组成的南北型贸易集团，而中国—东盟自由贸易区是目前已经建成的世界上人口最多的自由贸易区，是发展中国家组成的最大自由贸易区。但随着 2020 年 11 月 15 日，我国与东盟 10 国及日本、韩国、澳大利亚、新西兰共 15 个亚太国家正式签署《区域全面经济伙伴关系协定》（Regional Comprehensive Economic Partnership，RCEP），标志着 RCEP 取代 CAFTA，成为新的全球覆盖人口最多、经贸规模最大的自由贸易区。

一 欧洲联盟

欧洲联盟简称欧盟,是欧洲国家集政治实体和经济实体于一身的区域一体化组织,由欧洲共同体发展而来。欧盟是目前一体化程度最高的区域经济一体化组织。1993年11月1日,欧共体十二国于1992年2月7日签订的《欧洲联盟条约》(即《马斯特里赫特条约》,简称《马约》)生效,欧盟正式成立。1995年奥地利、芬兰、瑞典三国加入。欧洲联盟虽然不具有国家性质,但以持续的全方位整合及日益扩大的共同行动范围为发展目标,可以颁布在联盟内享有最高法律地位的法律、法规,在功能、作用、管辖范围和影响力方面超越了迄今为止的一切国家间合作组织,是一种在性质上低于现代国家,而高于一切其他国家间合作形式的新型国际组织。1999年1月1日欧元正式启动,十一个成员国宣布欧元为法定货币。2001年2月26日欧盟达成《尼斯条约》,对欧盟的组织结构及运行规则进行了全面的改革与规范,以迎接即将到来的欧盟东扩。2004年5月1日捷克、爱沙尼亚、塞浦路斯、拉脱维亚、立陶宛、匈牙利、马耳他、波兰、斯洛文尼亚、斯洛伐克十国入盟。2004年10月29日各国首脑在罗马签订《欧洲联盟宪法条约》。2007年1月1日,保加利亚和罗马尼亚入盟[①]。

二 北美自由贸易区

1994年1月1日由美国、加拿大和墨西哥3国共同签署的北美自由贸易协定正式生效,北美自由贸易区宣告诞生。据1991年统计,北美自由贸易区拥有3.63亿人口,面积2130多万平方千米,国内生产总值达6.45万亿美元,年出口总额近6000亿美元,进口总额约7000亿美元,其经济实力超过欧共体。为了广泛开展北美地区的自由贸易,逐步消除该地区各国间贸易关税,早在1988年美国就与加拿大订立了"美加自由贸易协定"。1990年,美国和墨西哥开始探索订立双边自由贸易协定。此后,美加墨三国都认识到,共同订立一个

---

① 王觉非、杨豫:《欧洲历史大辞典·下》,上海辞书出版社2007年版。

三边协定对各方将更有利，于是三国首脑在1991年2月5日会晤后宣布，将就北美自由贸易协定进行谈判。1991年6月，自由贸易区三边谈判正式开始，经过一年多的商讨，谈判取得突破性进展。1992年8月12日，北美三国就北美协定达成一致意见，宣布成立北美自由贸易区；同年2月17日，时任美国总统布什和加拿大总理马尔罗尼以及墨西哥总统萨利纳斯，分别代表本国政府在各自首都正式签署了北美自由贸易协定，为北美自由贸易区的建立奠定了法律基础。1993年11月24日，美加墨三国议会分别完成了对该协定的批准手续。北美自由贸易协定是北美自由贸易区建立的蓝本，其宗旨是取消贸易壁垒，创造公平竞争的条件，增加投资机会，保护知识产权，建立执行协定和解决争端的有效机制，促进三边和多边合作。该协定将用15年的时间，分3个阶段取消关税及其他贸易壁垒，实现商品和劳务的自由流通，在三国9000多种产品中，立即取消50%的关税，15%以上的产品在5年内取消关税，剩余的关税将在6—15年内取消。北美自由贸易区是世界上第一个由最富裕的发达国家和发展中国家联合组成的贸易集团，成员国之间在经济上既有较大互补性和相互依存性，又有明显的不对称性。北美自由贸易区的建立，对北美、拉美，以致对冷战结束后新的世界经济格局的形成产生了重大而深远的影响[①]。自此以后，南北型自由贸易区在世界范围内如雨后春笋般涌现出来，开启了南北合作的新时代。2018年9月30日，美国、墨西哥和加拿大就北美自贸协定的重新谈判达成一致，并将新的协定命名为《美国—墨西哥—加拿大协定》（USMCA），又称《美墨加协定》。至此，北美自贸区进入美墨加协定新发展阶段。

三 中国—东盟自由贸易区

中国—东盟自由贸易区是我国与东盟10国（包括文莱、印度尼西亚、马来西亚、菲律宾、新加坡、泰国、柬埔寨、老挝、缅甸和越南等）组建的自由贸易区，是我国同其他国家商谈的第一个自贸区，也是目前建成的最大的自贸区。其成员包括中国和东盟十国，涵盖

---

① 李琮、刘国平、蒋宝恩：《世界经济学大辞典》，经济科学出版社2000年版。

19 亿人口和 1400 万平方千米国土面积。中国和东盟对话始于 1991 年，中国 1996 年成为东盟的全面对话伙伴国。2002 年 11 月，第六次中国—东盟领导人会议在柬埔寨首都金边举行，朱镕基总理和东盟 10 国领导人签署了《中国与东盟全面经济合作框架协议》，决定到 2010 年建成中国—东盟自由贸易区。这标志着中国—东盟建立自由贸易区的进程正式启动。2004 年 1 月 1 日，自贸区的先期成果——"早期收获计划"顺利实施，当年早期收获产品贸易额增长 40%，超过全部产品进出口增长的平均水平①。2004 年 11 月，中国—东盟签署了《货物贸易协议》，规定自 2005 年 7 月起，除 2004 年已实施降税的早期收获产品和少量敏感产品外，双方将对其他约 7000 个税目的产品实施降税。2007 年 1 月，双方又签署了自贸区《服务贸易协议》。根据我国海关统计，2007 年我国与东盟贸易总额达到 2025 亿美元，同比增长 25.9%。2008 年上半年，双边贸易额达 1158 亿美元，同比增长 25.8%。双边贸易实现了稳健、持续的增长，取得了令人满意的成果。2009 年 8 月，《中国—东盟自由贸易区投资协议》的签署，标志主要谈判结束。2010 年 1 月 1 日贸易区正式全面启动。自贸区建成后，东盟和中国的贸易占到世界贸易的 13%，成为一个涵盖 11 个国家、19 亿人口、GDP 达 6 万亿美元的巨大经济体，是目前世界人口最多的自贸区，也是发展中国家间最大的自贸区。当前，为了进一步提高中国—东盟自由贸易区的一体化水平，促进贸易自由化、便利化，双方正致力于打造中国—东盟自由贸易区升级版。中国—东盟自由贸易区的发展无疑将对亚太地区乃至世界地区的区域经济一体化产生积极而深远的影响。

四　区域全面经济伙伴关系协定（RCEP）

区域全面经济伙伴关系协定（RCEP）谈判于 2012 年由东盟发起，成员包括东盟 10 国、中国、日本、韩国、澳大利亚、新西兰和印度。RCEP 涵盖全球 47.4% 的人口、全球 32.2% 的 GDP、29.1%

---

① 中国商务部：《中国—东盟自贸区简介》，中国自由贸易区服务网，http://fta.mofcom.gov.cn/dongmeng/dm_xieyijianjie.shtml。

的全球贸易以及32.5%的全球投资①。RCEP是当前亚洲地区规模最大的自由贸易协定，也是中国参与的成员最多、规模最大的自由贸易区谈判。2020年11月15日，第四次《区域全面经济伙伴关系协定》（RCEP）领导人会议以视频方式举行，东盟10国和中国、日本、韩国、澳大利亚、新西兰共15个亚太国家正式签署了《区域全面经济伙伴关系协定》，标志着当前世界上人口最多、经贸规模最大、最具发展潜力的自由贸易区正式启航，是地区国家以实际行动维护多边贸易体制、建设开放型世界经济的重要一步，对深化区域经济一体化、稳定全球经济具有标志性意义。根据相关学者的测算，RCEP成员经济体的进出口贸易、福利水平都有不同程度的增加。

本章小结

1. 国际区域经济一体化是通过消除国家间的歧视性政策和各种贸易壁垒，协调宏观经济政策，从而实现贸易商品和生产要素自由流动的过程及状态。

2. 优惠贸易安排（Preferential Trade Arrangements，PTA）是指两个或两个以上的成员国之间通过签订协定或者以其他方式，对全部或部分商品实行特别的关税优惠。优惠贸易安排的核心是成员国相互或者单方面降低关税，是区域经济一体化中最低级、最松散的一种形式。

3. 自由贸易区（Free Trade Area，FTA）由签订同一个自由贸易协定的国家组成，是两个或两个以上成员国或地区之间通过签订协定，相互取消关税和非关税壁垒，实现商品在区域内自由流动，但各成员国仍对区外国家保持各自的关税结构。因此，自由贸易区的特点是内外有别。

4. 关税同盟（Custom Union，CU）的一体化程度较自由贸易区

---

① 钱进：《区域全面经济伙伴关系协定的经济效应及产业产出分析》，《国际商务研究》2021年第1期。

更进一步。在自由贸易区"内外有别"的基础上，关税同盟的成员国之间除了完全取消关税或其他壁垒，允许同盟内部的自由贸易，还通过政策协调，建立对外的统一关税，形成了在关税上"一致对外"的格局。对同盟以外的国家，则建立一套由各成员国同意的共同的关税和贸易限额制度，形成统一对外的关境，因而，同盟成员国内部边界上无须设置海关检查。

5. 共同市场（Common Market，CM）超越了商品贸易自由化，进一步实现了生产要素的自由流动，形成了成员国间商品和生产要素的双重自由流动格局。共同市场的关税、贸易和市场的多重一体化更有利于国际分工的优化，也是更高层次的一体化。各国主权让渡超越了关税，超国家机构的权力进一步扩展。

6. 经济联盟（Economic Union，EU）是经济一体化的高级阶段，在经济领域形成了更广泛的协调一致。经济联盟的成员国在实现了关税、贸易和市场一体化的基础上，还建立了制定这些政策的超国家的管理机构，在国际经济决策和交往中采取统一立场，实行统一的货币制度和组建统一的银行机构，从而真正在经济、财政、货币、关税、贸易和市场等方面实现全面的经济一体化。相较于共同市场，经济联盟的国际权力让渡更为广泛和充分。

7. 完全经济一体化（Complete Economic Integration，CEI）是经济一体化的最高形式，也是经济一体化的最高阶段。在经济联盟的基础上，完全经济一体化区域内各国在经济、金融、财政等政策方面均完全统一，成员国之间完全取消商品、资本、劳动力、服务等自由流动的人为障碍，并且进一步实现经济制度、政治制度和法律制度等方面的协调。其特点是完全经济一体化已经从经济联盟扩展到政治联盟，区域内国家主权博弈基本消失，如同一个国家，因此也往往被称为政治经济一体化。

关键术语

优惠贸易安排　自由贸易区　关税同盟　共同市场

经济联盟　完全经济一体化

本章习题

1. 与优惠贸易协定相比,自由贸易区的主要特点是什么?
2. 在自由贸易区的基础上,关税同盟的制度优势主要体现在什么地方?
3. 结合英国脱欧,谈谈你对主权让渡较多的较高层次一体化的成本及收益的理解。

第二章

马克思主义国际区域经济一体化相关理论

本章学习目标：
- 掌握马克思相关理论对国际区域经济一体化的启示；
- 了解西方马克思主义主要流派对国际区域经济一体化的主要观点；
- 掌握中国推进国际区域经济一体化的基本政策及发展脉络；
- 掌握新时代中国特色社会主义国际区域一体化理论与实践探索的主要内容。

国际区域经济一体化是国际贸易、国际投资发展到较高阶段的产物，是商品贸易、服务贸易和生产要素流动和配置的环境优化和系统性制度安排，是经济贸易合作深化和国际政策协调提升共同作用的结果。与此同时，国际区域经济一体化也可以体现成员国国际政治合作的动态发展及不同利益主体的平衡。

第一节 马克思相关理论对国际区域经济一体化的启示

在马克思生活的1818年至1883年，彼时现代意义上的以签订各类贸易协定为特征的国际区域经济一体化尚未成形，直到20世纪50

年代才开始兴起①。历史发展的局限性使得马克思未能对国际区域经济一体化发展做出直接论述。然而，国际区域经济一体化是以国际分工、国际贸易、国际投资为基础的，马克思对这些重大理论问题的深刻剖析，仍然对国际区域经济一体化发展具有重要启示。通过分析马克思关于分工、贸易、投资等方面的研究，可以窥探到马克思关于国际区域经济一体化的基本立场及政策启示。

一　国际分工理论的分析及启示

现代国际分工是由发达国家的工业生产主导的。马克思从资本主义国家与殖民地的关系出发提出了"二元国际分工"理论，提出，19世纪的国际分工是"由大工业中心强制推行的新的国际分工使地球的一部分转变为另一部分的农业生产地区，而这后一部分则成为地道的工业生产地区"，即形成了农业国和工业国的二元结构分工②。该理论认为，国际分工的形成主要是由于劳动成本的变化驱动的。在资本主义国家的内部资本积累过程中，由于劳动力限制和资本竞争加剧，导致陷入低利润率困境，这促使资本开始在全球范围内寻找更有利于资本再生产的条件来摆脱低利润率，获取更高利润率。在新的市场上，资本主义和其他国家的国际分工关系更有利于资本获取高利润率，从而加速了国际分工的深化。

在国际区域经济一体化过程中，马克思的国际分工理论的借鉴意义主要体现在：首先，传统国际分工存在内生性不平等。从历史上来看，无论是迫使相关国家敞开贸易大门，为过剩产能开辟国际市场，还是通过坚船利炮开辟殖民地，为工业生产寻找廉价原料，都决定了在国际分工体系中，资本主义国家处于主导地位，而其他国家处于依附地位。形成了落后国家用高劳动时间生产的产品交换资本主义国家低劳动时间的产品，从而形成了不等价交换，实现了财富从发展中国家向资本主义国家的不平衡输出。因此，在国际区

---

① 赵春明：《评张彬〈国际区域经济一体化比较研究〉》，《世界经济》2010年第12期。
② 中共中央马克思恩格斯列宁斯大林著作编译局：《马克思恩格斯全集》（第43卷），人民出版社2016年版，第474—475页。

域经济一体化过程中，在合作共赢基础上要避免低端锁定和低附加值陷阱，实现一体化过程中国际分工的合理化、均衡化，促进一体化组织的可持续发展。

其次，提升国际分工质量是必由之路。当代的国际分工体系延续了浓厚的殖民主义色彩，是以资本主义国家为核心的循环体系。在区域一体化过程中，国家之间的分工有着巨大的优化空间。通过促进国际分工优化，有利于破除工业品和农业品贸易的剪刀差，缓解农业产品生产过程中劳动力、自然气候等因素对使用价值形成的限制，从而提升发展中国家的经济发展质量。事实上，现代社会发展中国家的经济追赶，绝大多数都是通过大力发展工业实现的。尤其在国际区域经济一体化过程中，形成合理国际分工更为重要，因为一体化所形成的产业链锁定可能比开放环境下的分工更突出。

二 国际贸易理论的分析及启示

基于劳动价值论，马克思认为，劳动价值论可以同时解释国内贸易和国际贸易。马克思指出，决定商品国际价值的是"世界平均劳动"，即国际的社会必要劳动。这意味着国际贸易是以价值量相等原则进行的商品和服务的交换。从国内贸易来看，正是由于价值量相等，两种商品的生产才处于均衡状态，如果任何一种产品的相对交换高于相对劳动量，则意味着较少的劳动获得了更高的交换能力，从而打破市场均衡。从国际贸易来看，等价值量交换也是成立的。只是这时候的价值存在国别价值、国际价值的差异，国际交换比例要介于两国的单位国别价值比率之间[①]。

在国际区域经济一体化过程中，马克思的国际贸易理论的借鉴意义主要体现在：首先，南北型区域经济一体化更容易在产业间分工下获得发展优势。南北型一体化组织内部，成员国的发展水平存在明显差异。在产业间分工条件下，这意味着国家间国别价值交换比例的差异会较大，这意味着国际贸易空间变大，而成员国从国际价值交换比率较国内价值交换比率实现了更大幅度的劳动节约，从而成员国的获

---

① 冯金华：《国别价值、国际价值和国际贸易》，《世界经济》2016年第10期。

得感可能较强。但与此同时,不得不承认的是,南北型一体化组织内部的不等价交换也是非常突出的。

其次,复杂劳动在国际交换中处于明显优势地位。复杂劳动与简单劳动的差别是,虽然付出同样的劳动时间,但复杂劳动创造的价值数倍于简单劳动,这使得复杂劳动在国际价值交换中具有突出优势。而从简单劳动到复杂劳动的提升,是以人力资本积累、社会技术进步为支撑的。因此,在国际贸易中避免陷入比较优势陷阱,持续进行技术创新,促进要素升级,提升单位时间蕴含的价值量,才能有效避免陷入比较优势陷阱,实现基于贸易的经济发展,而不是锁定,甚至陷入中等收入陷阱。因此,在国际区域经济一体化过程中,要持续优化区域内贸易,着力优化优势产业的互补性发展,实现区域内贸易的结构优化和质量提升。

最后,国际贸易蕴含着世界经济危机。生产社会化与生产资料私有制之间的矛盾是资本主义生产的主要矛盾[1],但在国际贸易将资本主义生产紧密联系在一起之前,资本主义危机的爆发是国别性、局部性、分散性的[2]。在国际贸易条件下,资本主义的产能膨胀和市场不足的矛盾会更加突出,世界市场对过剩产能的化解也逐步成为强弩之末,一方面会导致过去的市场危机扩大为世界性经济危机,另一方面也会加剧国际贸易纠纷,使国际贸易政策协调难度持续增加,进而造成国际贸易关系的不稳定性,导致贸易安全问题。因此,在国际区域经济一体化过程中,要加强国际经济政策协调,降低经济冲击的负面冲击,维护区域产业链、价值链的稳定,保障供应链运转顺畅,提升区域经济韧性,增强国际区域经济政策的灵活性、协调性和前瞻性。

三 国际投资理论的分析及启示

马克思指出,追逐利润,尤其是高额垄断利润,是资本主义国家

---

[1] 张玉奇:《马克思主义经济学的创新性发展研究——评〈马克思经济学研究立场的转变〉》,《当代财经》2023年第1期。

[2] 张志敏、何爱平:《马克思经济学与西方经济学国际贸易理论比较研究》,《经济纵横》2013年第8期。

对外投资的本质①。资本主义国家的对外投资，本质上是以经济霸权取代殖民霸权，通过资本瓜分世界市场，获取高额利润。这注定了资本主义国家在推动资本"走出去"的过程中，必然是以充分发挥自身比较优势，扩大不等价交换，促进剩余价值积累为目标的。在这样的国际投资目标指引下，发展中国家在融入以发达国家为中心构建起的投资网络和国际市场时，就必然处于依附地位，其形成的溢出效应、干中学效应必然是非常有限的，尤其是在试图吸引高质量外资，提高价值链参与度方面，国际资本必然是谨慎甚至反向而行的。因此，国际投资在某种程度上不利于东道国发挥经济潜力，可能使东道国经济发展缓慢，从这个意义上看，资本主义的国际投资具有新殖民主义特征②。

在国际区域经济一体化过程中，马克思的国际投资理论的借鉴意义主要体现在：首先，南北型经济一体化组织要着重防范产业链低端锁定。受国际投资形成的基本动因影响，资本主义国家在推动资本走出去的过程中，为了保持本土企业的国际竞争力和技术领先水平，必然会刻意限制高技术产品、设备的出口，从而遏制发展中国家的追赶态势，通过保持较大的生产率差异来获取剩余价值，实现高额垄断利益。在签订区域贸易协定的过程中，发展中国家要着力破除高技术产品的贸易壁垒和出口管制，最大可能实现技术红利溢出。同时，也可以通过积极参与高质量的一体化组织，倒逼第三方大国通过降低技术壁垒提升双边贸易自由化、便利化水平。

其次，发展中国家推动"走出去"要遵循共赢协调理念。发展中国家推动企业走出去，与资本主义国家存在本质上的不同，这主要体现在开放的自愿性、发展的协同性和结果的互惠共赢。所以，发展中国家走出去是市场发展、企业竞争力提升和国际合作的必然结果，并不像资本主义国家那样借助国家力量推动不平等、非自愿开放，也不会寻求将东道国固化为原料基地和销售市场。在签订区域贸易协定过程中，推动走

---

① 赵瑾：《习近平关于中国对外投资的重要论述研究——兼论"十四五"我国"走出去"的政策着力点》，《经济学家》2021年第11期。
② 潘圆圆、张明：《资本充裕度与国际投资体制的演变》，《世界经济与政治》2022年第2期。

出去的政府要引导企业既要立足当前，又要着眼长远，同时要注意处理好与东道国政府、企业、媒体的关系，积极发挥建设者、贡献者作用，在文化认同、利益包容、协同发展的过程中深化经贸关系合作。

最后，发展中大国的经济增长潜力核心还是在立足国内市场。国际投资的本质决定了，过度依赖外部资本，在短期获得高速增长的同时，可能会对国内市场的技术创新和产业升级形成负面冲击，从而不利于产业竞争力提升。因此，在推动国际区域经济一体化进程中，还是要立足国内市场推动内涵式、创新型经济增长，实现以国内大市场为基础推动产业升级，推动贸易结构优化，同时通过进口质量提升和出口附加值提高实现"双循环"的良性互动，构建内外一体、协同互促的高质量一体化发展机制。

四 竞争优势理论的分析及启示

在劳动价值理论基础上，马克思强调提高劳动生产力在资本主义竞争中的重要性。在考察商品价值量的形成时，马克思指出，如果生产者使生产商品的个别劳动时间低于社会必要劳动时间，从而个别价值低于社会价值，就能在较长时期内获得超额剩余价值，因此，生产者会努力提高劳动生产力来达到这一目标[①]。从企业层面来看，企业保持竞争优势主要有降低生产成本形成低成本优势、加强技术创新生产差异化产品两条路径。从国家层面来看，基于机器大生产的模式有利于突破手工劳动限制，通过提高生产效率降低成本，扩大优势；基于持续创新的技术进步能够持续强化对规模化定制技术的供给，更有效地满足多样化需求从而扩大竞争力。同时，这也意味着，只有国家之间平均劳动生产率相当的条件下才能实现平等竞争[②]。

在国际区域经济一体化过程中，马克思的竞争优势理论的借鉴意义主要体现在：首先，要提升规模化生产技术。规模化技术的应用是当代使用价值生产的重要特征。在考虑产品固定成本的条件下，规模

[①] 杨国亮：《关于竞争优势的马克思主义分析框架》，《中国人民大学学报》2005年第5期。

[②] 蔡万焕：《经济金融化视角下的美国经济结构与中美经贸摩擦》，《教学与研究》2019年第11期。

经济已经成为现代经济中具有决定性意义的重要方面。提升规模化技术应用对提升开放条件下的国际竞争力具有重要意义。在推动国际区域经济一体化进程中，要为已经形成规模化的产业创造好的贸易、投资环境，为优势产业率先走出去，规模化企业开辟周边市场提供及时有效的政策支持，鼓励地方政府按照"一企一策"原则解决企业走出去的体制机制障碍。

其次，要提升持续创新技术的研发能力。在市场竞争力的提升上，市场主体要么寻求基于规模的成本优势，要么寻求基于创新的技术引领优势。在国际区域经济一体化进程中，基于规模的成本优势是一种外延式增长，而基于创新的技术优势属于内涵式增长。只有加强内涵式发展，才能保证在市场一体化进程中持续保持国家竞争力，实现比较优势的升级，而不是陷入比较优势陷阱，无法突破成本竞争的低端发展模式。

再次，要提升多样化生产能力。随着收入的提升和消费升级，差异化、特色化、定制化的消费模式是发展趋势。在多样化消费需求中提高效率、降低成本变得日益重要。尤其是在面对发达市场，用低廉的价格打开市场不再是万能钥匙，推动市场产品质量升级、产业结构转型，才能适应发达市场需求，塑造国家的整体竞争力。因此，在国际区域经济一体化进程中，要加强对成员国市场的调研，了解熟悉东道国消费者对商品质量、价格、功能、形象的认知和偏好，在兼顾好需求多样化、文化差异性基础上，提升多样化产品的研发、生产及供给，增强满足东道国市场需求的能力。

最后，要促进优势的制度化。规模化优势和创新优势要持续，就需要结合国情进行动态强化才能实现。实现这种强化，意味着要从国家层面构建有利于实体经济发展、有利于引导研发和技术创新的治理机制。从这个意义上来说，最后还是要落实到国家职能的定位和国家政策制定的效率上。如果能够将上述发展目标制度化，就有助于形成独特的制度优势[1]，从而在世界市场构筑起无可比拟的竞争优势，打

---

[1] 刘凤义：《劳动力商品理论与资本主义多样性研究论纲》，《政治经济学评论》2016年第1期。

造微观主体、市场规则、国家治理多维一体、相互协同的制度框架。国际区域经济一体化就是以国家间的制度框架为基础的。因此，按照高水平开放、高质量发展的要求，顺应贸易、投资的发展趋势，形成有示范性的高质量国际区域经济一体化范本，是实现优势制度化的应有之义。

综上所述，按照马克思主义相关理论，国际区域经济一体化进程必然是一个集企业发展、市场调控、政策协调、政府治理于一体的互动发展过程，在这个过程中，增强企业活力、提升政策效率、促进政府职能转变及治理效能提升，在国际分工、国际贸易、国际投资和国际政策协调上实现耦合协同，才能有效支撑区域经济一体化发展红利充分释放，共赢发展。

第二节　西方马克思主义的国际区域经济一体化理论

西方马克思主义关于欧洲一体化的研究虽然不是西方一体化研究的主流，但随着欧洲一体化的发展，依然凝聚了一批关注和研究欧洲一体化的西方马克思主义学者，并取得了丰硕成果。20世纪后期，西方马克思主义关于欧洲一体化的分析经历了从国家垄断资本主义到阿姆斯特丹学派、新葛兰西主义和法兰克福学派的过程①。

一　国家垄断资本主义理论

国家垄断资本主义是西方马克思主义早期研究欧洲一体化的重要理论基石。国家垄断资本主义是列宁帝国主义理论的重要组成部分，在第二次世界大战后传至欧洲。国家垄断资本主义是垄断资本与国家政权的结合，即垄断资本通过国家来干预和调节经济生活，以保证垄

---

① 高奇琦：《西方马克思主义视阈下的欧洲一体化》，《国际政治研究》2013年第1期。

断组织获得高额利润[①]。

20世纪60年代,西方马克思主义学者开始用国家垄断资本主义理论来分析欧洲一体化进程。比利时学者曼德尔在《欧洲与美国?帝国主义的矛盾》(1970年)一书中指出,二战后,与国家政权的结合已经不足以维护垄断资本的利益,垄断资本跨出民族国家边界而形成超国家的制度安排。因此,欧洲一体化是欧洲垄断资本国际化的一部分。同时,通过一体化实现的欧洲资本集聚也是对美国资本在欧洲扩张的一种抵制,是应对与美国资本竞争、战胜美国资本规模优势和捍卫欧洲资本利益的重要战略选择。罗颂(1971)也持类似观点,他指出,欧洲资本不仅具备与美国资本竞争的实力,并且可以通过直接投资等海外扩张方式对美国资本进行反制。欧洲范围的资本兼并及相关超国家机制会显著提升欧洲资本与美国资本的竞争力[②]。

皮乔托和雷迪斯(1971)将欧洲一体化视为资本与国家进一步聚合的过程。国家垄断资本主义认为,资本主义国家问题的根源在于资本的过度集中,而这种过度集中排斥市场自动调解过程的发生。欧洲煤钢工业的产能过剩问题曾导致了多次吞并和战争的发生,而第二次世界大战后,美国霸权主导和苏联威胁的特殊情境却促成了和平解决路径的出现[③]。

二 欧洲跨国阶级说

阿姆斯特丹学派的欧洲跨国阶级说认为,冷战情境下国家的阶级本质是分析欧洲一体化不可忽略的重要因素。谢斯·范德皮杰[④]提出,舒曼计划导致了欧洲煤钢共同体的产生,这是美国为欧洲精心设计的[⑤]。其后,范德皮杰开始用欧洲跨国阶级分析欧洲一体化,提

[①] 褚葆一:《经济大辞典·世界经济卷》,上海辞书出版社1985年版,第14页。
[②] Rowthorn B, "Imperialism in the Seventies: Unity or Rivalry", *New Left Review*, 1971, Vol. 69, pp. 31 - 54.
[③] Picciotto S, Radice H, "European Integration: Capital and the State", *Bulletin of the CSE*, 1971, Vol. 1, No. 1, pp. 32 - 54.
[④] Kees Van der Pijl, 1978.
[⑤] Kees Van der Pijl, *Een Amerikans Plan poor Europe*, Amsterdam: SUA, 1978.

出,欧洲一体化的实质就是边缘地区被逐步整合到跨国复合体系的过程,体现了欧洲资产阶级对"洛克心脏地带"的控制和争夺的努力。[1]

2004年,范德皮杰在《新自由主义下跨国精英的两面性》一文中提出跨国管理阶级的概念,强调资本主义社会在国内和国际层面的整合都是劳工社会化的结果,而劳工社会化由市场社会化和计划社会化组成。市场社会化自发地运行,而计划社会化则涉及自觉的管理和控制,当代社会的全部权力关系都建立这两种社会整合之上,政治便是在国内和国际层面上对这两种整合进行调节的过程。欧洲一体化实质上是新自由主义扩张的一部分。跨国管理精英阶级在为市场社会化服务的同时,也以计划社会化的方式对市场社会化的问题进行修补。这便是其文章标题所言的"跨国管理精英的两面性"之所在[2]。基于上述研究,阿姆斯特丹学派成为特色鲜明的学派风格,并在西方马克思主义的研究中占据一席之地。

三 新葛兰西主义

新葛兰西主义把意大利共产党人葛兰西的"实践哲学"和政治思想应用到对国际政治经济关系的分析之中,其核心由"实践哲学"、霸权和历史集团三部分构成。葛兰西认为,客观物质性是人类历史具体的实践创造的,是一种主观与客观的统一,不是一种"外在给定的客观"。葛兰西对观念的强调与其霸权的概念紧密相连,他认为资产阶级社会不仅依赖公开的暴力,也依赖社会意识实行统治。同时,他提出,历史集团由结构与上层建筑构成,而复杂、矛盾和不协调的上层建筑综合反映着社会关系总和[3]。罗伯特·考克斯(Robert Cox,1996)进一步提出,历史集团是物质环境与社会意识联合起

---

[1] Kees Van der Pijl, "Ruling Classes, Hegemony, and the State System: Theoretical and Historical Considerations", *International Journal of Political Economy*, Vol. 19, No. 3, 1989, pp. 7 - 35.

[2] Kees van der Pijl, "Two Faces of the Transnational Cadre under Neo - Liberalism", *Journal of International Relations and Development*, Vol. 7, 2004, pp. 177 - 207.

[3] 葛兰西:《狱中札记》,曹雷雨等译,中国社会科学出版社2000年版,第280页。

来并通过制度表达的一种霸权性的现实,在社会中具体表现为霸权阶级与从属阶级之间的结盟[1]。

以上述方法和观点为基础,新葛兰西主义形成了对欧洲一体化的独特分析。缪伦认为,英国左派的欧洲政策在第二次世界大战之后经历了重要变化,他提出,在全球、欧洲和民族国家层面上的各种竞争性社会力量的权力均势,改变了英国左派对欧洲一体化政策的态度。比勒尔还对欧盟扩大进行了更为宏观的比较分析,他提出,新自由主义的重构是奥地利、瑞典在1995年加入欧盟及未来中东欧加入欧盟的主要社会目的。缪伦和比勒尔的研究都验证了考克斯关于国际政治变革的根本原因在于国内生产关系的变革及相应阶级变化的观点。

四 法兰克福学派

法兰克福学派是西方马克思主义的主要流派之一,强调公共领域、社会福利与集体认同。哈贝马斯对欧洲一体化的发展形成了两个影响深远的观点:一是强调从社会欧洲或福利欧洲的角度来推动欧洲一体化,强调欧洲共同福利;二是强调欧洲公共领域对未来一体化的作用,强调要打破各民族国家公共领域在文化上的分割,塑造共同的政治文化,建设具有更大能力的欧洲议会,形成以共同政治文化为基础的欧洲政治公共领域的交往网络。

在《后民族结构》一书中,哈贝马斯主要把民族国家、全球化和欧洲一体化放在一起讨论,提出,欧洲一体化是民族国家联合起来应对全球化的一种手段。同时,欧洲一体化也根本性地改变了传统民族国家的秩序。欧盟作为一个公共管理机构正在形成,成员国的民族国家逐步让渡主权给欧盟,而欧盟越来越发展成为一个新的主权实体[2]。哈贝马斯概括了对待欧洲一体化的四种立场:怀疑主义、市场主义、联邦主义和世界主义。怀疑主义试图在与经济全球化的对抗中重新夺回民族国家的自主性,市场主义希望从单一市场中获利但又不

---

[1] Robert Cox, "Gramsci, Hegemony, and International Relation", in Robert Cox and Timothy Sinclair, eds., *Approaches to World Order*, Cambridge: Cambridge University Press, 1996, pp. 131–133.

[2] 〔德〕哈贝马斯:《后民族结构》,上海人民出版社2002年版,第158—161页。

希望发展中央的政治机构，联邦主义寻求更为强大的欧洲国家和发展更为深入的社会协调政策，世界主义使用后民族国家构建这一方式来推动全球层面相应的合作型制度建设。为此，哈贝马斯提出，欧洲一体化的关键取决于欧盟补偿民族国家和培育集体认同的能力[①]。

综上所述，西方马克思主义不同流派对欧洲一体化形成了旗帜鲜明的观点。国家垄断资本主义将欧洲一体化视为资本与国家进一步聚合的过程。阿姆斯特丹学派将跨国阶级作为欧洲一体化分析的重要概念，关注欧洲跨国资产阶级的形成及欧洲跨国管理阶级的影响。新葛兰西主义者则关注欧洲一体化的国内动力因素及一体化与新自由主义的关系问题。法兰克福学派则为建设福利欧洲、发展欧洲公共领域，构建欧洲集体认同。

需要看到的是，欧洲一体化过程受到历史、文化、社会、制度和经济发展水平、国际关系等因素的深刻影响，有着自身的特殊性。欧洲一体化，本质上还是资本主义国家应对产能过剩、开辟国际市场的重要举措。在其示范作用下，国际区域经济一体化进程明显加快，其对世界政治经济格局的影响无疑是深远而持久的。

第三节　中国特色社会主义市场经济与国际区域经济一体化

中国特色社会主义市场经济是马克思主义中国化的理论与实践重大成果，是对社会主义经济理论的重大突破和发展。中国特色社会主义市场经济是生产关系特殊性与生产关系一般性的有机融合体，是经济制度与经济体制的有机统一体[②]。在中国特色社会主义市场经济的推动下，实现了"中国经济奇迹"，展示了社会主义制度的优越性，构成了我国推动国际区域经济一体化的理论基础和实践前提。

---

① 〔德〕哈贝马斯：《后民族结构》，上海人民出版社2002年版，第101—103页。
② 崔建华：《中国特色社会主义市场经济的三重逻辑》，《改革与战略》2021年第9期。

一　中国特色社会主义市场经济与国际区域经济一体化

在改革开放的推动下，中国特色社会主义市场经济取得举世瞩目的发展成效，循序崛起为"世界工厂"，成为国际贸易大国，在国际供应链中发挥着重要作用。随着加入世界贸易组织，我国的经济外向度持续提升，融入国际分工持续深化，并经历了从产业间分工到产业内分工、再到产品内分工的转变。与此同时，随着国际经济秩序日益不能适应守成大国的发展需要，阻碍世界贸易组织的改革发展甚至正常运转，对以多边合作机制为基础的经济全球化、一体化形成冲击，国际区域经济一体化成为各国提高贸易自由化便利化水平的次优选择。我国在坚定拥护以世界贸易组织为代表的多边贸易体系的同时，也顺应国际经济发展态势，积极参与区域经济合作，签署自由贸易协定，推动国际区域经济一体化发展。早在2000年，我国就开始推动建设自贸区，提出了建设中国东盟自贸区的构想。其中，我国关于加快自由贸易区建设，推进区域经济一体化的政策持续深化。2007年，党的十七大首次将自由贸易区建设提升到国家战略层面；2012年，党的十八大提出加快实施自由贸易区战略；2014年，中共中央政治局第十九次集体学习中提出构筑立足周边、辐射"一带一路"、面向全球的自由贸易区网络；2015年，中央深改委会议进一步提出我国自贸区建设总体要求、原则等，国务院印发了《关于加快实施自由贸易区战略的若干意见》，标志着我国自由贸易区理论体系基本形成[1]；2017年，党的十九大提出促进自由贸易区建设；2019年，提出建设面向全球的高标准自由贸易区网络；2022年，党的二十大提出扩大面向全球的高标准自由贸易区网络，维护多元稳定的国际经济格局和经贸关系，强化包括经济在内的安全保障体系建设。

在此过程中，我国的国际区域经济一体化政策可以归纳为立足周边、面向全球、多元稳定、高水平开放几个方面。

（一）立足周边推进国际区域经济一体化

贸易引力模型和贸易冰山成本均指出，距离在国际贸易中意味着

---

[1]　李光辉：《加快实施自由贸易区战略》，《学习时报》2017年4月21日第1版。

交易成本与双边的贸易规模负相关。促进国际区域经济一体化的重要目标是挖掘贸易潜力，扩大贸易规模。从这个角度来看，周边国家内在具有地理距离优势决定了，优先与周边国家建设自由贸易区更有助于充分释放贸易潜力，扩大开放水平。同时，从国际经济政策协调和大国政治博弈来看，周边国家也是非常重要的力量。区域外大国的干预，往往会导致双边关系僵持，经贸合作停滞，甚至形成双边经济贸易政策的对抗，加剧跨境贸易成本和风险，导致国际贸易政策协调难度显著上升。立足周边推进国际区域经济一体化，一方面有利于发挥毗邻优势，充分释放自贸区的贸易创造效应，另一方面也有利于深化双边经济贸易政策协调，促进经济增长红利的溢出，形成共同发展利益和导向，实现国际经贸政策的有效协调，营造良好的周边贸易投资环境，为区域经济的共同增长提供有力支撑，避免周边国家沦为区域外大国实施对抗性政策的棋子，损害区域经济合作。

(二) 面向全球推进国际区域经济一体化

国际区域经济一体化，即国际区域经济集团化，都是基于不同类型的区域贸易协定所形成的，典型特征就是国家之间制度框架的建立，通过借助行政手段形成的一体化组织，目标是寻求更紧密的合作，更高水平的开放，甚至是共同制定对第三国的政策。从这个意义上来说，国际区域经济一体化天然地具有封闭倾向，本身就是以避免相关规则按照WTO最惠国待遇自动适用到WTO成员方为基础的。同时，只有在封闭条件下，成员国所需求的扩大区域内成员国之间的国际分工，提高区域内相互开放市场的水平，甚至是通过贸易转移和投资转移对第三国的经济、产业发展形成遏制的目标才能充分发挥出来。我国并没有遵循国际区域经济一体化这种封闭式发展的老路，把区域经济一体化组织视为是竞争性、对抗性的工具，而是始终秉承开放合作、共同发展的思路推进国际区域经济一体化。这主要表现在：一是积极构建开放的国际区域经济一体化组织，二是在条件成熟时积极申请加入已经建成的自贸区。不走封闭、对抗的零和博弈之路，是我国构建面向全球推进国际区域经济一体化的最重要特征。

(三) 以维护多元稳定格局为导向促进一体化

在国际区域经济一体化和多边贸易自由化的关系中，长期存在

"垫脚石"和"绊脚石"的争论。事实上，多边贸易自由化与国际区域经济一体化并不是非此即彼、二选一的关系。然而，在实践中，很多国家将自由贸易区视为一种实施竞争性、对抗性国际经济政策的工具，这些国家推动国际区域经济一体化的动机是想摆脱多边机制下的利益平衡机制的束缚，意图通过"退大群""建小圈"的方式，阻碍多边贸易自由化发展，实现用双边贸易合作机制取代多边机制，更好实现自身贸易意图和政策需求。从这个意义上来说，这些国家所推动的国际区域经济一体化对多边贸易自由化、经济全球化的发展无疑是有害无益的。这种内在的对抗性、封闭性决定了其一体化组织的局限性。我国从维护广大发展中国家利益，维护多元稳定国际经济格局和经贸关系的角度，一方面坚定支持以 WTO 为代表的多边贸易机制发展，另一方面顺应发展趋势，通过积极参与国际区域经济一体化建设，扩大区内贸易自由化便利化，促进世界各国共享我国经济发展红利，成为新时代国际贸易体系的积极推动者、建构者，彰显了中国担当对世界经济的积极贡献。

（四）以构建更高水平开放体制为目标推进一体化

在我国的改革开放进程中经历了明显的"进口替代—出口导向—双循环"的转换。在这个过程中，进口替代阶段的发展主要是希望用开放支撑国内幼稚工业发展，通过出口换取国内产业发展所需要的设备、技术、资源等。在这个阶段，整体贸易依存度的提升是非常迟缓的。在出口导向阶段，我国的发展目标转换为通过比较优势深度参与国际分工，通过扩大出口刺激国内产业发展，推动经济增长，逐步形成了"三驾马车"并驾齐驱的格局。在这个阶段，我国的对外贸易依存度经历了非常明显的探顶过程，贸易依存度快速提升，达到峰值后逐步回落。在构建"双循环"新发展格局的新阶段，国内产业发展和国际市场环境都要求我们的发展模式从追求贸易规模转换到贸易质量、贸易安全上来。这个阶段，我们一方面要促进国内产业创新升级，提升国际价值链分工地位，另一方面还要提高国际循环质量，实现进出口质量的协同发展。这是我国实现从贸易大国到贸易强国转变的根本保障和必然要求。

二 中国特色社会主义国际区域经济一体化理论与实践探索

我国始终坚定倡导和拥护多边贸易自由化的发展,在顺应国内外发展形势和要求,积极推动国际区域经济一体化的过程中,也始终秉承推动国内经济高质量发展、增进世界各国共同福利的目标,探索中国推进国际区域经济一体化的理论逻辑与实践路径,形成了中国特色社会主义市场经济与国际区域经济一体化的深度有机融合,成为我国推进中国式现代化的重要组成部分。

(一) 实施自由贸易区战略

我国启动自贸区建设相对较晚,这是我国一贯主张在多边贸易机制下推动贸易自由化便利化的立场和取向所决定的。在多种因素导致多边贸易体制陷入停滞、国际区域经济一体化风起云涌的背景下,我国也积极加入自贸区网络的构建。2015年,国务院印发的《关于加快实施自由贸易区战略的若干意见》是我国自贸区战略趋于成熟的标志,是我国推动国际区域经济一体化的原则、思路的集中体现。在该文件中,我国明确提出要通过自由贸易区扩大开放,提高开放水平和质量,促进全面深化改革;重点加快与周边、"一带一路"沿线以及产能合作重点国家、地区和区域经济集团商建自由贸易区;寻求与各国的利益契合点,构建互利共赢的自由贸易区网络,推动共同发展。在加快构建高水平自贸区方面,重点是提高货物贸易开放水平,相互开放货物贸易市场;扩大服务业对外开放,推进服务贸易便利化和自由化;放宽投资准入,便利境内外主体跨境投融资;推进规则谈判,推进知识产权保护、电子商务等新议题取得进展;提升贸易便利化水平,提升通关便利化;推进规制合作,降低贸易成本;便利人员流动,优化人员出入境政策;加强经济技术合作,拓展自贸区建设内涵[1]。

(二) 构建命运共同体

作为社会主义国家,我国始终关注发展中国家的共同发展。党的二十大指出,中国始终坚持维护世界和平、促进共同发展的外交政策

---

[1] 详见《国务院关于加快实施自由贸易区战略的若干意见》(国发〔2015〕69号)。

宗旨,致力于推动构建人类命运共同体。这既是国际关系层面对我国维护国际公平正义,反对一切形式的霸权主义和强权政治,反对贸易保护主义的阐释,也是国际经济层面对我国始终坚持世界各国包容发展、互惠发展、协调发展,共同增进人类社会福祉理念的新倡导、新发展,是积极扩大各国利益汇合点,维护发展中国家共同利益的具体体现。通过国际区域经济一体化建设,可以有效深化我国与成员国的分工合作、投资合作和产业链合作,实现从利益共同体到区域命运共同体的升华。构建命运共同体与"美国优先"等独善其身、单边主义政策形成鲜明对比,反映了各国共同利益和世界人民共同福祉,构建命运共同体成为百年大变局下我国引领世界经济走向和格局重塑的重要支点。

(三)构建"双循环"新发展格局

"双循环"的提出标志着我国对外贸易发展进入新阶段。构建以国内大循环为主体、国内国际双循环相互促进的新发展格局,有利于打破改革开放以来形成的贸易路径依赖和行业低端锁定,实现贸易高质量发展。与传统依靠比较优势融入国际分工,通过成本优势保持市场竞争力不同,在"双循环"新格局下,要推动竞争力的重塑,扭转长期以来我国在对外贸易过程中形成的"两头在外""不均衡依赖""产业低端锁定""贸易条件恶化"等问题,依托超大规模市场优势,在促进国内产业转型升级、提高出口产品质量、提升国际分工地位的同时,以国内大循环吸引全球资源要素,扩大利用外资,鼓励企业有序"走出去",从而形成"走出去"与"引进来"的良性互动,增强国内国际两个市场两种资源联动效应,提升贸易投资合作质量和水平,实现出口质量和进口质量的协同互促发展。"双循环"新格局的形成有利于扭转传统贸易模式形成的积弊,是实现贸易高质量发展和建设贸易强国的内在要求。

(四)推进高水平对外开放

改革开放以来,我国的对外开放经历了"局部开放—全面开放—高水平开放"三个发展阶段。在局部开放阶段,重点是推动沿海、沿边城市、开放平台建设,是进行试点性开放,通过开放促进国内经济发展。在全面开放阶段,重点是优化国内开放格局,促进东中西协同开放，扩大开放领域和范围。高水平开放阶段，目标是提升进出口产品质量，培育贸易新业态、新模式，提升贸易附加值。高水平开放阶段的重点是稳步扩大规则、规制、管理、标准等制度型开放，实现从政策性开放和数量控制型开放转变为制度型开放[①]。高水平对外开放包括推动货物贸易优化升级，合理缩减外资准入负面清单，营造市场化、法治化、国际化一流营商环境等方面，是从边境开放到边境后开放的根本性转变。与此同时，我国还进一步提出要实施自由贸易试验区提升战略，通过制度创新，为高水平开放提供制度保障。

（五）维护多元稳定国际经济格局

改革开放以来，我国依托比较优势深度嵌入国际分工体系，长期实施出口导向政策，形成了对外部市场的过度依赖。这种外需主导模式下的贸易韧性的底层逻辑是对要素禀赋优势的极限挖掘，是国际循环对国内循环的产业诱导、资源虹吸和价值链俘获，形成了多维失衡，积蓄了贸易风险，损害了贸易安全和经济发展韧性。随着我国对外贸易从外需主导进入内需驱动阶段，这深刻改变了贸易发展的逻辑基础。推动对外贸易高质量发展，建设贸易强国，首先，要深度参与全球产业分工和合作，挖掘分工带来的效率提升和质量增强。其次，要提高价值链、供应链稳定性，确保重要投入品的稳定保障。最后，要积极推进贸易再平衡，一方面要加快优化贸易市场结构，降低对单一市场的过度依赖，另一方面要加快贸易增长方式转型，提高出口产品质量，拓展出口产品多样性，通过均衡可靠贸易关系网络的构建，打破大国政策扰动和贸易政策不确定性的冲击，积极维护多元稳定的国际经济格局和经贸关系，为经济可持续增长营造良好国际环境。

本章小结

1. 国际区域经济一体化是国际贸易、国际投资发展到较高阶段

---

① 徐唯燊：《国际形势变化下南北协同开放路径研究》，《经济学家》2021 年第 12 期。

的产物，是商品贸易、服务贸易和生产要素流动和配置的环境优化和系统性制度安排，是经济贸易合作深化和国际政策协调提升共同作用的结果。

2. 历史发展的局限性使得马克思未能对国际区域经济一体化发展做出直接论述。然而，国际区域经济一体化是以国际分工、国际贸易、国际投资为基础的，马克思对这些重大理论问题的深刻剖析，仍然对国际区域经济一体化发展具有重要启示。

3. 马克思提出的"二元国际分工"理论认为，国际分工的形成主要是由于劳动成本的变化驱动的。在资本主义国家的内部资本积累过程中，由于劳动力限制和资本竞争加剧，导致陷入低利润率，这促使资本开始在全球范围内寻找更有利于资本再生产的条件来摆脱低利润率，获取更高利润率。在新的市场上，资本主义和其他国家的国际分工关系更有利于资本获取高利润率，从而加速了国际分工的深化。

4. 马克思强调提高劳动生产力在资本主义竞争中的重要性。如果生产者使生产商品的个别劳动时间低于社会必要劳动时间，从而个别价值低于社会价值，就能在较长时期内获得超额剩余价值，因此，生产者会努力提高劳动生产力来达到这一目标。

5. 欧洲一体化过程受到历史、文化、社会、制度和经济发展水平、国际关系等因素的深刻影响，有着自身的特殊性，对资本主义国家应对产能过剩、开辟国际市场具有重要意义。

6. 构建命运共同体与"美国优先"等独善其身、单边主义政策形成鲜明对比，反映了各国共同利益和世界人民共同福祉，构建命运共同体成为百年大变局下我国引领世界经济走向和格局重塑的重要支点。

7. 大循环为主体、国内国际双循环相互促进的新发展格局，有利于打破改革开放以来形成的贸易路径依赖和行业低端锁定，实现贸易高质量发展。

关键术语

二元结构分工　世界平均劳动　国际价值　复杂劳动　世界经济危机　竞争优势理论　国家垄断资本主义　命运共同体　"双循环"新发展格局　高水平对外开放

本章习题

1. 简述马克思国际分工理论对国际区域经济一体化的启示。
2. 简述马克思国际贸易理论对国际区域经济一体化的启示。
3. 简述马克思国际贸易理论对发展中国家推动"走出去"的启示。
4. 简述马克思竞争优势理论对国际区域经济一体化的启示。
5. 分析我国提出构建命运共同体对重塑世界经济格局的意义。
6. 分析构建"双循环"新发展格局对我国建设贸易强国的价值。

第三章

国际区域经济一体化的贸易效应

本章学习目标：
- 掌握贸易效应的定义及内涵；
- 理解贸易静态效应的局部均衡分析及一般均衡分析；
- 了解贸易动态效应分析的基本内容及一般方法；
- 熟悉一体化的贸易条件效应及规模经济的贸易条件效应分析。

第一节 贸易效应的定义及内涵

国际区域经济一体化理论首先关注了对贸易的影响。古典经济学家亚当·斯密（Adam Smith）、大卫·李嘉图（David Ricardo）以及麦卡洛克（McCulloch）等在分析产品市场一体化时已经涉及了贸易的利益与损失问题，他们认为两国间实行关税互惠会使国家福利发生变化。但他们并没有明确地指出福利在什么情况下会增长或损失，没有阐述得失的具体含义。但他们所谓的"利益"和"损失"，与雅各布·维纳（Jacob Viner）在 1950 年出版的《关税同盟问题》[①] 一书中首次提出的两个概念——贸易创造（Trade Creation）与贸易转移（Trade Diversion）[②]，可谓一脉相承。其中，一般性地，贸易创造和

[①] Viner J, *The Customs Union Issue*, New York: Carnegie Endowment for International Peace, 1950.

[②] 田青：《国际经济一体化：理论与实证研究》，中国经济出版社 2005 年版。

贸易转移对应的都是一体化成员之间贸易量的增加，区别在于，贸易创造是一种新增的贸易，增加了总福利水平；而贸易转移则是成员对第三方进口来源国的替代，损害了总福利水平。

一 维纳的关税同盟理论

维纳在《关税同盟问题》一书中创立了关税同盟（Customs U-nion）的理论与模型，这个 1×3 的模型首次将一体化的定性分析转化为定量分析，这对于一体化经济学的建立和迅速发展起到了重要作用。我们以一个简单的例子来说明维纳的思想。

在这一模型中，为分析方便，我们假设世界上只有三个国家，即本国（Home Country）、同盟国或伙伴国（Partner Country）以及非同盟伙伴国（Non - Partner Country），以 H 国、P 国和 N 国来代表它们。这三个国家生产面包和葡萄酒这两种产品，假定这种生产是在规模收益不变且仅有劳动这一种生产要素的条件下进行的。各国国内拥有大量竞争性厂商，对面包和对葡萄酒的消费比例为 1∶1。由于仅有劳动一个生产要素，这里分析的消费均衡是一个局部均衡的模型。各国单位产出所对应的劳动需求和各国的总劳动供给情况如表 3 - 1 所示。

表 3 - 1　　　　　　各国各产品劳动需求与供给状况

国家	面包	葡萄酒	劳动
H	1	1.25	100
P	1	1.20	100
N	1	1.00	200

三个国家对于面包的劳动需求一致。先考虑 H 国与 P 国，假设开始时两国均对从 N 国进口的葡萄酒加征 25% 的关税。对于 H 国而言，加征 25% 的关税没有完全抵消 N 国生产葡萄酒的比较优势，假定 H 国仍然选择全部从 N 国进口葡萄酒。在 H 国国内，若面包的价格为 1，则可知葡萄酒的价格应该为 1.25。由于面包与葡萄酒的消费比例为 1∶1，假设 H 国对于面包和葡萄酒的均衡消费为（X，X），

则 H 国的消费支付为 X + 1.25X = 2.25X。收入方面，H 国总体收入为总劳动工资加关税收入，由于葡萄酒全部从 N 国进口，则国内全部生产面包，工资为面包定价即 1，总劳动工资实际上也就是劳动供给即 100；而进口葡萄酒数量为 X，关税收入为 0.25X。因此 H 国总体收入为 100 + 0.25X，在均衡状态下将满足：

$$2.25X = 100 + 0.25X \qquad (3.1.1)$$

据此可得 X = 50，即 H 国的均衡消费为（50，50）。对 P 国而言，生产葡萄酒的价格为 1.2，对来自 N 国的葡萄酒加征 25% 的关税会使 P 国对葡萄酒由进口转向国内生产。由于生产面包的比较优势相同，因此 P 国面包与葡萄酒均转为自己生产，实际上成为没有参与国际贸易的自给自足国家，因此也就没有关税收入，总收入为总劳动工资即 100，因此，P 国的均衡等式为：

$$2.2X = 100 \qquad (3.1.2)$$

据此可得 X = 45.45，即 P 国均衡消费为（45.45，45.45）。类似地，对 N 国来说，面包和葡萄酒的均衡消费为（100，100）。这样对 H、P、N 三国来说，P 国未参与贸易，自给自足；H 国仅生产面包，自己消费 50 单位，向 N 国出口 50 单位，同时进口 N 国 50 单位的葡萄酒；N 国则是生产 50 单位面包，150 单位葡萄酒，从 H 国进口 50 单位面包并向其出口 50 单位葡萄酒。由于各国国内拥有大量竞争性厂商，因此 H 国和 N 国对面包和葡萄酒的贸易价格由两种产品都生产的 N 国的相对价格决定。

现在让 H 国和 P 国形成一个关税同盟。由于两国之间的商品可以自由流动且没有关税，价格也会趋向于相同，因此 H 国国内葡萄酒的价格降为与 P 国相同的 1.2。这种价格下降使 H 国不再从 N 国进口葡萄酒，转而向 P 国进口，新的贸易被创造出来了，而价格的降低也会刺激对于葡萄酒的实际消费，关税同盟的贸易创造效应由此显现。但是另一方面，H 国不再从 N 国进口葡萄酒，而 H、P 两国没有关税，也就意味着 H 国失去了关税收入，计算可知其均衡消费与自给自足时 P 国的均衡消费相同，即（45.45，45.45），与原均衡消费相比两种产品的消费均产生了下降，这是 H 国受到的损失，而 P 国和 N 国虽然进出口产生了变化，但福利不受影响（如 N 国只是把面包进口 50、自产 50 改为了国内生产 100 单位，但均衡消费不变）。而 N 国成本条件也没有发生改变，世界价格不变，因此 H 国均衡消费的下降就是关税同盟带来的纯粹的贸易转移效应。总结来看，虽然关税同盟使 H 国葡萄酒价格下降，但是关税收入也消失了，因此在分析一体化的经济效应时，需要将这一变化产生的各方效应综合来看，才能分析最终的福利得失。

以上的分析并非是一种特例，改变假设条件，也可以得到相同的结果。例如上述分析假定面包和葡萄酒按照 1∶1 的固定比例消费，但是现实中两者间必定存在一定的替代效应。我们对考虑替代效应的情况做一个分析，假设例子中的其他条件不变，但是面包和葡萄酒不再按照 1∶1 的固定比例消费，假定每个国家中代表性消费者的效用函数为一个科布 – 道格拉斯（Cobb – Douglas）效用函数：

$$U = b^{\alpha} \cdot w^{1-\alpha} = b^{0.444} \cdot w^{0.556} \quad (3.1.3)$$

其中的 b 和 w 分别表示面包和葡萄酒的消费量，两者幂指数的特殊选择可以使关税同盟结成之前两种商品的消费比例仍然为 1∶1。如果面包价格为 1，按面包表示的消费者收入为 I，按面包表示的葡萄酒的价格为 P，则消费者可以用全部收入购买 I 单位的面包或者 I/P 单位的葡萄酒。由于效用函数是一个科布道格拉斯函数，因此若要使效用最大化，则：

$$b^* = \frac{\alpha I}{P_1}, w^* = \frac{(1-\alpha)I}{P_2} \quad (3.1.4)$$

对 H 国来说，在关税同盟结成之前，当葡萄酒的价格为 1.25 时，有：

$$b^* = 0.444I, w^* = \frac{0.556I}{1.25} \quad (3.1.5)$$

由收入等式可知 H 国收入为劳动工资加上关税，当效用最大化时：

$$I = 100 + 0.25w^* \quad (3.1.6)$$

解得 $I = 112.5$，$b = 50$，$w = 50$，$U = 50$。因此在关税同盟结成前，H 国的均衡消费与之前模型中的一致。

现在，假设 H 国与 P 国的关税同盟成立，H 国从 P 国进口葡萄酒，其价格降为1.2。为了方便比较替代效应的净效益，首先假设关税仍然存在，补贴 H 国的收入到均衡水平，此时关税降为20%，则有：

$$I = 100 + 0.2 \frac{0.556I}{1.2} \qquad (3.1.7)$$

那么 $I=110.2$，$b=48.93$，$w=51.06$，最大化的效用 $U=50.1$。消费者选择比原来价格更便宜的葡萄酒产生的替代效应使得葡萄酒的消费增加了，总效应也增加了，说明替代效应的效果抵消了葡萄酒生产成本变高的效果并且还有剩余，对 H 国来说结成关税同盟的净效果是正向的。但在现实中，H 国没有了关税收入，因此 $I=100$，$b=44.4$，$w=46.3$，消费量均有下降，最大化的效用 $U=45.45$，说明实行关税同盟后 H 国福利有所减少。这是由于在关税同盟中，H 国葡萄酒产生的新贸易转移到生产成本更高的 P 国，收入减少效应使 H 国福利有所减少，并且替代效应的收益在成员国之间也有冲突，H 国在实施关税同盟之后两种产品的均衡消费均有所减少，福利也有所减少。这与之前模型中的分析一致。

这两个引例只是为了让读者体会贸易效应的思想，但现实中包括国家与产品的数量、贸易效应的方式等问题都更加复杂。如米德指出，贸易转移不一定采取特定商品从某一国转移向另一国的形式。假设三个国家 H、P、N 生产三种产品 a、b 和 c，三种产品在三个国家的比较优势顺序均为 H、P、N，且这种比较优势非常强，使 P 国不能生产 b，N 国不能生产 c。但是如果 H 和 P 国结成一个关税同盟，则将提升 H 国的 b 产品消费而降低对于 c 产品的消费，这种效益与贸易转移效应类似，但是却没有某种产品的贸易从某一国转移到另一国。因此这一例子只能说明贸易效应的思想，但不能回答其详细的机理。关于一体化中贸易效应的进一步分析，将在后面的小节中继续展开。本节的余下内容将继续分析贸易静态效应和贸易动态效应，以便读者对后续内容的理解。

二　一体化中的贸易静态效应

一般而言，贸易效应可以分为贸易静态效应和贸易动态效应，贸易静态效应主要是贸易创造和贸易转移效应，贸易动态效应则包括贸易带来的规模经济、竞争、贸易结构变化等效应。本部分我们将对一体化中的贸易静态效应做一个简单介绍，首先明确静态效应中的两个重要概念——贸易创造和贸易转移。

(一) 贸易创造与贸易转移

按照维纳的观点，贸易创造效应（Trade Creation Effect）是在关税同盟结成后，生产效率高的 P 国的低成本产品大量涌入低效率高成本成员国 H 的国内市场所带来的贸易规模扩大和福利增加。由于是用从 P 国进口的产品替代了 H 国原有的国内产品，新的贸易被创造出来了，因此被称为贸易创造效应。这一效应增加福利的途径有两个：一是进口产品的替代使 H 国减少或停止了其国内低效率的生产，节约了生产资源或将其用于高效率产品的生产，降低成本产生收益，是一种生产效应。这种效应也是维纳认为的贸易创造效应的来源，可以称为狭义的贸易创造效应。二是 P 国低成本产品进入 H 国国内市场替代原有的高成本产品，促进了 H 国消费者对产品消费需求的增加，增加了消费者剩余，这是一种消费效应。生产效应与消费效应的总和即为贸易创造效应形成的总福利。贸易创造效应的大小与各成员国国内产品的供给需求弹性有关，本国的供给弹性越大，越有利于本国贸易创造效应的发挥。

而贸易转移效应（Trade Diversion Effect）是低效率成员国在享受歧视性关税带来的区内贸易增加的同时所遭受的福利损失。低效率成员国 H 国在加入关税同盟后，虽然会享受贸易转移带来的好处，但可能导致由于对外的统一关税歧视，H 国只能进口同盟伙伴国 P 国的产品，而 P 国产品的价格高于世界市场的价格，并且这一转变使 H 国失去了原来进口世界市场产品的关税收入。这一贸易从价格和成本都较低的世界市场转移到价格和成本都较高的成员国 P 国所带来的损失，就是贸易转移效应。这一效应也包括了两方面的内容：一是 H 国用伙伴国 P 国相对较高成本的产品替代了世界市场上的低成本产品，进口产品的成本相对增加；二是这种高成本产品替代低成本产品的转换抑制了 H 国国内消费者的消费需求，使消费者剩余减少。这两种效应综合起来就是贸易转移效应带来的福利损失。贸易转移效应的大小与伙伴国同非伙伴国产品之间的成本差异有关,差异越大,贸易转移效应越大。

据此,维纳提出了衡量关税同盟总体效果的维纳标准——即以该关税同盟产生的所有正向的贸易创造效应和负向的贸易转移效应之和作为判断标准,和为正则说明贸易创造效应大于贸易转移效应,该关税同盟的建立就有利,否则为不利。但是他也据此提出,就算关税同盟让所有成员国获利,对非盟国而言福利也有损失。因此这不是一种帕累托改进,而是一种次优选择。

(二) 贸易创造型关税同盟与贸易转移型关税同盟

在之前的内容中提到,关税同盟的效果可以用贸易创造效应与贸易转移效应孰大来区分,贸易创造效应大于贸易转移效应,该关税同盟的建立就有利,否则为不利。贸易创造效应大于贸易转移效应的关税同盟也被称为贸易创造型关税同盟,反之被称为贸易转移型关税同盟,下面用两个简单的图形分析例子来说明两种类型关税同盟的表现。

1. 贸易创造型关税同盟

贸易创造型关税同盟的分析如图 3-1 所示。假定两个国家 H 和 P,两国生产同一种产品,该产品在 P 国国内市场的价格为 1 元,而在世界市场上自由贸易的价格为 1.5 元。D_X 为 H 国对该产品的需求曲线,S_X 为 H 国对该产品的供给曲线。假设在关税同盟成立之前,该产品在 H 国国内生产成本较高,国内市场的价格为 2 元。H 国对该产品消费量为 50,本国的国内供给量为 20,需求缺口 30 由 P 国出口提供,价格为 1 元,这样 H 国政府的税收为 30 元。同时假设从世界市场进口的价格高于 2 元,H 国不会从世界市场进口该产品。现在 H 国和 P 国成立关税同盟,两国统一了对外关税,并且 P 国向 H 国进口不再需要缴纳关税。由于这些同盟政策优惠,来自 P 国的供给提升,H 国该产品的价格降为 1 元,国内消费增加到 70,其中国内供给为 10,来自 P 国进口为 60。根据定义,三角形 CJM 代表低成本进口产品替代国内高成本生产的生产效应(狭义贸易创造效应),三角形 HNB 代表低成本进口产品刺激国内需求的消费效应,两者之和就是关税同盟的贸易创造效应。此时,虽然国家的税收收入消失了,但是获得了生产效应和消费效应所代表的贸易创造效应,其收益为15。另外,国内生产者虽然受到损失,但是这部分损失转移给了消费者成为福利,是H国国内福利的转移,由梯形 AGJC 来表示,H国整体并没有受到损失。此例中关税同盟没有贸易转移效应,因此关税同盟贸易创造效应对H国的净收益为15。

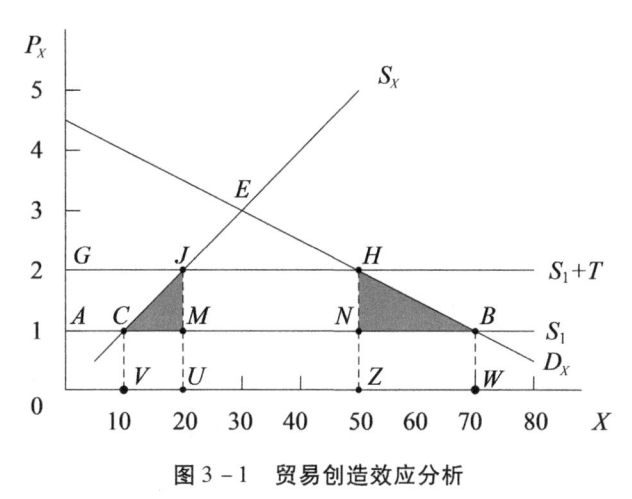

图 3-1 贸易创造效应分析

资料来源:Salvatore D:《国际经济学》,杨冰译,清华大学出版社2008年版。

2. 贸易转移型关税同盟

贸易转移型关税同盟的分析如图 3-2 所示。仍旧假定有两个国家H和P,两国生产同一种产品,该产品在P国国内市场的价格为1.5元,而在世界市场的价格为1元。D_X 为H国对该产品的需求曲线,S_X 为H国对该产品的供给曲线,国内含关税市场价格为2元。为了便于分析,假定该产品在世界市场上和在P国的供给是完全弹性的,S_1 和 S_3 分别表示世界市场和P国在自由贸易条件下的完全弹性供给曲线。关税同盟成立前的情况与贸易创造效应分析中一致,H国政府仍然拥有30元的关税收入,只不过由于世界市场的价格更低,在这种情况下H国的需求缺口是由世界市场提供而非P国。假设H国与P国成立关税同盟,H国国内市场的价格变为1.5元,国内市场的需求为60,供给为15,需求缺口45由P国的进口商品提供,进口价格为1.5元。根据定义,三角形 $C'J'J$ 和 $H'B'H$ 之和为贸易创造效

— 47 —

应，其收益为3.75元，而贸易转移效应为高成本同盟内进口替代世界市场进口的损失，由矩形 $MNH'J'$ 表示，其损失为15元。因此关税同盟的建立使 H 国贸易转移效应大于贸易创造效应，遭受了 11.25 元的损失。

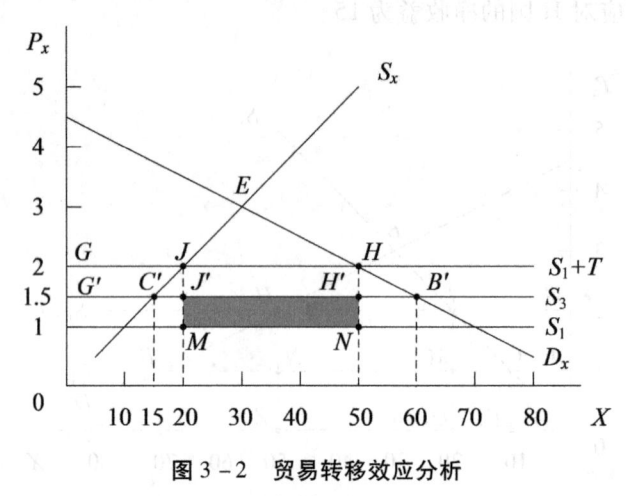

图 3-2 贸易转移效应分析

资料来源：Salvatore D：《国际经济学》，杨冰译，清华大学出版社2008年版。

（三）贸易创造型关税同盟的条件

在了解了贸易创造型关税同盟与贸易转移型关税同盟的表现之后，需要考虑的一个问题是，贸易创造大于贸易转移效应的贸易创造型关税同盟是否有一般性的特点。如果可以将贸易创造型关税同盟的特点进行一般性归纳，那么其政策和实践意义就会非常明显了。

当前已经有许多经济学家对此做过一些概括，但是不同的案例背景、实际数据等因素还是会导致不同的分析结果，可供参考的一般性归纳并不多。罗伯森（Robson）[①] 将争议较小的一般性结论进行了总结，他认为贸易创造型关税同盟有以下特点：

（1）关税同盟所涵盖的区域越广泛，所包含的成员国数量越多，那么相对于贸易转移的效果而言，贸易创造的规模将会越大，占据主导的地位。

---

① 彼得·罗伯森：《国际一体化经济学》，上海译文出版社2001年版。

（2）贸易效应的表现与关税同盟建成前后同盟国之间的平均关税水平的相对高度有关，如果结成同盟之后平均的对外关税水平有所降低，那么关税同盟更可能趋向于贸易创造效应，反之如果同盟之后平均的对外关税水平有所提高，那么更可能出现贸易转移。

（3）成员国之间的经济活动竞争性越强，所生产产品的范围与种类越是相似，那么关税同盟就越有可能引发贸易创造效应。这是因为同盟国之间的经济活动重合的部分越多，资源配置调整的空间和可能性也越大，而这正是贸易创造效应的来源。

（4）对于各成员国的同类型产业而言，不同成员国受到关税同盟保护的同类产业、同类产品的单位生产成本差异越大，越容易引发贸易创造效应。这同样是因为，越大的生产成本差异，越能提高资源配置效益。

此外，萨尔瓦多（Salvatore）等学者认为，成员国在成立关税同盟之前贸易壁垒较高、成员国与其他国家之间的贸易壁垒较低、成员国之间的地理位置比较接近，不会因为运输成本而形成贸易转移、潜在同盟成员国之间的经贸往来较多，也会使贸易创造的规模大于贸易转移。

但是如同维纳（Viner）在《关税同盟问题》一书中写到的，要对这些相互矛盾的因素之间的总体平衡做出令人信服的判断，就不能仅针对一般的、抽象的关税同盟进行研究，而应该针对特定的对象，以透彻的经济分析为基础，判定不同情况下不同要素的权重，对各种有理有据的预测加以合理的判断[1]。这一评论在如今的研究中依然适用。

三 一体化中的贸易动态效应

瓦伊纳提出关税同盟的贸易创造与贸易转移理论之后，这一理论就成为研究区域经济一体化的主流理论。但是随着研究的深入，出现了许多对该理论的批评与修正，主要的批评表现在以下几方面：一是

---

[1] Viner J, *The Customs Union Issue*, New York: Carnegie Endowment for International Peace, 1950, p. 52.

难以用于实证分析；二是忽视了关税同盟的动态效应；三是割断了与经济增长的联系。

其中，对于贸易静态效应无法涵盖贸易效应全部影响的讨论日趋激烈。许多学者都提出了应当重视一体化中的贸易动态效应的观点。Balassa[1]等学者认为关税同盟的动态效应与其静态效应相当，甚至于过之。

为克服传统关税同盟理论的缺陷，一些学者将传统理论加以扩展，以弥补原有理论的不足。他们强调区域经济一体化的一系列动态效应，包括规模经济、促进竞争、扩大市场、有效扩展投资、扩大出口、改善贸易结构、实现产业结构调整、促进经济增长等，贸易动态效应主要包括外部贸易创造、贸易重整、贸易结构调整、成本下降和贸易抑制等效应。为了实现对动态效应的分析，学者们将贸易条件、规模经济等因素纳入了一体化贸易效应的分析模型之中，相关内容将在本章第四节中体现。

第二节 贸易静态效应的局部均衡分析

在第一节中我们对一体化中贸易效应的思想及表现做了简单的阐述，并对贸易创造型和贸易转移型关税同盟的表现进行了分析，其中的分析方法与思路可以运用到贸易效应的局部均衡分析之中。但第一节中的分析只是两个简化的模型，具体的模型分析要更加复杂。本章的后续内容我们将从静态局部均衡、静态一般均衡和动态模型分析的角度分别对一体化的贸易效应进行分析。在本节中，我们将对一体化中的贸易效应进行局部均衡的分析。

一 局部均衡下关税同盟中的静态贸易效应分析

局部均衡下关税同盟中的贸易效应，实际上就是通过单一产品市场的均衡分析来研究关税同盟对资源配置的福利影响。与维纳的例子

---

[1] Balassa B, *The Theory of Economic Integration*, London: Allen and Unwin, 1962.

中一样，这里仍然需要用到三个国家进行分析。假定 H、P 两国结成一个关税同盟，而 N 国为同盟外的第三国，代表外部世界。在这里采用的是静态分析的假定，国内市场完全竞争，外部世界贸易的供给价格完全弹性，且不考虑规模收益递增和贸易条件效应，这些假定将在后续动态效应的分析中被放松。图 3-3 显示的是关税同盟建立前后的福利变化。

图 3-3 的左图表示 P 国的国内市场状况，D_P 表示 P 国对该产品的需求曲线，S_P 表示 P 国对该产品的供给曲线。类似地，右图中 D_H 表示 H 国对该产品的需求曲线，S_H 表示 H 国对该产品的供给曲线，而 $S_H + M_P$ 表示关税同盟成立之后 H 国对于该产品的供给曲线，由原供给曲线与从 P 国进口的供给曲线合并而来。假定 H 国从 P 国进口该产品是免关税的，W 表示该产品在世界市场的价格，即来自第三国 N 的该产品在 H、P 两国的供给价格，这一价格为一个常数。H、P 两国在关税同盟成立之后统一了对外的关税水平。根据关税同盟成立之前 H、P 两国关税水平的不同，关税同盟成立之后的贸易效应可以分为以下三种情况。

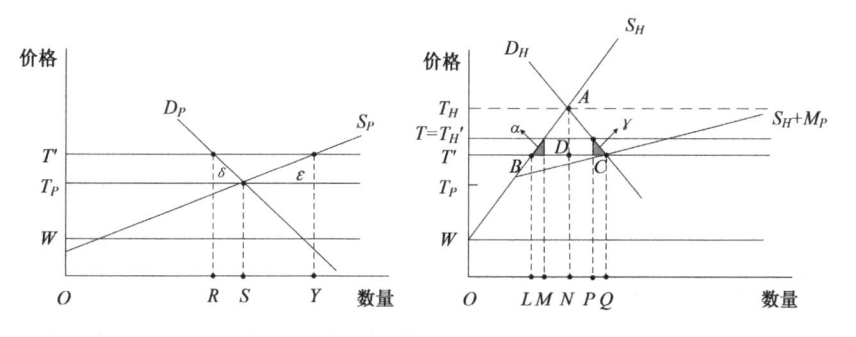

图 3-3 关税同盟建立前后的福利变化

资料来源：Robson P：《国际一体化经济学》，戴炳然等译，上海译文出版社 2001 年版。

（1）第一种情况（取成员国平均关税）。在关税同盟成立之前，两国的国内需求完全由国内的生产来供给，即 H 国国内市场均衡为 A 点，产品价格为 T_H，国内供给量和消费量均为 ON。H 国的关税为 WT_H（即 $T_H - W$，之后与价格相关的表示与此相同），高于 P 国的关

税 WT_P（即 $T_P - W$）。如果两国结成关税同盟后，对外统一关税确定方法为两国关税的平均值，也即 $T = \frac{1}{2}(T_H + T_P)$，那么新的统一对外关税为 WT。但是这一关税对 H 国无效，因为产品价格为 T 时，对结成同盟后供给曲线为 $S_H + M_P$，需求曲线为 D_H 的 H 国来说，供给会大于需求。因此关税应确定为此时 H 国国内的实际价格，即供给等于需求的 T'，H 国的本国消费将从 ON 增加到 OQ，而其国内生产则将从 ON 减少到 OL，进口数量为 NQ。P 国则将会生产 OY，消费 OR，向 H 国出口 RY，其中 $RY = LQ$。这部分就成为了关税同盟成立之后新增加的贸易。

在这种情况下，应视为关税同盟新增加的贸易对 H 国产生了贸易创造效应。与之前相比，H 国从 P 国进口较低成本产品，减少了国内的高成本生产，降低了成本或者说节约了资源，优化了资源配置，可用三角形 ABD 面积来表达。这部分的影响可以称为生产效应，或狭义的贸易创造效应。另外，与一体化之前相比，H 国增加的该产品的消费量实际上是由与 P 国新增加的贸易提供的，低成本的进口增加替代高成本国内产品带来的消费者剩余为 ADC，这部分可以成为消费效应。生产效应和消费效应之和，即三角形 ABC 的面积就是关税同盟带来的贸易创造效应的总福利。这也是广义或者一般意义上的贸易创造效应。关税同盟结成之后，对 H 国的影响还有一部分生产者剩余转移为了消费者剩余，即梯形 $T'BAT_H$ 的面积。虽然对生产者有一定的损失，但是这种剩余是 H 国的内部转移，从 H 国的整体看没有产生损失。因此 H 国整体的资源配置效率获得了提升。对 P 国来说，其开始是一个自给自足的状态，关税同盟的结成提升了其国内的产品价格水平，消费者剩余的损失为 δ，但同时，由于增加生产并对 H 国出口引发了一个生产效应，其大小为 ε。由于 SY 明显大于 RS，因此生产效应带来的收入将大于国内消费减少的损失，关税同盟对于 P 国也是有利的。对外部世界 N 国来说，关税同盟结成前后世界价格都低于同盟国国内价格，因此同盟国与 N 国的贸易在关税同盟结成前后没有变化。在这种情形下，关税同盟的贸易效应引起的资源配置改善，仅与同盟国内部相关，并且同盟国都获得了比关税同盟结成之前更好的状况。

(2) 第二种情况(初始中等关税)。假定未结成关税同盟之前 P 国的关税为 WT_P，H 国的初始关税为 WT_H'，低于情况一的初始关税，T_H' 的值等于情况一中的 T。那么此时与第一种情况相比，P 国在关税同盟成立之前仍然是自给自足的状态，但是 H 国的国内市场价格由 T_H 变为了 T_H'，国内需求 OP 无法由国内供给 OM 满足，因此 H 国需要从外部世界进口总量为 MP 的商品才能满足需求。这样一来，在关税同盟结成之前 H 国的关税收入即为 $WT_H' \times MP$。

在这种情况下，两国成立关税同盟，假定对外关税为 WT'。与第一种情况类似，H 国的供给曲线为 $S_H + M_P$，增加了来自 P 国的进口供给，H 国的国内市场价格将降为有效价格 T'，国内生产会降低为 OL，国内需求会增加到 OQ，这部分增加的需求将会由与 P 国的贸易来满足。国内生产由 OM 降为 OL，使成本较低的进口产品替代了成本较高的国内产品，带来了资源的节约和成本的下降，这部分效应可以用阴影部分的小三角形 α 表示，而进口替代产品带来了消费的增加，引发了消费者剩余的增加，这部分效应可以用阴影部分的小三角形 γ 表示。α 与 γ 之和即为关税同盟贸易创造效应形成的总福利增加。但是需要注意的是，在关税同盟下，不仅是新增加的进口，H 国原本从 N 国的进口也转为从 P 国进口。这就带来了 H 国支出的增加，其大小为 $MP \times WT'$，这是关税同盟产生的贸易转移效应。对于 H 国来说，关税同盟既带来了贸易创造的收益，也有贸易转移的损失，需要比较两者的大小来确定关税同盟的总效应如何。如果贸易创造效应大于贸易转移效应，那么关税同盟对 H 国就是有利的，这种主要带来贸易创造效应的关税同盟也被称作贸易创造型关税同盟。但是在图中这种情况下，显然贸易转移效应大于贸易创造效应，因此关税同盟的成立对于 H 国来说是有损失的。对 P 国来说，其分析与第一种情况相同，是有益的。对外部世界 N 国来说，它与 H 国的贸易量减少，但是由于供给曲线被假定为完全弹性，因此贸易减少对外部世界的影响可以忽略不计。只是从贸易平衡的角度来看，关税同盟与外部世界贸易减少，内部贸易增加，产生了贸易转向的效果。

(3) 第三种情况(对标成员国高关税)。假定 H 国在关税同盟结

成之前的关税为 $WT_H' = WT$，产品完税后的价格为 T，P 国的初始关税为 WT_P，产品完税后价格为 T_P。现在假定 H、P 两国结成关税同盟的对外统一关税不再是情况二中的 WT'，而是 P 国将关税提升到与 H 国相同的 WT_H'，即关税同盟的平均贸易保护水平提高了。在这种情况下，H 国的生产和消费量都没有发生变化，关税同盟的成立只是将 H 国原本从 N 国进口的产品等量地替换成了从 P 国进口的产品，这是纯粹的贸易转换。对于 H 国来说这仍然会产生损失，因为 P 国产品的成本要高于 N 国，其损失由关税的损失表示，即 WT_P 与被替换商品数量 MP 的乘积。对于 P 国来说，对它的影响仍然与情况一中的分析相同。但是这种情况下 H 国没有获得贸易创造的收益，关税同盟对它的影响只有关税的净损失，因此从整体来看，这种情况对 H、P 两国的总影响是三种情况中最不利的一种。对于外部世界 N 国来说，与情况二的分析相同，它与 H 国的贸易量减少，但是由于供给曲线被假定为完全弹性，因此贸易减少对外部世界的影响可以忽略不计。

以上三种情况的分析虽然也是特例的分析，但是这种分析方法可以用于其他类似情况的关税同盟分析。对关税同盟的局部均衡分析存在着贸易格局的不对称现象，因为关税同盟的成员国在同盟成立后就没有与外部世界国家产生贸易了，但是关税同盟对成员国的福利影响却又取决于一国与同盟外的国家进行贸易的情况。因此单一产品的分析存在一定的局限性，这一问题将在后续一般均衡的内容之中进行分析。

二　局部均衡下自由贸易区中的静态贸易效应分析

在进行一般均衡分析之前，我们首先对自由贸易区与关税同盟中的贸易效应做一个对比分析。传统的一体化经济学大多数以关税同盟作为理论分析的框架，但是随着自由贸易区（Free Trade Area）的兴起，实践中国家之间的一体化更多的是采取自贸区的形式，因此学者们开始研究如何衡量自贸区的贸易效应。

（一）自由贸易区的特点

自由贸易区是指签订自由贸易协定的成员国通过对绝大多数商品

取消商品贸易中的关税和数量限制，使商品在各成员国之间可以自由流动，但各成员国仍保持各自对来自非成员国进口商品限制政策的一体化形式。自由贸易区和关税同盟有许多相似之处，但也存在本质性区别。

首先，对从世界其余地区进口的产品，成员国各自有权决定关税的税率，而不像关税同盟那样同盟国有着统一的对外关税。其次，自贸区需要借助原产地规则（Rule of Origin）计征关税，只有达到原产地证书要求的产品才能适用区内的自由贸易税率。自贸区原产地规则的主要目的是避免贸易偏转（Trade Deflection）的发生。贸易偏转是指自贸区内的国家利用成员国之间的关税差异，从自贸区外关税最低的国家进口商品，而后在其他成员国销售。这不仅会造成贸易流量的偏转，而且会对自贸区内其他国家造成损失与不公平竞争，导致关税较高的国家难以有效调控区外进口。

虽然自贸区与关税同盟存在着本质差别，但是自贸区的成立也会带来贸易创造和贸易转移效应，这意味着自贸区也可以采取与关税同盟类似的方法进行分析。罗伯森首次将关税同盟中分析贸易效应的方法引入自贸区的分析之中。[1] 本节参考罗伯森的分析，首先探讨自贸区对单个国家的影响，之后对自贸区与关税同盟的贸易效应加以比较。

（二）从单个成员国的角度分析

我们以两个国家 H 和 P 为例，站在 H 国的角度进行分析。假定两国对某种产品实施不同的关税，该产品在两国国内是完全生产的状态，所有原料、配件等均不需要进口。P 国实施的关税较低，为 WT_P，H 国的关税高于 P 国，为 WT_H。

两国建立自贸区之后，自贸区内将启用原产地规则，以避免世界其他国家的该产品通过 P 国流向 H 国，这就意味着两国贸易中只有原产于两国国内的产品才能够享受关税减免自由流动的待遇。这种待遇的差别是否会导致自贸区内与世界市场上该产品价格产生差异还不能确定，需要视具体情况而定。图 3-4 展现了两国成立自贸区的

---

[1] 彼得·罗伯森：《国际一体化经济学》，上海译文出版社 2001 年版。

影响。

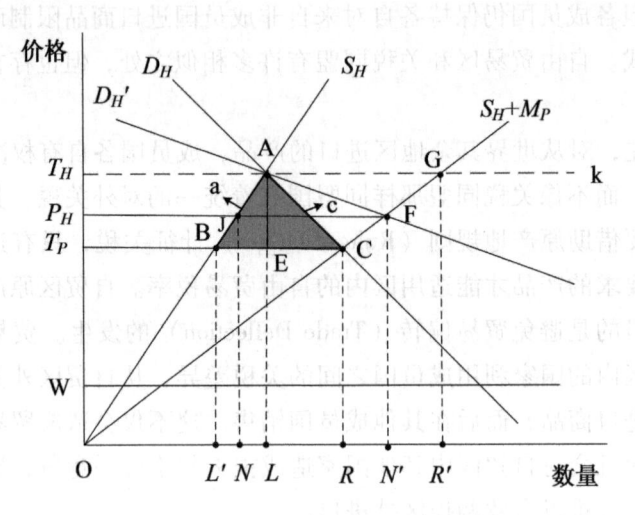

图 3-4　自贸区对单个成员国的影响

资料来源：Robson P：《国际一体化经济学》，戴炳然等译，上海译文出版社 2001 年版。

为了简化分析过程，假设自贸区成立之前 H 国的关税是禁止性的，没有任何进口，该产品在 H 国国内自给自足。此时 H 国的供给曲线是 S_H，关税为 WT_H，该产品在 T_H 的价格水平上产量为 OL。P 国关税为 WT_P，其供给曲线与 H 国供给曲线的水平加总为自贸区成立之后 H 国面临的供给曲线。W 代表世界市场的供给价格。

现在考虑自贸区建成之后的情形。首先，在建成自贸区之后，只要整个自贸区的贸易仍为净进口的状态，那么在 H 国国内流通的原产于自贸区内的该产品价格就永远不会下降到 T_P 以下。但是产品价格也不会超过 T_H，其中 $T_H = W + WT_H$，即世界市场价格加上 H 国的关税，这也是 H 国的保护性关税。对于 H 国而言，该产品的供给曲线就变为了 T_P 与 T_H 之间的部分，即 $T_PBECFGK$ 这样一条折线。

其次，在自贸区内，P 国愿意供给的数量取决于价格水平，即由 H 国的需求曲线决定。图 3-4 考虑了两种可能性，H 国的需求曲线分别为 D_H 和 D_H' 情形。

当 H 国的需求曲线为 D_H 时，该产品在 H 国的国内市场均衡价格

为 D_H 曲线与自贸区供给曲线 $T_PBECFGK$ 的交点 C 的价格，即 T_P。在这一水平上，P 国将会对 H 国提供 $L'R$ 数量的出口商品，H 国的国内生产由 OL 减少为 OL'。与关税同盟中类似，三角形 a（即 ABE）代表高成本国内生产减少带来的资源节约和成本下降，三角形 c（即 ACE）代表自贸区贸易商品替代高成本国内产品所产生的消费效应，两者之和即为自贸区对 H 国产生的贸易创造效应收益。

而当 H 国的需求曲线为 D_H'（在 T_H 的价格水平上更具弹性）时，H 国的国内市场均衡价格（P_H）将更接近于价格的可能上限（T_H）。此时，H 国对该产品的消费将会是 ON'，其中国内生产的供给为 ON，而从 P 国进口的产品量为 NN'。此时贸易创造效应仍然可以分解为成本下降和消费效应两部分，其总和相当于 S_H、D_H' 以及水平的价格线 P_H 围成的小三角形的面积（即 AJF）。可以看出，当需求曲线的斜率不同时，贸易创造效应的大小也有所不同，比较两者代表效应大小的三角形的面积就可以比较两种情况下贸易创造效应的大小。

总体而言，在自由贸易区中，H 国可以从 P 国以高于 T_P 的价格进口该产品，直到 P 国的供给能力达到饱和，此时如果 P 国自身出现了消费的缺口，则会选择从世界其他国家进口该产品弥补缺口。无论最终 H 国国内该产品的市场价格达到多少，由于 P 国是从其他国家进口该产品，其国内的市场价格将保持在 T_P 以下。在这种情况下，P 国最终的贸易结果仍然是以区外产品替代区内产品，贸易的这种变化被称为间接贸易偏转（Indirect Trade Deflection），并且这种偏转无法通过自贸区的原产地规则加以限制或消除。间接贸易偏转的影响将在下面自贸区的两国模型中进行分析。

（三）自贸区的两国模型分析

图 3-5 和图 3-6 展示了一种给定产品在 H 国和 P 国的供求状况。W 表示世界市场的供给价格。在自贸区建成之前，P 国的关税处于 WT_P 的相对较低水平，该产品的完税价格为 T_P。图 3-5 和图 3-6 是两个不同案例情况下的分析，每张图中都对自贸区模式下两国的情况和关税平均化的关税同盟下两国的情况进行了分析和比较。

1. 图 3-5 是案例一的情况。假设 H 国与 P 国的需求状况是类似的，但是 H 国的生产效率相对比较低，而 P 国的供给曲线具有相对弹性，对 H 国而言 P 国的产品相对具有竞争力。尽管 P 国的产品在产量大于 OL'' 时高于世界市场的供给价格 W，但依然相对具有竞争力。

(a) 自由贸易区

(b) 关税平均化的关税同盟

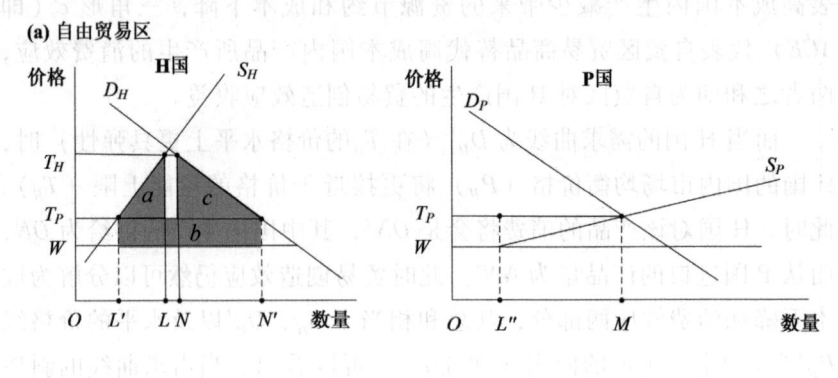

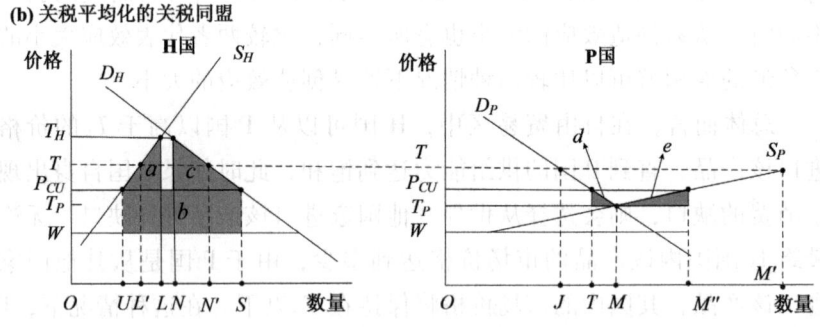

图 3-5 自贸区的两国模型（1）

资料来源：Robson P：《国际一体化经济学》，戴炳然等译，上海译文出版社 2001 年版。

在自贸区建成之前，P 国在 T_P 的价格水平下消费 OM 数量的产品，并且所有供给都来自国内，自给自足，没有进口。H 国在 T_H 的价格水平下生产 OL 而消费 ON 的商品，其中的差额 LN 以价格 W 从世界市场上进口，H 国的关税收入为 $LN \times WT_H$。

若 H 和 P 两国结成自由贸易区，当区内市场价格为 T_P 时，H 国国内产量减少为 OL'，但是需求增加至 ON'。从自贸区区内来看，区内产品的供给量（$OM + OL'$）小于该价格水平下区内对该产品的需求量（$OM + ON'$），但是需求的缺口 $L'N'$ 小于该价格下 P 国的供给能力。另外，自贸区的原产地规则排除了更低成本的供给来源，因此在这种情况下，P 国将出口 $L'N' = L''M$ 数量的产品给 H 国，国内市场的供给为 OL''，剩余的本国过剩需求 $L''M$ 则以价格 W 从世界其他地区进口。此时，自贸区内存在一种单一均衡价格，这一价格等于建立自贸区之前价格较低成员国的价格水平。

此时，对于 H 国来说，生产效应（狭义的贸易创造）a 和消费效应 c 的总和代表总的贸易创造效应，而小矩形 b（$L'N' \times WT_P$）代表以伙伴国产品替代原来进口所产生的费用，也即自贸区贸易转移效应的损失。在这种情况下，贸易创造效应的福利要大于贸易转移效应的损失。另外，成本 b 与自贸区建成以前关税收入 $LN \times WT_H$ 的差额也是一部分损失，但是这部分表示从国库向消费者的福利转移，属于 H 国内部的转移，而并非实际的损失。对于 P 国来说，国内生产和消费的数量都和以前一样，价格也均为 T_P 没有发生变化。但是由于国内需求缺口由外部世界进口代替，P 国政府拥有了关税收入，其总量为 $L''M \times WT_H$，因此 P 国的国民收入增加了。对外部世界国家而言，现在的出口量 $L''M$ 远大于自贸区成立之前的水平 LN。因此不管是建立自贸区的两国还是世界其他地区，自由贸易区的建立都带来了情况的改善。

案例一的关税同盟情况在之前的小节已经进行了分析，即价格为 T 时同盟的供给将大于需求，关税同盟的外部共同关税仅仅会形成价格上限，而不会起到实质性的作用。均衡价格将会是供求相等时的 P_{CU}。此时虽然与自贸区的情况下相比狭义的贸易创造效应 a 要小一些，但是总体的贸易创造效应（生产效应 a 与消费效应 c 之和）仍然超过贸易转移效应 b，关税同盟对于 H 国仍然是有利的。

自贸区与关税同盟情况下的首要差异针对 P 国。在关税同盟的情况下，P 国消费者将承受以 d 表示的消费损失，而生产者虽然会得到收益，但是仍然会出现以 e 表示的生产损失。而在自贸区情况下，P 国不存在消费和生产效应的损失，并且政府还获得了关税收入，而这一收入比关税同盟下 P 国的净收益还多。而对外部世界而言，关税同盟实际上排除了区内国家与世界其余地区的贸易，但是自贸区却增加了整个世界的贸易量。考虑到这些因素，如果单纯从静态的局部均衡分析入手，自贸区的安排要优于关税同盟。

2. 图3-6是案例二的情况。案例二将考虑自贸区内产品价格的差异，仍然假设P国供给具有相对竞争力和弹性，但是与案例一的区别在于，在本例中P国无力满足H国的需求。

(a) 自由贸易区

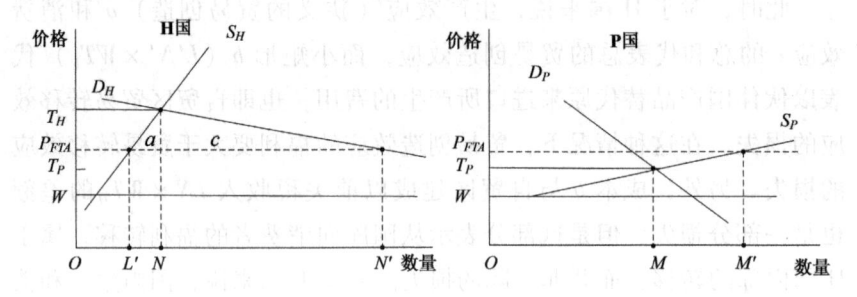

(b) 关税平均化的关税同盟

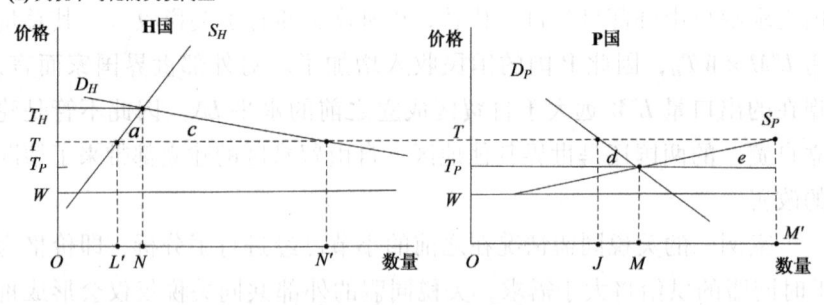

图3-6　自贸区的两国模型（2）

资料来源：Robson P：《国际一体化经济学》，戴炳然等译，上海译文出版社2001年版。

在自贸区成立之前，假设两国都实施排他性关税，国内市场自给自足，即P国生产和消费量均为OM，H国生产和消费量均为ON。此时如果建立自贸区，在T_P的价格水平上，H国国内市场的需求缺口大于P国的国内供给极限，P国无法向H国提供足够的贸易产品。因此，在这种情况下自贸区内的均衡价格为H国国内市场需求等于P国全部供给，即$L'N' = OM'$时的价格，这一价格水平为P_{FTA}。但同时，P国的价格又不可能会超过可能从世界其他地区进口商品的价格水平T_P，因此自贸区内存在两种均衡价格。在这种情况下，H国将获得狭义贸易创造效应 a 和消费效应 c 带来的贸易效应的收益，P 国不会产生其他的额外支出或成本，但是政府将获得矩形 $OM \times WT_P$ 的关税收入，这部分增加的政府收益说明 P 国的国内收入获得了增加。

而如果 H 国和 P 国结成关税同盟，关税同盟的统一对外关税将发挥其作用，同盟内的供给和需求将在关税的价格水平上基本均衡，这一均衡价格比自由贸易区的情形下略高。H 国仍然存在贸易创造效应，P 国生产者也仍然会因为以较高价格向 H 国出口而得到收益，但是 P 国也仍然存在生产和消费的负效应（以 d 和 e 表示）。P 国在关税同盟下的净效应为正，关税同盟是有利的，但是这一净效应仍然小于自贸区情形下的净效应。

这两个案例的对比说明，无论 P 国的供给是否能满足 H 国的需求缺口，关税同盟与自贸区相比仍然是一个次优的安排。而根据罗伯森等学者的结论，假定不考虑特定的市场条件，这一结论可以广泛适用于关税平均化的关税同盟和自由贸易区之间的比较研究。

3. 中间产品的差异。必须强调的是，上述这些关于自贸区与关税同盟的比较研究，针对的都是最终产品的关税和贸易。自贸区的原材料和中间产品可能存在着显著的关税差异，这种差异将造成自贸区内生产模式的扭曲。具体而言，如果各国的加工成本相差较小，那么自贸区的区内生产将倾向于集中在原材料和中间产品关税最低的国家，但关税最低国家的生产率是高还是低却不一定，从而这种生产扭曲可能会对结果形成不同影响。

在此，用一个案例对中间产品的差异进行说明。考虑进口原材料、中间产品等投入的贸易和关税不同的情况，并采用代数方法进行说明。对于在成立自贸区之前生产同一产品的 H、P 两国，假设 P 国的生产效率要高于 H 国，而 H 国对来自 P 国的该产品征收禁止性关税[①]，即

$$P_H > P_P \tag{3.2.1}$$

[①] 禁止性关税是保护关税的一种，指对某些商品加重课征，使之进口减到很低水平的一种关税。当一种关税课征以后，使得进口货物的售价大大高于国内同类商品，从而使其失去竞争能力，通常称该种保护关税为禁止性关税。征收禁止性关税大都用以保护国内生产者以免受到毁灭性的国外竞争，或者用以报复其他国家的类似行为。

$$P_H \leq P_P(1 + T_H) \qquad (3.2.2)$$

其中 P_H、P_P 分别为两国的产品价格，T_H 为 H 国对 P 国产品征收的关税税率。假设 H、P 两国国内均为完全竞争的市场，H、P 两国的生产成本包括国内生产要素的成本和从外部世界进口的原材料和中间产品的成本，那么

$$P_H = Q_H P_H^* + Q_H^* P_N^*(1 + T_H^*) \qquad (3.2.3)$$
$$P_P = Q_P P_P^* + Q_P^* P_N^*(1 + T_P^*) \qquad (3.2.4)$$

其中，Q_H 表示 H 国生产该产品所用的本国生产要素的数量，P_H^* 表示本国生产要素的价格，而 Q_H^* 和 P_N^* 分别表示生产该产品从外部世界 N 国进口的原材料和中间投入品的数量和价格，T_H^* 为 H 国向外部世界国家进口征收的关税税率。P 国成本价格中各变量的含义与 H 国类似。

现在假定 H、P 两国成立自由贸易区，两国将在自贸区内部自由交易，且产品将会由生产成本较低的 P 国生产，H 国将从 P 国进口该产品。将式 (3.2.3) 和式 (3.2.4) 代入式 (3.2.1)，则有

$$Q_H P_H^* + Q_H^* P_N^*(1 + T_H^*) > Q_P P_P^* + Q_P^* P_N^*(1 + T_P^*)$$
$$(3.2.5)$$

由于自贸区成员国的对外关税可以有所不同，那么 H 国可以调整从外部世界进口原材料和中间产品的外部关税税率 T_H^*，并使不等式左边的值小于右边，即 H 国国内生产的效率高于 P 国，则该产品在自贸区内就会从 P 国转移到 H 国生产，这就是前文中提到的生产扭曲，或者称之为自贸区中的生产偏移现象。当然，如果 T_H^* 的调整幅度不够大，或者是 P 国调低了对外关税 T_P^*，从而不等式的符号没有改变，那么该产品就会仍然在 P 国进行生产，原材料和中间产品关税的差别就没有对自贸区的生产产生影响。因此如前文所述，原材料和中间产品关税的差别对自贸区生产的影响也需要视具体情况而定。

第三节 贸易静态效应的一般均衡分析

在第二节中，我们采用局部均衡的分析框架对一体化中的静态贸

易效应进行了分析。但局部均衡关注的是单个市场的均衡，在分析的对象上具有一定的局限性，并且对现实问题的解释力不强，客观上需要建立一种更为一般的分析框架来研究地区经济一体化所产生的静态经济效应。维纳之后的西方经济学家将一般均衡的分析方法引入到一体化理论的研究当中，形成了现代静态一体化理论，即现代地区经济一体化理论。与局部均衡的单一市场分析不同，一般均衡注重的是经济体中所有商品和劳务市场之间的均衡关系。在这个分析框架中，商品需求和供给有相互替代性，且贸易国家所有互相联系着的商品和劳务市场会不断调整，这就对局部均衡中伙伴国、世界其他国家的供给和价格的状况进行了扩展。本节将首先从要素市场和产品市场的共同均衡入手进行分析。

一　要素市场与产品市场的共同均衡

一般均衡分析与局部均衡分析最大的区别就在于将要素和产品各个市场一起纳入了分析的框架之中，这种各市场共同分析的方法更贴近现实也更有说服力。但是将要素市场和产品市场共同分析需要考虑的一个问题是，要素市场一体化和产品市场一体化之间存在潜在的替代效应。

（一）要素市场一体化和产品市场一体化的相互替代效应

1. 要素零流动下产品市场一体化对要素市场一体化的替代

首先分析要素零流动的情况下，产品市场一体化对要素市场一体化的替代效应。这里主要假定资本等要素无法在国家间自由流动，即不进行对外直接投资等促进资本流动的活动。在这种情况下，产品贸易可以通过自身的途径达到与资本等要素流动同样的效果，原因如下。

以资本为例，要素在国家间自由流动的主要结果是要素价格的均等化，即资本价格在各国间趋向于一致。这种效果可以通过图3-7进行说明。

现在分析要素不流动时产品贸易的替代效应。假设两个国家H和P的资本要素禀赋不同，H国是资本要素稀缺国，而P国是资本要素丰裕国，因此在P国国内资本要素的价格低于H国。他们在生产

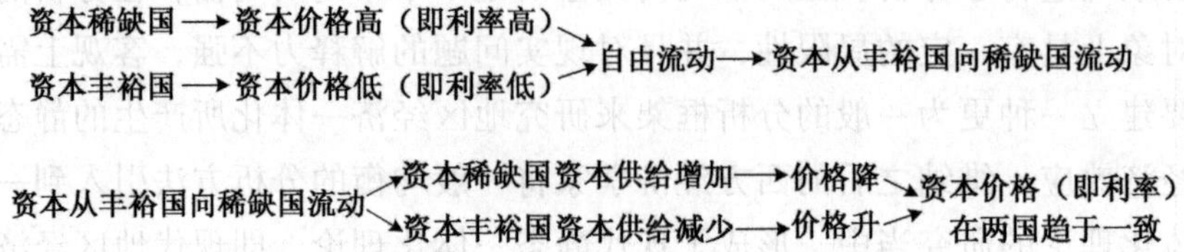

```
资本稀缺国──→资本价格高（即利率高）
                                    ↘
                                     自由流动──→资本从丰裕国向稀缺国流动
                                    ↗
资本丰裕国──→资本价格低（即利率低）

                         资本稀缺国资本供给增加──→价格降
                                                      ↘  资本价格（即利率）
资本从丰裕国向稀缺国流动                                  
                         资本丰裕国资本供给减少──→价格升↗  在两国趋于一致
```

图 3－7　自由流动下资本要素价格均等化过程

资料来源：田青：《国际经济一体化：理论与实证研究》，中国经济出版社 2005 年版。

某种资本密集型产品 X 时生产技术和其他要素投入的状况是相同的。当 H 国和 P 国之间没有产品贸易，也没有要素流动，两国在国内自给自足时，产品 X 在 H 国国内的价格比在 P 国国内贵。

　　由于假设要素不能自由流动，因此当两国之间开展产品贸易时，P 国的低成本产品就将占据优势。这就会使 P 国调整生产结构，扩大 X 产品的生产，在满足本国需求后将剩余的产品出口到 H 国赚取更高的利润。而 H 国也会减少本国高成本产品的生产，甚至放弃该产品的生产，转为从成本更低的 P 国进口。这就会产生两个效应，一方面 H 国生产 X 产品需要的资本减少甚至该产品的生产不再需要资本要素，国内要素市场上资本的供给提高，价格下降；另一方面 P 国生产 X 产品需要更多的资本要素，国内要素市场上资本的供给减少，价格提升。当这两个效应的作用达到一定程度时，两国资本要素的价格就会趋于一致，从而实现了资本要素自由流动时的效果。

　　2. 产品零贸易下要素市场一体化对产品市场一体化的替代

　　仍然是 H、P 两国生产资本密集型产品 X 时的情形，同样 H 国是资本要素稀缺国，P 国是资本要素丰裕国。现在假设两国间不存在产品贸易，但是资本要素可以通过对外直接投资等方式自由流动，这种要素市场的一体化就可以实现两国间产品自由贸易的效应，替代产品市场一体化的作用，原因如下。

　　两国间产品自由贸易的效应主要是实现产品价格在两国的逐渐趋同。这是由于 X 产品由于在 P 国成本低于 H 国，在国内市场的价格也低于 H 国。当两国开展自由贸易后，H 国不断进口 P 国的低价产品，国内市场的供给不断提升，X产品在H国的价格随之下降。并且由于资本逐利的特点，只要H国存在需求缺口和价格劣势，P国就会不断为H国提供贸易产品。这就会导致P国国内市场的供给不但不会提升，反而有可能进一步减少，因为相比卖给国内市场，出口给H国可以获得更高的收益。因此，P国国内X产品的价格起码不会下降。在这两种效果的作用之下两国国内X产品的价格就会趋向于一致。

现在假设两国不存在国际贸易，但是资本要素可以通过对外直接投资等方式自由流动。由于H国是资本稀缺国，利率较高，因此P国的资本就会流入H国寻求高利率的回报。这就导致H国资本要素的供给量提升而P国资本要素的供给量下降，资本价格就会在两国国内要素市场上趋同。因为两国生产X产品的技术和其他要素投入均相同，资本价格的趋同就使两国生产X产品的成本越来越接近，产品价格也就越来越接近，最终价格相同。

综上所述，无论是要素的流动，还是商品的流动，都能推动价格均等化。从这个意义上来说，要素市场一体化和产品市场一体化似乎只需要一个即可。接下来，我们对两个市场一体化同时进行的必要性进行分析。

（二）要素市场一体化和产品市场一体化同时存在的必要性

由于关税同盟和传统一体化理论分析，都是以最终产品的贸易作为分析工具，而没有将要素市场纳入分析的框架，淡化了要素市场一体化的作用。因此在这部分的分析中，主要强调要素市场一体化为何重要。我们将从产品市场一体化情况下要素市场一体化为何必要进行分析，其中要素市场一体化以资本市场一体化为例进行分析。

1. 要素市场一体化是产品市场一体化不完全的重要补充

在之前的分析中，之所以得出产品市场与要素市场一体化似乎没有必要同时进行，前提条件是产品市场是完全竞争的。包括传统的一体化和关税同盟理论也有这样的前提假设。但是在实际中，一体化各成员国的产品市场往往是不完全竞争的，这就会产生贸易成本和风险。

产品市场一体化的贸易成本主要包括两方面内容。一是结构性贸易成本，主要包括各成员国一体化过程中由于产品贸易的激烈竞争、贸易壁垒的存在以及市场结构的差异而导致的贸易成本。二是知识性贸易成本，主要是由于地理位置、文化认同、社会法律、偏好差异、语言环境等方面的差异使一体化贸易需要支付较高的成本才能获得与生产销售决策相关的技术、信息等方面的内容。

产生知识性贸易成本的信息壁垒的存在提升了产品市场的风险，主要是信息不对称带来的生产和交易决策风险。比如不完全竞争下产品市场信息的失效会使单个生产者在交易垄断技术或中间产品时难以获得预期的收益，卖方可能由于信息滞后低估了交易价值，买方则可能由于信息滞后高估价值风险，另外对于技术和知识的买方来说，还需要承担技术转移过程中因扩散而失去价值的风险。

而要素市场的一体化不但可以降低产品市场不完全竞争造成的产品贸易障碍，从而引致高额的产品贸易成本，还可以通过技术市场一体化等方式避免信息失效的状况，使买卖双方合理配置优势资源。因此，要素市场一体化是产品市场一体化不完全的重要补充。接下来的内容以资本市场一体化为例分析要素市场一体化的必要性。

2. 要素市场一体化可以产生规模优势

资本市场重要的组织形式是跨国公司。相比于单个生产者而言，资本市场的一体化将会使跨国公司通过资本的自由流动不断扩大生产规模，并获得规模优势。这种规模优势体现于跨国公司经营的各个方面：形成内部的专业化分工，提升生产效率；形成固定和庞大的销售渠道，提升销售效果；具有更强的自信能力从而在谈判和寻租过程中占据优势，提升融资便利；避免投资被"套牢"，提升抗风险能力。要素市场一体化带来的规模优势能够让跨国公司实现集中经营，既获得垄断利润，又减少因竞争而造成的结构性成本损失。

3. 要素市场一体化可以扩张垄断优势

根据邓宁的生产折中理论，跨国公司的垄断优势主要包括三个方面：所有权优势、内部化优势和区位优势。单个生产者即使在产品市场一体化过程中通过贸易自由化获得可观利润，但是仍然需要在跨国经营中将这些优势最大化，否则就会形成浪费，无法实现利益最大化。而资本市场的一体化在建立规模优势的同时可以通过跨国公司的组建、对外投资的自由化将这些垄断优势在全球范围内扩张、延伸，从而实现经营者的利益最大化。

4. 要素市场一体化可以实现边际产业转移

按照资本市场一体化的比较利益原则，各国对外直接投资应该从本国已经处于比较劣势的产业（即边际产业）进行。而在边际产业中，也并非所有的企业都需要进行对外投资，只有那些完全处于比较劣势的边际企业才需要进行投资。这些边际企业在本国受制于市场、劳动力、成本等方面的因素限制，但是可以与具有潜在比较优势而缺少资本、技术、经验的东道国合作，将本企业的优势与东道国的比较优势相结合。这样，要素市场的一体化不仅使本国实现了边际产业转移，对边际企业和东道国也产生了有利的影响。

5. 要素市场一体化可以获得比较投资利益

资本市场一体化推动的直接投资往往不仅涉及资本的流动，还涉及诸如技术、管理水平、营销方法的资源的流动，跨国企业可以从直接投资中获得专业化生产下的其他比较投资利益和资源，从而提升跨国企业的综合实力。

6. 要素市场一体化是自然调节的结果

资本市场一体化不只是由于资本逐利而产生的，各国的自然调节也在不断推动资本市场一体化的进程。发展中国家劳动力充裕，资源丰富而缺乏进口所需的外汇，这种外汇缺口的存在注定发展中国家要积极推动资本市场一体化来引进外资。而发达国家则与之相反，存在储蓄缺口和国内投资饱和，而生产资源短缺，国内市场的投资已无法满足资本逐利需求，因此需要推动资本市场一体化以便积极向发展中国家进行投资。

7. 要素市场一体化与产品市场一体化存在互补关系

跨国公司之间依赖比较利益的叠加经济优势只能带来短期收益，很难形成长期的竞争优势。在资本市场一体化的前提之下，多个跨国公司便利的相互投资可以使这些跨国公司在发展水平相近、资源禀赋相似的国家进行跨国投资，实现垄断优势的互补。它们在潜在的技术经济与生产优势、专业化优势、差异化比较优势、高关联度产业比较优势和知识创新等方面进行互补，甚至达成技术联盟，既分担投资，又能减少投资的盲目性、高风险性，从而达到提升整体竞争优势的目的。

8. 要素市场一体化可以跨越产品市场一体化存在

这部分的内容主要是分析在产品市场一体化的条件下资本市场一体化存在的必要性，以上的分析已经很全面，最后一点需要强调的是资本市场一体化可以超越产品市场一体化而存在。在产品零贸易的条件下，资本等要素的流动可以替代产品贸易，从而"跨越贸易壁垒"。这是由于要素的自由流动为有效竞争创造了条件，打破了原有的垄断和寡头市场结构，改变了资本零流动条件下自由贸易区状态下形成的贸易和生产格局。因此，这种"跨越关税"的投资是建立在产品差异基础之上的，并且有取代贸易的趋势。

综上所述，由于上面的原因，即使存在产品市场一体化，即使存在相互替代的效应，资本市场一体化依然有存在的必要性，要素市场一体化和产品市场一体化的并存仍具有重要意义。

（三）要素市场一体化和产品市场一体化共同均衡模型

前述内容分析了各市场一体化共同存在的必要性，本部分我们将对要素和产品市场一体化共同均衡的情况进行分析。要素和产品市场同时一体化意味着，产品和生产产品的要素都可以在各成员体之间自由流动。这将带来一系列直接的效果：首先，由于要素价格对生产成本起着决定性的作用，因此一体化市场内各个国家、各个产品之间的价格比率与要素价格比率之间将存在密切的联系。这就要求要素价格与产品价格的分析存在相互之间的影响。其次，由于各要素之间都能在一定程度上相互替代，所以生产者在要素投入的使用和生产的产品种类方面有一定的选择空间。生产者可以根据各要素之间的相对成本来选择合适的要素投入和产品，以实现利润最大化。

在共同均衡的分析中，常使用的是 $2 \times 2 \times 2$ 模型，即 2 个国家，2 种产品，2 种要素的模型。假设存在两个国家 H 国和 P 国，两国均生产两种产品 X 和 Y，而两种产品都只需要劳动力 L 和资本 K 这两种要素。L_h、L_p、K_h、K_p 分别为两国劳动和资本要素的总供给，h_{lx}、h_{ly}、h_{kx}、h_{ky} 分别为 H 国生产 X 产品和 Y 产品的单位劳动投入和单位资本投入，即 H 国的劳动生产率和资金利用率，类似的 p_{lx}、p_{ly}、p_{kx}、

p_{ky} 分别为 P 国的劳动生产率和资金利用率。

在现实中,对于两国而言,主要存在三种可能的情况:一是一体化之前 H 国生产 X、Y 产品的生产效率都低于 P 国,在国际市场上处于劣势;二是一体化之前两国各拥有一种生产效率高的产品,形成互补格局;三是一体化之前两国生产两种产品的效率接近,形成竞争性格局。由于三种情况的分析具有一定的相似性,因此在此只分析第一种情况。

在第一种情况中,假设一体化之前 H 国生产 X、Y 产品的生产效率都低于 P 国,但是 H 国生产 X 产品的生产效率要相对高一些。以 P_{hx}、P_{px}、P_{hy}、P_{py} 代表 X、Y 产品在两国的价格,即 $P_{hx} > P_{px}$,$P_{hy} > P_{py}$,同时 $P_{hx} - P_{px} < P_{hy} - P_{py}$。由上述条件可知,当 H、P 两国生产 X、Y 产品的产量相同,均为 Q_{x0}、Q_{y0} 时,

$$(h_{lx} + h_{kx}) \times Q_{x0} + (h_{ly} + h_{ky}) \times Q_{y0} \leq L_h + K_h \quad (3.3.1)$$
$$(p_{lx} + p_{kx}) \times Q_{x0} + (p_{ly} + p_{ky}) \times Q_{y0} \leq L_p + K_p \quad (3.3.2)$$

这种产品、要素市场一体化模型与之前局部均衡分析中两国、两产品单一要素的模型有着本质的区别,局部均衡模型中只分析了产品市场的一体化,要素无法自由流动,成员国各部门之间的资源配置都是通过产品间的自由贸易实现的。而一般均衡模型中不仅产品可以在成员国之间自由流动,生产要素也可以在各成员之间自由流动。这种自由流动带来的最大效果就是使两国产品价格趋于一致的同时要素价格也趋于一致。

为了分析一般均衡模型的效果,我们将成员国内两种产品的相对价格（P_x/P_y）、相对产量（Q_x/Q_y）、劳动与资本供给的比率（L/K）以及工资与利率的比率（w/r）之间的关系曲线放至一张合成曲线图中进行分析。

图 3-8（1）描述的是成员国内部 X 产品的相对价格与其相对产出之间的决定关系。图 3-8（2）描述的是劳动与资本供给比率和相对产出之间的关系。表明劳动和资本供给的比率确定之后,就确定了 X 产品生产过程中劳动要素和资本要素的分配比例,Y 产品的这一比例也随之确定。这就意味着,X 产品和 Y 产品的产量也就随之确定,也就是说,劳动和资本的供给比率决定了两产品的相对产出比率,两

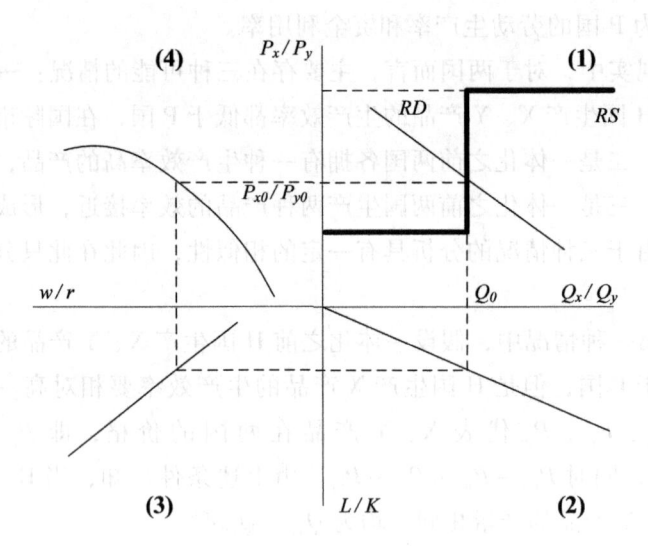

图 3-8 一般均衡模型成员国内部分析

资料来源：田青：《国际经济一体化：理论与实证研究》，中国经济出版社 2005 年版。

者成正比关系。图 3-8（3）描述的是工资利率比（w/r）与劳动和资本供给比率的关系。在给定确定的工资利率比后，生产中能够提供的劳动和资本的比例也就随之确定，两者同样呈正比关系。图 3-8（4）描述的是工资利率比（w/r）与产品相对价格的关系，在给定确定的工资利率比后，X 产品的相对价格也就随之确定，两者同样呈正比关系。

从成员国内部要素与产品市场共同均衡的分析中可以得知：

1. 当 H 国生产 X 产品和 Y 产品的相对价格 $P_x/P_y < (h_{lx} + h_{kx})/(h_{ly} + h_{ky})$ 时，H 国和 P 国都不会生产 X 产品，一体化市场自身生产产品的产量为零，两国都需要从非成员国进口该产品。

2. 当 H 国生产 X 产品和 Y 产品的相对价格 $P_x/P_y = (h_{lx} + h_{kx})/(h_{ly} + h_{ky})$ 时，H 国工人生产 X 产品和生产 Y 产品所获得的报酬是一样的，H 国的供给曲线出现水平的线段，表示 H 国可以选择两种产品的相对供应量。

3. 当 H 国生产 X 产品和 Y 产品的相对价格 $P_x/P_y > (h_{lx} + h_{kx})/(h_{ly} + h_{ky})$ 时，H 国将停止生产 X 产品，而专门生产 Y 产品，P 国则

专门生产 X 产品。此时 H 国的要素供给为 $L_h + K_h$，生产 Y 产品的单位投入为 h_{ly} 和 h_{ky}，因此 H 国最多能生产 Y 产品的产量为 $(L_h + K_h)/(h_{ly} + h_{ky})$，类似的 P 国能生产 X 的最大产量为 $(L_h + K_h)/(p_{ly} + p_{ky})$。H 国生产 Y 产品的相对价格位于 $(L_h + K_h)/(h_{ly} + h_{ky})$ 与 $(L_h + K_h)/(p_{ly} + p_{ky})$ 之间，相对供应量即为一体化之后的均衡产出满足：

$$Q_0 = [(L_h + K_h)/(h_{ly} + h_{ky})]/[(L_h + K_h)/(p_{ly} + p_{ky})] \tag{3.3.3}$$

4. 当 H 国生产 X 产品和 Y 产品的相对价格 $P_x/P_y = (L_h + K_h)/(h_{lx} + h_{kx})$ 时，P 国生产 X 产品与生产 Y 产品的收益和效果是一样的，因此一体化的供给曲线又出现一个水平线段。

5. 当 H 国生产 X 产品和 Y 产品的相对价格 $P_x/P_y > (L_h + K_h)/(h_{lx} + h_{kx})$ 时，两国均只生产 Y 产品，其产量为 $(L_h + K_h)/(h_{lx} + h_{kx}) + (L_h + K_h)/(p_{lx} + p_{kx})$。X 产品的产量为零，需要从非成员国进行进口。

这一模型只是从成员国内部的情况进行分析，从而推导出一体化整体的状况，虽然能够体现要素和产品市场一般均衡的相互作用，但是没有很好地展示出贸易效应的影响，也没有体现出一体化贸易效应对区外世界的影响。而米德的模型在贸易效应的分析上做了许多工作，因此，接下来我们将从米德的一般均衡模型入手，对一体化的一般均衡进行进一步的分析。

二　米德的一般均衡模型

米德于 1955 年完成了著作《关税同盟理论》[1]，在此书中他延续了 Viner 关于关税同盟分析的思路，并且第一次将一般均衡分析引入了关税同盟的分析之中，开创了一体化一般均衡分析的先河。

（一）米德的一般均衡分析和关税同盟次优理论

在米德的分析框架中，不再只有一种商品，而是多个国家，多种商品，宏观经济政策、市场价格和贸易条件（Terms of Trade）[2] 在贸

---

[1] Meade J, *The Theory of Customs Union*, Amsterdam: North Holland, 1955.
[2] 贸易条件是指一定时期内一国每出口一单位商品可以交换多少单位外国进口商品的比例，或交换比价，通过它可反映一国宏观上对外贸易的经济效益如何。

易平衡、收支平衡以及市场的均衡中扮演着重要的角色。

同时，米德不仅分析了关税同盟内部的福利变化，还分析了关税同盟对于外部世界的福利影响，并提出关税同盟对第三国以及整个外部世界可能产生显著的次优效应，这也是关税同盟次优理论的开端。之后，李普西与兰开斯特等学者进一步发展了关税同盟的次优理论。

次优理论的基本思想可以用米德的一个比喻来说明。设想一个人，他想登上群山的最高点。在朝着最高点行进的途中，他将不得不先爬上一些较低的山峰，再下山，然后再上山。因此，为了达到最高点，这个人不是始终向山上爬的状态。再者，由于最高的那座山被不同高度的群山环绕着，因此，当他爬到一座山后，很可能要攀登的是另一座较低的山。所以，任何朝着最高点的移动，一定都会把这个人带到更高位置的说法是错误的。

在次优理论提出之前，人们认为任何使贸易向自由化方向发展的行动都将导致福利的增加。但关税同盟的次优理论推翻了这一认识，次优理论认为，关税同盟只是消除了成员国之间的贸易壁垒，而没有清除所有的贸易壁垒，所以关税同盟的建立对成员国和世界其他国家的福利效应可能是增加的，也可能是减少的，这取决于产生关税同盟的环境。也就是说，在关税同盟安排下，建立在歧视基础上的关税减让并不能保证单个国家或整个世界的福利改善，实际上前面维纳的模型已经包含了这一观点。

因此，在米德传统的一般均衡分析中，关税同盟所处的多种不同的环境对于关税同盟是否是福利增进的就非常重要，米德模型的分析也将这一问题作为分析的重点。

（二）米德的一般均衡分析模型

米德模型对维纳的分析框架做出了一些改进，主要是放宽了生产成本不变的假设，使分析更符合现实情况，同时，他还强调了保证国际收支平衡的重要性。在米德的一般均衡分析框架中，国际价格和国内价格的相对变动是达到一般均衡的主要工具。这些改进不仅如同之前的分析承认了关税同盟对于非成员国和世界市场的影响，而且也承认了非成员国和世界市场对于关税同盟成立的反应和调整，并且这种反应和调整对关税同盟内的成员国会造成一定的影响。

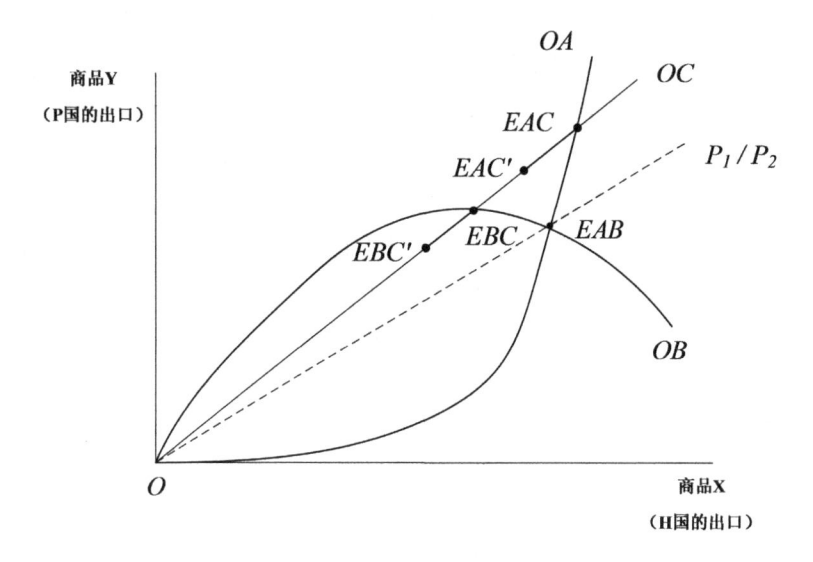

1. 基本的"小同盟"模型

基本的"小同盟"模型中假设两个小国成立关税同盟,两国的所有部门都面临着成本递增的情况,但是由于两个国家是小国,对国际价格的影响很小,且假设国际供给曲线完全有弹性,因此国际贸易条件是不变的。

图 3-9 基本的"小同盟"模型

资料来源:白英瑞、康增奎:《欧盟:经济一体化理论与实践》,经济管理出版社 2002 年版。

图 3-9 是对于基本的"小同盟"模型的分析。两个小国 H 和 P 在国际贸易中只交换两种商品 X 和 Y,其中 H 国出口 X 商品,P 国出口 Y 商品。图中的曲线是一般均衡条件下的供给曲线,而不是局部均衡分析时各国的供给与需求曲线。由于是两个小国的情形,两种产品在两国国内的生产成本都要高于世界市场的价格。曲线 OA、OB 分别表示 H 国和 P 国在不同的相对价格,即不同的国际贸易条件下愿意换取并保持国际收支平衡的进口商品数量。假设成立关税同盟之前 H 国和 P 国都从世界市场进口产品,并对进口商品征收高关税,两国的贸易点以 EAC' 和 EBC' 来表示,称之为保护贸易的均衡点。两

国的保护贸易点均位于射线 OC 上，OC 表示非成员国或外部世界的供给曲线，其斜率不变表示两种商品在世界市场上的相对价格不受 H 国和 P 国贸易量的影响，即商品的国际贸易条件不变。点 EAC 和点 EBC 分别表示 H 国和 P 国在自由贸易条件下两种商品的贸易量，可以看到，由于关税征收，关税同盟成立之前两国对两商品的贸易量小于自由贸易条件下所能达到的贸易量。

现在 H 国和 P 国组成关税同盟，由于对外的统一高关税和其他贸易限制，H 国和 P 国将与世界市场的贸易替换为了同盟内的贸易，并且两国之间的贸易可以达到均衡，均衡点位于 EAB。此时，H 国的出口恰好能支付 P 国的进口，P 国也是如此。也就是说，关税同盟产生了一个纯粹的贸易转移效应，双方都将原来低成本的世界市场商品替换为了高成本的同盟国商品，并且不再与区外国家产生贸易。同盟内的均衡点 EAB 决定了同盟内成员国的贸易条件，即虚线所表示的产品的相对价格。需要注意的是，前提中假设贸易条件不变是对于世界市场来说的。此时两国将国际贸易转移为了区内贸易，虽然国际市场上的贸易条件仍然没有发生变化，但是对于两国自身来说，X、Y 产品的贸易条件由它们自身的均衡点决定，因此两国间的贸易条件实际上已经发生了变化。

从 P 国的角度来看，关税同盟下的均衡点 EAB 所代表的商品组合要高于其自由贸易均衡点 EBC 以及保护贸易均衡点 EBC'，因此其消费增加了。但是对 H 国来说，关税同盟条件下的均衡 EAB 要低于自由贸易均衡点 EAC 以及保护贸易均衡点 EAC'，后两者比 EAB 代表更高的福利状况。这是因为与保护贸易条件相比，H 国的收入贸易条件降低，进口量下降，而在自由贸易条件下，H 国可以在免税的基础上获得更多来自世界市场的低成本进口。

从以上的分析中不难发现，在小同盟模型中，关税同盟成员国之间的协调以及利益的分配对于同盟的稳定性至关重要。事实上，在图 3-9 的小同盟模型中，始终会有一个小国成员国在地区性的贸易安排中受到损失，即图中的 H 国。无论是与关税同盟成立前的保护贸易相比，还是同非歧视的单边贸易自由化相比，其贸易量和福利都有所下降。而且，从图 3-9 所反映出的 H 国和 P 国福利状况变化来看，整个区域是否获益并不清楚。正如维纳在局部均衡中的分析，一体化的初始效应会造成成员国之间利益和福利的分配不均，因此补偿支付机制的建立对保证关税同盟对所有成员国整体有益十分重要。至于世界其他国家的福利状况，由于假设世界其他国家的贸易供给是完全有弹性的，因此即使关税同盟成立之后成员国与非成员国的贸易完全停止，转为区内贸易，一体化的外部溢出效应也是很小的，这一点与维纳的局部均衡分析有所不同。

另外还有一点需要说明，这里所讨论的贸易效应主要是一体化组织对贸易的共同偏好，并没有过多采用维纳的贸易创造与贸易转移概念。这意味着一体化理论的研究逐步采用现代国际贸易理论的研究方法，并开始有所扩展。

2. 不完全贸易转移下的"小同盟"模型

基本的"小同盟"模型实质上假设一体化组织成立之后，成员国不再与非成员国之间发生贸易，产生了完全的贸易转移效应。但是不论是实践还是贸易数据都表明，一体化组织成立后，成员国与非成员国的贸易并没有完全停止，并且贸易产品是有差异的。对组成关税同盟后继续同非成员国进行贸易的情况，即不完全转移下的小同盟模型进行分析，将变得复杂起来。在这里仍然假设贸易产品是同质的，其次假设关税同盟设置的对外共同关税水平等于本国和伙伴国的平均关税水平。这与维纳的局部均衡分析中类似，也同关贸总协定的规定相符，即在关税同盟降低区内关税水平的同时，不得提高对非成员国的平均关税水平。

图3-10反映的是不完全贸易转移下的"小同盟"模型。与基本的"小同盟"模型不同的是，由于关税同盟成立之后两国与区外国家仍存在贸易，而又无法影响国际贸易条件，因此贸易条件无法由一体化的区内价格决定，而仍由国际市场决定。这意味着，H国和P国会沿着国际贸易条件，即图中直线进行贸易。假设关税同盟成立前，H国的进口关税水平高于P国的关税水平。关税同盟成立后H国的均衡点为EAC''（接近自由贸易条件下的均衡点EAC）。此时H国的福利状况要好于关税同盟成立前保护贸易下的均衡点EAC'。同时在关税同盟成立后，P国的均衡点在EBC''（远离自由贸易条件下的

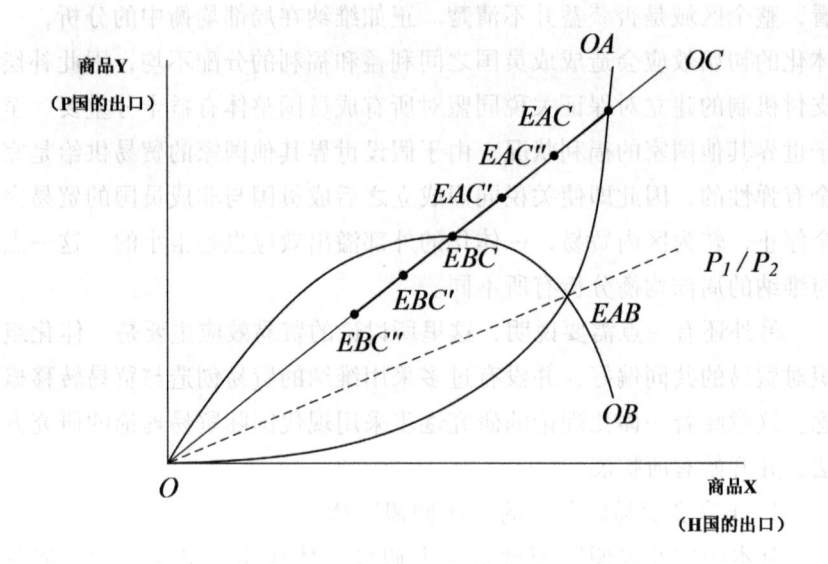

图 3-10　不完全贸易转移下的"小同盟"模型

资料来源：白英瑞、康增奎：《欧盟：经济一体化理论与实践》，经济管理出版社 2002 年版。

均衡点 EBC），此时 P 国的福利水平甚至要低于关税同盟成立前保护贸易下的均衡点 EBC'。

这与之前分析的完全贸易转移下的"小同盟"模型所显示的情况正好相反，H 国从关税同盟中获益，而 P 国反而由于关税同盟的成立遭受了损失。从图 3-10 中很难判断 H 国的收益是否超过了 P 国的损失，也很难判断是否对 P 国进行了补偿，以维护一体化组织的稳定性。但是图中的结果是平均化关税的结果，不难证明的是，如果两国设置的共同关税水平更接近 P 国最初较低的关税水平，H 国所获得的福利增加就会远大于 P 国所遭受的损失，从而可以通过补偿机制来弥补 P 国的损失，维护一体化组织的稳定性。

米德的小同盟模型已经被广泛检验。在有关"小同盟"的分析中，最常引用的是这样一个结论：如果一国加入关税同盟后能增加来自各方，包括非成员国的进口，那么该国的福利水平将会提高。这是个看似有很强现实意义的结果，但从政策的角度来看，却无法确定什么条件下关税同盟的成立一定能够扩大成员国的贸易量。经济学家能够给出的建议是，关税同盟的国家应同时降低共同的对外关税壁垒，这样来自所有贸易伙伴的进口将会增加。这意味着，国际市场上商品的价格会发生变化，成员国或者整个一体化组织对贸易条件产生了影响。在这种情况下，无论是对区域内的福利还是对整个世界的福利来说，关税同盟的效应都是正的。

综上所述，在不完全贸易转移的"小同盟"模型之下，如果关税同盟的成立能使成员国的进口增加（无论是来自成员国还是非成员国），对关税同盟单个成员国和整个区域来说，关税同盟效应都是福利增进的。为了保证这个结果，关税同盟的成员国要同时降低与非成员国的贸易壁垒。否则，"小同盟"模式下的地区经济一体化安排虽然会使至少一个成员国受益，但也会使至少一个或更多的成员国受损，如果希望一体化带来的整个区域的福利变化为正，那么就需要建立一种补偿机制使所有成员国受益。从这个意义上来说，区域贸易自由化对推动多边贸易自由化是有积极意义的。

三 一般均衡模型的扩展

米德的一般均衡模型并没有提供现成的政策性指导建议，这一方面是由于得出分析结论的困难性，另一方面是因为关于政策选择的总结工作属于次优理论的范畴。因此，西方经济学家转而寻找那些在一般均衡模型中易于找到解决办法的特殊情况和案例，从而得出有说服力的见解及政策处方。这一节将对一般均衡模型的一些扩展及特殊案例进行讨论。

（一）国家规模及"天然"贸易伙伴

参加地区经济一体化组织的国家经济规模和地理因素引起了西方经济学家的兴趣[1]。这些问题包括小国参加大同盟是否比参加小同盟更能获得利益，以及国家之间的贸易偏好从何而来，是否只是因为它们之间存在资源的互补性或地理位置的接近等。

与对国家实力的认知不同，作为一个不能影响贸易伙伴国贸易条

---

[1] Bhagwati J, Panagariya A, "The Theory of Preferential Trade Agreements: Historical Evolution and Current Trends", *American Economic Review*, 1996, Vol. 86, No. 2, pp. 82–87.

件的小国，其在地区经济一体化安排中反而会处于一个优势地位。Schiff[①]发现，小国参加大的地区经济一体化组织时获益的情况，同小国在最惠国基础上实行单边贸易自由化获益的情况相似。这是因为小国对来自一体化成员国的进口降低关税，而它所参加的贸易集团又足够大，以致能以不超过世界贸易条件的水平来满足小国所有的进口需求，小国的国民福利无疑将会提高。确切地说，是通过以下几方面来提高小国的国民福利：低成本进口品消费的增加；高成本国内替代品生产的减少；从其他国家（低效率产品的生产者）进口的减少。

而且，Schiff还发现，起初同大贸易集团的贸易越少，小国的国民福利改善越多，因为小国消费替代（国内高成本的产品与从第三国进口的高成本产品被大同盟中低成本产品所替代）的余地越大。相反，如果小国参加不能满足它全部进口需求的"小同盟"，该国将会继续以较高的价格从第三国进口，那么无论是小国还是"小同盟"的福利都会遭到损失。与在成本递增下的维纳模型的结果相似，小国国民福利损失的那部分即为从成员国进口而放弃的关税收入，贸易集团福利损失的部分即为成员国由于向小国扩大出口而浪费的资源。因而，在成本递增的情况下，不能影响国际贸易条件的小国参加"大同盟"将提高国民福利。相反如果小国的加入并不能影响集团内的相对价格，小国加入一个不能提供更多进口品的"小同盟"，国民福利将会恶化，"小同盟"的国民福利也将受损。

关于"天然"贸易伙伴的问题，一般认为，邻近的国家或要素禀赋具有很强的互补性的国家，如果最初的贸易量很大，这些国家组成地区经济一体化组织将显著地扩展它们的贸易关系，因而将获得巨大的利益。然而，正如Bhagwati和Panagariya[②]，以及Schiff[③]指出的那样，在"天然"伙伴间组成关税同盟，将会出现关税损失。因为

---

① Schiff M, "Small is Beautiful: Preferential Trade Agreements and the Impact of Country size, Market Share, Efficiency, and Trade Policy", *Policy Research Working Paper Series*, 1996.

② Bhagwati J, Panagariya A, "The Theory of Preferential Trade Agreements: Historical Evolution and Current Trends", *American Economic Review*, 1996, Vol. 86 (2): 82-87.

③ Schiff M, "Small is Beautiful: Preferential Trade Agreements and the Impact of Country SIze, Market Share, Efficiency, and Trade Policy", *Policy Research Working Paper Series*, 1996.

"天然"贸易伙伴比其他国家最初享受更广泛的多边贸易关系，而且在关税同盟贸易优惠带来的正的生产效应和消费效应的情况下，关税损失比福利收益要大。因而"天然"贸易伙伴间最初的贸易量越大，从贸易集团中获得的利益就越小。在成本递增的情况下，不能影响它们国际贸易条件的"天然"贸易伙伴间组成关税同盟后将不会有大的贸易转移。然而，"天然"贸易伙伴也不会获得更多的利益，因为所放弃的关税收入将会大于等于从生产效应和消费效应所获得的利益。

（二）贸易壁垒及运输成本

无论是范纳模型，还是米德模型，最多的分析结论是，建立在非歧视基础上的单边的贸易自由化通常是最优的政策选择。那么，为什么许多国家仍要选择组成关税同盟或自由贸易区？Wonnacott 为这个问题的解答提供了可能的答案，他特别强调了国际贸易中存在着的两个实际的障碍：贸易壁垒和运输成本[1]。

贸易壁垒与运输成本都会使进口国消费者支付的价格与出口国生产者得到的价格有一个差距。当这个差距足够大时，就会使邻国有机会在优惠的基础上扩大双边贸易。确切地说，随着关税同盟或自由贸易区的成立，成员国可以在更为有利的条件下开展贸易，而将保护程度很高或地理位置较远的国家排除在外，这种可能性可以通过图 3-11 表现出来。

图 3-11 代表着先前已经讨论过的米德的基本"小同盟"模型，即具有完全贸易转移效应，一体化组织成立之后，成员国不与世界其他地区进行贸易。在图中，非成员国（世界其他地区）的供应条件曲线以射线 OC 表示。射线的斜率是本国 H 国和伙伴国 P 国在没有贸易壁垒和运输成本时所面临的实际有效的贸易条件。假设 H 国向非成员国出口商品 X 时，既面临着很高的关税又有很高的运输成本。

---

[1] Wonnacott P, Wonnacott R, "Is Unilateral Tariff Reduction Preferable to a Customs Union? The Curious Case of the Missing Foreign Tariffs", *American Economic Review*, 1981, Vol. 71, No. 4, pp. 704 – 714; Wonnacott P, Wonnacott R, "The Customs Union Issue Reopened", *The Manchester School of Economic & Social Studies*, 1992, Vol. 60, No. 2, pp. 119 – 135.

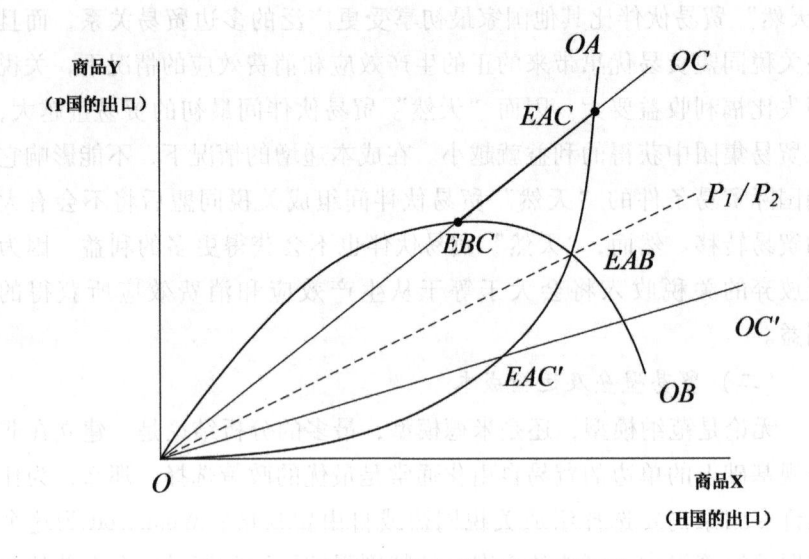

图 3-11 贸易壁垒与运输成本下的模型

资料来源：白英瑞、康增奎：《欧盟：经济一体化理论与实践》，经济管理出版社 2002 年版。

这种情况同德国和英国同为欧盟成员国的背景下，德国向美国出口钢铁，有高关税又有很高运输成本的状况很相似。在图中，如果成立一体化组织，H 国和 P 国会相互给予贸易优惠以节省 H 国向 N 国出口时遇到的高保护成本和运输成本。

这种情况会使非成员国，即 N 国的供应条件曲线变为图中的 OC'。在单边的非歧视的贸易自由化条件下，H 国和 N 国达到均衡点 EAC'，在点 EAC' 的自由贸易均衡要低于在 H 国和 P 国组成关税同盟后在点 EAB 达成的均衡。这是由于，H 国所面临的区域贸易条件（图中虚线）要好于由供应条件曲线 OC' 所给出的国际贸易条件，并且在点 EAB 的贸易量要大于点 EAC' 的贸易量。因而在图中，H 国和 P 国更愿意组成关税同盟或自由贸易区，而不是追求单边的贸易自由化。从 P 国的角度来说，其也同样更愿意达到一体化内部自由贸易的均衡点 EAB，而不愿意达到多边自由贸易的均衡点 EBC。因为在点 EAB 的贸易条件更优惠，贸易量更大。而对于 N 国来讲，尽管 H 国和 P 国都获得了利益，但是由于进口量缩减以及关税收入减少，其自身的福利状况将会恶化。因而,世界福利状况的变化是不确定的,这取决于关税同盟获益多少与非成员国的受损大小的比较。

Amjadi 与 Winters[①] 对于以上问题做了一个少有的研究,他们考察了南美共同市场的成员国出口时所面临的运输成本,研究与非成员国（由美国来代表）的运输成本是否足够高,从而使得南美共同市场国家从关税同盟中获益匪浅。他们的研究发现,出口到同盟以外国家的运输成本大大高于区域内的运输成本,然而两个成本的差距并没有大到使南美共同市场国家获得净福利收益。

因而,在成本递增的情况下,如果两个或更多邻近国家向第三国出口时面临大量贸易壁垒、运输成本及其他障碍,它们组成一体化组织不仅可能令单个成员国受益,还可能令整个组织都受益,前提条件是如果向第三国出口的障碍成本能够被关税同盟所带来的利益所抵消并有余。

第四节　一体化对贸易条件的影响

在前面的分析中,不管是局部均衡分析还是一般均衡分析,都是对于贸易静态效应的分析。然而正如前文所述,一体化过程中的贸易效应不仅包括静态效应,还包括动态效应。在本节中,我们对一体化过程中的贸易动态效应中的贸易条件进行分析,其他内容留待第五章进行专门介绍。

一　贸易条件与贸易动态效应

在之前的分析中,我们总是假设世界其他地区的供给曲线是完全弹性的,这一假设对在世界贸易中占次要地位的小国集团来说可能是合适的,但是随着一体化组织的发展,或者在分析欧盟这样的大集团时,这一假设就变得不那么合适了。而如果假设世界其他地区的供给

[①] Amjadi A, Winters L A, "Transport Costs and 'Natural' Integration in Mercosur", *Policy Research Working Paper Series*, 1997.

曲线不是完全弹性的，那么就需要考虑一体化带来的潜在的贸易条件效应。

1. 关税同盟的贸易条件效应

如果存在贸易条件效应，那么静态分析可能需要在某些方面进行修正。特别是，当同盟与世界其他地区的贸易出现贸易条件效应时，就不能再假设世界福利与同盟福利同比例增长了。

贸易条件效应对同盟内成员国的收益在于，一方面，如果关税同盟的建立不影响对世界其他地区的进口需求，那么即便世界其他地区的供给曲线不是完全弹性的，关税同盟所面临的贸易条件也不会受到影响。否则，将出现同盟与世界其他地区的贸易条件不断改进的趋势。另一方面，贸易条件效应发挥作用的地方在于，减少贸易转移带来的损失，而且如果进口产品的价格下降到足够低的程度，那么贸易条件效应将足以完全消除这种损失。

对于关税同盟中的贸易条件效应，米德在"小同盟"模型基础上提出了"大同盟"模型，这一模型包括了地区经济一体化对全球的溢出效应，溢出效应的产生不仅来自贸易转移，也来自国际贸易条件的变化。其研究思路是，区内贸易与区外贸易可能会对贸易品的国际价格产生显著影响，而这又影响成员国和非成员国的经济福利。总体来说，这一效应对非成员国可能会带来损失。如果由于地区经济一体化的成立导致非成员国的出口下降，贸易条件恶化，那么非成员国，可能还有整个世界的福利都会下降。无论"大同盟"由发达国家组成，还是由欠发达、但有市场潜力的国家组成，均会出现这种状况。

在米德早期研究的基础上，Kemp 与 Wan[①] 为这个问题提供了一个有趣的理论视角。在这个被称作 Kemp – Wan 的定理中，他们证明，对于任何一个关税同盟，都存在这样一个共同对外关税水平，即恰好使该集团同非成员国的贸易在集团成立后不发生改变。这样，非成员国的福利就不会受到影响，而区域福利的改进将直接增加世界福

---

① Kemp M C, Wan H, "An Elementary Proposition Concerning the Formation of Customs Unions", *Journal of International Economics*, 1976, Vol. 6, No. 1, pp. 95 – 97.

利。但是到目前为止，并没有研究证明该定理的可操作性。Srinivasan 得出了一个有用的 Kemp-Wan 式的共同对外关税结构[1]。通过对关税同盟成立之前成员国的关税及关税补贴数额进行消费加权平均，就可以得到这一关税水平。尽管这看起来在可操作性上已有改进，但是仍然存在政治经济学方面的问题。因为建立这样一个共同对外关税结构，面临着成员国之间能否达成一致，能否建立转移支付机制以确保所有成员国获得关税同盟带来的利益等问题。

Kemp-Wan 定理还常常被用来检验现存的地区经济一体化组织的成立是否值得。确切地说，一些经济学家曾经建议，如果地区经济一体化组织促进非成员国对成员国的出口，那么无论是对非成员国还是整个世界来说，这种安排必定是福利增进的。但 Richardson 与 Winters 对这种解释提出了反对意见。Richardson 认为，在一个许多国家都执行最优关税政策的世界里，关税同盟的成员国制定一个保证非成员国不会受损的共同对外关税水平，可能会导致非成员国报复性的关税调整，其结果是关税同盟的福利状况没有提高，反而会比以前有所下降[2]。Winters 认为非成员国的国民福利不仅仅和向成员国的出口有关。从根本上来讲，地区经济一体化组织对非成员国的福利影响必须直接测算。例如，应计算非成员国进口的变化、贸易条件的变化。因为非成员国的居民也像其他国家的居民一样，主要是从消费而不是从生产上获取利益[3]。

2. 自由贸易区的贸易条件效应

对于自由贸易区内的成员国来说，贸易条件效应的结果不甚明朗。在关税同盟中，一体化后的同盟与第三国的贸易将会出现减少的趋势，除非同盟的平均关税水平下降。而在自由贸易区内，由于之前提到的可能出现的间接贸易偏转，东道国的进口不会下降到伙伴国

---

[1] Srinivasan T N, "The Common External Tariff of a Customs Union: Alternative Approaches", *Japan and the World Economy*, 1997, 9 (4): 447-465.

[2] Richardson M, "Tariff Revenue Competition in a Free Trade Area", *European Economic Review*, 1995, 39 (7): 1429-1437.

[3] Winters L A, Chang W, *Regional Integration and the Prices of Imports: An Empirical Investigation*, World Bank Publications, 1997.

（低关税国）加入自由贸易区之前的需求水平以下，甚至还会高于该水平。因此，自由贸易区内贸易条件改进的程度将会低于关税同盟。而如果自贸区的间接贸易偏转很大，自贸区的贸易条件还可能出现恶化的情况。但是，一旦出现贸易条件效应对非成员国带来损失的情况，与关税平均化的关税同盟相比，自由贸易区会使非成员国承受较小的损失。因此，从这一角度来说，自由贸易区的贸易条件效应对整个世界福利的影响要相对小一些。

3. 一体化贸易条件效应的特点

首先，关税同盟成员国也许可以比各自独立制定关税时更有效的影响贸易条件。维纳[①]认为，这种可能的影响将导致世界其余地区相应的损失。在其他条件相同的情况下，关税征收单位的经济区域越广，由关税引起的与世界其他地区贸易条件改进的可能性就更大。同时，在分析福利效应时，需要把贸易量等因素纳入考虑的范围。因此，伍顿（Wooton）[②]指出，在更广泛的框架内估计关税同盟对第三国的影响时，还必须考虑其他一些因素。特别是，关税同盟对该区域实际收入的有利影响，将可能增加对第三国的进口需求。因此从总体上来讲，那些国家不会成为净损失者。

其次，关税同盟相对于其他选择，能够带来更为有利的贸易条件收益的可能性。安德特（Arndt）[③]阐述了这一问题。分析中的难点在于，国家间通常潜伏着一些利益冲突，并且一般而言，只有在一个成员国能够说服另一国采取一种以前者的利益为基础的"非最优"政策时，才会产生收益。此时，一种可能的例外情况将是，关税同盟仅仅对每个国家都持续进口的某种特殊产品实施共同关税。在这种情况下，每个国家都可以从其他国家所采取的措施中获利。尽管有些国家不参加同盟还会得到更多的好处，但是关税同盟只有在所有相关国

[①] Viner J, *The Customs Union Issue*, New York: Carnegie Endowment for International Peace, 1950.

[②] Wooton I, "Preferential Trading Agreements: An Investigation", *Journal of International Economics*, 1986, Vol. 21, pp. 81–97.

[③] Arndt S W, "Customs Union and the Theory of Tariffs", *American Economic Review*, 1969, Vol. 59, No. 1, pp. 108–118.

家都同意加入时才会真正建立起来。这一点类似于国际商品协议。在商品协议中，集团国家通过以出口限制措施提高产品价格的方式获得各自收益。非参加者可以得到更多的利益，但是如果无人参加，厂商也就无利可图。国家和厂商在这一过程中的行动有一些博弈论思想的体现。

最后，关税同盟和世界其他地区的贸易条件，不仅受同盟共同外部关税的影响，而且也受其他国家关税水平的影响。一般说来，其他国家对由同盟出口的产品征收的关税水平越高，则同盟与世界其他地区的贸易条件就越不利。由于关税协商可以在一定程度上改变国外关税水平，因此这方面也应该加以考虑。在这一点上，看起来似乎关税同盟越大，它讨价还价的筹码也越大。维纳曾考虑到关税协商这一因素，并历来将之视为建立关税同盟的一个重要方面，米德也曾强调其重要性。

二 外部规模经济与贸易条件效应

在之前的静态分析中，我们假设同盟的供给价格会升高，但是如果引入规模经济的情况，那么就需要对分析做一些修正。我们首先分析外部规模经济的情况。外部规模经济指企业的生产效率随着行业规模的扩大而提高，即尽管各企业的规模没有变化，但只要同一行业内企业的个数增加，单个企业的生产效率也会得到提高。一体化贸易效应带来的外部规模经济的影响可以用图 3-12 和图 3-13 进行分析。

一般而言，同一行业内企业数目越多，各企业的销售量就越少，销售量越少，各企业的平均成本也就会越高。行业内企业数目 n 与各企业的平均成本 AC 之间的关系为：$AC = F/Q + c$，其中 F 是与产量不相关的固定成本，c 是边际成本；而 $Q = S/n$，S 为行业内总的销售量，n 为行业内企业个数。因此 $AC = (n \times F) /S + c$。这个等式表明，在其他因素相同的情况下，行业中企业数目 n 越多，企业的平均成本就越高（企业平均成本高，企业规模也就不容易扩大）。二者之间的正比关系可由图 3-12 中向上倾斜的 CC 曲线表示。

另外，行业中企业数目越多，企业间的竞争就越激烈，相应的行业定价也就越低。行业内企业数目与行业定价之间的关系由经济学中典型厂商的价格函数决定：$P = c + Q/(S+b)$，其中P指行业价格，b指各企业的产出对行业定价的敏感性参数。将$Q = S/n$代入则有$P = c + S/n(S+b)$。这个等式表明，行业中企业数目越多，则各企业的定价就越低（行业定价越低，企业规模也同样不容易扩大）。二者之间的反比关系可以由图3-12中向下倾斜的PP曲线表示。CC曲线与PP曲线的焦点E对应的企业数目就是全行业利润等于零的企业数目n_0，即整个行业内市场达到均衡。当$n = n_0$时，使企业利润最大化的定价就是P_0，P_0正好等于AC_0。

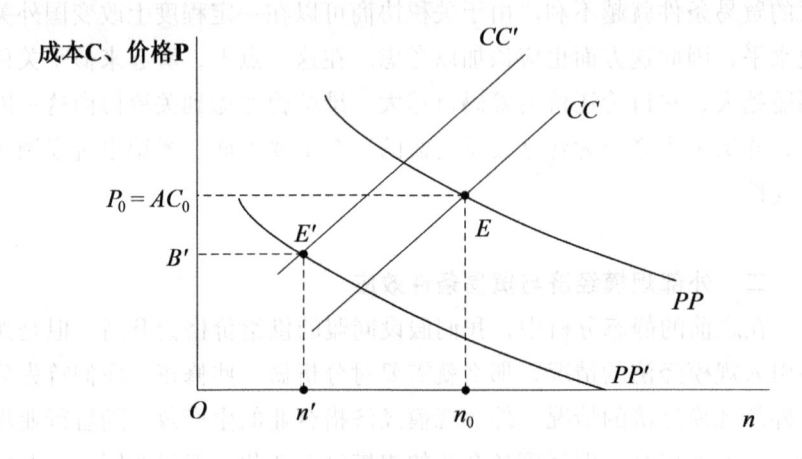

图3-12 低效率成员国的情况

资料来源：田青：《国际经济一体化：理论与实证研究》，中国经济出版社2005年版。

但是，在经济一体化之后，各成员体内的这种均衡将被打破。对低效率的成员体而言（图3-12中的情况），一体化之后，由于区内低成本产品贸易的影响，原来受高关税保护而得以存在的低效率生产不得不缩减规模，各企业也不得不缩减产量（企业规模缩小）。随着行业内企业产量的缩减，企业的平均成本提高（CC向CC'上移）。另外，行业内新的市场价格将降低至整个一体化的市场价格OB'。行业价格下降也将使企业利润空间缩小，从而企业规模减小。在新的高平均成本和低产品价格下，行业内大批企业将无法获得正常利润而被淘汰出行业，行业内企业数目大大减少（减少至n'），本国的该行业遭受了负的外部规模经济,即企业的生产效率和规模将下降。但这种均衡从长期来看是不稳定的,因为随着企业效率的下降,企业将进一步缩减生产规模,平均成本将进一步提高,企业数目也将进一步缩减,企业效率就将再进一步下降。换句话说,经济一体化中的贸易效应对低效率成员体产生的负的外部规模经济效应具有乘数效应。

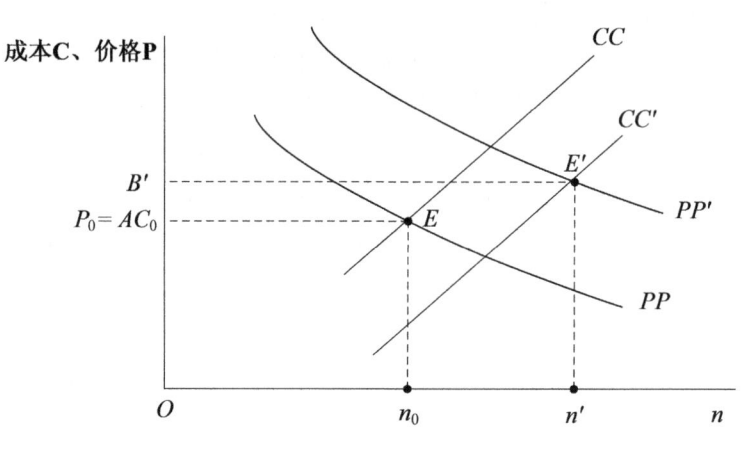

图 3-13 高效率成员国的情况

资料来源:田青:《国际经济一体化:理论与实证研究》,中国经济出版社 2005 年版。

对高效率的成员国而言(图 3-13 中的情况),一体化之后,由于其产品大量出口至低效率成员体而使其行业内企业产量大增,企业规模会扩大。并且可以分析得知,一体化贸易效应对高效率成员国的正的外部规模经济效应也具有乘数效应。

三 内部规模经济与贸易条件效应

除了外部规模经济,企业的内部规模经济也会在贸易效应的影响下发生变化。本部分内容将根据柯登(Corden)[1] 的理论,将厂商内部的规模经济引入分析框架。厂商内部的规模经济是指随着厂商产出

---

[1] Corden W M, "Economies of Scale and Customs Union Theory", *Journal of Political Economy*, 1972, Vol. 80, No. 3, pp. 465–475.

的增加，单位成本将会降低。

在这部分的分析中，我们考察的是单个同质产品的例子。这种同质产品由世界其他地区生产，并以相同的价格供给 H 国和 P 国，但是随着平均成本的下降，这种产品也能够在 H 国和 P 国进行生产。假设 H 国和 P 国对该产品的成本曲线是同一的，并且高于进口平均价格一定的幅度，因此在建立关税同盟之前，两国中的任何一国都不会向另外一国出口该产品。为了能够清晰地分析主要问题，我们假设国内市场的价格由世界其他地区的进口成本加关税决定。关税在同盟成立之前税率是固定的，并且包含关税的进口价格正好等于平均成本，这一价格包含正常利润在内，因此可以避免生产者的超额利润。

图 3-14 描述了两国国内市场上的需求和成本情况——H 国为本国，P 国为伙伴国，D_H 是本国的产品需求曲线，AC_H 是本国的平均成本曲线。与此对应，D_P 和 AC_P 分别是伙伴国的需求与成本曲线。D_{H+P} 表示关税同盟的总需求曲线，P_W 表示产品从世界其他国家进口的固定价格。在此，排除了贸易条件效应的影响。

随着平均成本的下降，在关税同盟建立之前，可能存在三种情况：两国同时开始生产该产品，只在一国生产，或者两国均仍未生产该产品。对于三种情况，分析的过程和结果有所不同，归纳如下：

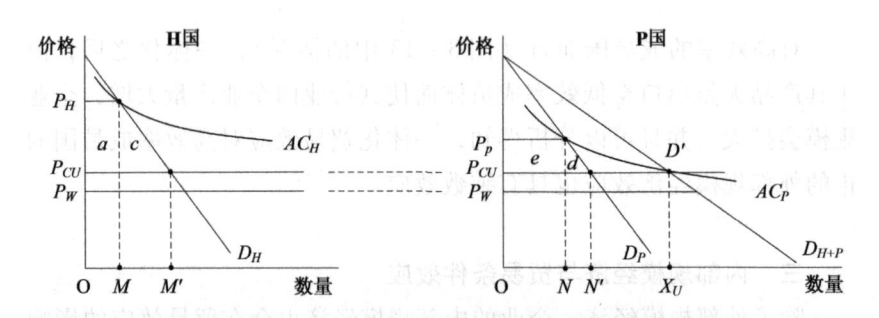

图 3-14 存在内部规模经济的关税同盟

资料来源：田青：《国际经济一体化：理论与实证研究》，中国经济出版社 2005 年版。

1. 建立同盟前两国同时开始生产该产品

最初的均衡为，在建立关税同盟之前，H 国生产并消费数量为 OM 的产品，并以价格 P_H 在国内市场上销售。同时，为了保护本国的产业，关税水平需要设置为 $P_W P_H$。而较具有生产效率的伙伴国 P 生产和消费的数量为 ON，价格为 P_P，并存在较低的关税 $P_W P_P$。

如果两国建立了关税同盟，那么生产将完全由成本条件更具有优势的生产者 P 国进行，P 国将占领整个市场。当 P 国生产者供给整个关税同盟市场时，其平均成本将低于仅供给其本国市场时的成本，并且也低于 H 国之前供给自身国内市场的成本。这样的结果是，共同的外部关税将低于之前的水平，两国的消费者都将从关税同盟的建立中获利。此时市场的总需求 X_U 将由伙伴国以 P_{CU} 的价格进行生产。本国的消费者增加到 M'，伙伴国则为 N'。

从各个国家的角度来说，H 国相对昂贵的国内生产被从 P 国进口的较低成本的产品取代。因此，价格较低的资源，将会以自由贸易的方式在 H 国和 P 国之间流动，并使 H 国获得传统的贸易创造效应的收益。与局部均衡中的分析类似，这里的贸易创造效应由两个部分组成，即由以 P 国价格较低的进口取代国内高成本生产的生产效应（图 3-14 中 a 区域），以及来自较低的国内价格而引发的消费增加带来的消费效应（图 3-14 中 c 区域）。

对 P 国来说，P 国以较低的生产成本供给国内市场，这被柯登称为贸易的"成本降低"效应[1]。尽管成本降低效应是一体化贸易创造效应的结果，但是它与传统的贸易创造效应有所区别，因为它不仅来自低价资源从其他地区流入的效应，还得益于国内现有资源供给价格的下降，降低成本的收益会增加 P 国消费者的利益。该效应也包括生产和消费两方面的效应：生产效应指原来的商品生产，现在可以以较低的成本进行（图 3-14 中 e 区域）；消费效应则是指消费者可以以较低的价格购买更多的产品，从而获得消费者剩余（图 3-14 中 d 区域）。另外，P 国还将会从以高于世界市场的价格向 H 国的产品出口销售中获利。

2. 建立同盟前只有一国开始生产该产品

这存在两种可能性，即生产者是两国中更具效率的还是相对效率

---

[1] Corden W M, "Economies of Scale and Customs Union Theory", *Journal of Political Economy*, 1972, 80 (3): 465–475.

低的。

首先是高效率国生产的情况。如果两国中更具效率的P国开始进行生产，那么最可能的结果是它将占领整个同盟的市场。这种情况下，H国在关税同盟成立之前的关税假设为零。如果P国试图占领H国的市场，这势必不可能通过同盟内的自由贸易来实现，而必须通过H国征税来实现——也就是建立共同的外部关税，以增加平均保护水平。

对H国来说，从P国的进口将替代从世界其他国家的进口。前者必然比从世界其余地区的进口昂贵，否则P国就无须以建立关税同盟的方式在H国的市场上竞争。结果是，H国出现贸易转移，较昂贵的进口来源取代了较便宜的来源，最终损失可以被区分为生产和消费两部分，H国的消费者的产品消费数量减少，获得产品的成本增加。另外，由于消费价格上升而导致的消费数量减少，使消费者剩余遭受损失。而对P国来说，其以较低成本进行生产，因此存在成本下降效应，而且它还可以以高于世界市场价格的价格将产品销售到H国，并从中得利。

其次是低效率国生产的情况。如果开始的时候是在较低效率的H国开始进行生产，最可能的结果是现存的生产者将被逐出市场，继而出现生产逆转。此时，必须认识到仍然存在更进一步的影响。H国将获得贸易创造收益，因为它可以获得较低价的供货来源，P国却将遭受以国内成本相对较高的生产取代从世界其余地区低价进口而造成的损失。P国新厂商供给整个同盟市场的成本，必然比从世界其余地区的进口成本高，因为如果不是如此，在同盟建立前该厂商就已经确立其市场地位。此例中，从世界其他国家的进口被国内生产取代，这种效应被维纳称作"贸易抑制"效应。就以较昂贵的资源代替价格较低廉的来源这一方面来说，贸易抑制效应与贸易转移效应较为类似，但是前者较昂贵的资源来自国内的新厂商，后者则来自伙伴国，这是两者的区别。

3. 建立同盟前两国都未生产该产品

如果起初两国都不进行生产，同盟的建立使得生产开始在一国进行，比如说P国，那么该国的生产成本必然高于从世界其他地区进口的成本（包括关税）。否则在同盟建立之前该国就已经会在 H 国的市场上开始竞争了。此时关税同盟的建立使 P 国产生贸易抑制效应，而 H 国则产生贸易转移效应。

当然，以上三种可能只是一个较为简单的情况分析。罗伯森认为，在规模经济的条件下，基于比较静态分析可以预测出关税同盟达到均衡状态的简单情况。例如假如开始时，一种存在规模经济的产品，其生产在两国同时以同样的成本条件进行，并且产品是同质的，那么可以预计，关税同盟成立后，某一个厂商将占领整个市场。但是，无法分析出究竟是哪家厂商会占领市场，这一结果取决于一系列的动态因素，包括反映的传导途径、是否在每个国家都存在着不止一家生产者，以及垄断竞争的性质。在动态效应下，这一问题的分析就会变得复杂起来。

同时，由于动态因素和非生产性因素的影响，贸易开放也许不能保证各国能从一体化之中获得规模效应的利益，这只是获得规模效应的必要条件而非充分条件。基于这点，各国想要从规模经济中获利，就必须在关税同盟中进行专业化分工，因为它能使市场有计划从而使市场的作用充分地发挥。

本章小结

1. 本章主要介绍了一体化贸易效应理论的形成与影响。在一体化经济学的研究之中，贸易效应一直是研究的重点之一。由于国际贸易理论是一体化理论概念和观点的基础，几乎与一体化理论一同不断扩展，这也就奠定了贸易效应在一体化理论中的重要地位。一体化贸易效应的分析经历了从局部均衡到一般均衡，从静态效应到动态效应的不断发展，在一定程度上解释了一体化贸易效应在现实中带来的经济影响。

2. 一般而言，贸易效应可以分为贸易静态效应和贸易动态效应，贸易静态效应主要是贸易创造和贸易转移效应，贸易动态效应则包括贸易带来的规模经济、竞争、贸易结构变化等效应。贸易创造、贸易转移以及各种动态效应的影响对理论和实践问题的分析带来了新的思路。

3. 关税同盟和自贸区贸易静态效应的局部均衡的分析需要考虑成员国需求曲线的斜率带来的影响，需求曲线斜率不同，分析的结果也有所不同。罗伯森等学者认为，在局部均衡的静态效应框架下，与自贸区相比，关税同盟是一个次优的安排。自贸区的经济效应要优于关税同盟。但是需要注意的一点是，自贸区的原材料和中间产品可能存在着显著的关税差异，这种差异将造成自贸区内生产模式的扭曲。这种扭曲可能会造成比较分析结果的不同，也可能不会产生影响。但对于原材料和中间产品差异的影响，应该纳入自贸区与关税同盟的比较研究之中。

4. 一体化贸易静态效应的一般均衡分析注重的是经济体中所有商品和劳务市场之间的均衡关系，虽然要素市场和产品市场一体化之间存在相互替代的效应，但是学者们从多个角度已经说明了要素市场一体化和产品市场一体化同时存在的必要性。具体分析来看，一体化市场内各个国家、各个产品之间的价格比率与要素价格比率之间存在密切的联系，这表明要素价格与产品价格的分析存在相互之间的影响。其次由于各要素之间都能在一定程度上相互替代，所以生产者在要素投入的使用和生产的产品种类方面有一定的选择空间。生产者可以根据各要素之间的相对成本来选择合适的要素投入和产品，以实现利润最大化。

5. 在一体化贸易静态效应的一般均衡分析中，米德模型是一个重要的组成部分。米德不仅提出了关税同盟次优理论，而且将一般均衡分析进行了分类，包括基本的"小同盟"模型和不完全贸易转移下的"小同盟"模型，由于一体化组织成立后，成员国同非成员国的贸易并没有完全停止，并且贸易产品是有差异的，因此后者更加贴合实际。在研究中，学者们还从国家规模与"天然"贸易伙伴以及贸易壁垒与运输成本等角度对一般均衡模型进行了扩展。

6. 一体化贸易动态效应包括非常丰富的内容，本章从贸易条件和规模经济的角度展开进行了叙述。对于贸易条件效应而言，自贸区的影响不甚明显，其促进作用没有关税同盟显著，但是一旦出现带来损失的情况，自贸区对非成员国的损失也相对较小。就外部规模经济效应而言，对低效率成员体产生的负的外部规模经济效应和对高效率成员体产生的正的外部规模经济效应都具有乘数效应。对于内部规模经济效应而言，可能存在三种情况：两国同时开始生产该产品，只在一国生产，或者两国均仍未生产该产品，不同情况下产生的结果有所不同，并且无法分析具体厂商的情况。

7. 一体化贸易效应的分析仍存在以下几个方面的问题：一是有关发展中国家一体化贸易效应的研究还比较少；二是现有的贸易效应的研究主要是建立在关税同盟的基础上，但是现实世界的发展趋势表明，自由贸易区是当今一体化主要的表现形式，虽然近年来关于自贸区贸易效应的研究也逐渐展开，但是大量使用的理论基础仍然是以关税同盟为基础；三是贸易效应的一般均衡分析拓展还不够充分，罗伯森认为，现有的一般均衡模型从原则上讲在对称性和普遍性方面有很多缺点，非但拓展不足，并且分析复杂难懂，缺少实用价值；四是动态贸易效应的分析实际上还非常有限，并且放宽条件的分析确实存在很多困难，从而理论结论难以对现实起到很好的指导意义。因此对于贸易效应这几方面的拓展还需要继续延伸，以更好地将研究结果应用到实际的政策指导当中去。

关键术语

一体化贸易效应　关税同盟　自由贸易区静态效应　贸易创造　贸易转移　动态效应　局部均衡分析　一般均衡分析

本章习题

1. 一体化的贸易效应主要包括哪两个方面？这两个方面的效应是如何实现的？

2. 学者们研究发现，不同关税同盟产生的效应有可能不同，有的关税同盟会产生贸易创造效应，而有的则会产生贸易转移效应，那么贸易创造型关税同盟主要有哪些特点？哪些因素会影响关税同盟贸易创造效应的大小？

3. 与关税同盟相比，自由贸易区在形式上有哪些显著的特点？自贸区静态效应下的局部均衡分析与关税同盟的分析相比有哪些区别？

4. 在贸易效应的静态分析中，一般均衡分析与局部均衡分析最大的区别在于将要素和产品各个市场一起纳入了分析的框架之中，但是要素市场和产品市场的一体化存在相互替代，都能实现价格均等化，从而将对方存在的必要性削弱。请叙述要素市场一体化和产品市场一体化同时存在的必要性。

5. 厂商内部的规模经济是指随着厂商产出的增加，单位成本将会降低，将内部规模经济纳入分析的框架中，会得到不同的结果。内部规模经济的分析在关税同盟成立之前可分为三种情况，请比较内部规模经济条件下三种情况的分析过程及结果。

第四章

国际区域经济一体化的投资效应

本章学习目标：
- 掌握区域经济一体化的投资创造效应和投资转移效应；
- 理解区域经济一体化的建立如何影响跨国公司的国际投资决策；
- 了解西欧、北美和亚洲在国际区域一体化中国际投资的变化趋势；
- 熟悉跨国公司进行国际直接投资的类型。

生产地的选择是跨国公司的利润最大化决策中一个重要组成部分，跨国公司根据集中生产带来的规模经济和分散生产带来的贸易成本降低之间权衡，决定其生产的国际布局。国际区域经济一体化的实施改变区域内外贸易成本的相对大小，影响跨国公司的生产决策，使其重新选择利润最大化生产地点。为此，在国际区域经济一体化过程中，跨国公司往往会通过国际投资的方式重新配置其国际生产布局。国际区域经济一体化的投资效应由此产生，这一效应即本章的主要内容。

相对于经济一体化理论中较成熟的贸易效应，投资效应的相关研究起步较晚。金德尔伯格在其关于跨国公司在欧洲一体化过程中所扮演角色的研究中，借鉴关税同盟理论（Viner，1950）中"贸易创造"和"贸易转移"的概念提出了"投资创造"（Investment Creation）和"投资转移"（Investment Diversion）的概念[1]。投资创造和

---

[1] Kindleberger C. P., "European Integration and the International Corporation", *Columbia Journal of World Business*, 1966, Vol. 1, pp. 65–73.

投资转移被称为国际区域经济一体化的静态投资效应,本章第一节主要讨论静态投资这一效应。

第一节 静态投资效应

蒙代尔认为[①],贸易和跨国直接投资是用以满足外国市场需求时可相互替代的两种主要手段。其中,贸易和跨国直接投资满足外国需求的份额与国家间关税及非关税贸易壁垒相关,且投资所占比重随贸易壁垒的增加而增加。

在建立经济一体化区域时,区域内贸易壁垒显著降低。服务区内市场的跨国公司面临贸易成本的改变,为了实现利润最大化,区内外的跨国公司都有激励改变生产决策,并通过改变投资流向及流量实现生产的扩张或重组。

金德尔伯格借鉴"贸易创造"和"贸易转移"的概念,提出了"投资创造"和"投资转移"的概念,尽管名称上相似,但分析逻辑上有所不同。由于金德尔伯格的分析建立在关税同盟理论中静态贸易效应理论基础之上,即其他因素不发生有效变化而仅由经济一体化的建立引致的短期贸易流量、流向的变化,这类投资效应被称为静态投资效应或直接投资效应。区域经济一体化的静态投资效应指的是建立区域经济一体化安排时,区内外国际直接投资流量及流向短期内随之发生的改变。

一 静态投资效应的形成

金德尔伯格认为,投资创造效应本质上指的是经济一体化区域内国家接受的国际直接投资的扩张,且主要指的是跨国公司对于经济一体化的贸易转移效应的反应。

国际区域经济一体化建立以后,若区内国家以区域内其他成员国的产品替代原本从区域外进口的世界范围价格最低的商品,则区外的

[①] Mundell R A, "International Trade and Factor Mobility", *American Economic Review*, 1957, Vol. 6, pp. 321 – 335.

跨国公司为了维护其原有的区内市场份额，将对区域内国家进行直接投资以将生产定位于区内的方式享受经济一体化带来的贸易壁垒削减。另外，在贸易转移效应中，区内出口增加的贸易转移的承接者也需要增加投资来扩张其生产规模。这一过程既是生产环节从区外向区内的转移，也是区内投资及生产的扩张。

金德尔伯格认为，投资转移效应本质上是经济一体化带来的国际直接投资的重新组织（Reorganization），且主要的是跨国公司对于经济一体化的贸易创造效应的反应。

贸易壁垒的存在可能导致一些存在规模报酬递增的产品无法跨越国界，实现其可能的最低平均成本。这时，规模报酬带来的生产成本节省不足以弥补跨越国界带来的贸易成本增加，跨国公司选择在不同国家生产，并分别供给当地市场。而在国际区域经济一体化建立以后，区域内成员国之间的贸易壁垒得到有效削减，集中生产的机会成本（即跨越关境所需贸易成本）下降，原本分散生产的跨国公司就有激励重新组织其生产来实现规模经济带来的生产成本降低，并将原本投向各成员国的投资集中到某一实现最低生产成本的成员国。这一过程仅仅是既存的国际直接投资及生产在经济一体化区域内部转移，而不直接引起国际投资的扩张。

金德尔伯格提出的区域经济一体化的静态投资效应包含了区内国家和区外国家两类主体，即投资创造效应包含了区内国家对伙伴国的国际直接投资扩张和区外国家对区内国家国际直接投资的扩张，投资转移效应则包含了区内外国家重新安排其既存的对外直接投资并将目的地安排在经济一体化区域内，使得区内投资增加。

二 静态投资效应的影响

国际区域经济一体化的投资创造效应指的是那些由经济一体化安排引致的、区域内新增加的国际直接投资。对于建立国际经济一体化的区域而言，投资创造效应意味着经济一体化区域作为一个整体实现了总国际投资、总生产规模的扩张，且区域内获得了出口国地位的成员国实现了吸引外资、生产规模的扩张。当然，尽管投资、生产扩张的经济利益在区域整体层面和部分成员国中实现，但国际区域经济一体化安排本身并不能保证这一经济利益在全体成员国中均衡地实现，更谈不上公平分配。

国际区域经济一体化的投资转移效应指的是由区域经济一体化安排引致的、原有的国际直接投资在区域内的重新定位。从建立国际经济一体化的区域整体来看，国际直接投资和生产的总规模没有改变，而其在区域内各成员国之间的分布发生了变化。由于跨国公司在投资转移时追求规模经济及其带来的生产成本降低，经济一体化区域内生产技术水平越高、要素价格越低的成员国越可能吸收来自其他伙伴国的国际直接投资转移。这可能扩大经济一体化区域内原有的经济发展差距。

三 静态投资效应的影响因素

生产地点决策是跨国公司在规模经济和关税节约之间权衡的结果，而国际区域经济一体化安排通过单方面地改变关税大小来改变跨国公司生产地的决策。跨国公司为了调整其生产地而调整其在区内的国际直接投资，因而经济一体化的静态投资效应取决于关税及工资水平在区内外的差异、运输成本、区内外市场规模差异、各国新设生产所需成本等因素。

第二节　引入跨国公司的经济一体化理论

现代国际经济活动中，跨国公司已经成为最活跃、最重要的主体。因此，在研究国际区域经济一体化中投资活动的变化时，跨国公司的策略性行为是不可忽视的议题。为此，我们将在这一节引入跨国公司的决策问题，考查其在区域经济一体化过程中的策略性行为，以此为国际区域经济一体化理论中的投资理论提供微观基础。

这里，我们主要依照蒂罗尼的研究来说明跨国公司在区域经济一体化过程中，所面临的成本与收益[1]。这里的分析将一体化视为一种

---

[1] Tironi E, "Customs Union Theory in the Presence of Foreign Firms", *Oxford Economic Papers-New Series*, 1982, 34 (1): 150 – 171.

以追求经济效率再配置效应为基础的经济决策。只是由于涉及跨国公司，其配置范围不再仅限于单一国家不同集团收入的变化，还将增加或减少跨国公司的收入，从而影响东道国的福利变化。

一 基本假定

我们的分析将在强调贸易创造和贸易转移作为一体化收益和成本来源的传统关税同盟理论的基础上进行，同时强调一体化中，外国厂商的存在可能使得与不考虑这一因素的一体化情形形成显著差异。一体化的成员国要从一体化组织中获得收益，就要促进跨国公司参加一体化。

在此，分析的基本假定是可以由一体化中外商利用其专用资产所获取的经济租金的变化测度一体化为外商提供的机会收益。外商的专用资产包括其专用技术、优质的管理、企业家能力、商标和其他因素，这些专用资产使得跨国公司往往可以进行更低成本的生产，使得它们即使在一个竞争产业也可以获得净租金。在简单的局部均衡模型中，这些租金可以由生产者剩余来测度。在跨国公司东道国一方，我们将假定一体化引致的外国厂商的生产变化，所引起的收益的提高主要是由厂商的租金和利润的税收变化来表示。一般来说，东道国从外国直接投资所获得的收益来自外国直接投资更先进的技术、技巧和劳动力训练，以及供给资本。但东道国获得的收益并不局限于此，往往还可以从"溢出"中获得收益，这些溢出是指东道国从跨国公司生产、技术和知识的"外部性"溢出中获取到的收益，是东道国厂商对跨国公司学习模仿的结果。为保证溢出形成净收益，假定外溢的净收益可以并入利润税，进而用利润税来表达外商的存在给东道国带来的收益。对于外国资本的供给，我们将假定作为一体化的结果，它的变化是不重要的。在分析中，于一定条件下将不考虑资本存量的变化。在分析中，关键因素是外币或本币，是到外国消费者，还是到本国消费者手里而不同，进而可以分析一体化中的跨国公司对国民收入的影响。

二 存在外商的关税同盟效应：竞争情形

我们将首先考虑一个参加关税同盟的成员国进口替代产业的情

况，随后将分别考虑出口国相同产业将发生什么情况、对伙伴国、东道国共同的福利影响、外商的收益或损失。

（一）进口替代产业和外国利润转移效应

利用传统的局部均衡关税同盟分析，先看一看贸易创造和贸易转移的福利变化，而后加上在贸易产业存在外商的情况下所引起的变化。

如图4-1所示，表示国家A进口替代产业X的市场均衡。S_a和D_a是A国商品的供给和需求，X从第三国进口商品未征关税前的价格为P_i，一体化前对X征收关税T_a，X的本国价格为$P_a = P_i(1 + T_a)$，在这一价格水平下，本国的生产为Q_0，需求为D_0，进口为$D_0 - Q_0$。现在考虑国家A与国家B形成关税同盟，这样将不再对从B国的进口征收关税T_a，B国现在以价格P_r在A国出售产品，这一价格低于关税同盟前的价格P_a，这样A国将减少本国的供给到Q_1，需求将增加到D_1，进口量为$D_1 - Q_1$。可以发现，由于实施一体化，A国可以从B国进口价格更低的商品，消费者剩余增加P_rFJP_a，减去对政府减少的关税MEJI，以及生产者剩余的减少量P_rLIP_a，可以得到A国的净收益为EFJ三角形的面积，这是贸易创造的消费部分，加上LMI三角形面积，这是贸易创造的生产部分。为了获得一体化总的效应，应该将贸易创造的两部分的和与贸易转移MRSE相比较。

存在外商的情况下，形成一体化的收益和损失就不仅限于传统贸易创造和贸易转移的影响，对于东道国将由外商取得租金变化所引起额外的收益或损失，这意味着外商和东道国之间的收入再分配。如果由外商生产的一个可进口品，其价格在一体化后下降，东道国将从外国公司的"租"减少中受益，反之亦然。在图4-1中，如果X仅由在A国的外商生产，那么S_a是前面假定下它们的供给线，这样国家A也将从这些"租"转移进消费者剩余中而受益，该项收益为图4-1中的生产者剩余的减少部分P_rLIP_a。

如果东道国是通过从外商挣得利润或"租"的一部分，来处理它与外商的关系，那么东道国的收益将随外商"租"的变化而变化。设想一个极端情况，对外商的利润税为100%，且不存在对外直接投资的溢出，那么形成一个关税同盟的福利效应将与仅有国内厂商的情

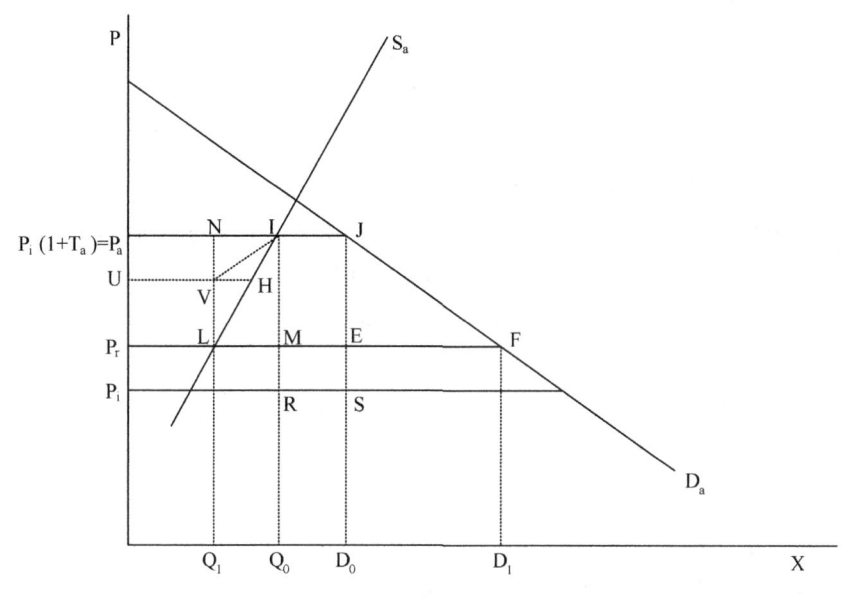

图 4-1 关税同盟前的竞争市场

况是相似的。在这种情况下，如果外国资本仍然在这一国家，且再配置，那么标准的贸易创造和转移效应单独地就可容纳所有的一体化福利影响。如果东道国对纯利润或"租"征收50%的税，那么形成关税同盟的收益将降到没有征税前的一半，即为图4-1中的 $UVIP_a$。

到此，不难发现，作为一体化的结果，当在成员国中有外商生产最初从另一伙伴国家进口的商品时，进口国将在标准贸易创造基础上获得更多利得，这部分收益来源于外国公司的"租"向东道国消费者转移的利得。在这里，东道国消费者的消费者剩余是提高的，因此，对此福利收益，从外商的角度，可以称作外国利润转移效应。如果在一国的产业中，除了可进口商品产业存在外资，在其他产业不存在外资，就会形成外国利润转移效应，并与贸易的创造和转移共同决定这一国家从一体化得到的总收益或损失。相应地，如果在同一国中，外国厂商出口到伙伴国原来受保护的市场中，那么与外商利润转移效应相反的外国利润创造效应将出现。总的来看，评估一国在有外国厂商存在情况下的关税同盟中的总收益或总损失，我们应该在标准的贸易效应上加上外国利润的转移和创造效应。

(二) 出口产业和外国利润创造效应

为了研究产业 X 的外国利润创造效应,这里将分析出口伙伴国 B 的情况。在这里,外国资本不是用在 A 国,而是用在 B 国增加生产,并且出口到 A 国。因此,在一体化国家中,这些变化的共同福利效应的研究,可以不考虑资本存量的特殊变化,这是由于在联盟整体上的资本存量没有发生变化。对于具有区域比较优势的外国厂商,其"租"或利润的增加,将引起外国利润创造效应,这由图 4-2 来说明。

在图 4-2 中,由于国家 B 在关税同盟形成后,成为了 X 产业的区域出口者,因而假定其在该产业的生产成本低于 A 国的成本,即供给曲线 S_b^t 在 S_a^t 的下方,并且,我们假定在 B 国只有 X 产业存在外商。假定两国的需求函数相同,那么在这一产业中的产品价格,最初在 B 国的价格 P_b 将低于在 A 国的价格。假定运输成本不计,两个国家的供给之和为关税同盟的总的供给,即 $S_r^t = S_b^t + S_a^t$,如果厂商行为是竞争性的,并且联盟的共同外部关税等于进口伙伴国在一体化前的关税,那么联盟后的价格为 P_r,此处对应的需求为 $D_r = D_a + D_b$。租金或利润的增加导致外国利润创造效应,这是由外国厂商出口到联盟的商品相对价格上升所引起的。价格的上升将刺激产出增加,但同时也可能减少出口商品在出口国的国内供给,在图 4-2 中用区域 P_bXWP_r 表示;第二个构成成分对应的是向同盟出口所带来的利润,在图 4-2 中,外国利润创造效应可以由 P_bVYP_r 来表示,条件是没有税收或溢出的时候,P_bVYP_r 可以用来测定外商在关税同盟形成中所得到的租金或利润。由于这些租金反过来对应的是东道国和伙伴国的消费者剩余,外国利润创造效应意味着两国消费者剩余的损失,这是东道国伙伴国与外国投资者收入的再分配,它使得外国投资者的租金(生产者剩余)增加,形成了东道国外商生产者剩余与消费者剩余的反向关系。

如果税由外国出口厂商支付,则东道国的损失较小,甚至在税率和出口足够大时实现正收益。这里的足够大是与本国消费相比较,且要超过东道国消费者剩余的损失。因此,东道国的福利取决于净外国

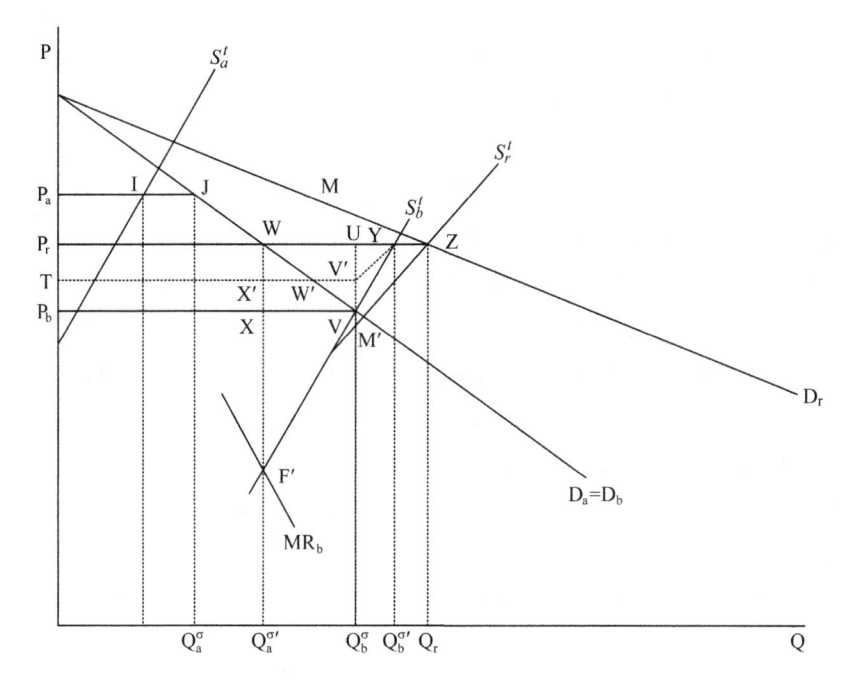

第四章 国际区域经济一体化的投资效应

图 4-2 形成关税同盟后的竞争市场

利润创造效应。对一个给定的税率，净效应是由外国利润创造的两个部分决定的。一是消费构成。东道国在一体化后消费商品所带来的利润增加，在图 4-2 中为区域 WXVY，这是外国利润创造效应的消费构成，由于会使得从该国向外国投资者的收入转移，从而导致出口东道国受损。二是出口构成。如果出口东道国能取得外国厂商利润或租金的一部分，那么外国利润创造效应对于出口东道国意味着一个收益。因此，给定一个正的税率，作为关税同盟形成对外国厂商生产变化的净福利影响，将取决于外国利润创造构成的两个部分的大小。

考虑两个极端的情况。在同样的情况下，即跨国公司没有正的溢出，且没有资本存量的变化。第一种情况是出口东道国对外国厂商不征税，也就是不分享外国利润创造效应的出口构成部分，则东道国将由于外国厂商参加它向联盟的出口而受损，理由是它将不能从增加的出口中获益。同时，它将由于消费者剩余转移给投资者，即由消费构成的变化而受到损失。第二种情况是如果东道国对在其国中的出口到同盟市场的外商，所获得的纯租金或利润征收100%的税，东道国将受益，这是因为外国利润创造效应的消费构成部分转变为政府和消费者之间收入的再分配，而出口构成部分成为东道国的净收益，东道国将得到销售到同盟市场的所有利润，在图4-2中为 WXVY；而三角形 WXV 是从消费者到政府的内部再分配，与出口国从进口国消费者支出所获得的税收相符。因为100%的利润税意味着外商与本国的厂商相同，没有多余的租金和利润转移到国外，关税同盟没有形成与跨国公司相联系的国际收入分配效应。

在利润税为0和100%两个极端情况之间，从负的到正的福利影响有一个范围，这里的福利影响是东道国的外商出口到同盟市场这种情况所引起的。总体上来看，对一个给定的总的外国利润创造效应，在外国公司的租金中，东道国以税收或其他形式取得的愈多，那么东道国的收益将愈大，或者是损失愈小。

至此的分析表明，当东道国对其内部外国厂商出口到同盟市场可以征税时，能否获利主要取决于消费构成和出口构成的大小。二者大小的比较不仅决定东道国作为一个出口者，其福利变化的大小，更重要的是决定了东道国能够通过征税的方式提高福利水平。

回答什么条件可以使东道国获得收益或损失，有两种思路。一是直观判断消费构成和出口构成的相对大小。在图4-2中，比较给定税率下外国利润创造效应的消费构成和出口构成的大小，它们与出口商品供给和需求的弹性相关。在给定出口商品价格的增加和外国厂商租金中东道国所占的份额相同的情况下，如果商品的需求和供给弹性愈高，那么出口东道国将收益更多或损失更少，出口相对于本国消费占的比例更大，即外国利润创造中出口构成相对于其消费构成要多。

二是比较对外商利润征税率的高低。在给定外国利润创造效应大小基础上，比较对外国利润征税率高低，这是由供给和需求弹性所决定的。图4-2表明东道国征收外商50%的利润税时，东道国将因外国厂商出口到共同市场而受损。在这种情况下，外国厂商所取得的净租金的增加额等于区域 $P_rYV'T$ 的面积，其中 UV' 是 UV 的一半。税收额降为区域 P_bVYP_r 的一半，税收为区域 $P_bVYV'T$ 的面积。其中部分税收 $P_bVW'T$ 将补偿部分的消费者剩余损失。$W'VYV'$ 表示出口东道国从外国利润创造中所取得的收益。对于这一区域与没有税收补偿的消费者剩余损失的区域 $P_tWW'T$ 相比较是有意义的。

上面的分析表明,一国并不是总能从关税同盟形成的出口扩张机会中受益。当出口厂商是外国厂商时,它更可能是遭受损失。但通过适当的税收政策或者其他治理工具,从而分享外国厂商出口到同盟市场的租金,或者从对外直接投资得到正的溢出,扩大东道国从中获取的收益,或者减少形成的损失。

(三) 一体化收益在东道国集团与外国厂商间的分配

目前,我们考虑的是主要成员国的福利影响。前面的分析表明,同盟从外国厂商所获得的净收益或所遭受的损失,不是仅来自外国利润创造效应,而且来自外国利润转移效应,以及贸易创造和转移效应。现在继续假定仅在产业 X 中存在外商,分析进口和出口国的整体影响。总的来看,综合的福利影响将取决于两个方面:决定贸易创造和贸易转移的条件,以及决定外国利润转移和创造效应的变量,特别是在伙伴国中外国厂商的初始状况。

我们首先简单地考虑后一个因素,假定存在如下情形:

(1) 考虑国家 A 不生产 X 产品,全部从第三国较便宜地进口,在 A、B 国实施一体化后,国家 B 生产的 X 产品的出口,替代了 A 国之前从第三国进口的产品。此时,A 国将从贸易转移中受损,并且 B 国也可能因外国利润创造效应受损,这可能是 A、B 两国作为一个整体面临的最坏情况。

(2) 考虑 A 国生产 X 产品,且仅是由本国厂商生产的,那么对于 A 国而言,仍不能从贸易转移中受益,但可以从贸易创造中受益,这较上一个情形有明显改善。

(3) 考虑 B 国外商 X 产品的区内出口,替代了在 A 国国内外商的生产,那么至少后者将从正的外国利润创造加上标准的贸易创造中受益。因为在 A 国的外国利润转移将部分地抵消或减少在出口国 B 的负的外国利润创造效应,所以集团共同的损失将比其他情况要低。进一步地,如果出口国 B 国的 X 的价格不提高,而在进口方 A 国大幅降低,以致外国利润转移比外国利润创造更大,那么即使在两个伙伴国贸易转移超过贸易创造效应,关税同盟总的福利效应也是一个净的收益。

除了在总的生产中的份额以外，存在外商情况下的一体化的收益和成本，还取决于影响外国利润创造和转移效应大小的其他变量。这主要包括：一国出口与进口市场（需求）大小的比较，在同盟市场内贸易品的供给弹性，成员国一体化前的关税水平与一体化后的共同外部关税的相对变化，东道国在外国利润创造中的分享额（以税收或其他方式获得的外商出口的收益）。这些变量的重要性可以在图4－2中看到。

显而易见，共同市场的大小与出口国家本国市场大小的比较是重要的。伙伴国的市场愈大，那么从东道国在外国利润创造中份额的总利得相对于它的消费者剩余损失愈大，即在图4－2中，区域$V'VY$的面积将比区域$P_tTX'W$的面积大。

在关税同盟的共同市场内，贸易品的供给弹性愈低，两个东道国更可能结束恶化的状态，反之亦然，这是由于X产品的价格在进口国倾向于降低更少，而在出口国升高更多，因此，在进口国，从外国利润转移和贸易创造效应中将有一个更少的利得。在出口国，产品X的一个更大无弹性的供给，将使得福利减少的净外国利润创造效应愈大，因为一方面是外国出口厂商产品的价格上升更多，另一方面在区域市场中的出口相对增加更多，而这时出口国的消费价愈高。因此，在这时，外国利润创造效应的出口成分与它的消费成分相比较将愈小。相反地，如果商品的供给弹性愈大，外国利润的创造和转移效应将愈小。在极限状态，如果供给曲线是水平的，那么将没有外国利润的创造和转移效应。

对于从同盟市场结束进口的国家和出口到共同市场的国家来说，它们在一体化前后的关税水平对决定外国利润创造和转移的大小是关键的。在进口国，它们决定其可进口商品相对价格在一体化后将要下降的程度以及它从同盟市场进口量与一体化前从第三国进口量的不同。按照图4－2，A国X商品关税的变化决定$P_a - P_r$和$Q_a^a - Q_a^{a'}$的长度。对于出口国发生的事情与进口国的类似。因此，同盟成员国开始的关税水平与同盟成立后对第三国的关税水平，是影响成员国在外商存在情况下一体化过程中的成本和收益的重要变量。

存在外商时形成关税同盟的成本和收益取决于外国利润创造的净效应，后者则取决于东道国在外商出口到共同市场的收益份额。我们已经考虑了简单利润税这种形式的影响，必须指出的是这是一个简单化的假定，但仍能较好反映实际世界的情况。此外还可以有与此在理论功能上作用相似的方式，如前面提到过的技术溢出、模仿、合资企业等。但也要看到，可获得的外商利润份额往往是谈判和政策实施的结果。

三 存在外商时的关税同盟效应：垄断情形

在上面的分析中，假定市场是竞争性的，但在存在跨国公司时，垄断可能更符合实际。垄断优势是跨国公司的重要优势，往往是外国厂商的一个重要的利润来源，它可以利用专有资产使租金增加，因此，在垄断性产业，外国利润创造和转移效应可以提高，甚至于生产的边际成本减少，使得纯租金不存在时也可能提高。分析外国垄断的主要困难是对这些厂商在关税同盟中所能推出的福利效应与市场结构或竞争程度变化相关的影响不容易进行区分。我们在这里将只从成本递增产业、成本不变和递减产业的不同情况来分析。

（一）成本递增产业

首先简单考虑如果一个成本递增的行业是垄断性而非竞争性的。仍利用图 4-2 进行分析。但此时该产业最初的价格、产出均衡是不同的。国家 B 垄断的 X 产品的生产水平更低，而 X 商品的价格更高，在图 4-2 中，其价格为 P_r，而非 P_b，故而在开始时将获得更高的利润，用 $P_b X W P_r$ 的面积表达。

在此基础上建立关税同盟，成员国间的关税取消，设定共同的外部关税为进口成员国家在一体化前的关税水平，这允许一个至少等于 P_a 的最大国内价格。可能存在两个极端的同盟市场的价格和均衡产出：一是当两个厂商是同一跨国公司的子公司，那么它们可以串谋，形成对应垄断解。此时，同盟市场的垄断均衡在点 M′，在此点区域的边际收益将与垄断厂商的边际成本函数曲线相交，消费者支付的价格为需求曲线上 M 点所对应的 P_a，高于之前的竞争性价格 P_r。因此，在垄断市场假定下，一体化将意味着与竞争性市场相比，东道国的收益更小，而外国厂商的利润更高，即更低的外国利润转移效应和更高的利润创造效应。二是如果外国厂商不串谋，并且存在较强竞争，则一体化的福利效应将与前面描述的产业竞争的最初情况相同。在垄断和竞争的两种极端情况之间，往往是现实情形下实现产业均衡的所在之处，具体位置将要取决于产业的市场结构和产品，受成本情况、进入壁垒、外部关税水平和厂商联系的影响。

（二）成本不变和递减产业

为了强调纯垄断利润的影响，我们进一步分析生产的边际和单位成本不变，专用资产没有租金的情况。图4-3描述了这样一个产业，一体化前是由A、B两国的垄断者控制的，A、B两国决定组成一个关税同盟。简单起见，假定两国的需求函数相同（$D_a = D_b$），与此需求函数相对应的边际收益函数由MR曲线来表示。如果国家A的平均和边际成本由水平直线C_a给出，那么该国最初的产量为Q_a，价格为P_a，一体化前，外国厂商所取得的租金为区域$C_a FGP_a$的面积。假定国家B生产该产品的成本更低，为C_b，那么该国此产品的最大化垄断性产出将为Q_b，价格为P_b，低于P_a。

假定没有共同外部关税限制，价格由生产者决定，那么一体化后，存在两个极端价格和产量的均衡：一是点C的竞争性均衡，产出为Q_r^c，价格为C_b，在B国生产的长期单位成本有比较优势。二是点M的完全垄断均衡，此处低成本厂商的生产成本等于区域边际收益，产出减少到Q_r^m，价格增加到P_r^m。

我们首先考虑垄断解。假定B国的低成本厂商集中所有的产品销售到同盟市场，在进口国A国的外国利润转移为区域$P_r^m G'GP_a$，而B国的外国利润创造为区域$F'KMG'$。可以发现，在固定成本情况下，外国利润创造对出口东道国并不代表实际的福利损失，因为在该国出口品的本国价格将不提高。此时，高的外国利润创造效应意味着一体化收益中更大的份额转给了在B国的外国公司，但同时，东道国作为一个集团仍将受益，即使出口国不从外国利润创造分享利益和从外国厂商产出的净扩张中没有获得溢出。为确定东道国相较外国厂商获利的多寡，可以分别定义两国在一体化前的平均价格、平均成本和平均产量，即在图4-3中的$\overline{P}_r$、$\overline{C}_r$、$\overline{Q}_r$，这样东道国的共同利得为消费者剩余，可以用$P_r^m ME\overline{P}_r$的面积表达，两个外国厂商作为一组

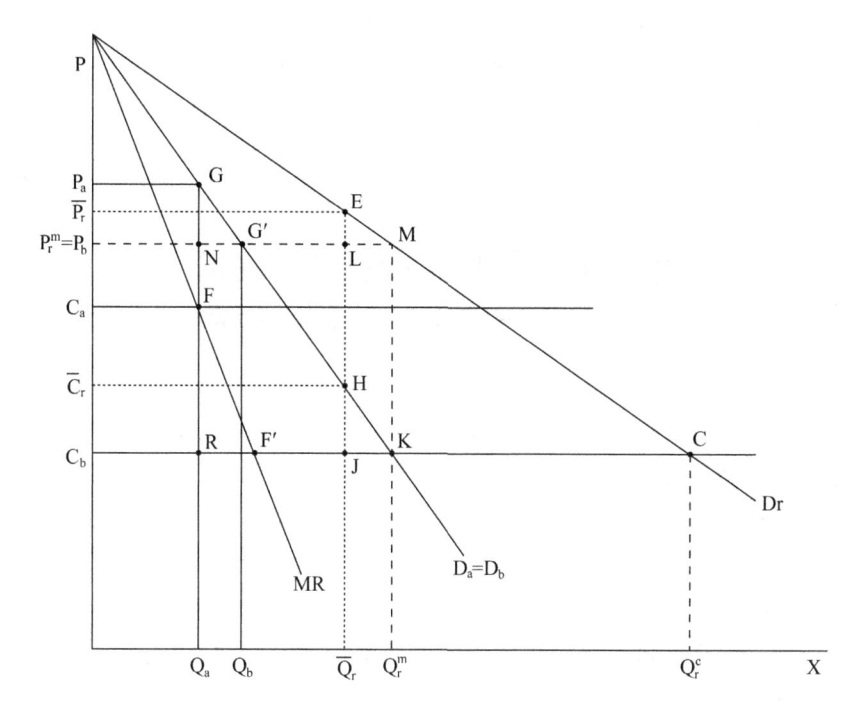

图 4-3 等边际成本的垄断产业形成关税同盟

的垄断租金或利润将增加 $C_b KMP_r^m$ 总对应的面积。明显地，两个厂商的总收益将比东道国的总收益多。如果对产品的需求曲线是线性的，且单位成本不变，此时东道国从一体化所获得的收益将严格地为厂商收益的一半，这是由于平均单位成本的减少转化为了商品价格降低一半，边际收益曲线的斜率为需求曲线斜率的一半。

其次，我们看竞争解。如果同盟成员国的市场通过一体化变为完全竞争的，那么两国所获得的收益将比垄断情形更大。此时，区域价格将等于低成本国家的单位成本 C_b，在进口国 A 的外国利润转移将从垄断情形下的总 $P_r^m G'GP_a$ 增加到 $C_b KGP_a$ 总。出口国将没有外国利润创造效应，但是从竞争产生的外国利润转移效应将消除所有的垄断利润。在国家 B 的外国利润转移为区域 $C_b KG'P_b$ 的面积。东道国总的利益为区域 $C_b CE\overline{P}_r$ 的面积，外商将失去先前全部垄断利润即 $\overline{C}_r HE\overline{P}_r$ 对应的面积。因此，东道国的总收益来自以下三个效应：一

— 109 —

是消除先前由外商转移到国外的垄断利润，即外国利润转移效应，为图 4-3 中区域 $\overline{C_r}HE\overline{P_r}$ 的面积。二是贸易专业化的收益，即从同盟市场中低成本生产产生的贸易创造效应，为区域 $C_bJH\overline{C_r}$ 的面积。三是消除先前本国垄断者造成的垄断损失，为三角形 EJC 的面积。

第三节 国际直接投资对经济一体化的策略性反应

本部分，我们将对对外直接投资对一体化的反应策略进行说明，并对投资创造与投资转移、公司一体化与区域一体化、政策导向型一体化与投资导向型一体化、强制性一体化与诱发性一体化四组概念进行比较分析。

一 国际区域经济一体化中的对外直接投资活动类型

（一）一体化组织内部投资及利用外资

可以将一体化过程中的对外直接投资分为四种类型：防御性进口替代投资、进攻性进口替代投资、重组投资和合理化投资。每类投资都是对一体化的不同战略反应，对应的是外商对一体化在区位和组织决策方面的不同选择。防御性进口替代投资是外商对一体化贸易转移效应的反应，它是由于区域一体化关税再安排所形成的新的区位优势。外商为保护它原来在一体化区域中的市场份额，由原来的以贸易为基础的战略向以投资为基础的战略转变，即为我们通常所说的跳过一体化共同关税的投资，这是一种防御其在一体化区域内市场份额不被侵占的对外直接投资。进攻性进口替代投资是指利用一体化带来的需求增长和新的市场开放所采取的面向一体化区域的投资。重组投资是由一体化的贸易创造效应所引起的投资，它将鼓励对外直接投资按照一体化成员国比较优势的变化重新调整，对外直接投资按照一体化后的新的、较为合理的一体化生产和需求的新分布来进行合理化投资。我们用表 4-1 来说明区域一体化效果、跨国公司战略反应，贸易效应与外国直接投资效应的相互关系，而它的落脚点在于区域一体化的外国直接投资效应。

表4-1　　　　区域经济一体化的外国直接投资效应

一体化的经济效应	跨国公司战略反应	净贸易效应	净投资效应
区内贸易比外贸易更有吸引力	用外国直接投资替代出口（防御性进口替代投资）	被外国直接投资取代下的出口下降	增加向区域内外资分公司的投资
成员间区位优势新格局	调整区域内的投资决策（重组投资）	无影响，或因专业化、竞争力的提升而增加	整体无影响，国别有差异
成本减少和效率提升	区域投资增加（合理化投资）	可能减少，也可能增加	投资增加
市场拓展，需求增长和技术进步	以对外直接投资取得领先优势（进攻性进口替代投资）	无影响，或减少	投资增加

注：假定区域经济一体化没有使外部关税低于先前各成员国的关税，且没有非关税壁垒阻止区域内贸易增长。

如表4-1所示，四种不同类型在一体化区域内或面向一体化区域的对外直接投资，各自对应的贸易效应是有区别的：防御性进口替代投资对应的是出口下降，重组投资对应的贸易效应有无影响或增加两种情况，合理化投资对应的贸易效应有增加或减少两种可能，进攻性进口替代投资对应的贸易效应有无影响或减少两种可能。这四种不同类型对外直接投资的对外直接投资效应除重组投资对应的是对区域整体的影响不确定外，其他三种不同类型对外直接投资对应的对外直接投资效应均为增加。进一步地，四种不同类型对外直接投资的贸易效应和对外直接投资效应间有一定联系，防御性进口替代投资的两种效应是替代的；重组投资的两种效应可能都无影响或贸易效应增加与对外直接投资效应无影响并存；合理化投资的贸易效应与对外直接投资效应有替代或互补关系；进攻性进口替代投资的贸易效应与对外直接投资效应可能有替代关系。

（二）一体化组织的对外直接投资

一体化对原区域向外的外国直接投资有直接影响。例如，一体化所产生的规模经济的成本减少效应和竞争的增加将增强区域中跨国公司的竞争力，从而使得它们可能通过增加从一体化区域向外的外国直接投资来更多地占领区域外的市场。由于一体化使得该区域及区域外的决定对外直接投资的变量发生了新的变化，一体化区域向外的直接投资也将随之发生变化。

二　国际区域经济一体化条件下的邓宁国际生产折中理论

邓宁的国际生产折中理论主要是指厂商进行对外直接投资一般要以所有权优势、内部化优势和区位优势都具备为条件。所有权优势是跨国公司对外直接投资，从事国际生产的基础，它包括企业的资产优势和交易优势；资产优势来自企业对有形资产和无形资产占有的优势，有形资产的优势一般涉及有形资产的规模经济、多样化经营及对产品市场或原料市场的垄断等优势，无形资产优势包括企业在技术专利权、商标和管理技能等方面的优势，无形资产可以在任何地方使用，拥有无形资产所形成的企业优势对于跨国公司从事国际生产十分重要；交易优势是指跨国公司通过控制其所属分支机构组成的世界性的经营网络所获得的使交易成本降低的优势。内部化优势是指跨国公司将其所有权优势内部化所产生的竞争优势，企业使所有权优势内部化的动机是避免资源配置的市场不完全对企业经营的不利影响。区位优势也是跨国公司从事国际生产需要考虑的一个重要因素，它主要取决于要素和市场的地理分布状况、各国的生产要素成本、运输成本和通信成本、基础设施、政府干预调节的范围和程度、各国的金融状况和金融制度、国外市场和国内市场的差距或由于历史、文化、语言、风俗、偏好、商业惯例等形成的地理差距等。

一体化能够对跨国公司对外直接投资的三个优势产生直接影响。从对区位优势的影响来看，一体化往往意味着过去分割的市场或多种货币及金融制度演变为统一市场，实施单一货币乃至金融制度，使得市场运行比以前更有效率，这意味着区位优势中，市场区位和金融区位优势的增强。同时，市场范围的扩大也意味着对外直接投资分工的深化，而且这种深化与对外直接投资的增加密切相关。从所有权优势来看，不论是其有形资产的规模经济、多样化经营及对产品市场或原料市场的垄断优势，还是无形资产的技术专利权、商标和管理技能等，如果在一体化前主要是针对一体化区域中的一些国家或一个国家的，那么它的所有权优势就将面临一体化单一市场的新挑战，这种所有权优势有丧失的可能，对于跨国公司原来的内部化优势亦然，这不仅是由于内部化优势主要是内部化所有权优势，而且在于外界市场及外界市场不完全有了新的变化。因此，跨国公司必须随着一体化的区位优势的新变化，重新发现、强化和改进扩展其所有权优势和内部化优势，使得其在一体化的新条件下具有与一体化的新区位相对应的所有权优势和内部化优势，才能使其成为新的面向一体化区域的跨国公司，并由此增加其对一体化区域的直接投资。

三 国际区域经济一体化与对外直接投资关系的四组概念

这四组概念是投资创造与投资转移、政策导向型一体化与投资导向型一体化、强制性一体化与诱发性一体化、公司一体化与区域一体化。

1. 投资创造与投资转移

金德尔伯格提出投资创造和投资转移来说明跨国公司对关税同盟的战略反应，它们是与贸易创造和贸易转移效应相联系的[①]。所谓投资创造就是同盟非成员国针对关税同盟成立对应的贸易转移而增加对同盟内的投资，这与前面所提出的防御性进口替代投资相似。所谓投资转移是指在同盟内进行生产重组，投资在同盟内的成员国间转移，这是非成员国对关税同盟贸易创造效应的战略反应，这与我们前面所提出的重组投资相似。

2. 政策导向型一体化与投资导向型一体化

联合国跨国公司中心将一体化分为政策导向型一体化与投资导向型一体化。所谓政策导向型一体化是指从政策上促进参加国经济一体化，政策主要包括：削减成员国间的贸易壁垒，实行成员国间贸易自由化，创办自由贸易区，如果缔结关税同盟，则制定共同的对外贸易政策，实行货币联盟和共同货币等。这类一体化的基本特点在于机构

[①] Kindleberger C. P., "European Integration and the International Corporation", *Columbia Journal of World Business*, 1966, 110 (s3-4): 383-390.

一体化优先于实际的生产一体化。与此相反，所谓对外直接投资导向型一体化不是依靠政策，而是以依靠跨国公司的企业行为作为主要动力的一体化，它是跨国公司在本区域内利用其经营优势沿分工和市场扩展的结果。在实践中，政策导向型一体化与对外投资导向型一体化是比较复杂地交织在一起的。

3. 强制性一体化与诱发性一体化

这是由政策导向型一体化与投资导向型一体化所引发的。一体化实质上是一种制度变迁过程，因此，也就可以结合制度经济学对其进行制度经济学的分析。这里的强制性一体化是指由政府或政府间共同决定的政策和法令所引起的一体化，在这里由于一体化成员国间力量的不平衡，使得一体化的政策和法令所引起的一体化对一些力量不够强大的国家具有一定程度的强制性。诱发性一体化是指由企业、政府等在响应一体化的潜在获利机会过程中而自发性地、自愿性地推进的一体化。不难发现，这里所提出的强制性一体化与诱发性一体化在一定程度上包括了政策导向型一体化与投资导向型一体化，并且它蕴含着比投资导向型一体化更广的含义，另外，这对一体化方式的选择也有一定的指导意义。

4. 公司一体化与区域一体化

这里的公司一体化主要指跨国公司一体化，其含义是通过跨国公司管理这只看得见的手在一些国家，特别是一些地域上邻近的国家沿分工和市场方向的延伸、扩展，而将原来的市场和分工内部化成公司内活动的公司一体化形式。应该指出的是这里的公司又可以包括与跨国公司相联系的其他公司，它们的分工与市场的扩展在公司一体化中也占有重要的位置，这里的公司一体化含义在一定程度上要比前面所提到的投资导向型一体化的含义宽一些。区域一体化是指由成员国间政策协调所导致的区域市场等的一体化。这一点内容与前面所提到的政策导向型一体化说明的是同一问题的两个侧面，主要是通过政府间协定实现的贸易投资及要素流动的便利化、自由化。

本章小结

1. 国际区域经济一体化的静态投资效应主要有投资创造和投资转移两个方面。投资创造指的是由国际区域经济一体化引起的、新增加的投向区内成员国的国际投资，增加了国际投资总额。投资转移指的是由国际区域经济一体化引起的、原有的、转移到区内某成员国的国际投资，是国际投资目的地的改变而不影响国际投资总量。

2. 投资创造效应的产生与贸易转移效应有关。当一体化区域内消费者以来自区内伙伴国的进口替代原有的来自区外的进口时，这些区内产品生产者可能获得从无到有的国际投资从而扩大生产规模满足消费者需要。

3. 投资转移效应的产生与贸易创造效应有关。随着国际区域经济一体化带来的贸易成本下降，一些原本通过在伙伴国投资生产的厂商将国际投资转移、集中到区域内某一处，发挥规模经济效应而获得更大收益。

4. 跨国公司进行国际直接投资的动机中，与国际区域经济一体化安排有关系的主要有资源导向型和市场导向型等。为了获取别国资源、市场份额等，跨国公司可以通过贸易和投资两种方式实现，而国际区域经济一体化安排降低了国际贸易这一方式的成本，从而可能减少跨国公司出于资源导向型和市场导向型动机的国际直接投资。

5. 跨国公司的国际投资对国际区域经济一体化的战略反应主要分为四种类型：防御性进口替代投资、进攻性进口替代投资、重组投资和合理化投资。经济一体化安排使区内贸易更有利可图，跨国公司可能以防御性进口替代投资增加向区域内分公司的投资；经济一体化安排使市场拓展、需求增长和技术进步，跨国公司可能以进攻性进口替代投资增加对区域内的投资；经济一体化安排是成员间区位优势的新格局，跨国公司可能重组投资而改变其在区域内的国别投资结构；经济一体化安排使区内贸易成本减少、贸易效率提高，跨国公司可能以合理化投资增加对区内的投资。

6. 国际区域经济一体化改变跨国公司的区位优势、所有权优势和内部化优势，从而影响其国际投资决策。经济一体化安排如果使分割的市场或多种货币及金融制度演变为单一市场或单一货币及金融制度，则意味着区位优势中市场区位和金融区位优势的增强，这将促进跨国公司国际直接投资分工的深化和扩展。而若跨国公司的所有权优势和内部化优势主要面向部分甚至单个成员国，则其优势可能丧失从而减少国际投资。

7. 西欧、北美和亚洲地区是世界经济中最重要的地区，也实现了程度较高的区域经济一体化。在这些地区的经济一体化发展中，成员国吸收的国际直接投资规模随着一体化程度的提高不断增长，且先以制造业为主后以服务业为主。同时，区域经济一体化的投资效应往往对小国的影响大于对大国的影响。

关键术语

区域经济一体化　关税同盟　自由贸易协定　自贸区投资效应　投资创造效应　投资转移效应　国际生产折中理论　外资撤退理论

本章习题

1. 国际区域经济一体化安排如何影响跨国公司对于最优生产地的选择？以自由贸易区形式为例来说明。
2. 国际区域经济一体化的投资效应与贸易效应有何联系？
3. 试分析投资创造效应与投资转移效应的区别。
4. 国际区域经济一体化的国际投资效应如何影响区域内生产要素及产出的配置？
5. 跨国公司进行国际直接投资的动机主要有哪几类？
6. 国际区域经济一体化的建立如何影响跨国公司的所有权优势、内部化优势和区位优势？

第五章

国际区域经济一体化的动态效应

本章学习目标：
- 掌握竞争效应、规模经济效应和增长效应的定义与内涵；
- 理解国际区域一体化理论关于竞争效应、规模经济效应和增长效应的分析；
- 了解国际区域一体化中竞争效应、规模经济效应和增长效应的影响；
- 熟悉同质国家和非同质国家模型的运用。

国际经济一体化理论主要分为静态效应理论和动态效应理论。其中，静态效应理论主要以 Viner 的关税同盟理论为基础，在 20 世纪 60 年代末以后，逐渐扩展到自由贸易区、共同市场和货币与财政一体化等方面的问题；动态效应则随着时间推移逐渐表现出来，这主要体现在竞争效应、规模经济效应和增长效应等方面。本章通过系统回顾国际区域经济一体化理论中有关动态效应的论述，为以后章节的动态效应实证分析提供理论依据。

第一节 竞争效应

国际经济一体化组织成立后，由于成员国之间取消关税和非关税贸易限制，生产要素可以自由流动，贸易可以自由进行，各成员国的厂商面临的竞争空前激烈。市场竞争程度的加剧可以提高经济效率，使经济资源的分配也趋向于最优配置①。各成员国的生产者必须提高效率以应对区域内其他生产者的竞争和兼并。日益激烈的竞争将刺激生产者不断研发并采用新技术，导致科技水平和投资水平上升。与此同时，区域内不断加剧的竞争也会引起相关商品的价格下降，从而提高消费者的福利水平。这样由竞争带来的资源有效配置，专业化程度加深，从而提高企业生产效率的效应叫作竞争效应（Competition Effects）。

一　国际区域经济一体化理论关于竞争效应的分析

国际经济一体化理论中，最核心的是关税同盟理论，在此基础上，进一步形成了自由贸易区理论、一般均衡理论、大市场理论等，下面我们从关税同盟理论出发，阐述国际区域经济一体化中的竞争效应的产生与大小。

（一）关税同盟理论对竞争效应的分析

关税同盟的建立促进了成员国之间的相互了解但也使成员国之间的竞争更加激化。参加关税同盟后，由于各国的市场相互开放，各国企业面临着来自其他成员国同类企业的竞争。在这种竞争中，必然有一些企业被淘汰，从而形成在关税同盟内部的垄断企业，这有助于抵御外部企业的竞争，甚至有助于关税同盟的企业在第三国市场上与他国企业竞争。

国际区域经济一体化的竞争效应主要包括市场结构效应和技术创新效应。首先，讨论市场结构效应。假定 A、B 两国要素禀赋相同，并以相同的技术生产商品 X。起初两国没有贸易往来，A 国市场上的商品由一家垄断厂商生产，B 国市场上的商品生产是完全竞争的，显然，B 国市场上的商品价格要低于 A 国。如果两国结成关税同盟，商品可以自由贸易，那么 B 国向 A 国出口商品 X 时，将会产生以下结果：第一，两个市场结构不同的国家，即使要素禀赋、生产技术、市场需求等要素都相同，结成关税同盟后也能产生使福利水平提高的贸

---

① 李瑞林、骆华松：《区域经济一体化：内涵、效应与实现途径》，《经济问题探索》2007 年第 1 期。

易创造；第二，关税同盟改变了原来某些成员国内垄断的市场结构，此处是将 A 国的市场结构从垄断改变为竞争，从而使整个同盟区内的福利水平有所提高。

其次，讨论技术创新效应。技术创新能够改变生产过程中所需的要素数量和比例。如图 5-1 所示，假定某种产品的生产需要劳动力 L 和资本 K 两种要素，在没有进行技术革新以前，生产一单位该产品需要 l 数量的要素 L 和 k 数量的要素 K，R 为生产一单位该产品的要素组合点。技术创新将使 R 点向内移动，即生产一单位该产品需要的要素减少了，产品单位成本下降了，竞争力因此而上升。当一些国家组成关税同盟后，在同盟内部，各成员国的厂商失去了贸易壁垒的保护，都在统一的同盟市场上销售其产品，因此竞争的压力将迫使厂商加大对研发的投入、加快技术革新的步伐①。

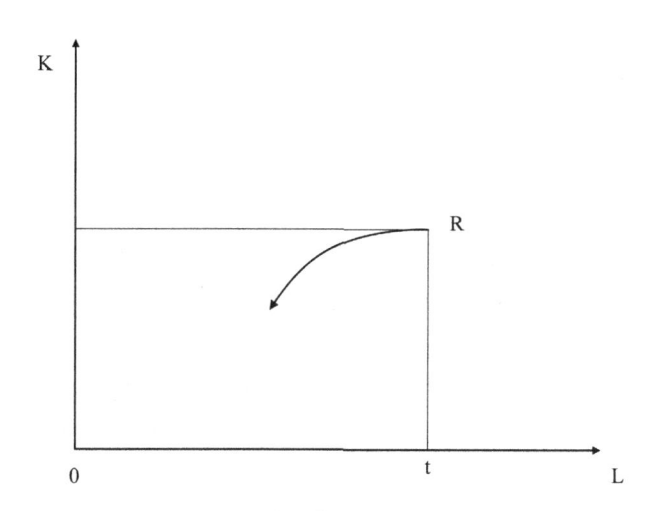

图 5-1 国际区域经济一体化的技术创新效应

资料来源：樊莹：《国际区域一体化的经济效应》，中国经济出版社 2005 年版。

（二）大市场理论对竞争效应的分析

大市场理论（Theory of Big Market）以共同市场为分析基础讨论区域经济一体化的竞争效应。主要代表人物是经济学家西托夫斯基和

---

① 樊莹：《国际区域一体化的经济效应》，中国经济出版社 2005 年版。

德纽，他们从动态的角度发展了共同市场理论，指出建立共同市场消除了贸易保护主义，使得被保护主义分割的区域内市场可以统一为一个大市场，而通过大市场内的激烈竞争，可以实现专业化、大批量生产等方面的利益。丁伯根指出大市场可以"消除阻碍最合理运营的各种人为障碍，通过有意识地引入各种有利于调整、统一的最理想因素，创造出最理想的国际经济结构"。

西托夫斯基从西欧的现状入手，指出在建立共同市场之前，由于市场狭小、竞争趋于消失和价格居高不下，市场陷入高利润率、低资本周转率和高价格的矛盾之中，存在着"小市场与保守企业家态度的恶性循环"。建立共同市场之后，由于取消了各种贸易和投资的限制，成员国之间的竞争加剧和价格下降，迫使企业停止过去那种小规模生产而转向大规模生产，随着生产成本和价格的降低，人们的收入水平和消费水平得到提高，市场随之进一步扩大，最终出现一种积极扩张的良性循环。

德纽认为大市场的建立能够使机器设备得到充分利用，而大批量生产、专业化、最新技术的应用和竞争的恢复，都使生产成本和价格下降，再加上取消关税所引起的价格下降，必然会导致消费者购买力的增加和消费水平的提高，而消费的增加又导致投资的进一步增加。他最终得出结论："这样一来，经济就会开始其滚雪球式的扩张。消费的扩大引起投资的增加，增加的投资又导致价格下降，工资提高，购买力的提高……只有市场规模迅速扩大，才能促进和刺激经济扩张。"[1]

因此，大市场理论的核心思想可总结如下：第一，通过国内市场向统一大市场延伸，通过扩大市场范围获取规模经济利益，从而实现技术利益；第二，通过市场扩大，使竞争更加激烈，进而达到刺激劳动生产率的提高和技术进步；第三，生产要素的自由流动可以缓解成员国要素的供求矛盾，从而提高要素使用效率。

二 竞争效应的收益分析

市场的统一对一体化组织的经济结构产生了重大影响。企业在面

---

[1] 姜文学：《国际经济一体化：理论与战略》，东北财经大学出版社2013年版。

临激烈的市场竞争时必须进行重组，从而导致日益加深的企业专业化分工、对研究和开发费用的不断追加、跨国兼并和收购等，这些结构的变化又反过来促进了企业的收益增长和技术革新，同时对组织内部的产业重组、生产专业化和区域分工也产生了明显的促进作用[1]。

经济一体化通过竞争促进效应，可以削弱垄断力量，带来两种类型的收益：第一，消费者福利增加。因为扩大市场减弱了垄断带来的扭曲，竞争使企业降低价格，扩大销售，消费者会从中受益；第二，促进企业生产率提高和技术进步。经济一体化的贸易和资金流动活跃了市场的竞争促进效应，使各成员国的劣势产业寻求新出路，提高生产效率和产品质量，增加研发投入，增强采用新技术的意识，不断降低生产成本，提高产品在国际市场上的竞争力[2]，从而提高生产率，促进技术进步。

但竞争也不是无代价的，往往会发生调整成本。经济一体化会使同盟内低效率、小规模生产者面临更大的压力，随着竞争的加剧和价格下降，这些低效率的生产者被扩张的企业所兼并或倒闭退出市场。

第二节 规模经济效应

如果各国处于封闭状态，市场分得过细且缺乏弹性，则只能提供狭窄的市场，不能实现规模经济效益[3]。国际区域经济一体化后，突破了单个国内市场的限制，孤立的小市场组成一个大市场。各成员国的生产者可以通过提高专业化分工程度，组织大规模生产，降低生产成本，获取规模经济效益。更为重要的是，这个统一的大市场相对比较稳定，降低了外部市场的不确定性。

---

[1] 樊莹：《国际区域一体化的经济效应》，中国经济出版社2005年版。
[2] 匡增杰：《中日韩自贸区经济效应的理论分析》，《海关与经贸研究》2014年第3期。
[3] 李欣红：《国际区域经济一体化的产业区位效应研究》，中国经济出版社2015年版。

一　国际区域经济一体化理论关于规模经济效应的分析

国际区域经济一体化的第二种动态效应是规模经济效应，关税同盟理论的规模经济效应包括成本下降效应和贸易抑制效应。日本学者小岛清的协议性分工理论也是分析区域经济一体化规模经济效应的著名理论之一。本部分将以这两种主要理论进行分析。

（一）关税同盟理论对规模经济效应的分析

巴拉萨（Balassa）提出，"其他条件不变时，关税同盟越大，对世界的总体潜在利益越大；关税同盟成员间市场越大，带给这些国家和世界的利益越大"，因此，建立关税同盟对于那些面临着国内市场狭小或严重依赖对外贸易的国家而言，最大的动态效应是规模经济效应。科登（Corden）运用局部均衡分析关税同盟形成后规模经济产生的福利效应，从而在理论上说明规模经济是发展中国家经济一体化的重要动力[①]。关税同盟的规模经济效应包括成本下降效应（Cost Reduction Effects）和贸易抑制效应（Trade Depression Effects）。此处讨论的规模经济是厂商内部的规模经济，它的结果是，随着产出的增加单位成本降低。

图 5-2 描述了关税同盟的规模经济效应。组成关税同盟的 H 国（本国）和 P 国（伙伴国）的需求曲线和平均成本曲线分别为：D_H、D_P 和 AC_H、AC_P。两国加总的需求量为 D_{H+P}。两国内产品价格分别为 P_H 和 P_P，且 $P_H > P_P$，世界市场的价格为 P_W，因此加入关税同盟前 H 国征税 $P_W P_H$，P 国征税 $P_W P_P$。加入关税同盟以后对外执行共同关税。P 国是高效率国，其产品除供给本国消费以外，还将出口到 H 国，P 国生产者生产规模扩大，其平均成本下降，产品价格也下降了一些，即 P_{CU} 是同盟内的价格。随着价格下降，H 国消费者多消费了 MM′，带来消费效应 b，而且 H 国的生产者以从 P 国的进口来替代原来的生产量 OM，带来了生产效应 a；P 国消费者多消费了 NN′，带来消费效应 e，生产者可以以较低的成本生产产品，带来生产效应 c，P

[①] 宋岩、侯铁珊：《关税同盟理论的发展与福利效应评析》，《首都经济贸易大学学报》2005 年第 2 期。

国还以高于世界价格 P_W 的价格向 H 国销售产品 $N'X_u$，从中获利 f。c 和 e 就是"成本下降效应"。尽管成本下降效应是与 H 国贸易创造的结果，但是它并非传统的贸易创造效应，因为其不仅来自低价资源从其他地区的流入，而且得益于国内现有资源供给价格的下降。

但是，在图 2 中还暗含着另一种负面效应。如果 H 国和 P 国在成立关税同盟前都从世界市场以 P_W 的价格进口，但关税同盟成立以后，H 国从 P 国进口，P 国的生产厂商开始生产产品供给 P 国国内和 H 国的市场需求，将生产出 OX_u 的产品，这些产品的生产成本高于世界价格 P_W。这种成员国高成本的生产替代从世界其他地区低成本的进口，就是所谓的"贸易抑制效应"。从以较昂贵的资源代替较低廉的来源这一方面来说，贸易抑制效应类似于贸易转向效应，但是它与后者的区别在于比较昂贵的资源来自国内新厂商，而非来自伙伴国。同样，对消费者来说，H 国消费者的产品消费数量减少，获得产品的成本增加。另外，由于消费价格上升而导致的消费数量减少，消费者剩余遭受损失。

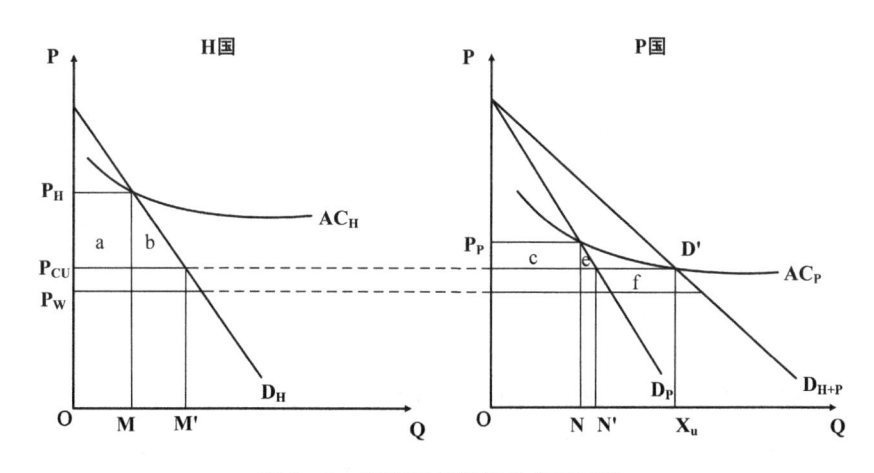

图 5-2　存在规模经济的关税同盟

资料来源：彼得·罗伯森：《国际一体化经济学》，上海译文出版社 2001 年版。

（二）协议性分工理论对规模经济效应的分析

多数论者都是依据古典学派提出的比较优势原理来说明国际区域经济一体化的分工原理的，但传统的国际分工理论是以长期成本递增和规模报酬递减为基础的,并没有考虑到长期成本递减(以及成本不变)和规模报酬递增。但事实证明成本递减是一种普遍现象,国际区域经济一体化的目的就是要通过大市场化来实现规模经济,这实际上也就是长期成本递减的问题。为了说明这个问题,小岛清提出了协议性分工理论[①]。

协议性分工理论指出,两国在生产同类产品生产效率相近的情况下,通过相互达成协议,分别专门生产其中的一种产品,即一国放弃某种产品的生产并把国内市场提供给另一国,而另一国则放弃另一种产品的生产并把国内市场提供给对方,形成协议国际分工,有助于实现规模经济。通过协议性国际分工可有效地配置区域内资源,增加区域内各成员国的净福利。

所谓生产率比较接近是指要素生产率比较接近。如果两国的要素生产率比较接近,则很难实现国际分工。但如果通过达成协议,两国则可以实现专业化分工,从而实现规模经济。协议性国际分工是不能通过价格机制自动实现的,必须通过制度把协议性分工组织化。这里通过图5-3说明。

曲线表示A国和B国的X、Y商品的成本递减曲线,纵轴表示的是两国分别生产两种商品时的成本。假定A国和B国达成互相提供市场的协议,即A国要把Y商品的市场提供给B国,而B国要把X商品的市场提供给A国,就是说X商品全由A国专业化生产,并把B国X_2量的市场提供给A国;Y商品全由B国专业化生产,并把A国Y_1量的市场提供给B国。在两国进行协议分工进行集中化专业化生产后,两种商品的生产成本都明显下降了(如图中虚线所示),达到了规模报酬递增的效果。图5-3中只是假定两国协议分工后,每种商品的产量等于专业化前两国产量之和。如果还考虑随着成本下降所导致的两国需求的增加,两国国民福利水平还会提高更多。

尽管协议各国都享受到了规模经济的好处,但是要使协议性分工取得成功,必须满足三个条件:第一,实行协议性分工的两个(或

---

① 梁双陆、程小军:《国际区域经济一体化理论综述》,《经济问题探索》2007年第1期。

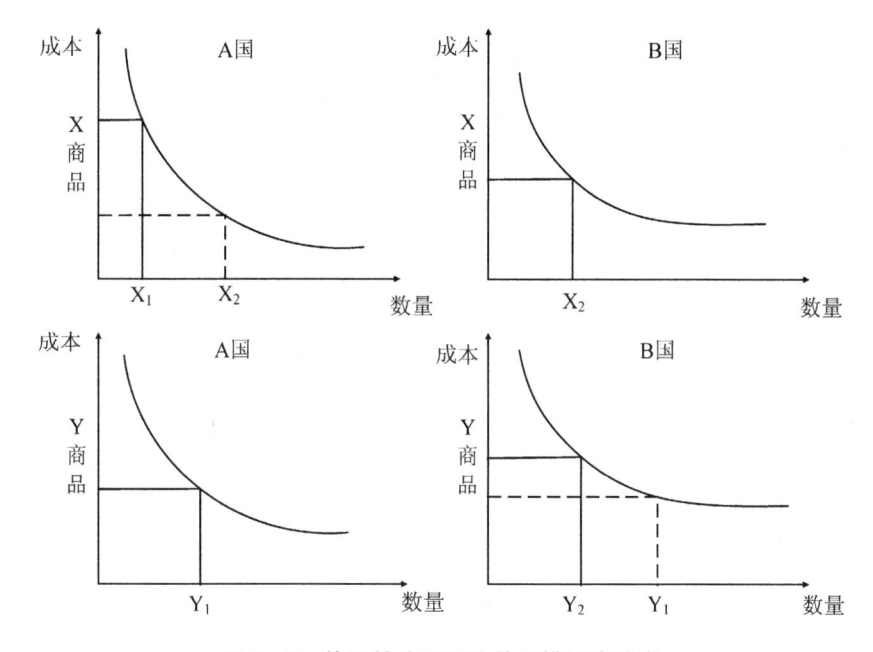

图 5-3 协议性分工理论的规模经济效应

多个）国家的要素比率（即资本劳动禀赋比例）没有太大差别，工业化水平等经济发展阶段大致相等，经济实力接近，协议性分工对象的商品在各国都能进行生产。第二，作为协议性分工对象的商品，必须是能够获得规模经济效益的商品。协议分工后能够带来生产成本的降低和生产效率的提高，一般是重工业、化学工业等的商品。第三，对于参与协议性分工的国家来说，生产任何一种协议性对象商品的成本和差别都不大，提高的程度彼此接近，否则就不容易达成协议。

因此，协议性分工理论的最大缺陷是无法解释工业国和初级产品生产国也就是经济发展阶段不同的国家之间建立的情况。发达工业化国家之间可以进行协议性分工的商品的范围较广，因此相对获得的利益也比较大。此外，那些地理位置相邻、生活水平和文化等互相类似的国家和地区，也相对容易达成协议，且容易保证相互需求的均等增长。

二 国际区域经济一体化中规模经济的影响

一体化组织的建立所产生的规模经济会带来市场扩张效应、分工效应和技术进步效应等。

首先,讨论规模经济带来的市场扩张效应。一体化组织使得区域性市场得到不同程度的扩大,意味着分割的狭小市场的融合和深度的整合,由此导致区内竞争加剧。扩大了的市场容量和激烈的竞争,为企业实现规模效益提供了客观的环境。企业可充分利用其优势,扩大生产规模,从而降低产品的成本,提高生产效率。同时区域内竞争加剧,有利于减少原先狭小市场内部的低效率,使资源得到充分的利用。在取消贸易与非贸易壁垒后,成员国的自发性出口增加,通过贸易乘数的作用使出口国国民收入倍增。市场的扩大也有助于基础设施(如运输、通信网络等)实现规模经济,这对小国来说尤其明显。从而产生了市场扩大—实现规模经济—市场进一步扩大—进一步实现规模经济的长期的动态规模经济效应。

其次,讨论分工效应。规模经济必须以大规模的生产为条件,而生产的规模化又必须以足够的市场容量为基础。随着市场规模的扩大,可能会带来区域内产业内部的专业化分工格局,在一体化组织中,合理的分工机制促进了生产专业化和贸易的发展,强化了优势产业,使其具有比较优势的资源得到充分利用,增加了经济福利。比如中国与东盟自由贸易区的贸易由基于要素禀赋差异产生的传统产业间贸易逐步转变为基于规模经济和差异产品的产业内贸易,且贸易品的范围不断扩大,形成了互补性的分工,产业内贸易的趋势不断增强。成员国具有贸易相对优势产品的国际竞争力增强,通过贸易集团的内部分工,进一步扩大规模效应,提升在国际市场上的整体经济实力[1]。

最后,讨论技术进步效应。受到市场竞争和市场需求的双重驱动,企业在自身发展利益的激励下,利用已经获得的知识和技术基础进行有效的技术开发活动,增加在研究和开发方面的投资,加强新技术的开发和利用,从而大大促进技术进步和创新。技术创新带来的知

---

[1] 王勤:《东盟国际竞争力研究》,中国经济出版社2007年版,第225—226页。

识溢出可以促进区域的技术和生产力水平的提高,增强集群的竞争力,是经济外在性的一种表现。知识溢出对规模经济中集群竞争力的影响表现在:降低了集群内部的交易和学习成本,知识溢出可以导致正的外部性,还有助于激活集群内的缄默性知识,提高企业个体实现外部知识内部化的可能性。而规模经济提供了更先进准确的信息源和更畅通快捷的传播渠道,使得知识更有效率地传播。

第三节 增长效应

国际区域经济一体化的动态效应还包括增长效应,Balassa(1961)[①]首先就同质国家区域经济一体化过程中的增长效应进行了研究,并将其归为区域经济一体化的"动态效应",随着经济增长理论的迅速发展,越来越多的经济学家对国际区域经济一体化的增长效应分别从理论和实证方面展开了具体讨论。本节首先以一体化组织为例进行简要分析,其次从理论上分析国际区域一体化组织成立对经济增长产生的影响。

一 国际区域经济一体化组织的增长效应

本部分主要分析国际区域经济一体化组织的增长效应,具体而言,我们将分别以欧盟27国、北美自由贸易区以及中国—东盟自贸区为例,初步探索经济增长的概况。

(一)欧盟的增长效应

欧盟(EU)是世界上规模最大,发展程度最高的一体化经济组织。是"北北型"区域经济合作组织的代表,今天的欧盟自由贸易区经历了关税同盟、共同大市场、经济货币联盟、签署宪法条约等几个经济一体化的关键阶段,随着一体化程度的加强,欧盟已经拥有27个成员国,总面积达438万平方千米,总人口约5.1亿,GDP总额约18.75万亿美元,是国际区域经济一体化的主要推动力量。

[①] Balassa, B., *The Theory of Economic Integration*, London Allen & Unwin Press, 1961.

从图5-4和图5-5来看，欧盟的经济发展总体保持平稳，在2008年金融危机的冲击下，GDP呈现下降趋势，但欧盟经济很快从危机中恢复，呈现出稳定且持续的发展态势。除2009年以外，GDP增长率保持在0%—4%，整体波动不大。总体的进出口增长率变化较为剧烈，除个别年份为负值外，进口和出口保持增长态势。FDI占GDP的比重波动不大但整体上呈现负增长的趋势。

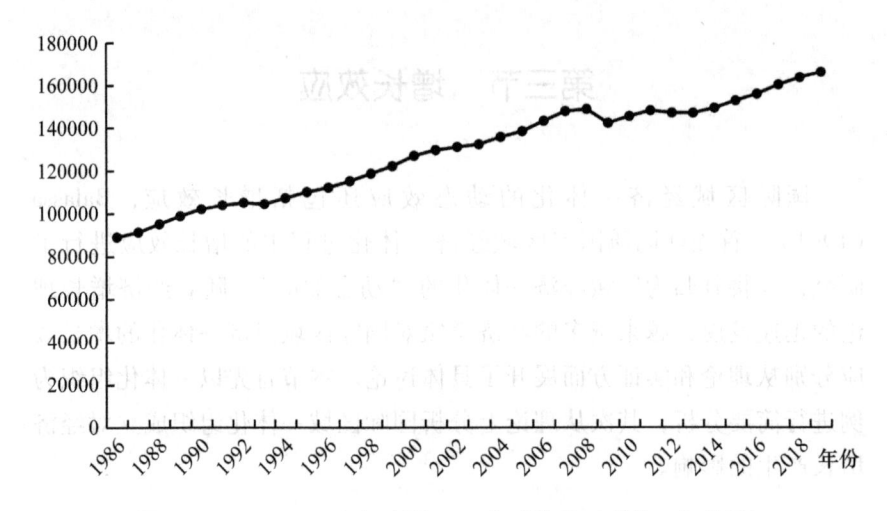

图5-4　1986—2019年欧盟GDP变动趋势（单位：亿美元）
数据来源：图中数据来自世界银行网站，纵轴为实际GDP。

（二）北美自由贸易区的增长效应

北美自由贸易区作为"北南型"区域经济一体化的典型，成员国在经济、贸易等方面有很大的互补性，1994年自贸区成立之初，拥有3.7亿多人口，土地覆盖面积2130多万平方千米，三国GDP共计8.39万亿美元。2019年，北美自由贸易区内人口数超过4.9亿，GDP总额为24.44万亿美元。

由图5-6和图5-7可知，北美自贸区自1994年成立以来，三国经济呈现出较为平稳的增长趋势。美国在北美贸易区内有着绝对的主导作用，1994年美国的GDP为99498亿美元，2019年为183004亿美元，约占贸易区整体的90%。加拿大经济总体上呈上升趋势，1994年加拿大的GDP为10728亿美元，2019年为19392亿美元，提

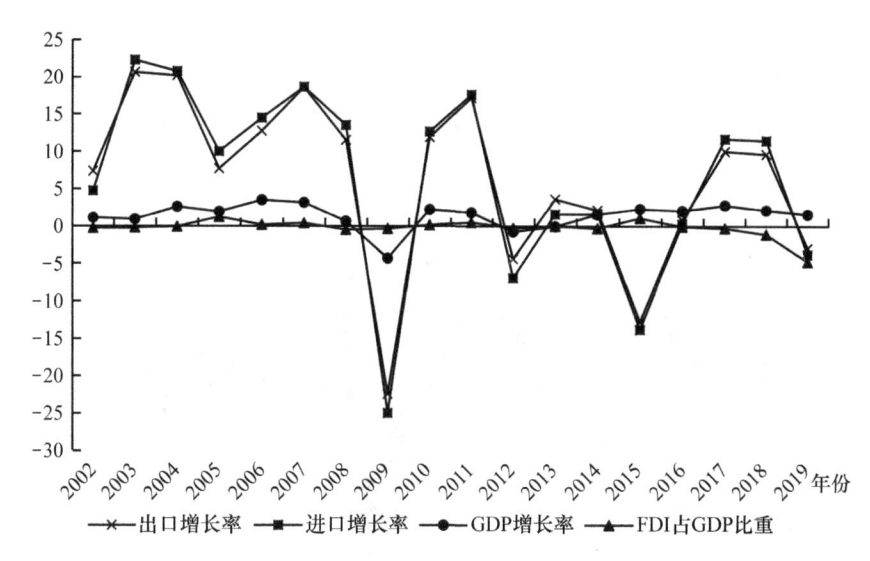

图 5-5 2002—2019 年 EU 27 国宏观经济指标的增长率（单位:%）

数据来源：图中数据来自 WTO 数据库。

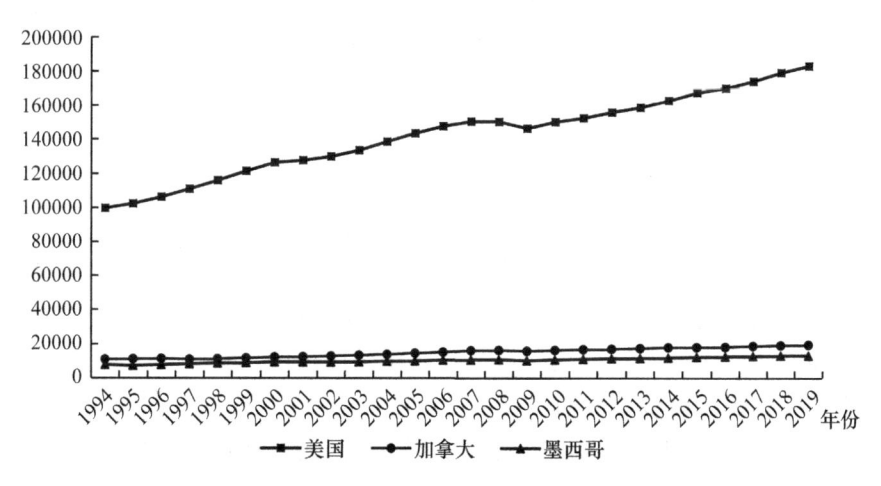

图 5-6 1994—2019 年 NAFTA 各国 GDP 情况（单位：亿美元）

数据来源：图中数据来自世界银行网站，纵轴为实际 GDP。

高将近一倍。墨西哥在 1995 年和 2009 年分别经历了经济的较大衰退，但在自贸区其他成员和国际金融组织的帮助下经济出现明显好转，较快地摆脱了金融危机的阴影。在此之后经济保持了稳定发展的良好态势,在2019年墨西哥的GDP为13099亿美元,相较于1994年的7549亿美元增加了将近一倍。从整体上看,北美自由贸易区建立之后对美、加、墨三国经济的影响都是积极的,三个成员国共同受益。

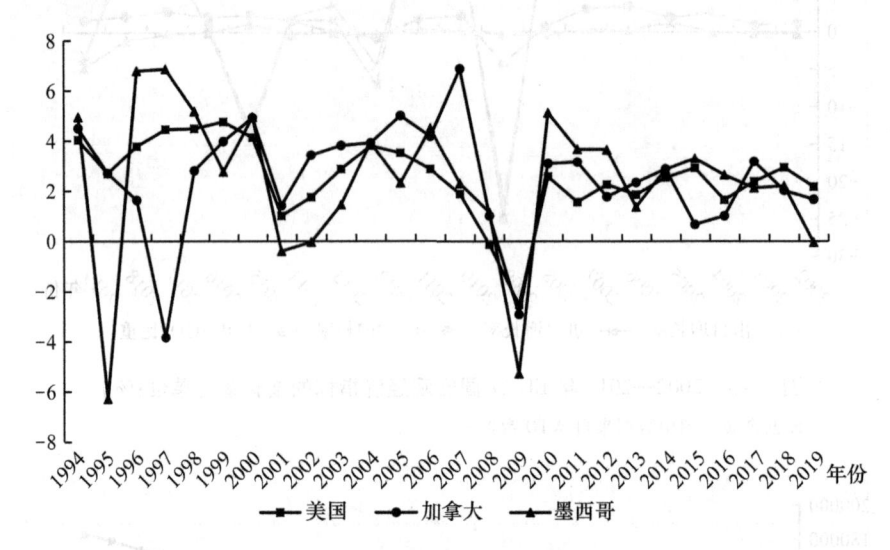

图5-7 1994—2019年NAFTA各国GDP增长率(单位:%)
数据来源:图中数据来自世界银行网站。

(三) 中国—东盟自由贸易区的增长效应

中国和东盟经济对话早在1991年就已开始,但是由于受到东南亚经济危机的影响,所以直到2002年,双方才签署了《中国与东盟全面经济合作框架协议》,决定2010年建成中国—东盟自由贸易区,中国—东盟自由贸易区的建设正式启动。

图5-8给出了按购买力平价调整过的东盟和中国的经济规模情况,2000年中国的GDP达到3.68万亿国际元,是东盟总体经济规模的1.48倍,自2008年以来,中国经济稳步上升。2008年东盟整体的GDP为4.6万亿国际元,2022年为10.33万亿国际元,提高了约1.25倍,而中国则从10.04万亿增长到30.34万亿,提高了2倍。

如图5-9所示,在2012年至2015年,中国与东盟的经济增长率出现了同时下降,而2016年至2018年又同时呈现上升趋势。2015

第五章 国际区域经济一体化的动态效应

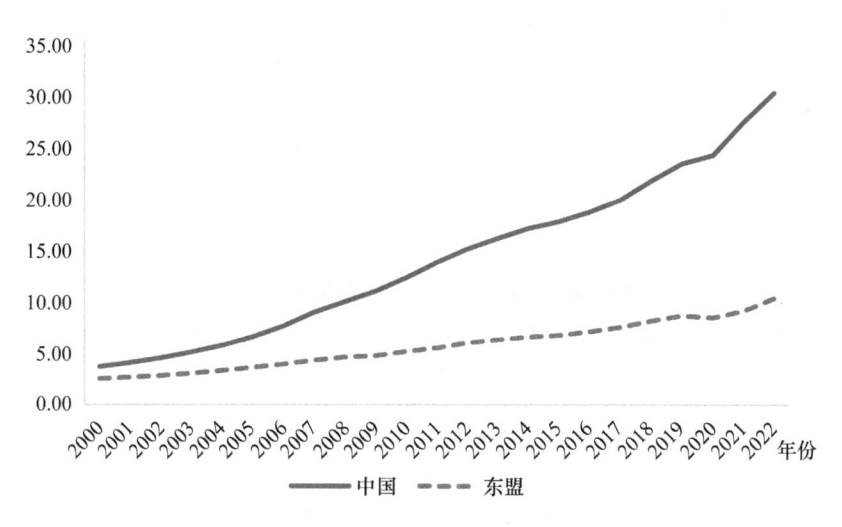

图 5-8 2000—2022 年中国和东盟的 GDP 情况
（单位：现价万亿国际元）

数据来源：图中数据来自世界银行数据库，纵轴为过购买力平价调整过的 GDP。

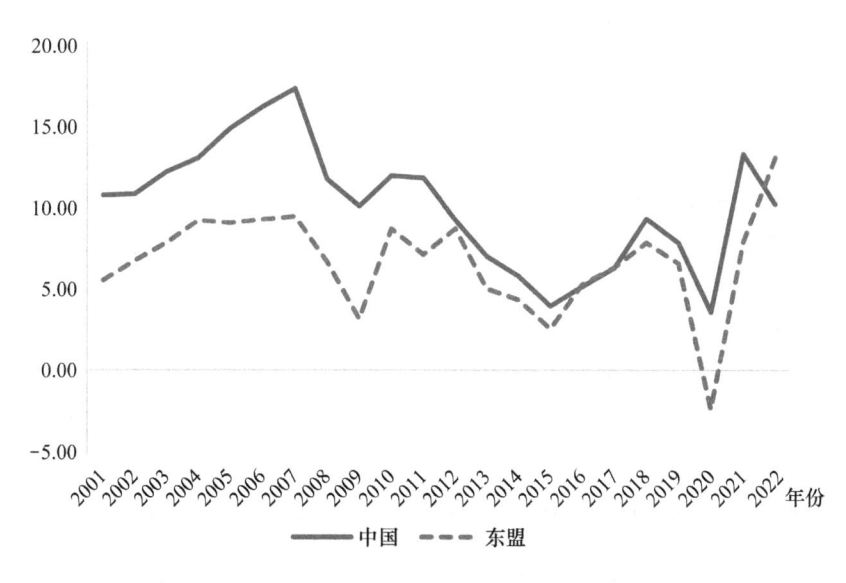

图 5-9 2001—2022 年中国与东盟按购买力平价衡量的 GDP 增长率（单位:%）

数据来源：图中数据来自世界银行数据库。

年东盟经济出现短暂的衰退，经济很快从危机中恢复并且持续稳定地增长。整体来看，中国—东盟自由贸易区建设使东盟近几年经济平稳发展，中国和东盟国家从经济一体化的进程中获得的增长效应较为明显，虽然双方存在着经济规模上的较大差异但增长率的趋同也很明显。

二 国际区域经济一体化理论关于增长效应的分析

区域经济一体化增长效应方面的研究是最先从欧共体的研究开始的，而当时欧共体的主要特征是成员国同质，均为发达国家。所以，传统的区域经济一体化增长效应研究实质上是对同质国家区域经济一体化过程中的增长效应进行研究[1]。Romer、Grossman、Helpman、Aghion、Howitt（1992）等学者基于内生增长理论的框架探讨一体化组织的增长效应，发现外部规模经济、研发效率的提高、竞争的加强等因素影响经济增长。而Devereux和Lapham[2]指出将同质性假设这一前提条件放松为异质性国家的经济一体化，会使研究结果更具有现实意义。本部分将对同质国家和非同质国家的增长效应进行理论分析。

（一）同质国家的增长效应

最早关于同质国家区域经济一体化的经济增长效应进行研究的是Balassa[3]，随着经济增长理论的快速发展，越来越多的经济学家对区域经济一体化的增长效应展开了系统研究，由于新古典经济理论仅仅假定技术能加速经济增长，并且假定了技术增长是外生固定的，这样就否认了区域经济一体化的长期增长效应，而在内生增长的框架中，所有生产要素的规模效应是可能存在的，将可能导致更有效率的经济增长。因此下文将根据Luis和Romer的内生增长模型来考察一体化通过规模收益递增而引致的经济增长的问题[4]。考虑贸易在相同禀赋

---

[1] 汪占熬、陈小倩：《区域经济一体化经济效应研究动态》，《经济纵横》2012年第10期。

[2] Deverux M, Lapham B, "The Stability of Economic Integration and Endogenous Growth", *Quarterly Journal of Economics*, Vol. 109, No. 1, 1994, pp. 299–305.

[3] Balassa B, *The Theory of Economic Integration (Routledge Revivals)*, Routledge, 2013.

[4] Rivera-Batiz, Luis A, Paul M Romer, "International Trade with Endogenous Technological Change", *European Economic Review*, 1991, 35 (4): 971–1001.

和相同技术条件下的一般情况，只考虑一体化对市场规模的影响，只考虑同质国家的一体化，并且仅考虑影响一体化的商品流动和思想流动的两个元素。而在现实中商品流动和思想流动存在着相互作用和相互分离的情况，因此分别探讨了商品流动、思想不流动与商品和思想同时流动的两种情况。在这里商品是沿着货物网络流动的，而思想流动则是通过通信网络进行的。

1. 模型的基本设定

主要包括制造业部门和 R&D 部门的模型设定与分布，而在 R&D 部门中的两种形式的 R&D 技术具有不同的函数分布，根据知识是否对研发过程产生作用而分为"知识驱动"型和"实验室设备"型 R&D 范式。

（1）制造业部门的函数与分布

假定消费品和资本品的生产有相同的生产函数，生产部门的生产技术采用 Romer（1990）的形式，其产出为人力资本 H，劳动力 L 和用于生产的 i 型资本存量 $X(i)$ 的函数，并且 i 是连续的；技术进步在此表现为新资本品的发明；A 表示最新发明产品的指数，根据 A 的定义，对所有的 $i > A$，有 $X(i) = 0$。产出 Y 假定为

$$Y(H, L, X(\cdot)) = H^{\alpha} L^{\beta} \int_{0}^{A} X(i)^{1-\alpha-\beta} di \qquad (5.3.1)$$

由于生产消费品的生产函数与资本品的生产函数相同，所以消费品和所有存在的资本品的相对价格是固定的。为简单起见，令其价格为 1，固定价格意味着总的资本存量为 $K = \int_{0}^{A} X(i)$，而总的产出为 Y。由于所有的投入有相同的生产函数，所以生产消费品的部门和生产资本品的部门可以合并为一个单一的部门，由此我们可以将生产部门的总产出看作是总的投入存量的函数，这一总的投入存量是在合并的单一部门中的总投入存量，它在消费品部门和资本品部门之间的分布可以用 $Y = C + K$ 来表示。

在生产中，商品 j 专利的拥有者可以是制造商，生产和销售商品 j。此外专利拥有者也可向其他的厂商收取专利费，自己不生产。形式上将生产决策和专利拥有者的垄断价格决策分开是有必要的，因此，假定专利拥有者与分散的生产厂商签合同收取一定的租金，而不是将专

利卖掉。为了分析方便,我们采取以下形式的制度安排:一是有许多厂商从专利拥有者手中租用资本品 $X(i)$,并雇佣非熟练的劳动力 L 和人力资本 H,来生产制成品,每个厂商既可以生产资本品也可以生产消费品。所有生产厂商有相同的生产函数,超额利润为零。二是拥有商品 j 专利的厂商为实际资本品的生产专利议价,对按竞争价格购买的商品以 1 为单位标准计算。议价完成后,专利拥有者按利润最大的垄断租金将专利租给所有的生产商,这是由于专利是由所有者垄断的。这一专利是可交换资产,价格为 P_A,等于垄断租金流的贴现值减去机器的成本。

(2) R&D 部门的函数与分布

我们考虑两种形式的 R&D 技术,一是生产新资本品设计的技术,假定人力资本和知识影响设计产出的投入

$$\dot{A} = \delta H A \qquad (5.3.2)$$

H 表示用在研究中的人力资本存量,A 表示已存在设计的存量,它是由对先前解决的设计问题所累积的。因为在此新的设计是以已有知识为基础的,所以我们称这一类型的 R&D 过程为 R&D 的知识驱动形式。由于非熟练的劳动力和物质资本在 R&D 中没有用处,生产部门和 R&D 部门间存在明显的要素分布差异,所以在分析中使用两部门的框架。

二是假定 R&D 技术用与生产技术相同的投入和投入比例,设计的产出写为

$$\dot{A} = B H^\alpha L^\beta \int_0^A X(i)^{1-\alpha-\beta} di \qquad (5.3.3)$$

H、L 和 $X(i)$ 表示在 R&D 中的投入,B 表示固定的规模因子。在这里,人力资本、非熟练劳动力和资本品对研究而言具有生产性,而知识对研究没有生产性价值,虽然可以获取先前所有商品的设计,熟悉它们代表的思想和技术,但是不能创造新的设计,因此将这种 R&D 形式称为"实验室设备"型 R&D。在这种模型中,生产部门和 R&D 部门的生产函数是相同的,生产可能性边界是一条直线,如果生产部门的产品产量减少一个单位,并且相应的投入转移到 R&D 部门,能够产出 B 专利,因此专利的价格 P_A 是由技术决定的,且 $P_A =$

$1/B$。将生产部门和研究部门合并为单一部门,令 H、L 和 $X(i)$ 表示在时间 t 中的全部投入,综合公式（5.3.1）和公式（5.3.3）可将总产出 $C+\dot{K}+\dot{A}/B$ 按总投入存量写为

$$C+\dot{K}+\frac{\dot{A}}{B}=H^\alpha L^\beta \int_0^A X(i)^{1-\alpha-\beta} di \qquad (5.3.4)$$

此模型的对称性意味着对任何已发明资本品的引致需求都相同于 $X(i)=X(j)$。对于所有的 i 和 j 来说都小于 A。因此在公式（5.4）中以 $K/A=X(i)$ 进行替换,得到以 H、K、L 和 A 表示的总产出

$$C+\dot{K}+\frac{\dot{A}}{B}=H^\alpha L^\beta A(K/A)^{1-\alpha-\beta}=H^\alpha L^\beta K^{1-\alpha-\beta}A^{\alpha+\beta} \qquad (5.3.5)$$

在"知识驱动"型和"实验室设备"型两种关于 R&D 部门的不同范式下,将会产生关于 R&D 部门均衡是如何分布的不同假说。在"知识驱动"型范式下,R&D 部门生产函数是二阶齐次的。由欧拉定理（Euler Theorem）可知,R&D 产出无法按照"边际报酬定价"原理总额支付给要素 A 和 H。因此假设：A 不获得补偿,即先前设计方案的专利持有者无法从技术上或法律上防止新种类设计者学习已有知识。既然存在交流渠道使得信息传播是可行的,那么当前可供相互竞争的每个研究者使用的知识存量即为 A。因此该均衡下 R&D 部门存在知识溢出或外部性,而制造业部门不存在。该情形下,我们可以将研究过程描述为许多独立的研究者使用他们的人力资本进行可供售卖产品设计的发明创造过程。

"实验室设备"型范式下,所有部门的生产都是一阶齐次的,因此不需要引入外部性或知识溢出。因此 R&D 部门均衡凭新专利获得市场势力,却不存在"自由进入"限制,因为完全相同的要素组合可以在两部门间自由流动。唯一的限制是如果没有商品 i 的专利拥有者的许可,那么就不能制造商品 i。该情形下,可将 R&D 过程想象为由独立的厂商雇佣非熟练劳动力、熟练劳动力以及使用资本品生产新专利,并以价格 P_A 出售。

2. 平衡增长和经济一体化

在这里给定技术,是以 H、L、K 和 A 为投入的函数的产出,并且限定 K 和 A 的关系来说明的,为了进行下面简单的平衡增长分析,

我们给定 L 和 H 的存量。对于两种 R&D 技术形式各自的平衡增长均衡的计算可以以增长率和利息率间的线性关系来概括，一个来自生产的均衡条件，另一个来自偏好的均衡条件。下面分别从"知识驱动"型和"实验室设备"型 R&D 两个方面加以说明。

（1）"知识驱动"型 R&D 范式

在知识驱动模型中，生产部门均衡隐含的是利率随经济增长率上升而递减（见图 5-10）。

$$r_{technology} = (\delta H - g)/\Lambda \tag{5.3.6}$$

其中 $\Lambda = \dfrac{\alpha}{(\alpha + \beta)(1 - \alpha - \beta)}$

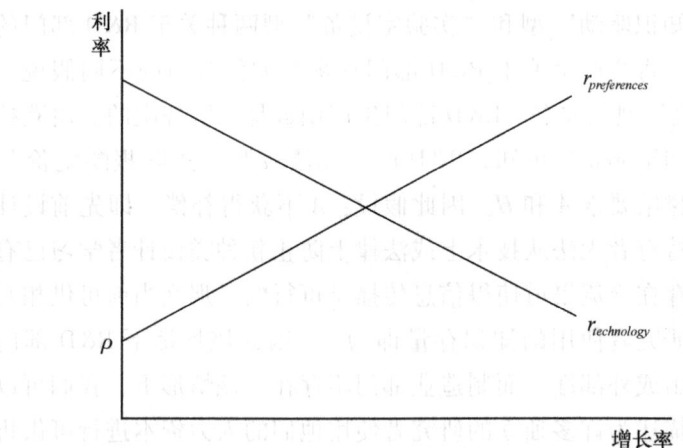

图 5-10　"知识驱动"型 R&D 模型的平衡增长均衡

资料来源：River–Batiz L. A. and Romer, "P. M. Economic Integration and Endogenous Growth", *Quarterly Journal of Economics*, Vol. 106, 1991, pp. 539–541.

在知识驱动范式下，利率与经济增长率的负相关关系的产生是因为利率的提高减少了对资本品的需求。从而降低专利价格，对 R&D 部门生产要素激励降低，最终 R&D 产出下滑降低经济增长率。反映在向外凸的生产可能性曲线上时，专利价格下降导致人力资本从 R&D 部门转向制造业部门。

在消费路径上，也即需求侧，采用的偏好是简单的固定弹性效用 Ramsey 偏好。

$$U = \int_0^\infty \frac{C^{1-\sigma}}{1-\sigma} e^{-pt} dt, \quad \sigma \in [0, \infty) \qquad (5.3.7)$$

在平衡增长路径下消费增长率必与产出增长率相等。因此对于固定的经济增长率 $g = \dot{C}/C$,可从跨期效用最大化的一阶必要条件中得到。

$$r_{preferences} = \rho + \sigma g \qquad (5.3.8)$$

上式呈现出利率水平与经济增长率之间的正向关系。这是因为,当消费增长越快时,现期消费相比于未来消费更具价值。因此当期和未来消费的边际替代率也就越高。从而使得消费者以更高的利率借款。应注意到,此处存在一个参数限制:增长率 g 不得超过利率水平 r。否则,现值不会是有限的,并且以积分形式表示的效用将趋于发散。如图 5-10 和图 5-11 所示,两条直线的交点一定在 45 度线之上,如果跨期替代弹性 $\sigma \geq 1$,$r_{preferences}$ 曲线通常位于 45 度线之上,如果 $\sigma \leq 1$,则曲线 $r_{technology}$ 不会太高也不能偏右。

因为增长率是由两条直线的交点决定的,所以它可以直接从偏好侧确定的 r 和 g 来计算公式(5.3.8),以及由技术确定的 r 和 g 的等式公式(5.3.6)计算,因此在"知识驱动"型 R&D 范式下,封闭经济的经济增长率为

$$g = (\delta H - \Lambda \rho)/(\Lambda \sigma + 1) \qquad (5.3.9)$$

上式表示,在"知识驱动"型 R&D 范式下,封闭国家经济增长率取决于熟练劳动要素 H 存量,因为该要素在制造业部门和 R&D 部门间竞争,如果提高 H 的外生供给,将导致更大规模但比例相同地进入 R&D 部门从而提升研发产出及经济增长率。另外,不变跨期替代弹性 σ 对经济增长率产生负向影响,因为较大的 σ 将导致消费者偏好"平滑消费"从而拉低经济增长速度。

(2)"实验室设备"型 R&D 范式

相应的另一种极端情况是 R&D 部门使用的技术与制造业一致,即他们需要的要素种类以及密集程度完全相同,生产函数设定为公式(5.3.3)。由于知识本身没有生产价值。我们称该范式为"实验室设备"型 R&D。在该范式下,R&D 部门和制造业部门的生产技术相同,因此整个社会面临的生产可能性曲线是线性的;如果减少一单位产出并将节省的要素投入至 R&D 部门中去,可额外生产 B 单位的新

设计方案。

并且在此范式下,利率与经济增长率之间的关系为:

$$r_{technology} = \Gamma H^\alpha L^\beta \tag{5.3.10}$$

其中,$\Gamma = B^{\alpha+\beta}(\alpha+\beta)^{\alpha+\beta}(1-\alpha-\beta)^{2-\alpha-\beta}$

其经济含义如下:在"实验室设备"型 R&D 范式下,无论制造业部门与 R&D 总产出如何,换言之无论 R&D 投入资源比例如何改变,都不会导致某种要素变得稀缺而价格提升,从而专利价格与资本品引致需求量均固定不变,因此在生产部门,利率水平完全由 R&D 生产技术外生地决定,从而利率水平 r 值唯一(见图 5-11)。

相对应的经济增长率为

$$g = (\Gamma H^\alpha L^\beta - \rho)/\sigma \tag{5.3.11}$$

上式表示,一方面,稀缺要素 H 与 L 的外生供给仍然对经济增长率具有正向作用,由于 R&D 部门利用最终消费品,等同于利用要素 H 与 L 进行生产,从而与制造业部门形成竞争,因此稀缺要素的供给增加可以缓解要素竞争关系,使 R&D 部门获得量多价低的稀缺要素,进而促进经济增长;另一方面,σ 仍对经济增长产生负向影响,因为较高的 σ 导致消费者偏好"平滑消费";最后,由于 $\Gamma = B^{\alpha+\beta}(\alpha+\beta)^{\alpha+\beta}(1-\alpha-\beta)^{2-\alpha-\beta}$ 并且 $\alpha+\beta<1$,从而较高的 B 对经济增长产生负向影响,这是因为作为专利所有权均衡定价的 1/B 较低,从而对 R&D 部门难以产生足够激励以提高创新速度及经济增长率。

(3) 完全一体化中平衡增长率的变化

在前面两个模型中,都有对规模的依赖,考虑两个有相同禀赋 H、L 的经济体,在长期中有相同的累积的投入存量,因此从贸易或经济一体化中获得的额外收益全部来自规模效应。假设两个经济体在地理上连续,初始状态下存在的严重障碍使得两者总体上是分离的,两个经济体之间的商品、劳动力和思想是不流动的。如果两个经济体在这种情况下演进,此时平衡增长率如图 5-10 和图 5-11 所示。当移除障碍后,两国完全整合为一个大经济体。要素禀赋 H 和 L 增加为原来的两倍。在上文规定的两种范式下,产品市场(供给侧)均衡曲线 $r_{technology}$ 均向上移动,同时利率水平上升。两种范式下的平衡增长率在完全一体化中分别为

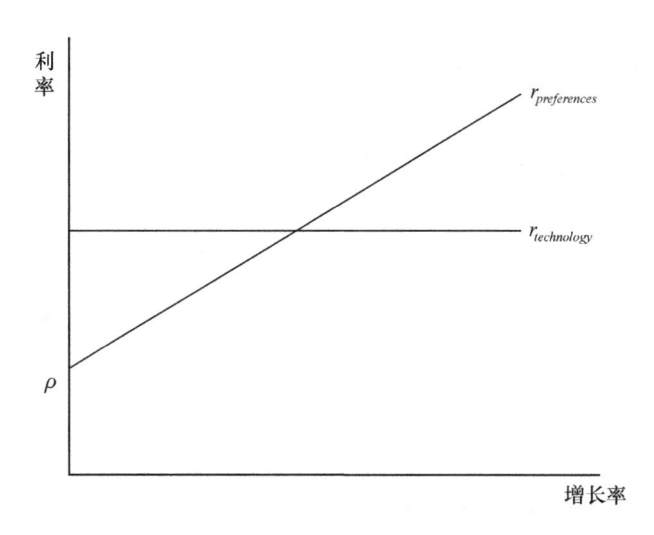

图 5-11 "实验室设备"型 R&D 模型的平衡增长均衡

资料来源：River - Batiz L. A. and Romer, "P. M. Economic Integration and Endogenous Growth", *Quarterly Journal of Economics*, Vol. 106, 1991, pp. 539 - 541。

$$g = (2\delta H - \Lambda\rho)/(\Lambda\sigma + 1) \qquad (5.3.12)$$
$$g = (2\Gamma^{\alpha+\beta}H^{\alpha}L^{\beta} - \rho)/\sigma \qquad (5.3.13)$$

比较公式（5.3.9）、公式（5.3.11）与公式（5.3.12）、公式（5.3.13）后，可以发现完全一体化后的增长率比一体化之前明显增加，一体化使增长率提高了。还需要指出的是，对于模型中使一体化加速经济增长的规模收益递增，在两个模型中的表现是有差异的。在"实验室设备"型 R&D 范式中，它表现在单一的研究设计固定成员从一体化前的每一国家一次变成了一体化后两个国家一次，在这个模型中规模收益递增的来源是固定成本的减少，而在"知识驱动"模型中则表现为知识的溢出引起的收益递增。

（4）商品贸易与思想流动

首先考虑"知识驱动"模型中商品流动而思想不流动的情形，平衡增长的产出增长率等于 A 的增长率 $\dot{A}/A = \delta H_A$，它由人力资本在生产部门和 R&D 部门之间的分布所决定。在贸易开放前，在一国生产部门中所用机器的类型数与在该国设计和生产的机器数相同；而开放贸易后，两个国家所用的机器类型数为本国的两倍，由于研究者追求获取垄断租金，两国的研究者将在生产不同的设计和在避免冗余中实现专业化，因此，最终世界设计的存量将为一国的两倍，由于资本品的贸易，使得本国生产者可以利用外国的设计，最终每个设计利用的水平将恢复到在每个国家单独获取时的水平；从公式（5.3.1）中可以推出，A 的增加使人力资本边际产品从 $\partial Y/\partial H = \alpha H_A^{\alpha-1} L^\beta \bar{X}^{-1-\alpha-\beta} A$ 增加到 $\partial Y/\partial H = \alpha H_A^{\alpha-1} L^\beta \bar{X}^{-1-\alpha-\beta} X(A + A^*)$，其中 A^* 为使用的外国的最新发明产品的指数，贸易开放意味着新设计商品的市场为没有贸易时的两倍，这使得专利的价格提高，研究中人力资本的收益从 $P_A \delta$ 增加到 $2P_A \delta$；但是由于思想不流动使得 A^* 所表示的外国知识不能被本国利用，因此商品贸易没有影响生产部门和 R&D 部门间人力资本的分布，也没有使平衡经济增长率和利息发生变化，这说明开放贸易而思想不流动时，没有增长效应。但是，商品流动而思想不流动可以有水平效应，即可以在短期内使产出增加[①]。

其次是"知识驱动"模型中的思想流动的情况，其结果往往取决于两个国家生产的思想的交叠程度。如果两国的知识相同，那么思想的流动对生产几乎没有影响。如果新的知识是以一个高方差的随机过程出现在不同的国家，那么思想的流动将在一定程度上加快世界范围的经济增长。

最后讨论在"实验室设备"模型中的商品进行贸易的情况，如果在利率不变的情况下，两个经济体开放贸易，那么专利持有者作为垄断者在两个相同的市场上出售专利权，面对不变的边际生产成本，将在每个独立的市场上使得利润最大化，专利持有者的利润将增加一倍。但专利价格固定为 $P_A = 1/B$，那么更大的市场只能导致利率上升。更高的利率将降低对资本品的需求，从而降低专利持有者在各期获得的垄断利润。在这种情况下，仅开放贸易的均衡结果与完全一体化均衡结果等价。由于"实验室设备"模型中知识对生产没有直接的影响，因此，讨论"实验室设备"模型中思想流动没有意义。

---

① 陈岩:《国际一体化经济学》，商务印书馆2001年版。

(二) 非同质国家的增长效应

在现实中参与经济一体化的国家与地区往往在经济规模、资源禀赋等方面有一定差异，因此对非同质国家和地区的经济一体化的增长效应研究开始兴起。Rivera – Batiz 和 Xie 在非同质国家和地区间区域经济一体化的理论框架下，首先建立了一个两国模型，分析了人力资本禀赋不同的两国间成立经济一体化的情况，认为经济一体化会重新配置两国的人力资源，从而可以提高两国经济增长，并最终使得两国的增长率趋同[1]。Frenkel 和 Trauth 进一步研究了两国时间偏好率和人力资本禀赋不同的情况下的经济一体化增长效应，得出了相似的结论[2]。下面以 Frenkel 和 Trauth 的模型为例，讨论非同质国家的经济一体化情况。

Frenkel 和 Trauth 构建了一个 $2 \times 2 \times 2$ 的模型，研究两个国家、两种商品、两种生产要素（实物资本和人力资本）投入情况下的结果。假设每个国家都有制造品生产部门（生产部门）和技术品生产部门（R&D 部门）。两个部门的产品都需要实物资本和人力资本作为生产要素投入。生产部门给研发部门提供物质产品，而 R&D 部门向生产部门提供技术产品。在国内，部门间的生产要素可以自由流动，但在两国间，作为物质商品的实物资本可以自由流动，但人力资本不能自由流动，而只有技术产品可以通过专利贸易进行国际流动。

首先讨论两国存在时间偏好差异的情况。图 5 – 12 表示本国和外国的均衡情况，假设两国在经济一体化之前，本国的时间偏好率低于外国，而其他条件（如劳动生产率、人力资本禀赋）相同，本国 r_p 曲线低于相应的外国 r_p^* 曲线，曲线的斜率不取决于时间偏好率，因此两条曲线是平行的。由于人力资本禀赋在两国都相同，所以两国的人力资本市场均衡曲线 r_t 和 r_t^* 重合。

其中，r 和 r^* 分别表示本国和外国的利率水平，曲线 r_p 和曲线 r_p^* 表示本国与外国的实物资本市场均衡曲线，H_A 与 H_A^* 表示两国在 R&D

---

[1] Rivera – Batiz L A, Xie D, "Integration Among Unequals", *Regional Science & Urban Economics*, 1993, 23 (3): 337 – 354.

[2] Michael Frenkel, Thomas Trauth, "Growth Effects of Integration among Unequal Countries", *Global Finance Journal*, 1997, 8 (1): 113 – 128.

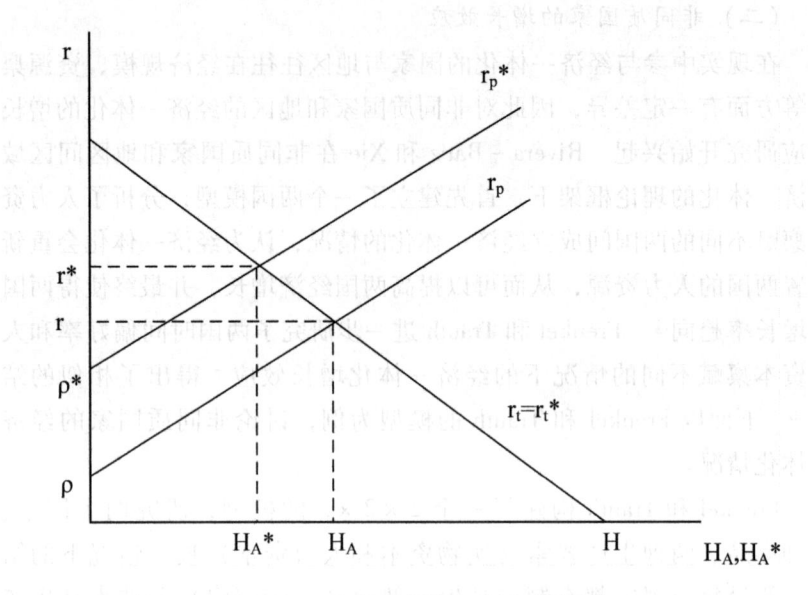

图 5-12　存在时间偏好差异时的均衡

资料来源：Michael Frenkel and Thomas Trauth, "Growth Effects of Integration among Unequal Countries", *Global Finance Journal*, Vol. 8, No. 1, 1997, pp. 113 – 128。

部门的人力资本。

本国的初始平衡具有低利率和高人力资本量特点，在封闭经济中，存在正的长期平衡增长的路径 $g = \dot{A}/A = \delta H_A$，一体化前的均衡中本国 R&D 部门使用了更多的人力资本，外国在制造业部门中使用了更多的人力资本。同时，由于外国的利率水平更高，且时间偏好不变，均衡利率水平将会引起经济沿均衡增长路径增长。

现在假设这两个国家商品和资本市场完全一体化，并且发生了知识扩散，这样研究人员就可以在新的设计中使用世界知识存量。并且假设世界性的专利制度或知识产权制度完善，所以不会产生模仿。

经济一体化后产生了三个效应：第一，由于知识存量的增加引起的 R&D 部门生产率的提高，同时相似的情况也出现在外国的研发部门；第二，一体化后市场的规模增加，导致利润增加，因此专利价格和 R&D 部门人力资本的工资率也越高；第三，两国实物资本和人力资本的要素价格均等化。由于知识存量的上升和市场规模的扩大，两国的人力资本都会从生产部门流入 R&D 部门，而人力资本价格最终要在两国均等，要求两国在 R&D 部门的最终规模比重应该相当。所以，外国的人力资本会更多地转移到 R&D 部门，只要新的平衡增长路径没有实现，工资率的变化就会对人力资本的再分配产生必要的激励，直到两国都沿着相同增长率的增长路径增长。由于这两个国家中人力资本流向了 R&D 部门，全球的增长率会因一体化的进程而提高，这增加了两国的福利。

由于外国的时间偏好较高，消费增长存在着不平等，时间偏好率决定了两国如何分配随时间增加的消费可能性，即每个国家的消费增长路径都是最优的。假设本国的时间偏好率低于外国，那么本国的最优消费路径将比外国的更加陡峭。

其次，讨论两国存在劳动生产率差异的情况。假设两国在经济一体化组织建立之前，本国 R&D 部门的生产率更高，而其他条件（如时间偏好、人力资本禀赋）相同，则经济一体化组织建立之前的两国在 R&D 部门的均衡情况如图 5-13 所示。

由于本国的 R&D 部门劳动生产率高于外国，所以本国 R&D 部门的 r_p 和 r_t 曲线斜率都比外国大。所以，在经济一体化组织建立之前，本国 R&D 部门有更多的人力资本投入量，并且具有高劳动生产率，两种作用的结果如下：第一，R&D 部门的人力资本获得了更高的工资水平，从而吸引更多的人力资本；第二，R&D 部门更密集地使用人力资本，需要更高的利率以保持跨期消费平衡，反过来又会提高资本品的成本，从而降低 R&D 生产率提高的增长效应。

当一体化组织建立后使产品和资本市场实现完全自由流动后，并且存在知识的扩散效应，两国的消费沿相同增长率的增长路径增长。经济一体化后的最终效应将使得世界范围内的经济增长率伴随着利率的上升而上升。同时，在贸易领域，本国将在 R&D 部门上生产更多的资本和技术品向外国出口，而外国会生产更多的实物消费品向本国出口。

综上所述，本章主要对国际区域经济一体化的竞争效应、规模经济效应以及增长效应三个方面进行了分析。通过关税同盟理论、大市场理论以及协议性分工理论对经济一体化中的竞争效应和规模经济效

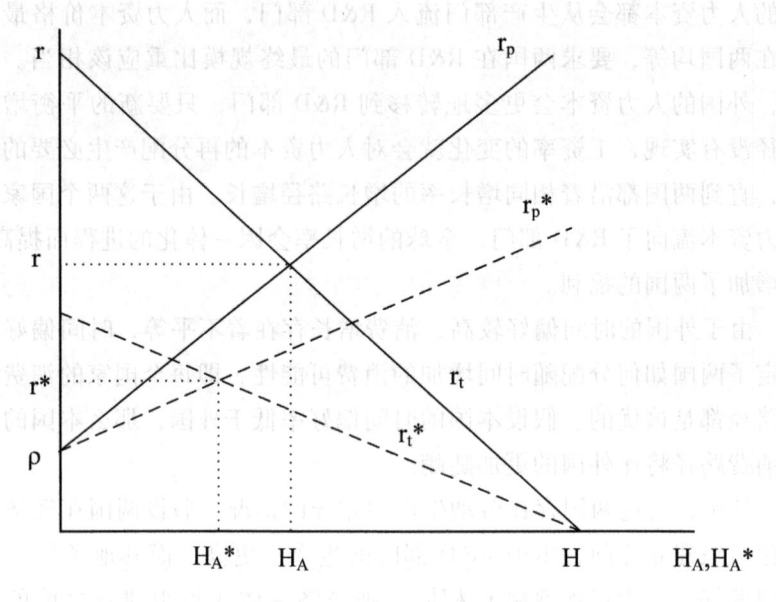

图 5-13　存在生产率差异时的均衡

资料来源：Michael Frenkel, Thomas Trauth, "Growth Effects of Integration among Unequal Countries", *Global Finance Journal*, Vol. 8, No. 1, 1997, pp. 113-128。

应进行了分析，并揭示了竞争效应和规模经济效应对提高消费者福利、降低企业生产成本以及提高企业生产率等方面的收益。经济一体化会重新配置两国的人力资源，从而可以促进两国经济增长，并最终使得两国的长期增长率趋同。

本章小结

1. 20世纪50年代以来，国际区域经济一体化快速发展，现已成为当今世界经济的主要趋势之一。在一体化组织成立之后，贸易开放引起的生产要素自由流动，各成员国的生产者面临的竞争空前激烈，厂商必须不断提高研究能力，保持并提升竞争力以应对开放市场带来的淘汰风险，同时激烈竞争带来的商品价格的下降会提高消费者的福利水平。

2. 关税同盟理论中的两国模型说明了竞争效应产生的市场结构效应和技术创新效应。在建立关税同盟之后，改变了某些成员国国内垄断的市场，改变了市场结构，因此提高了同盟区内的福利水平。此外，技术创新改变了生产过程中的要素生产比例，降低了单位成本，提升了产品竞争力。失去贸易壁垒保护的厂商在竞争的压力之下不得不加大对研发的投入，加快技术创新。

3. 突破单个国内市场的限制之后，市场范围的扩大使得各成员国的生产者专业化分工水平提高，生产成本降低，进而获取规模经济效应。关税同盟理论说明了成本下降效应和贸易抑制效应。成本下降效应促进了消费和生产，带来了正向的促进作用，而贸易抑制效应指的是成员国高成本的生产替代从其他国家低成本的进口，是一种负面效应。

4. 同质国家的区域经济一体化能带来研发部门的规模效应，从而加速技术进步，经济增长将获得长期动力；而非同质国家在时间偏好率和劳动生产率上的差异将对经济增长、跨期消费和人力资本配置等方面产生重要影响。即使在一体化过程中研发活动减少的国家也可以从一体化中获益，故所有国家都将受益。经济一体化会重新配置两国的人力资源，从而可以提高两国经济增长，并最终使得两国的长期增长率趋同。

关键术语

区域经济一体化　动态效应　竞争效应　规模经济效应　增长效应　关税同盟理论　大市场理论　协议性分工理论　同质国家　非同质国家

本章习题

1. 什么是国际区域经济一体化的竞争效应？

2. 请以关税同盟理论分析国际区域经济一体化的竞争效应。
3. 请以关税同盟理论分析国际区域经济一体化的规模经济效应。
4. 内生增长理论能解释增长率的国际差异吗？请阐述理由。
5. 在非同质国家的模型中，所有的国家都能获益吗？请阐述理由。
6. 同质国家与非同质国家模型的区别是什么？

第六章

国际区域经济一体化的第三国效应

本章学习目标：
- 掌握国际区域经济一体化的第三国效应的概念、内涵及形成机理；
- 理解FC模型解释不同情形下投资的第三国效应；
- 了解第三国效应的产生和在国际区域经济一体化背景下的演变；
- 熟悉国际区域经济一体化的第三国效应所造成的多种影响。

一体化组织不可避免会对组织内外成员的贸易形成影响，这种对区外国家的影响即为第三国效应。本章主要从第三国效应的产生、投资中的第三国效应、竞争性自贸区的形成与发展等方面展开分析，从而理解国际区域经济一体化的第三国效应所形成的连锁反应，理解世界范围内区域经济一体化组织竞相涌现的内在机理。

第一节 第三国效应的形成及影响

国际区域经济一体化有着深刻的时代背景。自20世纪80年代末90年代初开始，世界政治多极化趋势加强。世界政治多极化的趋势掀起了区域经济一体化的新浪潮。

一 时代背景

国际区域经济一体化进程中,世界格局发生着深刻变化,也影响了一体化组织的发展。20世纪90年代,随着苏联解体,美国成为冷战后唯一的超级大国,拥有经济、科技、军事以及国际影响力等方面的绝对优势,但已无力建立由美国主宰的单极世界。同时,欧洲国家积极推进内部合作,并努力朝着政治、军事一体化的方向发展。日本仍然保持世界经济大国的地位,并试图成为军事、政治大国。俄罗斯资源能源丰富,科研基础也颇具优势,加上同为核大国,正力图重振大国雄风。中国自改革开放以来,经济迅速发展,在国际政治舞台上发挥着日益重要的作用。在世界政治多极化趋势不断加强的大背景下,区域经济一体化发展顺理成章。它以地区性经济集团的形式出现,体现了国家之间不同程度的经济联合,并使当代国际经济关系的主体正从原有的国家间经济关系向经济集团间经济关系转变。现在世界上大多数国家都相继建立起或正在建立一些经济一体化集团,尤其是一些发达国家的经济一体化已达到相当高的规模与水平,对当前世界经济多极化格局和国际贸易的发展及其未来都有重大和深远的影响。

二 第三国效应的概念及内涵

所谓第三国效应,就是在国际区域经济一体化组织的构建过程中,由于一体化组织成员的有限性,政策的歧视性,对象的选择性,带来的对区外未加入一体化组织的第三方经济体的贸易、投资及福利所形成的影响。一般性地,由于实施内外有别的差别关税和其他歧视性政策,被排除在外的第三方经济体往往面临贸易转移、投资转移等负面影响导致挤出效应[1],从而不利于区外经济体的发展。这种影响甚至成为特定区域一体化组织构建的重要动因。受此影响,每个国家都不希望因为被排除在外而被边缘化,遭受负面影响,故而积极参与

---

[1] 武娜、王群勇:《RTA对FDI影响的第三国效应——挤出还是溢出》,《世界经济研究》2010年第1期。

国际区域经济一体化合作，将构建一体化组织作为一种国际竞争手段[1]，导致一体化组织大量涌现，加剧了贸易规则、贸易体系的碎片化，在一定程度上阻碍了多边贸易体制的发展。

尤其在当前复杂国际形势下，国际区域经济一体化组织的竞争性、封闭性带来的负面冲击日益突出。守成大国将一体化组织作为"拉小群体"的手段，实际上是单边主义、保护主义的新发展，是冷战思维的延续。为了对抗这种通过构建一体化组织的发展态势，避免第三国效应形成的负面冲击，积极参与国际区域经济一体化进程无疑是必由之路。

三　第三国效应的形成原因

总的来说，第三国效应是区域经济一体化发展的内生性产物，是其有限性开放、歧视性开放的必然结果，是对外部市场的一种消极影响，主要原因有四：

一是区域性经济集团都实行对内自由贸易、对外保护贸易的贸易政策，这种"内外有别"的政策明显背离多边贸易体制的非歧视原则，形成保护主义的贸易壁垒。二是区域经济一体化组织都具有不同程度的"贸易转移效应"，背离比较优势原则，对区域外的国家造成损害，往往导致区域内外的贸易摩擦和冲突，使世界贸易组织经常处于"救急"状态。三是区域经济一体化组织增加了国际市场上的垄断力量，抑制了竞争，削弱了WTO体制的作用。四是区域经济一体化组织把各国追求自由贸易的目标由多边贸易协定转向区域性一体化组织安排，不利于WTO体制发挥作用和进一步发展。

四　第三国效应的影响

然而近年来关税壁垒，贸易保护主义抬头，区域经济集团内部形成同盟，对非同盟国家实行高关税，资本、劳动力等生产要素可以在区域内各成员国之间流动的同时每个成员方仍然保持对非成员的壁

---

[1] 崔庆波、梁双陆：《竞争性自由贸易区发展趋势研判》，《开放导报》2015年第2期。

垒，即任何经济一体化经济贸易集团的各种优惠措施都仅适用于区域内的各成员国，而对集团外的国家依然维持一定程度的贸易壁垒，构成或体现出其排他性，从而影响了成员国与非成员国的贸易扩大，导致贸易摩擦加剧，利益冲突使得发展中国家从其他地区进行突破，以打破区域经济一体化带来的限制。但由于国家与国家之间在经济发展水平、制度质量等方面存在一定的差异，第三国效应仍然客观存在。以中国为例，近年来，中国与西方发达国家之间的贸易摩擦加剧，对外投资过程中面临的国际关系越来越复杂，不仅有中国与东道主国之间的关系，还有东道主国之间的关系，第三国在中国对东道主国的关系中发挥着越来越重要的作用。

在国际区域经济一体化的第三国效应中，主要包括贸易、投资两个方面。在第三章、第四章中，已经分别介绍了贸易和投资的创造效应和转移效应，其中，转移效应都涉及了将双边贸易、投资从区外转移到区内成员国，从而对第三国形成直接负面影响。从这个意义上来说，转移效应越大，对第三国的负面影响越突出。本章试图从另一个角度，对第三国效应进行分析。第二节将对投资的第三国效应及影响进行分析，第三节将结合部分国家将一体化作为竞争性手段，通过构建一体化遏制第三方的角度，基于竞争性自贸区，对第三国效应展开分析。

第二节 投资的第三国效应及影响

自由资本模型（Footloose Capital Model，FC）是空间经济学中分析资本跨区域流动的经典模型，可以揭示区域间资本流动的影响。因此，也直接适用于研究国际区域经济一体化中的资本流动及其第三国效应。为此，本节使用扩展后的 FC 模型对国际区域一体化投资的第三国效应进行分析。

一 基本假设

世界由三个区域构成，假设为北部、中部和南部。每个区域消费者偏好相同，北部和中部结成自由贸易区，其贸易开放度为 ϕ，未结成自由贸易区的区域之间的贸易开放度为 φ，且有 ϕ > φ；每个区域有两个生产部门——农业部门和工业部门，农业部门在完全竞争和规模收益不变的情况下生产同质产品，使用的投入要素为劳动，工业部门在垄断竞争和规模收益递增的条件下使用劳动力和资本两种生产要素生产差异化的产品，资本为固定成本，劳动为可变成本；各个区域农产品的生产率相同，工业品生产率不同，每个区域内部的各种差异性工业品的生产率都相同；农产品在国家内部区域间贸易不存在交易成本，对于工业品而言，国家内没有交易成本，国家间贸易遵循冰山交易成本，每个国家对工业部门生产的各种差异性产品设置相同的关税；每个区域有两种生产要素资本 K 和劳动 L，资本可以自由流动，劳动力不可自由流动，资本可以在其所在地以外的其他地方使用，但资本所有者不流动，并将资本收益汇回母国消费，世界上资本总量 K_ω 和劳动总量 L_ω 既定。

二 消费者行为

每个国家代表性消费者的偏好相同且具有双重效用。第一层面是柯布道格拉斯效用函数，决定消费者对农产品和工业品的支出分配，由于农产品是同质产品，对农产品的消费是一种产品的消费。第二层面是不变替代弹性效用函数，为消费者对具有差异的工业品的子效用，表示消费者对具有差异性工业品的偏好，该子效用函数的形式为：

$$U = C_M^\mu C_A^{1-\mu}$$

$$C_M = \left(\int_{e=1}^{n^\omega} c_e^\rho de\right)^{1/\rho} = \left(\int_{e=1}^{n^\omega} c_e^{(\sigma-1)/\sigma} de\right)^{\sigma/(\sigma-1)} \quad (6.2.1)$$

其中，$\rho = (\sigma - 1)/\sigma$，$C_M$ 和 C_A 分别表示消费者对差异性工业品组合的消费和对同质性农产品的消费，μ 表示花费在工业品上的支出份额。ρ 反映消费者的多样性偏好程度，ρ 越趋于 0 表明消费者的多样性偏好程度越强，σ 为产品的不变替代弹性。$n^\omega = n^1 + n^2 + n^3$，表示全世界工业品的种类，$c_e$ 为消费者对第 e 种工业品的最优消费量。假设消费者的收入为 Y，p_A 表示农产品的价格，p_e 表示某国第 e

种工业品的价格,根据消费者效用最大化的条件,可以求得对农产品和各种差异性工业品的需求数量分别为:

$$C_A = (1-\mu)Y/p_A$$
$$C_e = \mu Y p_e^{-\sigma}/p_M^{1-\sigma} \qquad (6.2.2)$$
$$p_M = \left[\int_{e=1}^{n\omega} p_e^{1-\sigma} de\right]^{1/(1-\sigma)}$$

其中,p_M 为某国工业品组合的价格指数。

三 生产者行为

农业部门遵循瓦尔拉斯一般均衡且不存在交易成本,因此农产品采用边际成本定价,且各国的农产品价格都相等,也即 i 区域和 j 区域的农产品价格相等:

$$p_A^i = a_A \omega_L^i = p_A^j = a_A \omega_L^j$$

由上式可知,$\omega_L^i = \omega_L^j$,在均衡情形下,各区域的劳动力工资也相等。

在工业部门,i 区域企业 e 分别在 3 个区域销售产品,企业只投入一单位资本作为固定成本。依据垄断竞争厂商利润最大化的定价条件得到区域 i 的代表性厂商在当地市场和区域外市场 j 实现利润最大化的均衡条件为:

$$p_e^i = \frac{a_M^i \omega_L}{1-\frac{1}{\sigma}},\ p_e^j = \frac{\tau_i^j a_M^i \omega_L}{1-\frac{1}{\sigma}} \qquad (6.2.3)$$

τ_i^j 为 i 区域企业将商品出口到 j 区域所引起的交易成本。由于同一区域生产的各种差异性工业产品的价格相同,与产品种类无关,因此可以省略产品种类的下标。在 $D-S$ 垄断竞争条件下,均衡时,使厂商收支相抵的营业利润恰好足以补偿固定成本,所以营业利润等于销售额除以 σ,表示为 $\pi = p_e x/\sigma$。其中 π 是代表性企业的营业利润,X 是代表性厂商的销售量,利润需求函数和单一定价原则,可以得到各区域代表性厂商的利润函数分别为:

$$\pi^1 = \frac{\mu E^\omega}{\sigma K^\omega}\left[\frac{S_E^1}{\Delta^1} + \phi \frac{S_E^2}{\Delta^2} + \varphi \frac{S_E^3}{\Delta^3}\right]$$

$$\pi^2 = \frac{\mu E^\omega}{\sigma K^\omega}\left[\phi\frac{S_E^1}{\Delta^1} + \frac{S_E^2}{\Delta^2} + \varphi\frac{S_E^3}{\Delta^3}\right]$$

$$\pi^3 = \frac{\mu E^\omega}{\sigma K^\omega}\left[\varphi\frac{S_E^1}{\Delta^1} + \phi\frac{S_E^2}{\Delta^2} + \frac{S_E^3}{\Delta^3}\right]$$

$$\Delta^1 = S_n^1 + \phi S_n^2 \chi' + \varphi S_n^3 \chi$$

$$\Delta^2 = \phi S_n^1 + S_n^2 \chi' + \varphi S_n^3 \chi$$

$$\Delta^3 = \varphi S_n^1 + \phi S_n^2 \chi' + S_n^3 \chi \quad (6.2.4)$$

在北部与中部劳动生产率相等而两者的劳动生产率与南部有差异，也即 $\chi'=1$，$\chi \neq 1$，可求得：

$$S_n^1 = \frac{\chi(1+\phi-2\varphi^2)\left[(\varphi\chi-\phi)S_E^2 + (1-\varphi\chi)S_E^1\right]}{(\chi-\varphi)(1-\phi)(1+\phi-2\varphi\chi)} - \frac{\varphi\chi}{1+\phi-2\varphi\chi}$$

$$S_n^2 = \frac{\chi(1+\phi-2\varphi^2)\left[(\varphi\chi-\phi)S_E^1 + (1-\varphi\chi)S_E^2\right]}{(\chi-\varphi)(1-\phi)(1+\phi-2\varphi\chi)} - \frac{\varphi\chi}{1+\phi-2\varphi\chi}$$

$$S_n^3 = \frac{\chi(1+\phi-2\varphi^2)S_E^3}{(\chi-\varphi)(1+\phi-2\varphi\chi)} - \frac{\varphi}{(\chi-\varphi)} \quad (6.2.5)$$

其中：$S_E^1 = E^1/E^\omega$，$S_E^2 = E^2/E^\omega$，$S_E^3 = E^3/E^\omega$，$S_E^1 + S_E^2 + S_E^3 = 1$ 为各区域支出占世界总支出的份额。$S_n^1 = n^1/n^\omega$，$S_n^2 = n^2/n^\omega$，$S_n^3 = n^3/n^\omega$，$S_n^1 + S_n^2 + S_n^3 = 1$ 为各区域生产的工业产品与世界生产的工业产品总量之比，也即各区域的产业份额，从上述式子可以看出，产业份额和支出份额成正比。也就是说，产业支出份额的变动和支出份额的变动是同方向变动的。

四 投资的转移效应

从上述模型表述中我们发现：S_E^i 表示各区域支出占世界总支出的份额，在各区域消费偏好相同的条件下，S_E^i 也就代表了各区域的收入水平。由于每个厂商只使用一单位资本作为固定资本进行生产，所以一个区域的产业份额 S_n^i 就代表该区域的资本需求占世界总资本的份额，即该区域的资本需求水平。这样，$\Delta FDI_i = S_n^i - S_E^i$ 就代表一个区域的净资本变动量，该等式可以理解为一个区域的净资本变动量取决于该区域的资本需求水平与该区域资本禀赋之差。若 $\Delta FDI_i > 0$ 就表示该区域为净资本输入区域；反之，则为净资本输出区域。

为了衡量成立 RTA 对各区域 FDI 资本流量和流向的影响,我们引入 $\Delta S_n^i = S_n^i - S_n^{i*}$,该表达式可以代表 RTA 的成立对一区域 FDI 的影响。S_n^i、S_n^{i*} 分别为北部和中部成立 RTA 之后和之前一个区域的生产份额,ΔS_n^i 代表份额变动量。以下将结合差异化收入和生产率水平情形下,国际区域一体化对外商直接投资的影响。

(一) 三个区域劳动生产率和收入水平都相同的情形

在北部和中部成立 RTA 之后,由于北部和中部有相同的收入水平和劳动生产率,因此只关注南部的经济变动状况就能得到北部和中部的经济变化状况。在式 $S_n^3 = \dfrac{\chi(1+\phi-2\varphi^2)S_E^3}{(\chi-\varphi)(1+\phi-2\varphi\chi)} - \dfrac{\varphi}{(\chi-\varphi)}$ 中,令 $\chi' = \chi = 1$ 便可以求出 S_n^3,将 ϕ 换为 φ 便可求出 S_n^3,从而有:

$$\Delta S_n^3 = S_n^3 - S_n^{3*} = \frac{2\varphi(\varphi-\phi)}{3(1-\varphi)(1+\phi-2\varphi)} < 0 \quad (6.2.6)$$

因此,我们可以得到结论:当三个区域的劳动生产率和收入水平都相同时,国际区域一体化的成立将形成明显的投资转移效应,国际直接投资从非成员区域向成员区域流动,又因为国际区域一体化区域间的劳动生产率和收入水平相同,从区域外流向区域内的资本将在两个成员区域间平均分配。FDI 流量受到区域贸易协定的自由化程度的影响,$\varphi-\phi$ 的值越大,自由贸易协定的条件越优惠,FDI 的流量也越大。

(二) 三个区域劳动生产率相同,收入水平存在差异的情形

在北部和中部成立 RTA 之前,FDI 流向具有较高收入水平的区域,各区域间的收入水平差距越大、贸易自由度越高,FDI 的流量也越大。RTA 的成立将在很大程度上改变 FDI 的流向和流量,产生明显的投资转移效应。考虑北部和中部成立 RTA 后对南部净资本变化的影响,也即第一层次的投资转移效应。运用相同的推理逻辑得到:

$$\Delta S_n^3 = S_n^3 - S_n^{3*} = \frac{2\varphi(\varphi-\phi)S_E^3}{(1-\varphi)(1+\phi-2\varphi)} < 0 \quad (6.2.7)$$

由上式可知,RTA 的成立将促使 FDI 从非成员区域流入成员区域,且流量受到非成员区域收入水平、贸易自由度的影响。具体而言,当北部和中部成立 RTA 后,收入水平差异不影响 FDI 的流向。

由于投资转移效应，FDI 从非成员区域向成员区域流动，流动的大小受到区域贸易协定自由化程度和非成员区域收入水平的影响，$\varphi - \phi$ 的值越大，自由贸易协定的条件越优惠，FDI 的流量也越大；非成员区域收入水平越高，FDI 流量也越大。

（三）三个区域的劳动生产率存在差异，收入水平相同的情形

在北部和中部区域间无 RTA 时，生产率的差异将与贸易自由度共同作用，影响区域间 FDI 流动。依据同样的推理，我们得到：

$$\Delta S_n^3 = S_n^3 - S_n^{3*} = \frac{2\varphi(\varphi - \phi)\chi}{3(1 + \varphi - 2\varphi\chi)(1 + \phi - 2\varphi\chi)} \quad (6.2.8)$$

由上式可知，当 $\chi < \frac{1 + \varphi}{2\varphi}$ 或 $\chi > \frac{1 + \phi}{2\varphi}$ 时，有 $\Delta S_n^3 < 0$，即 FDI 从区外的第三区域流向 RTA 内。当 $\frac{1 + \varphi}{2\varphi} < \chi < \frac{1 + \phi}{2\varphi}$ 时，$\Delta S_n^3 > 0$，即 FDI 由 RTA 向外流动到非成员区域。由上述讨论得到：北部和中部结成 RTA 后，将产生较大的投资转移效应。这种投资转移效应在很大程度上限制了非成员区域比较优势的发挥，也保证了成员区域优势的发挥，促使 FDI 在多数情况下向 RTA 内流动。FDI 流量受到区域贸易协定的自由化程度和区内外企业生产率差异的影响。$\varphi - \phi$ 的值越大，自由贸易协定的条件越优惠，FDI 的流量也越大；非成员区域生产率越高，FDI 流量越大。

（四）三个区域的劳动生产率不同，收入水平也不同的情形

在北部和中部间无 RTA 时，各区域的净资本状况以及区域间的净资本状况差异受到各区域收入水平、生产率水平、贸易自由度的共同作用。北部和中部成立 RTA 后，考虑 RTA 对南部净资本变化的影响，依据前述公式得到：

$$\Delta S_n^3 = S_n^3 - S_n^{3*} = \frac{2\varphi(\varphi - \phi)\chi S_E^3}{(1 + \varphi - 2\varphi\chi)(1 + \phi - 2\varphi\chi)} \quad (6.2.9)$$

由上式可知，当 $\chi < \frac{1 + \varphi}{2\varphi}$ 或 $\chi > \frac{1 + \phi}{2\varphi}$ 时，有 $\Delta S_n^3 < 0$，即 FDI 从区外的第三区域流向 RTA 内。当 $\frac{1 + \varphi}{2\varphi} < \chi < \frac{1 + \phi}{2\varphi}$ 时，$\Delta S_n^3 > 0$，即 FDI 由 RTA 向外流动到非成员区域。由此我们得到：从流向上看，北部和

中部成立RTA后，FDI是否向北部和中部流动，仅取决于非成员区域的生产率比较优势，不受区域内外区域间收入水平差异的影响。从流量上看，流入区域内的FDI流量受到区域贸易协定自由度、非成员区域生产率水平和收入水平高低的影响。$\varphi-\phi$的值越大，自由贸易协定的条件越优惠，FDI的流量也越大；非成员区域生产率越高，FDI流量越大；非成员区域收入水平越高，FDI流量越大。

综上所述，投资的第三国效应可以总结如下。

情形一：区内外国家技术水平及收入水平都接近时。区内外的劳动生产率和收入水平基本相同，国际区域一体化的成立将形成明显的投资转移效应，导致国际直接投资从非成员区域向成员区域流动，区外成员遭受较大的第三国效应冲击。同时，由于成员国间的差异小，从区域外流向区域内的资本在两个成员国的分布较为均衡，有利于区内国家的均衡发展。另外，由于区内外差异小，此时的第三国效应主要取决于区内外贸易自由化程度的差异。内外差异越大，意味着自由贸易协定的条件越优惠，形成的FDI转移效应越突出，FDI的流量也越大，对第三国的影响越突出。

情形二：区内外国家技术水平接近但收入水平存在明显差异时。区域贸易协定（RTA）成立前，FDI主要流向高收入国家。此时，国家间的收入水平差距越大、贸易自由度越高，FDI的流量也越大。随着RTA的成立，FDI的流向和流量将发生显著变化，对主要基于收入水平的投资选择形成影响。RTA的成立将促使FDI从非成员国流入成员国，从而在利用外资方面形成明显的第三国效应。这种影响与非成员国的收入水平、区内贸易自由度密切相关。其中，收入差异对FDI的影响是情形一、情形二的主要差异。

情形三：区内外国家收入水平接近而技术水平存在明显差异时。区域贸易协定（RTA）成立前，生产率的差异将与贸易自由度共同作用，影响区域间FDI流动。在RTA成立后，将产生较大的投资转移效应，FDI向RTA内流动，这将有利于成员国充分发挥比较优势，而不利于非成员国比较优势的发挥，尤其是当区外第三国的技术水平相对滞后时，这种影响将更为深远。此时，FDI从非成员国流入成员国的规模主要受区域内贸易自由化程度和区内外企业生产率差异的影响,第三国的生产率越落后,负面影响可能越大。

情形四:区内外国家技术水平和收入水平都存在明显差异时。在 RTA 成立前,各区域的净资本状况以及区域间的净资本状况差异受到各区域收入水平、生产率水平、贸易自由度的共同作用。RTA 成立后,FDI 到底是从区外国家流向 RTA 成员国,还是从 RTA 国家流向非成员国,主要取决于非成员国的生产率比较优势,不受区域内外区域间收入水平差异的影响。此时,FDI 的流量主受区内贸易自由度、非成员区域生产率水平和收入水平高低的影响。在此情形下,由于缔结 RTA 的国家与第三国技术、收入方面存在突出差异,这使得仅仅通过差别化关税和便利化重塑比较优势、扭转成本差异的难度很大,这对区外具有突出优势的第三国而言,其负面冲击将是最小的。

第三节 第三国效应视角下的竞争性自贸区的形成与发展

自由贸易区是当前国际经济一体化的主流形式,已经成为大国竞争与合作的重要平台。在当前的国际区域经济一体化格局中,不同自由贸易区之间已经呈现出日益显著的异质性。本节根据自由贸易区形成机制的差异,把自由贸易区划分为自发性和竞争性两类。与主要考虑一体化经济利益的自发性自由贸易区不同,在竞争性自由贸易区的构建过程中,伙伴国以外的第三方因素(第三国或第三方组织)是决定新自由贸易区形成的决定性因素,所寻求的也是一种间接性的潜在收益[①]。

一 竞争性自贸区的提出

竞争性自贸区是与传统的自发性自贸区相对应的。自发性自贸区是市场发展和实现经济利益的自发演进,而竞争性则是充满政治考

---

① 崔庆波、梁双陆:《竞争性自由贸易区发展趋势研判》,《开放导报》2015 年第 2 期。

虑。传统观点认为，自贸区主要专注于一体化的静态和动态经济效应。但随着国际经济环境的变化，竞争性自由贸易区已经成为一种新形态。自由贸易区的形成并不基于现实经济利益，第三国对 FTA 的形成有着至关重要的影响。很多自由贸易区的兴起与伙伴国市场的重要性相关，其产生在很大程度上具有防御性[1]。Vincent Vicard 指出，欧盟的不断扩大表明了区域外成员国家的重要性[2]。自贸区成员的扩大有利于降低第三方国家对成员国所带来的负面效应。研究指出，第三方国家是否参与自由贸易区对新自由贸易区的形成具有重要影响，当两个国家已分别加入其他自由贸易区，则这两个国家建立自由贸易区的可能性会大大增加。同时指出，一个国家之所以会建立多个自由贸易区，是由于不同自由贸易区之间存在相互依赖性，建立多个自由贸易区将带来好处，从而促使自由贸易区快速蔓延，形成多米诺骨牌效应[3]。在竞争性的驱使下，很多自由贸易区也不再局限于地理毗邻国家，表现出很强的跨区域特征，由此产生了大量跨区域自由贸易区。

除此之外，国际规则博弈也是竞争性自贸区形成的重要因素。有研究指出，大国在区域合作制度安排上的竞争主要是为了获得区域合作制度安排的主导权，从而对相应地区的经济、政治等方面施加影响，增强自身在国际规则制定中的话语权[4]。在大国竞争中，国际地位和国际影响力的竞争占主要地位，国际规则的制定权是竞争的主要手段，而在区域合作制度安排的塑造上，霸权国和崛起中的大国也具有不同偏好。霸权国倾向于发挥对合作制度安排的主导和影响，迫使崛起国接受对霸权国有利的规则，从而将崛起国的影响控制在尽量小的范围内。霸权国也更偏好于从小规模的区域制度安排开始，然后逐

---

[1] Richard Baldwin, Dany Jaimovich. "Are Free Trade Agreements Contagious?", *Journal of International Economics*, 2012, 88 (1): 1 – 16.

[2] Vincent Vicard, "Trade, Conflict, and Political Integration: Explaining the Heterogeneity of Regional Trade Agreements", *European Economic Review*, 2012, 56 (1): 54 – 71.

[3] Chen M X, Joshi S, "Third – Country Effects on the Formation of Free Trade Agreements", *Journal of International Economics*, 2010, 82 (2): 238 – 248.

[4] 刘均胜、沈铭辉：《亚太区域合作制度的演进：大国竞争的视角》，《太平洋学报》2012 年第 9 期。

步扩大,从而提高对后加入国家的选择权和要价水平。同时,由于霸权国在投资、服务和知识产权等方面都具有比较优势,因此霸权国偏好于包括更多合作内容和领域的区域合作制度安排。而崛起大国更愿意从规模比较大、谈判标准比较低和制度约束弱的区域制度安排开始,以便在具备更强讨价还价能力后设计出更有利于崛起国的区域合作制度。而且与霸权国大多倾向于独立提供不同,崛起国倾向于联合提供或加入已经存在的区域合作制度安排之中。

为了实施"重返亚太"战略和抗衡亚太区域一体化进程,美国主导了跨太平洋伙伴关系协议(TPP)的谈判[①]。为了争夺东亚合作主导权,防止被一体化浪潮边缘化,日本先后提出了东亚FTA和东亚EPA构想[②]。目前,世界主要国家与地区之间缔结自由贸易区呈加速态势,美、日、欧等大国之间都在试图进一步打造双边和多边自由贸易区,但对与中国签署相关协定持消极态度。美、日、欧的大国亚太战略目标和竞争策略使亚太地区的政治经济格局面临新的变革。

二　竞争性自贸区的界定

由于自由贸易区目标和收益的多元化,要对当前自由贸易区竞争性和自发性进行区分,首先必须有一个明确的标准。而在找到这样的标准之前,必须明晰二者的根本区别和不同。在一定程度上,与传统上关注贸易目标的自发性自由贸易区相比,竞争性自由贸易区更侧重于政治和非经济目标。但由于政治收益和非传统收益无法量化,而且往往不会成为区域贸易协定的明确条款,这使得我们不但难以评估其潜在影响,从而也无从对自由贸易区的竞争性进行界定。其次在实践当中,由于自由贸易区构建过程中普遍存在先易后难的情况,因此,也并不能从成员国之间的投资、贸易依赖水平等方面得出简单的结论。最后,由于成员国和不同自由贸易协定的差异,也不能通过效应的大小来判断。

---

① 宫占奎、曾霞:《亚太地区FTA整合问题研究》,《南开学报》(哲学社会科学版) 2013年第4期。

② 赵放:《日本FTA战略的困惑》,《当代亚太》2010年第1期。

为了突破这个困境，一个可行的研究思路是完全立足于经济收益来分析自由贸易区的自发性和竞争性。虽然区域贸易协定都会给非成员国构成某种程度的歧视和损害[①]，但是否具有明确的指向性和对抗性是区分自发性自由贸易区和竞争性自由贸易区的关键。与自发性自由贸易区一般性的歧视第三方不同，竞争性自由贸易区在构建动因和实际影响方面都有明确的指向性和对抗性，竞争性自由贸易区主要是在特定第三方的压力下形成，主要是对抗特定的（而非一般性）的第三方。因此，从动因上来说，主要受特定第三方推动，同时，从该自由贸易区的效果及影响来说，也对特定第三方形成显著压力。因此，判断一个自由贸易区是否属于竞争性的，可以根据两个方面的因素来考虑：一是该自由贸易区形成是否具有明确的指向性和对抗性，二是该自由贸易区对特定第三国的冲击是否大于一般水平（区外一般国家）。更严格地，为了避免偶然性因素的影响，对特定第三国的影响一般应该大于区内直接获得的收益。按照这一原则，可以发现，TPP、RCEP 之间的竞争性非常突出，而陈淑梅、全毅的实证研究结果也证实了这一点[②]。

三 大国主导下竞争性自由贸易区的发展

美国、欧盟和日本都广泛参与了自由贸易区的构建。在以上三大经济体参与和主导的自由贸易区中，跨太平洋伙伴关系协定（TPP）和 RCEP 被认为是具有典型的对抗性。TPP 是服务于美国大国博弈目标的，遏制中国崛起是其不容否认的目标之一[③]。而日本加入 TPP 就是想改变由中国主导亚洲区域经济合作规则的格局，变为由美日来决定未来的规则。RCEP 则被视为应对 TPP 挑战的一个折中方案。大国依托一体化开展的竞争使得国际经贸环境发生了根本性变化。

（一）美日欧已经围绕主要出口市场构建起较高覆盖面的自由贸

[①] 李向阳：《全球化时代的区域经济合作》，《世界经济》2002 年第 5 期。
[②] 陈淑梅、全毅：《TPP、RCEP 谈判与亚太经济一体化进程》，《亚太经济》2013 年第 2 期。
[③] 李向阳：《跨太平洋伙伴关系协定：中国崛起过程中的重大挑战》，《国际经济评论》2012 年第 2 期。

易区体系，在一定程度上形成了一体化过程中的寡头结构。以 2013 年为例，在美国的十大出口贸易伙伴国中，有 6 个已经存在生效或谈判中的自由贸易协定，占美国出口的 46%；欧盟则达到 7 个，占欧盟出口的 41.3%；日本已建成的自由贸易区的比重虽然低于我国，但在谈判的自由贸易区规模上大大超过我国，占到 52%，超过我国约 20 个百分点。而中国与主要出口市场的一体化进程明显滞后，无形中拉高了我国潜在的贸易成本和贸易风险。

（二）中国作为新兴大国史无前例地遭受着大国密集而统一的打压。因自由贸易协定而形成的经济集团化不仅造就了内外有别的封闭型集团经济，也使得世界市场上的国别竞争日益被区域经济之间的集团竞争所替代，加剧了国际经济竞争的规模和层次（屠启宇，1995）。目前，美日欧之间虽然存在一定竞争和冲突，但在抗衡中国经济的快速崛起方面立场极为相似，普遍采取边缘化措施，美日、美欧、日欧之间都在进行自由贸易区谈判，而对与我国构建自由贸易区态度冷淡。我国除了与日本通过 RCEP 形成了自贸区外，短期内与美欧的合作前景仍面临诸多挑战和不确定性。

（三）小国成为大国争抢对象。在大国竞争背景下，小国成为大国争抢对象，为小国融入多个大国主导的自由贸易区提供了契机。在大国竞争中，一批小国如新加坡、墨西哥、智利和韩国等在大国的簇拥下取得了轮轴地位，成为区域经济合作的轴心国。在欧美已经基本完成了与周边国家的自由贸易区部署的背景下，我国还没有完成与周边国家构建自由贸易区的阶段性任务。由于区域外大国介入亚洲事务和牵制中国的意图，我国与周边国家一些原本被有效搁置的地区争议问题重新凸显，周边环境已经成为制约我国经济增长的重要因素。加强与周边国家的区域合作，有利于培育良好的国际政治经济环境，拓展我国的战略空间，促进地区的稳定和发展。而美日欧等区域外大国的干涉和影响无疑增加了我国加快构建周边自由贸易区的难度和成本。

总体来看，目前美日欧已经在较大程度上完成了以强化主导权为目标的自由贸易区部署。目前美国和欧盟两大经济体都已经完成了周边区域的一体化，对主要贸易伙伴的一体化覆盖率也比较高。从各国布局来看，亚洲成为一体化的热点区域，很多小国借机参与了多个主要经济体的区域合作安排。虽然我国构建面向全球的高质量自贸区网络已经取得突出进展，但引领高质量经贸规则，建设贸易强国仍面临很多挑战和考验。

从1991年巴格瓦蒂提出地区贸易协定是多边贸易协定的"垫脚石"还是"绊脚石"的讨论以来，悲观派和乐观派一直争论不休，难以达成共识。地区贸易协定与多边贸易协定的关系难以盖棺论定，核心在于地区贸易协定本身的多元性和异质性。竞争性自由贸易区作为一种具有明确指向性和对抗性的一体化组织，没有动力演化成为涵盖整个区域的高质量的区域合作制度安排，更难以成为促进区域贸易协定向多边贸易规则转变的有顺序的谈判（Sequential Negotiation）过程，其阻碍多边贸易自由化的作用将会比其推动作用更突出，对新兴大国的影响也更深远。纵观大国主导下的自由贸易区，其竞争性恰恰就体现在试图对区域外大国构筑贸易壁垒，这是对自贸区第三国效应的直接体现。

本章小结

1. 所谓第三国效应，就是在国际区域经济一体化组织的构建过程中，由于一体化组织成员的有限性，政策的歧视性，对象的选择性，带来的对区外未加入一体化组织的第三方经济体的贸易、投资及福利所形成的影响。一般性地，由于实施内外有别的差别关税和其他歧视性政策，被排除在外的第三方经济体往往面临贸易转移、投资转移等负面影响导致挤出效应，从而不利于区外经济体的发展。

2. 区域性经济集团都实行对内自由贸易、对外保护贸易的贸易政策，这种"内外有别"的政策明显背离多边贸易体制的非歧视原则，形成保护主义的贸易壁垒。这导致区域经济一体化组织都具有不同程度的"贸易转移效应"，背离比较优势原则，对区域外的国家造成损害，往往导致区域内外的贸易摩擦和冲突。

3. 区域经济一体化组织会增加国际市场上的垄断力量，削弱

WTO体制的作用。同时，区域经济一体化组织把各国追求自由贸易的目标由多边贸易协定转向区域性一体化组织安排，不利于WTO体制发挥作用和进一步发展。

4. 当区内外国家技术水平和收入水平都存在明显差异时，区域贸易协定签署后，投资转移效应的大小主要受区内贸易自由度、非成员区域生产率水平和收入水平高低的影响。在此情形下，由于缔结RTA的国家与第三国技术、收入方面存在显著差异，这使得仅仅通过差别化关税和便利化重塑比较优势、扭转成本差异的难度很大，这对区外具有突出优势的第三国而言，其负面冲击更小。

5. 竞争性自贸区是与传统的自发性自贸区相对应的。自发性自贸区是市场发展和实现经济利益的自发演进，而竞争性自贸区则是充满政治考虑。在竞争性自由贸易区的构建过程中，伙伴国以外的第三方因素（第三国或第三方组织）是决定新自由贸易区形成的决定性因素，所寻求的也是一种间接性的潜在收益，往往具有明确的针对性、排斥性。

关键术语

第三国效应　投资的第三国效应　自发性自由贸易区　竞争性自由贸易区　挤出效应

本章习题

1. 简要论述第三国效应的概念及内涵。
2. 试论述自贸区成员国与第三方国家在技术水平及收入水平方面的差异对第三国效应的影响。
3. 简要分析如何判断一个自贸试验区是竞争性的？
4. 大国主导下竞争性自由贸易区的发展具有什么特征，我国应该如何应对？

第七章

国际区域经济一体化与多边贸易自由化

本章学习目标：
- 掌握国际区域一体化与多边贸易自由化的基本内涵；
- 理解区域经济一体化对多边贸易自由化的贡献；
- 了解区域经济一体化的发展阶段；
- 熟悉区域经济一体化与多边贸易自由化的共性与差异。

当今世界，伴随经济全球化的发展，以 WTO 为代表的多边贸易体制和以自由贸易协定为主的区域经济一体化两大贸易自由化安排并行是国际经济发展的重要特征，正日益深刻影响着世界经济的发展质量和未来前景。多边贸易自由化与区域经济一体化的区别直观可辨。区域经济一体化的目标是寻求区域内自由化，而以 WTO 为代表的多边贸易体制的目标是寻求全球经济自由化。近年来，以欧盟、北美自由贸易区、亚太经济合作组织为代表的区域经贸集团展现出巨大活力，区域经济一体化的迅速发展给作为世界多边贸易体制中流砥柱的 WTO 的改革与发展形成了明显冲击。因此，协调好区域经济一体化与多边贸易自由化的关系，促进区域经济一体化与以 WTO 为代表的多边贸易体制协同发展已经成为当务之急。本章分为三部分，首先分析国际区域经济一体化和多边贸易体制的内涵，其次是分析国际区域经济一体化对多边贸易自由化的影响，最后分析国际区域经济一体化的发展及实现路径。

第一节　多边贸易体制的内涵及比较

第二次世界大战以来，区域经济一体化与多边贸易自由化并行发展。特别是近年来，区域经济一体化迅猛发展，已经成为全球经济发展的重要趋势和力量，显著推动了世界经济的全球化进程。本节在阐述多边自由贸易体制的基本内涵、宗旨及原则基础上，对区域经济一体化与多边贸易自由化的共性与区别进行比较。

一　多边自由贸易体制的基本内涵

贸易自由化（Liberalization of Trade）是经济全球化的重要表现之一，贸易自由化是指各国通过削减乃至取消关税壁垒和非关税壁垒，以使商品、服务、生产要素的跨国界自由流动，从而使资源在全世界范围内得到优化配置。与此相反，贸易保护主义（Trade Protectionism）则在对外贸易中采取一系列的关税壁垒和非关税壁垒的政策措施，限制进口以保护本国商品免受外国商品竞争的威胁，并对本国商品提供各种优惠和津贴，鼓励出口以增强国际竞争力的政策和主张。贸易自由化和贸易保护主义之间的矛盾关系，迫切需要一个世界性的组织来制定和评判国际贸易的规则。世界贸易组织（WTO）以及它的前身关税与贸易总协定（GATT），就是这样一个协调各国间经贸关系的国际组织。本节先对多边贸易体制的内涵进行界定，在此基础上，阐明 WTO 多边贸易体制的宗旨和原则。

（一）多边贸易体制内涵的界定

多边贸易体制（Multilateral Trading System）发展至今整体上经历了两个发展阶段，多边贸易体制是指世界贸易组织（WTO）及其前身关贸总协定（GATT）所代表的一套多边贸易规则和协定。乌拉圭回合旨在全面改革多边贸易体制，该回合的成功结束，达成了《建立世界贸易组织协定》的决议，1995 年 1 月 1 日世界贸易组织（WTO）应运而生，取代了生效 47 年的关贸总协定（GATT），完善和加强了多边贸易体制，这一个时间点是新旧多边贸易体制的分界点①。

关贸总协定是首个协调国际贸易关系的多边国际协定，以 GATT 为代表的多边贸易体制的建立，开启了全球多边贸易体制发展史上的第一阶段，它标志着各国经济开始有意识地加强合作，在多边贸易体制的框架下寻求共同的发展。在这一阶段，多边贸易体制侧重于在货物贸易领域降低关税，消除壁垒，并通过八轮多边贸易谈判大大促进了货物贸易自由化在全球范围内的推广。这在一定程度上缓解了当时国际贸易中所存在的主要矛盾，不同程度地维护并促进了国际贸易体系的进步和发展。

但是，由于关贸总协定自身存在着许多的弊端与局限性，使得它只能是多边贸易体制的过渡性产物。1995 年 1 月 1 日，世界贸易组织作为 GATT 的继任者正式开始运作，以全新的架构承担起推动全球贸易自由化的重任，从而开始了多边贸易体制发展的第二阶段。WTO 在继承和发展 GATT 的基础上，又为多边贸易体制赋予了许多新的内涵。WTO 是具有法人地位的国际组织，WTO 在继承 GATT 的宗旨之上希望能够建立一个更加可持续发展的多边贸易体制，它所制定和运行的多边贸易规则的覆盖范围更加广泛，吸引的成员数量不断增加。目前 WTO 共有 162 个成员国，它所制定的非歧视、公平交易、透明度等原则有力地促进了经济全球化的发展，推进着贸易自由化和市场化目标的实现。WTO 的职责范围除了关贸总协定原有的组织实施多边贸易协议以及提供多边贸易谈判场所和作为一个论坛外，还负责定期审议其成员的贸易政策和统一处理成员之间产生的贸易争端，并负责加强同国际货币基金组织和世界银行的合作，以实现全球经济决策的一致性。以 WTO 为代表的全球多边贸易体制已发展成为贸易自由化的重要支柱，在规范世界经济发展秩序中发挥着积极的作用，对推动全球经济自由化及重构世界经济发展新秩序具有重要意义②。

---

① 刘光溪：《多边贸易体制运行的新机制——世界贸易组织》，《国际贸易问题》1995 年第 4 期。

② 刘光溪：《多边贸易体制运行的新机制——世界贸易组织》，《国际贸易问题》1995 年第 4 期。

（二）WTO 多边贸易体制的宗旨和原则

WTO 是多边贸易体制的基石，其基本宗旨在于建立一个开放、公正和无扭曲竞争的多边贸易体制，以促进世界货物和服务贸易的发展，实现贸易自由化。WTO 多边贸易体制的最终目标是建立一个非歧视竞争的全球市场并实现自由贸易。WTO 的基本宗旨包括以下方面：提高生活水平；保证充分就业、实际收入和有效需求大幅度且持续增加；扩大货物和服务的生产和贸易；持续开发和合理利用地球资源；确保发展中国家在国际贸易中的增长份额及经济发展；建立起全球经济一体化的多边贸易机制。WTO 的基本原则有四项：非歧视原则（包括最惠国待遇原则、国民待遇原则）、透明度原则、自由贸易原则和公平竞争原则。

1. 非歧视原则：最惠国待遇原则与国民待遇原则

非歧视原则（Principle of Non-Discrimination）是 WTO 最重要的基本原则之一，它包括最惠国待遇原则和国民待遇原则，是 WTO 多边贸易体制的基础，并贯穿于 WTO 各项协议和协定的具体制度中。1994 年 4 月 12 日在决定建立世贸组织的《马拉喀什宣言》中明确指出：所有的成员方期望"消除国际贸易中的歧视待遇"。

非歧视原则要求所有成员国在无歧视基础上进行贸易，相互给予对方以平等待遇。在双边与多边贸易谈判中，非歧视原则要求任何成员方必须做到以下几点：第一，任何成员方都不得要求其他成员方接受低于国民待遇或者差别待遇的贸易措施的无理要求；第二，任何成员方都不得接受其他成员方的低于国民待遇与差别待遇的贸易措施的无理要求；第三，任何成员方之间都不得缔结与非歧视原则相悖的双边或多边贸易协定；第四，任何成员方都不得制定和实施违背非歧视原则的外贸行政法制度安排。

（1）最惠国待遇原则

最惠国待遇（Most Favored Nation Treatment，MFNT）是指在某一领域内，一国给予另一国的待遇，不能低于其已经给予或将要给予任何第三国的待遇。最惠国待遇原则是多边贸易体制的核心和构建基石。从本质上讲，最惠国待遇原则的目的在于保证各成员方有同等的贸易机会和竞争条件，实现各国在贸易上平等对待，不加歧视。

最惠国待遇原则包含四个基本要点：第一，自动性。最惠国待遇的内在机制体现在"立即和无条件"的要求上。当成员与其他国家的优惠超过其他成员方享有的优惠时，这种机制就启动了，其他成员便自动地享有了这种待遇。第二，同一性。当成员方给予其他国家的某种优惠，自动转给其他成员方时，受惠标的必须相同。第三，相互性。任何成员方既是给惠方，又是受惠方，即在承担最惠国待遇义务的同时，享受最惠国待遇权利。第四，普遍性。指最惠国待遇适用于全部进出口产品、服务贸易的各个部门和所有种类的知识产权所有者和持有者。

（2）国民待遇原则

国民待遇原则（The Principle of National Treatment）是指对其他成员方的产品、服务或服务提供者及知识产权所有者和持有者所提供的待遇，不低于本国同类产品、服务或服务提供者及知识产权所有者和持有者所享有的待遇。最惠国待遇原则确立了各成员在国际经贸中的平等地位，国民待遇原则是当WTO成员国的商品或服务进入另一成员国后，也应享受与该国的商品与服务同等的待遇。

国民待遇原则包含三个要点：第一，国民待遇原则适用的对象是产品、服务或服务提供者及知识产权所有者和持有者，但因产品、服务和知识产权领域具体受惠对象不同，国民待遇条款适用的范围、具体规则和重要性有所不同；第二，国民待遇原则只涉及其他成员方的产品、服务或服务提供者及知识产权所有者和持有者，在进口成员方境内所享有的待遇；第三，国民待遇中"不低于"是指，其他成员方的产品、服务或服务提供者及知识产权所有者和持有者，应与进口成员方同类产品、相同服务或服务提供者及知识产权所有者和持有者享有同等待遇，若进口成员方给予前者更高的待遇并不违背国民待遇原则。

2. 透明度原则

透明度原则（The Principle of Transparency）是指各成员国应将其有效实施的与贸易相关的法律、法规、政策及司法判决和行政裁决等及时公布，不公布的不得实施，同时，还应当将这些贸易措施及其变化情况（如修改、增补或废除等）通知给世界贸易组织。遵守透明度原则是 WTO 成员最基本的义务之一。多边贸易体制的透明度原则十分重要，是非歧视原则得以实施的重要保障。

透明度原则有五个基本要点：第一，透明度原则的内容包括贸易措施的公布和通知两个方面；第二，透明度原则要求成员方领土范围内管理贸易的有关法规不应有差别待遇，即中央政府统一颁布有关政策法规，地方政府的法规不应与中央政府有任何抵触；第三，成员方参加的有关影响国际贸易政策的国际协议，也在公布和通知之列；第四，除了公布有关贸易措施之外，还需承担应其他成员要求提供有关信息和咨询的义务；第五，提高贸易政策的透明度，所有成员的贸易政策都要定期接受审议。审议的内容一般为世贸组织成员最新的贸易政策。

3. 自由贸易原则

自由贸易原则（The Principle of Free Trade），是指通过多边贸易谈判，实质性削减关税和减少其他贸易障碍，扩大成员方之间的货物和服务贸易。世界贸易组织倡导并以推动贸易自由化为宗旨，要求成员方尽可能地取消不必要的贸易障碍，开放市场，为货物和服务国际流动提供便利。

自由贸易原则包含五个基本要点：第一，以共同规则为基础，成员方根据世界贸易组织的协议，有规则地实行贸易自由化；第二，以多边谈判为手段，成员方通过参加多边贸易谈判，并根据在谈判中做出的承诺，逐步推进贸易自由化；第三，以争端解决为保障，世贸的争端解决机制具有强制性，如果败诉方不执行裁决，世贸可授权申诉方采取报复性行动；第四，以贸易救济措施为"安全阀"，成员方可以通过援用有关例外条款或采取保障措施等救济措施，消除或减轻贸易自由化带来的负面影响；第五，过渡期方式体现差别待遇，世贸组织承认不同成员方之间经济发展水平的差异，通常允许发展中成员方履行义务有更长的过渡期。

4. 公平竞争原则

世界贸易组织是建立在市场经济基础之上的多边贸易体制。公平竞争是市场经济顺利运行的重要保障，公平竞争原则体现于世界贸易组织的各项协定和协议中。公平竞争原则（The Principle of Fair Competition）是指成员方应避免采取扭曲市场竞争的措施（补贴、倾销），纠正不公平竞争行为，在货物贸易、服务贸易和与市场有关的知识产权领域，创造和维护公开、公平和公正的市场环境。

公平竞争原则包含三个基本要点：第一，公平竞争原则体现在货物贸易领域、服务贸易领域和与贸易有关的知识产权领域；第二，公平竞争原则既涉及成员方的政府行为，也涉及成员方的企业行为；第三，公平竞争原则要求成员方维护产品、服务或服务提供者在本国市场的公平竞争，不论他们来自本国或其他任何成员方。

二 区域经济一体化与多边贸易自由化的共性

区域经济一体化是在多边贸易体制之下产生并发展的，多边贸易体制给予区域经济一体化事实上的认可。这种认可得益于区域经济一体化与多边贸易自由化在兴起背景上的相似性，目标、内容和原则上的一致性以及面临相同的挑战。

（一）相似的兴起背景

区域经济一体化与多边贸易自由化兴起的背景基本相似，都是为了进一步加快经济发展。在生产力高速发展的基础上，使得商品、生产要素的流通都超越了国界，同时交通运输和通信手段的飞速发展，特别是信息化、网络化，大大加强了各国之间的经济交往。除此之外，20世纪90年代后，各国先后进行了经济体制改革、产业结构调整和升级并扩大对外开放，推动了区域经济一体化与多边贸易自由化的进程。由于二者兴起背景的相似性，为区域经济一体化与多边贸易自由化建立"互补性竞争"关系提供了客观条件，强化了多边贸易自由化监督区域经济一体化的形成和发展的能力，可以更有效地吸收区域经济一体化新发展所积累的"先进"经验，同时，区域经济一体化也可以从强化和完善了的多边贸易自由化中汲取新的内容和多边约束机制，以充实和改进区域内的经济合作内容和贸易自由化范围。

（二）主要目标原则的重叠性

区域经济一体化的目标旨在消除成员间商品、服务以及生产要素自由流通的各种障碍，以实现区域内各国经济更快速的发展。而多边贸易体制的目标也是在全球范围内实现削减贸易壁垒。例如，APEC

确定的目标和宗旨是"相互依存、共同利益，坚持开放性多边贸易体制和减少区域间贸易壁垒"。可见，促进亚太地区贸易的自由化与经济技术合作是 APEC 追求的两大目标。区域贸易安排与多边贸易体制的共同或接近的各项特殊优惠措施，可以减少相互间的投资障碍，降低投资成本，从而提高双方的工业化程度和水平，充分发挥一体化市场的规模效益，增强协议国之间的社会综合发展能力，有利于共同抵御全球化所带来的各种风险和冲击。

此外，WTO 多边贸易体制体现的基本原则是自由贸易原则、透明度原则和公平贸易原则等，而这些基本原则也是区域经济一体化所追求和遵循的。区域经济一体化采取各种形式来促进区域经济的发展，但是从整体上来看，其基本原则并没有跳出多边贸易体制的框架。特别在近年来，签订的区域贸易协定中，更加注重妥善处理双边与多边贸易关系，强调两者目标的一致性。

（三）挑战的共同性

冷战结束后，在世界政治多极化和经济全球化背景下，区域利益日益凸显，经济利益驱使区域经济一体化迅速发展，同时也面临着单边主义和贸易保护主义的威胁。例如，在欧盟取得重大进展、美国单边和双边主义的盛行、新老贸易保护主义等形势下，中小发达国家和广大发展中国家依据地缘优势不断申请加入区域内已有的区域一体化组织，如欧洲自由贸易联盟成员陆续加入欧盟，或者成立新区域一体化组织如南方共同市场、东亚经济论坛，以期适应世界经济多极化和区域一体化趋势、维护本国经济利益和获得更大规模经济和市场效应。而多边贸易体制每次进行职能强化活动时，如发动新一轮多边谈判以制定和改进多边约束机制，开辟贸易自由化的新领域等，同样也面临单双边主义和贸易保护主义盛行泛滥的挑战。

随着不断发展的科技革命和生产国际化的推动，生产国际化水平不断提高，各国经济相互依赖、相互渗透日益加深，同时全球性的经济贸易的不平衡以及面临的问题也日益突出，经济增长缓慢，总需求不足，欧洲主权债务危机影响逐步扩大，金融市场动荡不已，这些全球性的经济问题都是区域经济一体化和多边贸易自由化所面临的挑战，区域经济一体化和多边贸易自由化的发展都必须融入这个经济全球化的环境中,在不同自由化范围内采取迎接共同挑战的行动。

三 区域经济一体化与多边贸易自由化的区别

区域经济一体化与多边贸易自由化的区别主要体现为以下几个方面:达成协定的难度不同、争端解决机制不同、排他性和歧视性差异以及政治经济学上的差别。

(一) 达成协定的难度不同

目前,WTO已经发展成为拥有一百多个成员国的庞大组织,成员数量众多复杂、经济实力悬殊、利益要求差别大,因此各成员对多边贸易体制的规则、政策、期望和要求都不一致。而WTO"一揽子接受"方式要求所有成员对各项议题的谈判只有在一致同意的基础上才能进行,这注定了要在短时间内对一个特定的议题达成共识并非易事。相比之下,区域经济一体化组织由于成员数量相对较少,地理位置相邻,经济互补性较强,社会政治制度相似,有共同或相似的历史文化背景、宗教传统,因而在谈判议题的确定、谈判内容的形成上具有诸多优势,谈判难度相对较小。

除此之外,相比WTO协议,区域贸易协定涵盖的内容广泛而且深入,不仅包括货物贸易自由化,而且还包括服务贸易自由化、农产品贸易自由化、投资规则、竞争规则、贸易争端解决机制、知识产权保护标准、共同的环境标准、环境政策和劳工条款,甚至还要求具备共同的民主理念等。其中,如环境保护、投资自由化、竞争政策、劳工标准等是在多边贸易谈判中难以达成一致的领域,这导致WTO成员之间缔结协定难以达成共识。

(二) 争端解决机制不同

区域经济一体化的发展是在全球贸易自由化和多边贸易体制构建和发展的大背景下进行的,因此区域经济一体化争端解决机制与多边贸易体制争端解决机制的建立和完善是一个相互独立又彼此借鉴的过程。从立法目的上来看,无论是区域贸易集团争端解决机制还是多边贸易体制争端解决机制都是为了解决成员国之间的争端,更好地实现成员国之间利益的最大化。但是,由于区域贸易集团与多边贸易体制在成员国的数量上存在很大差距,利益主体有很大差别,所以在利益的调整方面也存在很大的不同，这就导致了二者争端解决机制的差异。

首先，从价值取向上来看，多边贸易体制争端解决机制更多考虑的是国际贸易秩序的维护，带有一定的强制性和执行性；而对于区域经济一体化来说，除了一体化程度较高的欧盟和北美自由贸易区等，更多的区域贸易集团还是倾向于用非强制性手段来解决争端，具体体现在目前较大一部分区域贸易集团缺乏相应的执行程序的规定，争端解决机制往往鼓励争端方通过谈判解决争端，强调争端解决的首要目标是使违法措施得到撤销，并不鼓励争端各方采取报复措施，这在东盟及其相关规定中都有所体现。其次，从适用范围和对象来看，多边贸易体制争端解决机制主要适用于成员方之间的贸易争端，即使《与贸易有关的知识产权协议》加入，其适用的前提还是与贸易有关的投资措施。而区域经济一体化的争端解决机制则一般都适用于区域贸易安排中的一切争端，包括贸易和投资等多方面。

(三) 排他性和歧视性差异

WTO是一种建立在非歧视原则基础上的多边贸易体制，是不具有排他性特征的。而区域经济一体化组织具有天然的"对内自由、对外保护"的歧视性和排他性特征。为了维护本地区的利益，区域集团在成员国之间实行优惠待遇的同时，对非成员国仍保留各自原有的贸易壁垒。因此非成员国不仅无法享受区域经济一体化产生的贸易创造效应，而且还受到程度不同的排他性和歧视性的待遇，这样便间接损害了第三方成员的利益、影响公平竞争。

区域经济一体化的排他性和歧视性会造成以下恶劣后果：第一，区域内部的既得利益使具备区域贸易集团和WTO的双重成员资格的国家在多边谈判中持更加保留的态度；第二，区域贸易集团在进行多边谈判时面临着内部利益与外部利益的冲突取舍问题，严重阻碍了多边谈判进程；第三，国家之间的贸易摩擦和纠纷会上升为各贸易集团之间的矛盾和抗争，各贸易集团又因为势均力敌，一旦形成对峙，就会使整个多边贸易谈判陷入停滞不前的局面，从而不利于经济全球化的发展。

（四）政治经济学上的差别

区域经济一体化是建立在利益一致性、双赢性基础上的。区域经济一体化的基本内驱力是各个成员方都在自己使用所拥有的生产要素基础上追求利益最大化，从而获得经济和社会利益的双赢。在双赢状态下的区域经济一体化，双方获利未必均衡，同时有可能是选择性针对第三方。而多边贸易是多个主体参与的，其意义超出了"双赢"的内涵容量，具有共赢性、开放性特征。以 WTO 为代表的多边贸易体制无论是从其价值理念、程序规则，还是贸易自由化谈判以及谈判成果的实施和分配来看，都是典型的实现"多边共赢"的积极手段，而不囿于小范围。WTO 所具有的制定规则、贸易谈判、争端解决、政策评审的四大基本功能，充分说明 WTO 是各成员政府都试图放弃独立的、单边的、"非合作"的理性行动而寻求统一的、多边规则，以分享多边贸易体制下国际贸易规则演进和体系完善所带来的共同利益。

第二节　区域经济一体化对多边贸易自由化的影响

面对区域经济一体化的蓬勃发展，人们开始关注区域经济一体化和多边贸易自由化的关系，即"区域经济一体化是多边贸易自由化的垫脚石，还是其绊脚石？"以及如何促使二者协调发展，如何更好地发挥区域经济一体化对多边贸易自由化"垫脚石"的积极影响而抑制其"绊脚石"的消极影响。本节首先阐述区域经济一体化与多边贸易自由化的关系核心，其次阐明区域经济一体化对多边贸易自由化的贡献及挑战，最后说明区域经济一体化与多边贸易自由化如何协调。

一　区域经济一体化与多边贸易自由化：互补性竞争

区域经济一体化与多边贸易自由化两者兴起背景的相似性暗示了区域经济一体化与多边贸易自由化面临着共同的挑战；目标与原则的

一致性，说明区域经济一体化的发展并不必然成为多边贸易自由化进程中的"绊脚石"；区域经济一体化通过开辟和进一步推动贸易自由化对多边贸易自由化所产生的贡献，表明前者对后者不是威胁而是补充，两者彼此吸收兼容，达到协同前进的效果。在这种基本框架下，区域经济一体化与多边贸易自由化的关系并不是相互排斥的优胜劣汰式竞争，而是一种相得益彰、兼容协同的"互补性竞争关系（Complementary Competitive Relationship）"。区域经济一体化的形成和发展与多边贸易自由化的改进和加强，在发挥各自优势的情况下产生了竞争；这种竞争结局是两者彼此取长补短，相互补充；互补作用的影响进一步提高两者在开辟和实施贸易自由化领域与计划的竞争层次，因而又丰富和增加了两者互补的内涵，直至全球经济贸易一体化的实现。所以这种竞争与互补效应相互转化的动态——"互补性竞争关系"，不仅使区域经济一体化成为全球经济一体化的"积木"，而且加速了多边贸易自由化的总体进程。

"互补性竞争关系"完全不同于"此消彼长论""互补大于竞争"等观点，因为后者是通过把竞争和互补截然分开，把两者视为互不相容的因素来对区域经济与多边贸易体制的关系进行分析的；而前者则是基于动态、整体与有机的角度，对两者之间互补与竞争的相互作用、相互转化与共同促进发展以至最终"趋向汇合"诸方面提出的。

"互补性竞争关系"的主要内涵有以下几方面：区域经济一体化与多边贸易自由化一个时期内的主导关系为竞争，一个时期内的主导关系为互补，而不是两者之间某些方面存在互补关系，某些方面存在竞争关系；有竞争就没有互补，竞争扩大了互补内涵，互补关系的发展又进一步扩大了竞争的层次和范围，进而形成一个竞争与互补关系相互转化的"互促互容"的动态发展局面；多边贸易体制的规则与纪律及其审议报告程序，可借助于双重成员资格、动态规模效应、趋同性和优势互补等主观与客观因素的作用，加以制约区域经济集团排他性贸易保护主义倾向的形成和发展，进而遏制"没有互补"的竞争关系的产生；互补与竞争关系的相互转化，为贸易自由化的整体发展注入生机与活力；互补性竞争推动和加速了区域经济集团与多边贸易体制的"最终汇合",使得基于全球贸易自由化的全球经济一体化得以实现。在此经济格局中的 WTO,将成为协调、管理和规范"全球自由贸易区"的真正意义上的多边贸易体制。

二 区域经济一体化对多边贸易自由化的贡献

对于区域经济一体化对多边贸易自由化的贡献,它成为进一步推动敏感领域多边贸易自由化的"试验场",促进了多边贸易体制目标的实现,改变了多边贸易体制的成员结构,推动了多边贸易体制规则的完善。

(一)区域经济一体化可以作为多边贸易自由化的"试验场"

区域经济一体化可以作为多边贸易自由化的有效补充,共同推动贸易自由化的过程。相比于 WTO 主导的多边贸易自由化进程,区域经济一体化由于成员数量相对较少,利益关系简单,敏感领域的谈判相对容易达成共识。区域经济一体化在许多敏感领域的成功运转可以成为多边贸易体制的样板,为多边贸易规则的制定提供了理论和现实依据。多边贸易体制在竞争政策、技术标准、商品检验及司法判决等敏感领域一直进展缓慢,而区域经济一体化已经在这些贸易体制并未成功的方面有了较大的发展,而这可以为多边贸易体制进一步实施自由化计划提供"试验场"。例如,美加自由贸易区谈判中,两国放弃了欧共体超国家争端解决机制和关贸总协定的争端解决机制,而是创造性地建立了符合两国情况的区域争端解决机制,这对当时乌拉圭回合有关改善争端解决程序的谈判也产生了很大影响,WTO 新争端解决机制中的"上诉复议机构"的建立就是参照了美加自由贸易区的做法。除此之外,区域经济一体化在部分领域的失误甚至是失败又可以成为多边贸易自由化的前车之鉴,为多边贸易规则的制定提供宝贵的经验教训。

(二)区域经济一体化促进了多边贸易体制目标的实现

区域经济一体化组织,不论是自由贸易区还是关税同盟、共同市场,其根本目标在于取消或降低成员间的贸易障碍。区域经济一体化具有天然的歧视性和排他性特征,也恰恰是由于这种排他性的优惠措施的实施,导致成员之间的贸易必然大幅度增加。区域经济一体化组织的建立，扩大了内部市场，而市场规模的扩大加剧了区域内生产者之间的竞争，迫使其不断降低产品成本，创造新产品。同时，市场规模的扩大又促进生产者的技术进步与改造，加强基础建设的投资，这就使经济贸易发展处于良性循环。

区域经济一体化通过取消或降低成员间的关税和贸易限制，一方面，促进了成员国之间的贸易，增加了区域内的贸易总量；另一方面，生产要素得到不同程度的自由流动，成员国的规模经济效益进一步提高，资源得到更合理的配置，大大促进了成员国的对外贸易。这种"溢出效应"势必给世界范围内的经济贸易带来积极的影响和作用。因此，无论区域内贸易总量的增加，还是"溢出效应"对多边贸易的积极影响，都有助于实现 WTO 所要达到"扩大货物与服务的生产与贸易"之目的。

（三）区域经济一体化改变了多边贸易体制的成员结构

多边贸易体制的成员数量众多复杂、经济实力悬殊、利益要求差别大，因此各成员对多边贸易体制的规则、政策、期望和要求都不一致。在很长一段时间里，在多边贸易体制内个别经济实力较强的国家控制多边贸易谈判，左右多边贸易体制的运行，导致发展中国家成员的利益很难得到反映。在多边贸易谈判中，一国独大独霸的局面表现尤为明显，而区域经济一体化组织的组建打破了少数国家主导多边谈判的格局，WTO 成员方加入新的区域经济一体化组织，使得 WTO 多边体制又增加了新的"一边"，改变了多边贸易体制的成员结构，使成员方的力量对比发生了变化，使规则的制定更能兼顾到各方的利益。在谈判过程中，一体化组织成员往往采取共同立场，拥有了同经济实力强国抗衡的话语权，遏制了个别国家控制多边谈判的局面。

（四）推动了多边贸易规则的完善

区域经济一体化推动了多边贸易规则的完善可以从两个方面来分析。第一，区域经济一体化的迅速发展阻碍了多边贸易自由化的进程，需要多边贸易规则予以规范。在关贸总协定酝酿、讨论之前，一些国家就已经建立了关税同盟或自由贸易区，如果不考虑这一历史事实，承认它们原来根据一体化条约承担的义务并允许其继续存在，这些国家是很难加入总协定的，而总协定建立全球性贸易组织的目的就无法实现。更重要的是，对总协定内的一体化组织的权利予以适当限制，以防止其违反了总协定规则。鉴于此，总协定写进了关于自由贸易区和关税同盟的有关条款。第二，区域经济一体化组织的实践，丰富了多边贸易规则。区域一体化组织在本质上与多边体制有很多相似之处，它们在集团的建立、运行、协调、规则制定等方面都积累了一定的经验，许多实践对多边体制的发展和完善具有一定的借鉴意义。另外，多边贸易规则在开辟贸易自由化新领域上表现得十分困难。而区域经济一体化组织的建立，政府、产业都参与到谈判中，提出并解决了许多多边贸易体制不曾涉及的议题，为多边贸易体制提供了在新领域谈判的培训平台，有利于协调各国间在多边谈判中的冲突，最终达成多边贸易体制在新领域的国际规则。

三 区域经济一体化对多边贸易自由化的挑战

区域经济一体化在很多方面对多边贸易体制产生了促进作用，但同时，还应当看到它对于多边贸易体制的最惠国待遇原则、多边性及开放性构成了巨大的挑战以及造成多边体制内新的不平衡。

（一）区域经济一体化背离最惠国待遇原则

区域经济一体化对多边贸易体制的挑战，主要体现在其与多边贸易体制的最惠国待遇原则的冲突上。最惠国待遇原则是多边贸易体制的基石，是保证实现全球贸易自由化的根本，该原则要求成员国的任何贸易政策措施的实施与调整都要一视同仁，不搞差别对待。但是区域经济一体化作为最惠国待遇原则的例外，它与多边贸易体制的非歧视原则相左，遵循"谁参与，谁受惠"，以确保区域内成员拥有优先竞争的机会，从而对贸易各方造成一定的负面影响。

对于区外成员国而言，由于享受不到优惠贸易安排，又局限于严格的原产地规则的限制，导致丧失了应有的贸易和投资机会，处于不利的竞争地位。而对于区域内成员国而言，区域经济一体化在给成员国带来优惠的同时也会造成一定的损害。由于区域经济一体化存在贸易转移效应，加之区域贸易协定仍然保留反倾销、反补贴措施及特殊保障措施，而且协议涉及的附加条款较多，使处于弱势地位的成员国的利益并未得到完全保障。

第七章　国际区域经济一体化与多边贸易自由化

随着区域经济一体化在全球范围内迅速发展，贸易保护主义从过去由个别国家的单个和分散的方式转向集中和集团的方式，随着区域间或区域内不同贸易集团之间各种层次的区域一体化的出现，势必形成一种全球贸易保护主义的"网络"。区域经济一体化的发展，无论是数量上的增加，还是一体化领域的扩展，都势必导致非歧视原则的适用空间的逐步缩小，从而侵蚀多边贸易体制。

（二）区域经济一体化削弱了多边贸易体制的多边性

由于多边贸易体制的国际贸易自由化水平，不可能满足贸易各方的利益要求，因此一些成员国放弃了对多边贸易体制的努力，纷纷把注意力集中在签订区域贸易协定上，借此形成对自己更为有利的区域经济贸易集团。与此同时，所有的谈判资源、政治资本都会倾向于区域贸易协定，"次优选择"变成了"最优选择"。当各国处理与贸易和投资相关事宜时，热衷于签订区域贸易协定而弱化多边贸易体制的地位和功能时，多边贸易体制会面临着被边缘化的危险，就会削弱多边贸易体制的"多边性"，导致多边贸易体制停滞不前。

除此之外，任何拥有区域贸易协定与多边贸易体制双重成员资格的成员，均可以不将给予区域贸易协定内成员的优惠给予区域外的多边贸易体制成员。实践证明，一国签订区域贸易协议后，会增强对区域内部经济关系的关注而松懈多边与单边自由化的努力，如墨西哥、南方共同市场等。很多国家对多边贸易体制抱有一种可有可无的机会主义态度：如果多边贸易自由化进程顺利，不妨参与；如果谈判受阻，不妨另辟蹊径，将政策重点转向区域经济一体化，从而使多边贸易体制失去了其存在的意义。

（三）区域经济一体化优势地位的利用造成多边体制内新的不平衡

区域贸易集团的建立，使几个甚至几十个国家联合起来，将本来分散的市场连接在一起，扩大了成员的贸易市场，促进了集团内的贸易，增强了集团的经济实力；对外，集团又采取共同的贸易政策和措施。这样，集团在多边贸易体制内就形成一种优势地位，尤其是发达国家之间的一体化组织，其在多边贸易体制内的优势地位特别明显。这种优势地位的形成，使得多边贸易体制出现新的不平衡。

区域经济一体化的对外经济贸易政策，是各个成员的经济利益的外在表现，而各成员的利益则是集团制定对外政策的内在动力，因此，集团究竟采取何种对外贸易政策，完全取决于成员的经济发展和对外贸易状况。当某个或某些成员经济发展遇到困难或收支不平衡时，反映在集团对外贸易政策上，可能就采取贸易保护主义措施，形成了优势地位的滥用。区域经济集团优势地位的滥用主要表现在两个方面：一是在多边贸易谈判过程中，利用其地位以反映本集团利益，通过对自己有利的规则；二是在运行过程中，采取贸易保护主义，以保护本集团的商品和市场。例如，欧盟长期以来对食糖进行补贴，支持欧洲农民的高成本食糖生产，对低成本、高效率的非成员国第三方食糖生产者造成了损害，因此世贸组织于 2004 年 8 月 4 日裁定欧盟食糖补贴违反了多边贸易规则。区域贸易集团优势地位的滥用，势必阻碍多边体制的正常运行。

四　区域经济一体化与多边贸易自由化的协调

可见，区域经济一体化是一把"双刃剑"，既可能促进多边贸易自由化，也可能成为多边贸易自由化的巨大障碍。区域经济一体化的趋势已经在所难免，那么，亟待解决的问题就是如何协调区域经济一体化与多边贸易自由化的关系，从而减少区域经济一体化的消极作用而肯定支持其积极作用。若要实现 WTO 体系与区域经济一体化之间的进一步良性互动，需从加强 WTO 地位、完善 WTO 争端解决机制、扩大区域集团开放度等方面着手。

（一）确立 WTO 在全球贸易领域中的中心地位

各个区域经济一体化组织要始终明确其最终目标是建立全球经济一体化的国际经济新秩序，因此要端正对待区域经济一体化组织与 WTO 关系的态度，确立 WTO 在全球贸易领域中的中心地位。为了寻求这两种行为的协调统一，就必须确立 WTO 在全球贸易领域中的中心领导地位，由 WTO 承担起协议、监督和引导区域经济一体化的责任。

在实践中，WTO 多边贸易体制往往只注重对区域贸易协定的审查而忽略协定实施过程的监督。WTO 对于区域贸易集团定期报告的审议意见如何做出以及未提交报告该如何处理等问题未作明确规定,诸多缺漏使得WTO多边贸易体制对区域贸易集团运作过程的监督流于形式。因此,应进一步规范区域贸易集团定期报告制度,强化对区域贸易集团运作过程的监督和控制,使其按照WTO有关规定运作。这样有助于将区域经济一体化发展过程纳入多边贸易体制监控之下,使区域贸易集团的运作透明化、公开化,防止区域经济一体化脱离多边贸易自由化的轨道。

(二) 完善WTO争端解决机制

如何协调区域经济一体化的争端解决机制与WTO多边贸易体制争端解决机制也是处理二者关系的一个重要问题。为更好监督和控制区域贸易集团运作过程,区域贸易集团争端程序及争端解决报告应与WTO的宗旨、原则保持一致。争端不能在区域经济一体化争端解决机制内解决时,应该允许提交WTO争端解决机制解决。如独联体经济联盟条约规定,如果缔约方没能通过谈判或经济法院解决其争端,各方同意提交其他国际司法机构依照各自的程序规则解决这些争端。同时,WTO要严格贯彻实施乌拉圭回合谈判所达成的贸易自由化规则,保证争端解决机制顺利运作,杜绝违规行为逍遥法外的现象出现,排除阻碍贸易自由化的形形色色的壁垒,缓和各成员间的紧张贸易关系。

(三) 各区域集团自身不断扩大对外开放度

从长期的贸易实践中可以看到,如果区域贸易集团始终维护贸易保护主义,必将导致以邻为壑的贸易战,贸易保护主义将由经济国家主义发展到经济集团主义,从而给世界贸易带来灾难性的打击。为了避免这种危险的情况发生,区域经济一体化组织已经逐步开放。例如,亚太经济合作组织在"茂物宣言"中强调,该组织成员强烈反对成立一个同全球贸易自由化目标相偏离的内向型贸易集团;欧盟也一再强调其否定封闭性和排外性,实行开放性;美洲国家首脑会议也强调,在美洲建立泛美自由贸易区,绝不是要建立一个封闭的贸易集团。随着经济全球化,各区域集团仍需不懈地致力于推进多边进程,结合自身条件和发展阶段,不断扩大对外开放度。

综上所述,实现区域经济一体化和全球多边贸易体系相容性须做到三大要点,其一是 WTO 的强有力的领导地位,其二是 WTO 争端解决机制的完善,其三是区域集团对外开放度的不断扩大。在此基础之上,只要各国目标明确,政策得当,就必能使区域经济一体化走上积极推动全球贸易自由化的良性轨道。

第三节　国际区域经济一体化发展历程及实现路径

作为当今世界经济发展的重要趋势之一,区域经济一体化为生产、贸易、投资等跨国界流动起到了至关重要的推动作用。本节主要阐述区域经济一体化的发展历程、迅速发展的原因以及推动其发展的路径。

一　区域经济一体化的发展历程

区域经济一体化是第二次世界大战后伴随经济全球化发展而出现的新现象:20 世纪 30 年代全球范围的高关税贸易保护主义对各国经济贸易发展与合作起到了严重的阻碍作用,并最终引发了经济危机和第二次世界大战。第二次世界大战以后,各国开始积极寻求与其他国家更为紧密的合作,区域经济一体化也由此得以发展并且经历了三个阶段,每个阶段均有其显著的阶段特征。

(一)区域经济一体化最初创立阶段(20 世纪 40 年代末到 60 年代初期)

第二次世界大战后欧洲国家为快速摆脱战争的阴影,在欧洲形成了四个地区性经济一体化组织。第一个是 1948 年由比利时、卢森堡和荷兰三国成立的关税同盟。第二个是 1949 年由苏联发起,同保加利亚、匈牙利、波兰、罗马尼亚、捷克斯洛伐克六国组成成立的经济互助委员会,简称经互会(CMEA)。经互会成立的目的是在平等互利的基础上实行经济互助、技术合作和经济交流,以促进成员国经济的发展。随着苏联的解体和东欧的剧变,该组织已于 1991 年宣告解散。第三个是 1958 年成立的欧洲经济共同体(EEC),六个缔约国在市场一体化、共同财政资金筹措和超国家的共同体机构建设等方面达成了一致，其主要目的是通过取消在商品、资本、劳动力和劳务自由流动方面的障碍，建立共同市场，并逐步过渡到成员国的经济和社会生活的各个领域实行统一的政策，这是现代意义上的第一个区域经济一体化组织。第四个是1960年由英国、丹麦、瑞典、瑞士、挪威、奥地利、葡萄牙组建的欧洲自由贸易联盟（EFTA），欧洲自由贸易联盟旨在在各缔约国内相互取消工业品关税并形成统一市场，然而它不是一个关税同盟，即对外不实行统一的关税税率。

继发达国家成立"北北型"区域经济一体化组织并由此推动经济发展之后，发展中国家也有一些建立一体化的尝试。其中包括1960年建立的中美洲共同市场、拉丁美洲自由贸易协会和赤道关税同盟，1964年建立的中非关税和经济联盟，1967年建立的东南亚国家联盟以及1969年建立的安第斯条约组织等。

在区域经济一体化最初创立阶段，由于历史、经济和地理因素决定了区域经济一体化仅局限于经济发展水平相当、地理位置毗邻以及文化差异较小的国家中开展。在这一阶段，各国缔结区域经济一体化组织主要是出于与其他国家保持战略关系及保卫本国安全利益的政治与安全原因。

（二）区域经济一体化蓬勃发展阶段（20世纪60年代到20世纪80年代中后期）

在这一时期，发达国家之间的"北北型"一体化组织继续稳步发展并开始向更深层次的一体化组织迈进。首先是欧洲经济共同体的进一步扩大，表现为英国、丹麦、爱尔兰、希腊、西班牙和葡萄牙于1973年后先后加入，20世纪80年代，欧共体成员国扩大到12个。在此期间，欧共体12国间建立了关税同盟，实行了共同的外贸政策和农业政策，创立了欧洲货币体系，逐步发展成为欧洲国家经济、政治利益的代言人。同时，欧共体与冰岛、挪威、塞浦路斯、瑞士和列支敦士登、阿尔及利亚、叙利亚和埃及等国家也缔结了自由贸易协定。

而在发展中国家之间也建立了许多较大规模的区域经济一体化组织。其中包括1973年成立的拉美自由贸易区和加勒比共同体，1975

年建立的西非国家经济共同体，1980年建立的南部非洲发展协调会议南部非洲发展共同体的前身以及1981年建立的海湾合作委员会和拉美一体化协会（由1960年成立的拉丁美洲自由贸易协会演变而来）等。在这一阶段，各国缔结区域经济一体化组织由政治与安全的目的逐步转化为以经济发展为导向。

（三）区域经济一体化加速发展阶段（20世纪80年代末90年代初至今）

20世纪80年代末开始，随着经济全球化趋势加强，区域经济一体化进程也呈现出不断加快发展的趋势，不仅表现在其数量的增加和规模的扩张上，而且原有的经济一体化组织有更深入的发展。

首先，已经建立的区域经济一体化组织继续扩大并不断深化。这一阶段一体化深化发展最突出的仍属欧共体。1991年，欧共体马斯特里赫特首脑会议通过了以建立欧洲经济货币联盟和欧洲政治联盟为目标的《欧洲联盟条约》，亦称《马斯特里赫特条约》（简称"马约"）。1993年"马约"正式生效，欧共体更名为欧盟，这标志着欧共体从经济实体向经济政治实体过渡。在此之后，奥地利、瑞典、芬兰在1995年成为欧盟正式成立后第一批加入欧盟的国家，使其成员扩大到15个，紧接着又在2004年和2007年分两次接纳了塞浦路斯、马耳他这两个地中海国家以及罗马尼亚等10个中东欧国家加入欧盟，使欧盟成员国增加到27个。而发展中国家也在积极扩大深化缔结的区域经济一体化组织。例如，东盟成员不断壮大，先后有文莱（1984年）、越南（1995年）、老挝和缅甸（1997年）、柬埔寨（1999年）五个国家加入，东盟到90年代末发展成为拥有十个成员国的亚洲经济一体化组织，还在20世纪90年代初发起了一系列以东盟为中心的区域合作机制。1994年成立东盟地区论坛，1999年成立东亚——拉美合作论坛，更重要的是，东盟与中日韩、东盟与中国合作机制已经发展成为东亚合作的主要渠道。此外，东盟还与美国、日本、澳大利亚、新西兰、加拿大、韩国、中国、俄罗斯、印度9国和欧盟形成对话伙伴关系。

其次，大量新的国际区域经济一体化组织涌现出来。1989年，美国和加拿大两国签订了美加自由贸易协定，继1989年美国和加拿大建立自由贸易区的基础上，1992年美、墨、加等三个国家签署了成立北美自由贸易区的协议，世界上第一个最典型的南北型区域经济一体化集团——北美自由贸易区建立。其他发展中国家区域经济一体化组织的规模和数量也逐渐扩大。具有代表性的有：1989年成立的阿拉伯合作委员会，1991年成立的南方共同市场、智利墨西哥自由贸易协定和非洲经济共同体，1993年成立的中美洲自由贸易区，1998年成立的泛阿拉伯自由贸易区，2003年实施的内地与香港、内地与澳门关于建立更紧密经贸关系的安排，2006年实施的中智自由贸易协定。

最后，区域经济一体化范围突破了区域或地缘因素的限制，打破了原来"北北型""南南型"以及地理位置相近的传统模式，形成了多种模式、不同类型国家并存、跨地区甚至跨洲的新型区域经济一体化组织。1989年成立的亚太经济合作组织（APEC）就是这种新型的区域组织典型。该组织成立时有12个成员国，经过几次扩张，到目前为止拥有21个成员。APEC成立之时就强调其奉行"开放的地区主义"原则，这与WTO具有一致性，这种开放地区主义的实践证明了它的巨大成功。APEC建立在灵活、渐进、协商、自愿基础之上，以集体行动计划和单边行动计划，非强制地推进贸易与投资自由化。在承认成员的多样性和兼顾共同利益的基础上，APEC在推动亚太地区经济合作的道路上采取了一种独特的方式。它将从根本上改变人们对区域经济一体化与多边贸易自由化抗衡局面的普遍担忧，也将改变人们的区域经济一体化组织之间可能产生对抗与抗衡的观念。

而在这一阶段，区域经济一体化组织的缔结更多的也是出于经济的原因。在此阶段值得关注的两个现象是：一、由于在WTO多哈回合谈判陷入僵局、全球层面的一体化已难以推进的情况下，各种区域性的小多边经济集团纷纷涌现，成为推进一体化的"次优选择"，国际社会也寄希望于通过多个区域一体化集团再推进全球一体化；二、乌拉圭回合谈判成功后，WTO取代GATT，在多边贸易体制得到空前加强之际，区域经济一体化的浪潮不仅势头未减，反而出现了强劲的发展态势，为区域经济一体化的深入拓展注入了新的生机和活力。因此，可以预见随着多哈回合谈判的不断进展，区域经济一体化组织还会迎来更快的发展。这种区域经济一体化发展势头有增无减与多边贸易体制强化同时并举的"共生现象",无疑对一度颇具权威的"彼此消长论[①]"提出了严峻挑战。

二 区域经济一体化迅速发展的原因

众多经济体致力于大规模发展区域贸易协定,究其动因,不外乎有以下方面:政治与安全、经济、多边贸易体制的弊端。进入21世纪,区域贸易协定的大发展,许多国家签订区域贸易协定,不再仅仅出于经济利益考虑,非经济利益的驱使成为主流[②]。

(一) 政治与安全原因

区域经济合作并不是纯粹地出于经济利益的驱使,也服务于区域的稳定、和平与发展的目的,因而区域经济一体化常常受到外交政策和国家安全方面考虑的驱使。区域贸易协定有两个重要收益:一是有助于改善成员国的国内安全,二是可以对抗来自第三国的威胁[③]。

1. 寻求安全保障

安全困境是国际政治固有的特征和国家在国际社会中所必须面对的一种状态。在这样的状态中,当权力单元(比如在国际关系中的民族国家)并肩共存时会发现不存在凌驾于它们之上、能规范其行为和保护其免受攻击的权威。而区域经济一体化能够有效缓解"安全困境",一国通过加入区域经济一体化组织可以获得安全保障。区域经济一体化使得国家间的相互信任感增强,政府间的合作往来增多,合作关系可以外溢到安全领域,因此对安全困境具有一定的缓解作用,有助于安全困境的解决。除此之外,区域经济一体化也为国家间解决分歧提供了对话平台,减少了国家间冲突的可能性。

近年来,一种新型的安全观——合作安全观出现在国际中。与传

[①] 指区域经济一体化发展强劲,多边贸易体制弱化,多边贸易体制强化,区域经济一体化发展减弱的现象。

[②] 刘光溪:《互补性竞争论——区域集团与多边贸易体制》,经济日报出版社2006年版,第17—25页。

[③] 宾建成:《新一代双边自由贸易协定的比较与借鉴——以日新FTA、欧墨FTA为例》,《经济社会体制比较》2003年第5期。

统安全观不同的是，传统安全观追求的目标是单一主体的安全性，往往具有局部性、零和性、对抗性特征。而合作安全观的目标是协商对话、互谅互让、互助互利的"双赢"结果。合作安全观抛弃了传统安全模式所遵循的冷战思维，力求将个人利益、团体利益、国家利益和全人类利益统一起来，求得国家、地区和世界的共同安全。而区域经济一体化正是合作安全观的体现。

2. 有利于区域内各国解决国内问题

首先，区域经济一体化有利于区域内各国推动国内的制度改革。一个国家的制度改革面临着许多国内势力的阻挠，所以导致改革进程停滞不前。因此，一些国家试图通过区域经济一体化来锁定国内制度改革的进程，将区域经济一体化作为一种激励贸易自由化和促进国内制度改革的外在动力。一旦一个国家加入了区域经济一体化组织，按照区域经济一体化协定进行国内制度改革就是其应尽的国际义务，所以国内势力很难通过调整区域经济一体化协定的方式来阻碍改革进程。其次，一国加入区域经济一体化组织有助于向外部世界发出清晰而可信的信号：国内制度改革和市场开放具有长期的稳定性，因为其受到了区域经济一体化协定的约束。例如，墨西哥与美国、加拿大签订北美自由贸易区协定以及部分东欧国家申请加入欧盟，都是想通过区域经济一体化来锁定国内制度改革的进程。

3. 增加参与多边谈判筹码，影响国际规则制定

目前的国际经济体系中规则制定大多掌握在发达国家手中，尤其是欧美大国的手中，而中等发达国家和发展中国家在国际经济谈判领域内尚未发挥重要作用，对于国际经济规则的制定仍然处于被动接受的位置。因此，对于一些小国而言，其自身经济实力十分有限，要想在国际经济规则的制定中掌握"话语权"，签订区域经济一体化协定是一条有效途径。与这些中等发达国家和发展中国家之前在国际社会的单一弱势角色相比，区域经济一体化使得区域内"国家的声音"统一，成员国在国际谈判时用一个声音说话，增强了对话谈判能力。通过缔结区域经济一体化协定使自身成为"轴心"，再与发达国家签订贸易协定，小国可以成功地提升自身的谈判筹码。新加坡就是一个成功的例子。

（二）经济原因

经济原因是各区域经济一体化组织或集团组建的重要原因，各国和各地区经济利益的增长只能通过自由贸易和市场经济竞争来实现。区域经济一体化对于区域内经济的发展有着重要的现实意义。区域经济一体化对区域内经济的影响大致可以分为两类：一类是静态效应，包括贸易创造效应和贸易转移效应；另一类是动态效应，包括规模经济效应和促进竞争效应。

1950年经济学家维纳（Viner）在《关税同盟问题》一书中认为，区域贸易福利取决于贸易创造与贸易转移的比较。贸易创造主要指区域内成员之间由于交易成本下降和贸易限制取消，导致本国内高成本产品被区内其他成员低成本产品所替代以及过去受到双方数量和高关税限制的本国低成本商品出口扩大，从而给区域内进出口双方带来更多贸易机会和利益。贸易转移是指原有与区域外国家之间的贸易往来，由于区域内交易成本的降低可能被区内成员之间的贸易所取代。很明显贸易创造可以增加参与区域贸易安排的国家的福利，而贸易转移会减少国家的福利。在其他条件不变的情况下，如果贸易创造的影响大于贸易转移的影响，参与区域安排的国家获得贸易正福利，反之，获得贸易负福利。

经济学家金德尔伯格（Kindleberger）和林德特（Lindert）在维纳的基础上，分析了国家参与区域贸易合作的动态效应。区域经济一体化会产生规模经济效应。在现代化生产中，许多产品的生产具有规模经济的特点，但企业生产规模的扩大是以市场的扩大为前提条件的。由于区域贸易合作，把若干个小市场并成一个大市场，同时排斥了来自第三国的竞争对手，从而能够为成员国之间的相互贸易的扩大提供一个更大、更广阔的市场，并使得某些部门或产业能够扩大规模，进行横向或纵向的专业化生产，平均单位成本相应减少，获得规模经济效应。同时，随着区域统一市场的形成，将促进区域内垄断行业的竞争，提高生产效率，产生促进竞争效应。区域贸易合作意味着对一些贸易壁垒或关税壁垒的放弃，这在一定程度上表明某些国家保护的弱化或取消，参加竞争的企业增多，动摇了某些产业的垄断和寡头的市场结构，从而优胜劣汰的竞争机制可以充分发挥作用。在市场竞争激烈的情况下，每一个成员国的企业为了生存将不得不设法降低生产成本，提高经营管理和效率，以获得竞争优势。

除此之外，区域经济一体化对于吸收直接投资也会产生积极作用。一是因为多数情况下区域贸易协定本身包括了促进相互投资的内容，有利于区域内的资本要素流动。二是从贸易与投资的关系来看，随着贸易扩大效应的显现，跨境投资活动也会增加。三是由于区域内商品跨境流通成本降低，区域外企业在区域内投资生产的产品有利于进入整个区域市场。

（三）多边贸易体制的弊端

多边贸易体制虽然是推动世界贸易自由化和经济全球化的主要力量，但由于多边贸易体制诞生之初所存在的"漏洞"，多边贸易体制监管的严重缺陷以及近年来多边贸易谈判所遭遇的挫折和困难，客观上也刺激了区域经济一体化的发展。

1. 多边贸易体制的内生性"漏洞"

1947年在谈判缔结《关贸总协定》时，第24条立法存在"漏洞"，从而让区域经济一体化发展有了可乘之机。英国和法国为了维护它们与其殖民地国家或海外领地之间既存的优惠贸易安排，同时防止其他国家从这些优惠贸易安排中获取利益，于是在GATT多边贸易体制中允许区域贸易协定作为最惠国待遇原则的一种特例合法存在。可见，GATT在诞生之初就规范和肯定了区域经济一体化的存在。但是，随后多边贸易体制也并没有对区域经济一体化加以遏制。1979年的东京回合中的"授权条款"授权成员国可以背离多边贸易体制最惠国待遇原则的诸项规定，允许发达国家成员给予发展中国家成员在货物进口关税方面优惠待遇，并且允许发展中国家成员之间在货物贸易上实行关税减免的优惠待遇。半个世纪后，区域经济一体化，一个原本作为多边贸易体制的例外情况，变成了一个极为流行、蓬勃发展的国际现象。

2. 多边贸易体制的监管存在严重缺陷

多边贸易体制对区域经济一体化的监管存在严重缺陷，一直处于一种软弱、低效和无序的状态。WTO中关于区域贸易协议的条款主要有：《关贸总协定（1947）》第24条作为最惠国待遇的例外，规范和肯定了区域贸易组织的存在；《服务贸易总协定》（GATS）第5条，对与贸易有关的服务贸易优惠安排做了详细的规定；1979年"差别与更优惠待遇，互惠及发展中国家更充分参与"的决议中的"授权条款"，对发展中国家达成区域贸易协定做出了详细规定，等等。但无论是过去的GATT，还是现在的WTO，对于区域经济一体化的监管一直是软弱、低效且无序的。

然而，对于多边贸易体制中所提到的对区域贸易协定进行评定的条款，如何处理那些在区域贸易协定中有所涉及而在WTO中尚未涉及的领域，如何处理WTO规则与现存区域贸易协定规则的差异等问题，在多边贸易体制中一直存在着不同的解释，没有一个明确的结论。这也导致了多边贸易体制对区域贸易协定的审查很难有效地进行。

3. 多边贸易谈判遭遇的挫折和困难

GATT/WTO的实践充分证明：多边贸易体制成员数量众多复杂、经济实力悬殊、利益要求差别大，同时WTO"一揽子接受"方式要求所有成员对各项议题的谈判只有在一致同意的基础上才能进行，这注定了要在短时间内对一个特定的议题达成共识并非易事。相比之下，区域经济一体化组织在谈判议题的确定、谈判内容的形成上具有诸多优势，谈判难度相对较小。除此之外，随着多边贸易体制一个回合接着一个回合地致力于全球贸易自由化，多边贸易谈判的议题的难度越来越大，政治敏感性越来越强，从而妥协的余地越来越小，而区域贸易协定涵盖的内容广泛而且深入。可见，多边贸易谈判越来越艰难，区域贸易谈判相对便利，显然，如果要在二者之间做出选择的话，大多数国家会选择区域经济一体化。

三 推进区域经济一体化的路径

推进区域经济一体化发展应该以市场一体化为基础，降低交易成本为核心，有效的主体组织和适当的补偿机制为保证。

（一）市场一体化是区域经济一体化的基础

区域经济是市场经济，因此区域经济一体化的基础是市场一体化，通过市场一体化，可以有效地推动区域经济一体化。区域经济一体化是市场一体化的过程，包括从产品市场、生产要素（劳动力、资本、技术、信息等）市场到经济政策统一逐步演化。市场一体化是区域经济一体化的必然要求。在计划经济体制下，资源配置具有很强的行政性和人为性，主要通过调拨进行资源的分配，生产要素的空间流动与配置不是建立在经济利益基础上的资源优化配置，从而降低了资源的配置效率。而市场机制这只无形的手在资源与要素的配置方面具有其他机制所无法比拟的巨大优势，它可以自发调节资源分配和商品供求，通过平均利润调节资本在各生产部门的分布促使生产效率尽可能达到最优。

因而，区域经济一体化要实现各种生产要素的自由流动，就必须有发育完善的市场体系和统一市场作基础。市场一体化的基本含义是经济增长的诸要素通过没有阻碍的市场得以流动，从而提高要素的配置效率。它是各种要素市场的有机统一体，包括：一体化的消费品市场，一体化的资本市场，一体化的技术市场，一体化的人力资源市场，一体化的产权市场等。从微观上看，市场一体化条件下，企业是经济发展的主体。在市场机制调节下，企业出于对利润最大化动机和长久发展的考虑，在规模经济作用下，企业之间会通过横向联合与纵向兼并，逐步实现区域的一体化。同时，生产要素在区域之间的自由流动实现了区域之间的合理分工，达到了资源优化配置的区域经济一体化目标。

随着经济体系的进步和高级化，市场一体化的外延在发生重大变化。20世纪80年代，甚至90年代之前，市场一体化还主要是贸易市场的一体化，WTO和之前的GATT，对世界贸易市场的一体化起了极其重要的推动作用，提高了货物在不同经济体系之间的流动效率。进入20世纪90年代，特别是进入21世纪之后，市场一体化的重心正在从贸易市场一体化转向金融市场一体化。

（二）降低交易成本是区域经济一体化的核心

交易成本涉及两方面的内容：一是自然成本，也就是通常所说的运输成本。运输成本是因为空间距离的存在而存在的，是一种自然现象。空间距离越远，交通越不便利，运输成本就越高。二是制度成本，也就是地区间不同的地方性法规、地方性保护政策、人们的观念差异等而导致的差异，常表现为区际商品、资本以及人员流动方面的限制，如关税。关税降低产生大量贸易，必然诱致一体化的贸易效应，以及相应的消费效应和生产效应。在区域经济一体化过程中，交易成本具体表现为国际市场的分割、关税和非关税的壁垒、专业化市场细分等成本，而区域经济一体化可有效降低这些交易成本，释放出更多的潜在利润，从而给区内的人们带来报酬递增。

从各国实践来看，地方分割常变成国家区域经济一体化的障碍。消除地方分割，取消一切不利于国内市场一体化的各类制度和政策障碍，降低交易成本能够促进经济增长率的提高，改善居民的福利水平。从国际上来看，欧盟的经济一体化是由区域内跨国界的法律和政治一体化支持的，它不仅统一了市场，也统一了机构和制度。在一些地区，欧盟国家的贸易政策、竞争政策和监管政策都是相同的。而且欧盟还广泛地消除了监管和其他的贸易壁垒，建立起了超出单个国家之上的由成员国共同遵守的制度，通过跨区域的转移来补贴贫穷国家和地区，使它们分享区域内的经济成果。

（三）有效的主体组织是区域经济一体化的动力

新制度经济学的代表道格拉斯·诺思教授曾说过："有效的经济组织是经济成长的关键，一个有效率的经济组织在西欧的发展正是西方兴起的原因所在。"因此，区域经济一体化的主体组织机制是一体化进程的"变压器"，能够加快或阻碍一体化的发展。区域经济一体化作为全球经济中前所未有的制度形态，考察它一般的组织机制，对于把握区域经济一体化的发展不无裨益。综观世界各种区域经济一体化组织，无论其成员数量多少，规模大小，一体化程度高低，其基本的共同点是：第一，是由主权国家政府或地区当局出面签订经济一体化文件或签署自由贸易协议来实现的。作为区域性一体化组织发展合作的机制，如果没有政府参与，而只是民间组织或企业间的经济往来，是不能形成区域经济一体化组织的。第二，区域经济一体化组织具有超国家性特点。为了推进本区域成员国之间的经济贸易合作，区域经济一体化组织往往需要建立一定的超国家机构，或至少需要由各成员国领导人定期举行会议，形成制度。第三，既然已经通过签订协议，建立一体化组织，则参加这个组织的各成员国，就享有协议所规定的权益，也必须履行协议所规定的义务。这就意味着，一体化组织的成员国，要把自己的部分主权，首先是某些经济决策权，让渡给区域经济一体化组织，由这个超国家组织去执行。形成这种有效组织及其实施效果与一体化内部社会经济、文化、政治的差异密切相关。比如欧共体经济一体化的成功，一个重要原因在于它能够使得所有参与国的平均收益总体上不断得到提高，即满足了边际收益递增的条件，从而达到了普遍意义上的帕累托改进。因而成员国有参与和维护新制度的积极性，并化解新制度遇到的阻力，所以欧共体一体化制度变化所遇到的阻力不大。

（四）适当的补偿机制是区域经济一体化的保障

不论是维纳的贸易转移、贸易创造还是克鲁格曼的生产转移、投资转移，相对于区外的国家或者地区而言，一体化内部的总收益无疑是提高的，但对于一体化内部的国家或者地区而言，收益是不均等的。克鲁格曼也指出，只要一体化内部的国家或者地区间的市场规模不相等，则随着一体化程度的提高，生产、投资等会不断集中到一体化内市场规模最大的国家或者地区。Peter 和 Robson 也进行了模型分析得出，一体化区域内产业在国与国之间转移是必然的，甚至存在产业全部转移到一国的可能。因此，对于政府而言，区域经济一体化首先带来的是利益分配的问题。如果合作后，双方的福利大于合作前的福利水平，但一方福利水平的提高小于另一方，则其将会采取政治抵制。只有在合作双方的福利水平共同提高的情况下，双方才可能积极合作。因而，在区域经济一体化的过程中针对不同的情况制定适当的补偿机制是一体化的重要制度内容。

本章小结

1. 当今世界，伴随经济全球化的发展，以 WTO 为代表的多边贸易体制和区域经济一体化两大贸易自由化安排并行是国际经济关系的一大特征，两大潮流正在日益影响着国际贸易的规模和前途。区域经济一体化的目的是寻求区域内自由化，而以 WTO 为代表的多边贸易体制目的是寻求全球经济自由化。

2. 丁伯根从生产要素流动性与政府机构之间的关系入手首次提出了经济一体化概念，并从政府当局促进经济一体化的措施方面把经济一体化分为"消极一体化"和"积极一体化"。贝拉·巴拉萨发展了丁伯根的定义，他认为经济一体化既是一个过程，又是一种状态。维多利亚·柯森从生产要素配置角度解释了一体化，而保罗·斯特里坦从手段或目的等方面入手对"经济一体化"进行解释。学术界对于"区域经济一体化"尚未形成明确而统一的标准定义。

3. 区域经济一体化协议是由主权国家政府或地区当局出面签订，大多数区域经济一体化组织都是建立在国家主权让渡的基础之上的，区域经济一体化组织具有区域性、集团性、排他性甚至超国家性特点。根据区域经济一体化程度的高低，加拿大经济学家理查德·利普赛将区域贸易协定划分为优惠贸易安排、自由贸易区、关税同盟、共同市场、经济联盟以及完全的经济一体化6种类型。在现实中，一个区域一体化组织的发展不一定是由低向高逐级发展的，它可以超越某一阶段，也可能由于发展得不顺利而导致发展程度倒退。

4. 多边贸易体制是指世界贸易组织（WTO）及其前身关贸总协定（GATT）所代表的一套多边贸易规则和协定。目前，以WTO为代表的全球多边贸易体制逐步发展成为贸易自由化的产物。多边贸易体制在规范世界经济发展秩序中发挥着积极的作用，并积极推动全球经济自由化及重构世界经济发展新秩序。WTO的基本原则有四项：非歧视原则（包括最惠国待遇原则、国民待遇原则）、透明度原则、自由贸易原则和公平竞争原则。

5. 区域经济一体化是在多边贸易体制之下产生并发展的，多边贸易体制给予区域经济一体化事实上的认可。这种认可得益于区域经济一体化与多边贸易自由化在兴起背景上的相似性，目标、内容和原则上的一致性以及面临相同的挑战。区域经济一体化与多边贸易自由化的区别主要体现为以下几个方面：达成协定的难度不同、争端解决机制不同、排他性和歧视性差异以及政治经济学上的差别。

6. 区域经济一体化与多边贸易自由化的关系并不是相互排斥的优胜劣汰式竞争，而是一种相得益彰、兼容协同的"互补性竞争关系"。区域经济一体化的形成和发展与多边贸易自由化的改进和加强，在发挥各自优势的情况下产生了竞争；这种竞争结局是两者彼此取长补短，相互补充；互补作用的影响进一步提高两者在开辟和实施贸易自由化领域与计划的竞争层次，因而又丰富和增加了两者互补的内涵，直至全球经济贸易一体化的实现。

7. 对于区域经济一体化对多边贸易自由化的贡献，它成为进一步推动敏感领域多边贸易自由化的"试验场"，促进了多边贸易体制目标的实现，改变了多边贸易体制的成员结构，推动了多边贸易体制规则的完善。区域经济一体化在很多方面对多边贸易体制产生了巨大的促进作用，但同时还应当看到它对于多边贸易体制的最惠国待遇原则、多边性、开放性构成了巨大的挑战，造成了多边体制内新的不平衡。

8. 区域经济一体化的趋势已经在所难免，那么，亟待解决的问题就是如何协调区域经济一体化与多边贸易自由化的关系，从而减少区域经济一体化的消极作用而肯定支持其积极作用。若要实现WTO体系与区域经济一体化之间的进一步良性互动，需从加强WTO地位、完善WTO争端解决机制、扩大区域集团开放度等方面着手。

9. 第二次世界大战以后，各国开始积极寻求与其他国家更为紧密的合作，区域经济一体化也由此得以发展并且经历了三个阶段，每个阶段均有其显著的阶段特征。众多经济体致力于大规模发展区域贸易协定，究其动因，不外乎有以下几个方面：政治与安全、经济、多边贸易体制的弊端。推进区域经济一体化发展应该以市场一体化为基础，降低交易成本为核心，有效的主体组织和适当的补偿机制为保证。

关键术语

关贸总协定　非歧视原则　最惠国待遇原则　国民待遇原则　透明度原则　自由贸易原则　公平竞争原则　互补性竞争关系　WTO争端解决机制　市场一体化　交易成本

本章习题

1. 什么是多边贸易体制？WTO 多边贸易体制的宗旨是什么？基本原则有哪些？

2. 区域经济一体化与多边贸易自由化的共性有哪些？两者的差异有哪些？

3. 区域经济一体化与多边贸易自由化的关系是什么？两者之间关系的主要内涵有哪些方面？

4. 区域经济一体化对多边贸易自由化的贡献体现在哪些方面？挑战又体现在哪些方面？如何协调区域经济一体化与多边贸易自由化之间的关系？

5. 区域经济一体化发展经历了哪几个阶段？各个发展阶段有什么特点？区域经济一体化迅速发展的原因是什么？推进区域经济一体化迅速发展的路径有哪些？

6. 发展中国家之间构建的"南南型"自贸区与发达国家间的"北北型"自贸区在促进区内贸易自由化方面有何不同？优势和劣势是什么？

7. 发展中国家与发达国家建立"南北型"自贸区被认为可以有效促进国际分工，试分析这样的分工具有什么特征，对成员国的影响是什么？这对我国参与自贸区建设具有什么启示和借鉴意义？

第八章

国际区域经济一体化组织的贸易政策

本章学习目标：
- 掌握一体化组织贸易政策的目标；
- 理解一体化组织贸易政策的工具；
- 了解一体化组织贸易政策的差异；
- 熟悉欧盟、东盟、中国—东盟自贸区、北美自贸区的贸易政策。

对外贸易政策是对各国在一定时期对进出口贸易实行管理的原则、方针和措施手段的总称。对外贸易政策范畴的基本因素包括：（1）政策主体，即对外贸易政策的制定者和实施者，在许多一体化组织中，这一角色由组织内部的制定机构来承担；（2）政策客体或政策对象，即贸易活动和从事贸易活动的企业和个人，需要制定贸易政策对其进行规范指导和调整；（3）政策目标，即制定具体政策措施所依据的原因，多数一体化组织的贸易政策行为是带有目的性的，其政策内容必须是在政策目标的指导下确定的；（4）政策工具，即一体化组织为了实现已经确定好的政策目标以及实施相关政策内容所采取的具体贸易措施。

第一节 一体化组织贸易政策的目标

大多数国际区域经济一体化组织都是以实现经济利益为基础的。

在一体化协议框架中，为了保障成员国经济目标的实现，各国都会将很多宏观目标延伸到一体化合作中。了解这些目标是理解一体化组织的贸易政策的重要基础。

一　扩大贸易规模

扩大贸易规模进而实现收入的增长是各国在国际贸易中最原始也是最基本的追求，更是各国成立或加入区域经济一体化组织的重要动因之一，几乎所有区域经济一体化组织都将扩大贸易规模这一信条写入了协议之中。对于一体化组织而言，要实现组织内部总体贸易规模的扩大，必然需要采用多种贸易政策来降低组织内部的各种贸易壁垒、改善组织内部的贸易条件，进而促进各成员国之间的贸易规模的扩大以及实现从成员国与非成员国贸易到组织内部贸易的转移。

二　促进产业升级

产业是贸易的基础。不同的国家具有不同的比较优势，在区域经济一体化组织建成之前各国国内的产业结构都相对固定，而产业结构的升级有助于实现产业结构合理化，进而促进国家经济更加健康、长久地发展。区域内贸易门槛的降低有利于区域内成员国释放各自不同的比较优势，因而在使用贸易工具时利用互补的比较优势也可以实现区域内国家达成专业化分工，从而提高所有成员国的生产效率，进一步实现一体化组织内部的产业结构优化。在产业升级方面，一方面，区域内对于某贸易产品市场需求的增长，将会带动生产厂商增加原料及半成品的需求，进而推动供应链上游的厂商发展。另一方面，如果出口产品本身就是一种中间产品，那么随着其出口产量的增大，也会带动国内需要用到这类中间品行业的发展。此外，通过对区域内各国技术等方面标准的统一，也有助于成员国发展高新技术和设备，进而实现产业升级。[①]

三　优化资源配置

当今不少的区域经济一体化组织已经突破了以往在地域上的限

---

① 钟昌标：《国际贸易与区域发展》，经济管理出版社2001年版。

制，这就意味着这些组成一体化组织的国家往往拥有着不同的资源禀赋，而这些差异往往可以为组织内部的成员国带来潜在的利益增长点。一方面，对于资源进口国而言，在加入区域经济一体化组织之后，该国可以借由组织内部其他成员国所提供的降低或取消关税的优惠措施以及所使用的给予出口信贷的贸易工具等来通过区域内贸易实现对本国稀缺资源的进口，以此弥补本国的资源短板，进而发展原先弱势的产业；另一方面，对于稀缺资源的出口国而言，其国内丰富的资源也获得了更大的贸易范围，同时相较于一体化组织外部的具备同样的资源禀赋的国家而言，组织内部各种贸易工具的使用产生了更低的贸易壁垒，进而也使得其产品更具备竞争力，从而实现经济的增长。由此可见，具有不同资源禀赋的国家，在加入一体化组织后都可以通过使用贸易工具来实现地区内资源配置的优化，进而获利。

四　提升区内贸易自由化水平

建立区域经济一体化组织的一个重要目标就是实现区域内生产要素的自由流通，而贸易工具的使用多以降低或消除贸易有关壁垒以及统一相关标准为主，这就意味着在成员国内部进行贸易往来的障碍大大减少，进而商品的交易成本也随之降低，区域内贸易的竞争优势得以加强，进而推动了区域内部贸易往来的活跃，带动各成员国提高贸易水平和经济水平。

五　增加就业机会

对于一个国家而言，失业率是一个至关重要的经济指标，1960年菲利普斯提出了将失业率和通货膨胀率联系在一起的看法，由此可见其重要性。随着国家发展，由于产业结构不合理或产业转移等原因往往会导致国内岗位的减少，由此使得国内失业率上升，而通过加入一体化组织该国可以实现利用贸易工具来降低合作国的准入门槛，由此吸引外资进行对外贸易从而增加工作需求，同时贸易规模的扩大所带来的需求扩大也会在一定程度上增加岗位需求。如美国的大量企业都将制造业转移至人力成本更加低廉的东亚和东南亚地区，从而导致国内大量非技术工人缺少就业岗位，为了缓解这一现象并推动国内经济发展，美国曾于2011年11月峰会期间与欧盟成立了"美欧就业和增长高级工作小组"来帮助双方推动就业，促进经济增长（HLWG，2013），同时根据2013年的报告显示，2012年，美国出口4580亿美元的货物和服务到欧盟，支撑了美国超过220万个就业机会，这一自贸区取得了巨大成功。[①]

六 缩小区内贫富差距

尽管最初的一体化组织多诞生在地理上临近和经济水平相似的国家间，但随着经济发展，越来越多一体化组织的成员国间在经济发展水平和社会福利水平等方面出现了巨大差异，而这对于国家间政治关系的紧密与否以及该区域经济一体化组织能否实现可持续性发展有着重要意义。因此，当国家层面的制度无法弥补差距时，一体化组织往往会约定由发达国家通过使用贸易工具来对经济水平最低的成员国给予关税、准入标准等方面更加优惠的待遇，或者要求相对发达的其他国家在最不发达参加国提出技术援助或合作安排时予以特殊考虑，以帮助它们实现贸易规模的扩大及进一步享受一体化组织内部的潜在利益。如中国—东盟自贸区在签订协议时就明确提出，对于不同国家采取不同关税消减实施期，对于中国和东盟六国（文莱、印度尼西亚、马来西亚、菲律宾、新加坡和泰国），实施期应从2005年1月1日到2010年，而对于经济较为落后的东盟新成员国（越南、老挝、柬埔寨和缅甸），实施期应从2005年1月1日到2015年，并采用更高的起始税率和不同实施阶段。

七 保护国内产业

对于参与一体化组织的国家而言，尽管合作可以获得许多益处，但也存在着技术外泄或弱势产业被严重打击等潜在威胁，由此，在制定国际一体化组织的合作条款时，各国会尽力规避这些潜在威胁。美国在签订北美自贸协定时，尽管其主要主张降低并取消自贸区内部的

---

① 张中宁:《中美两国自由贸易区战略比较研究》，博士学位论文，对外经济贸易大学，2018年。

各种关税及非关税壁垒,但同时对于一些美国认为可能会受到威胁的产业也制定了相关的保护条款,例如美国就对一体化组织内部的纺织品贸易设定了原产地规则来保护国内的纺织业。[①]

第二节 一体化组织贸易政策的工具

一体化组织可选的贸易政策工具与单一国家融入国际市场时可以采用的贸易政策工具是一致的,包括关税、配额、出口促进、技术性贸易壁垒等措施,但同时也包括在一体化情境下才会出现的原产地规则等。

一 关税

(一)关税的概念及内涵

在国家间的贸易往来中,关税(Customs Duties)是指进出口商品在经过某国关境时,由政府设置的海关向进出口商征收的税,是最古老且最简单的贸易政策措施,是国家财政收入的一个重要组成部分。它与其他税收一样,具有强制性、无偿性和预定性。在一体化进程中,大多数都会基本取消内部关税,但对外关税会得到维持。

(二)区域贸易协定中关税的模式

关税具有多种不同的类型,在当今的国际贸易中被各个国家及一体化组织广泛应用,按照不同的划分种类,关税可分为多种类型。

1. 若关税按照对进出口货物的流向进行征收,关税可分为进口关税、出口关税和过境关税。

进口关税(Import Duties)是指某个国家或地区对输入到其关境内,且最终目的地也为该国家或地区的商品所征收的关税。与之相反,出口关税(Export Duties)是指某个国家或地区对输出到其关境外的商品所征收的关税,一般来说,只有在出于政治或其他原因希望限制某种产品出口的情况下才会征收,因此出口关税也可以被理解为

---

① 李琮、徐葵:《经济全球化、地区化与中国》,中共中央党校出版社2000年版。

一种贸易保护措施。过境税（Transit Duties）则是指某个国家或地区对通过其关境而最终目的地不在该国家或地区的商品所征收的关税。①

目前，大多数国家基本上不征收出口关税和过境关税，因此一体化组织所针对的关税削减多指在一体化组织内部之间对其他成员国的进口关税进行减免。

2. 按照关税依据货物的重量还是价值来征税，关税也可分为从量税、从价税和混合税。

从量税（Specific Duties）是指以商品的重量、体积、容量、长度或面积等计量单位作为征税标准所计征的关税，其税额取决于商品计量单位的大小。按从量税征收进口税时，在商品价格下降的情况下仍然能够保证关税收入不变，相应的，在商品价格上涨时，用从量税的方法征收进口税则将导致税收无法增加，无法达到保护关税的目的。

从价税（Ad Valorem Duties）是指以进口商品的价格作为计征标准所计征的关税，其税额取决于进口货物价格的高低，关税收入随着商品价格的变动而变动。一般而言，相较于从量税，从价税的计税方法更加简单，税率也更加明确，且税负较为公平，同时，使用从价税可以实现在税率不变时，税额随商品价格上涨而增加，既可增加财政收入，又可起到保护关税的作用。在实践中，海关需要审定货物完税价格来作为对货物计征关税的价格，因此如何确定完税价格十分重要，目前国际上主要使用的完税价格确定方法主要是以下三种：（1）以CIF（成本、保险费加运费价格）作为征税价格标准；（2）以FOB（装运港船上交货价格）作为征税价格标准；（3）以法定价格作为征税价格标准。

混合税（Compound Duties）又称复合税，是指对某种进口商品，同时采用从量税和从价税两种方法征收关税的一种方法。其计算公式为：混合税额 = 从量税额 + 从价税额，进一步，混合税可分为两种，即以从量税为主加征从价税和以从价税为主加征从量税。

---

① 王炜瀚、王健、梁蓓：《国际商务：International Business》，机械工业出版社2013年版。

3. 原则上，某个国家或地区对来自其他不同国家的同种商品应适用同样的税率，但由于国家间经济往来、政治关系等方面的原因，以及区域经济一体化组织的存在，有时对同一种进口商品，由于其输出国家或生产国家不同，商品会被按照不同的税收比例来征收关税，因此按照是否对于进口商品的不同原产地适用不同的税收比例，关税也可分为普通关税和优惠关税。

普通关税（Ordinary Customs Duties）。又称一般关税，是指如果进口国未与该进口商品的出口国签订任何关税互惠贸易条约，那么就对该进口商品按正常的关税税率征税。在区域经济一体化组织中所使用的关税都为优惠关税（Preferential Duties），是进口国对特定的受惠国给予优惠待遇，以低于普通关税税率的标准征收关税。优惠关税又可进一步分为特定优惠关税、普遍优惠关税、最惠国待遇关税三种。

①特定优惠关税（Special Preferential Duties）。简称特惠关税，指在缔结双边或多边条约的情况下，某一国家或地区对进口自另一个或者另一些国家或地区的商品所给予的特定的优惠关税待遇，同时协定外的国家不得享受的一种关税制度。目前在一体化组织中，国际上最具影响的特惠关税是"洛美协定"（Lome Agreement）下的关税，1975年欧共体与非洲、加勒比、太平洋地区46个国家（简称非加太国家）签订了"洛美协定"，它规定当时的欧共体国家在免除关税且不限量的条件下，接受来自这些发展中国家的全部工业品和96%的农产品，并不要求这些发展中国家提供反向优惠，因此"洛美协定"中的特惠关税待遇是一种非互惠的优惠安排。以该协定为基础，2000年6月23日，欧盟15国又与这些国家续签了"科托努协议"（Cotonou Agreement），继续向非加太国家提供单方面的特定优惠关税，"洛美协定"也就此宣告结束。

②普遍优惠关税（Generalized Preferential Duties）。简称普惠税，是指由发达国家单方面给予发展中国家的贸易优惠待遇，即发达国家承诺对原产于发展中国家的工业制成品、半制成品和某些初级产品，在其进口时，给予其降低或取消进口关税的特惠待遇，而不要求发展中国家给予反向对等优惠。其目的在于：（1）增加发展中国家或地区的外汇收入；（2）促进发展中国家和地区的工业化；（3）加速发

展中国家或地区的经济增长率。

普惠关税具有普遍性、非歧视性和非互惠性三项基本原则。具体而言，普遍性是指，发达国家应对发展中国家或地区出口的制成品和半制成品给予普遍的关税优惠待遇；非歧视性是指，发达国家在给予优惠政策时，所有发展中国家或地区都不应受到歧视，而应当全部享受普惠制的待遇；非互惠性是指，发达国家应单方面给予发展中国家或地区关税优惠，而不应要求发展中国家或地区提供反向优惠。

1964年，在第一届联合国贸易与发展会议上由77个发展中国家首先提出了关税减让计划，该计划于1968年在UNCTAD第二届会议上达成，并于1971年7月开始实施。目前世界上有30个给惠方，它们分别是欧洲联盟15国、日本、新西兰、挪威、瑞士、加拿大、瑞典、奥地利、澳大利亚、美国、捷克、斯洛伐克、保加利亚、匈牙利、波兰和独联体，这些给惠方共实行16个普惠制方案，其中欧盟15个成员国执行一个共同的方案，当今世界上接受普惠制关税优惠的发展中国家或地区共计达到170个以上。

③最惠国待遇关税（Most – Favored – Nation Treatmtariff）。是在两国签订经贸友好条约时，给惠国承诺现在和将来给予任何第三国的一切特权、优惠和豁免也同样给予受惠国。最惠国待遇的给惠范围最初主要是在关税优惠方面，后来逐渐扩大到了通商、海航等各方面，但目前仍以关税方面的优惠为主要内容，目前最惠国待遇已经成为WTO《关贸总协定》的基本原则之一。

在实际的贸易往来中，目前仅有个别国家对极少数国家的出口商品实行普通关税，大多数只是将普通关税作为其他优惠税率减税的基础。因此，在实践中，最惠国关税并非优惠关税，只是"普通"关税，只有特定优惠关税和普遍优惠关税才是真正的优惠关税。

关税作为最古老也是最主要的贸易政策工具在各个一体化组织中都有着广泛的应用，通过削减一体化组织内部的关税，一体化组织的成员国可以轻松实现扩大组织内部贸易规模的目标，进而也有可能实现就业机会的增加；通过对组织内部的不同国家实行不同的关税优惠政策，成员国则可以实现对本国弱势产业的保护目标抑或是实现对最不发达国家经济的促进目标。同时，内外部关税壁垒差异也是一体化组织形成贸易转移、投资转移的重要原因。

二　进口配额

（一）进口配额的概念及内涵

进口配额（Import Quotas），也称进口限制，是指某个国家或地区在一定时期内对进口自某个或某些国家或地区的产品在数量或金额上规定一个限额，在规定限额之内的准予产品的进口，一旦超过限额则不准进口或者对产品征收较高关税甚至罚款。

（二）区域贸易协定中配额的模式

目前各个国家主要使用绝对配额与关税配额两种配额模式，但是两种配额方式都对贸易有着抑制作用。

绝对配额（Absolute Quotas）是指对某些商品进口的数量或金额规定一个最高数额，达到这个数额后便不准进口。根据执行范围不同，绝对配额又可进一步划分为全球配额和国别配额。

（1）全球配额（Global Quotas）是指某个国家或地区对于所有其他国家或地区的配额政策是相同的，政府机构按所有进口商的申请顺序，或其在过去某一时期的实际进口额来对进口商批给一定的额度，直至总配额发放完为止，未获得配额的进口商则不准进口。

（2）国别配额（Country Quotas）是指某个国家或地区按国别或地区来对进口商分配配额，如来自该国家或地区的产品超过了规定的配额限制则不准继续进口，这种方法的适用需要区分产品的具体原产地，因此进口商在申请时也需要提交原产地证明书。

关税配额（Tariff Quotas）则是指，某一国家或地区对于来自另一国家或地区的进口产品在配额以内给予较低关税或免税的优惠待遇，该进口产品在超过额度的情况下仍可进入国内，但是超出部分须按正常税率计征关税或征收高额关税，有时甚至需要缴纳罚款。关税配额按商品进口的来源也可分为全球性关税配额和国别关税配额。

按征收关税的目的，关税配额也可进一步分为优惠性关税配额（Preferential Tariff Quotas）和非优惠性关税配额（Non - Preferential Tariff Quotas）。前者是对配额内的进口产品给予较低的关税优惠，甚至免税，而对超过配额的进口商品则按照最惠国税率计征关税，西欧共同市场在实行普遍优惠制时使用的就是这种关税配额。后者则是在关税配额内按照原本的税率计征关税，但对超过配额的进口商品，则征收高附加税，甚至罚款。

在实行关税配额时，超出配额进口的货物实际上等同于交了一笔间接的关税，目前国际上的各个区域经济一体化组织都提出了无配额的发展方向，其意图也是在于降低组织内的贸易壁垒，在实践中的作用可以等同于削减关税。在实行国别配额时，一体化组织的成员国之间也往往会通过贸易协定来对组织内的其他贸易伙伴给予更多的配额，这对于区域内贸易的扩大也有着极大的促进作用。

三 贸易保障措施

（一）贸易保障措施的概念及内涵

贸易保障措施（Trade Safeguard Measures）是指因不可预见的发展导致某产品的进口数量增加，以致对生产同类或直接竞争产品的国内产业造成严重损害或严重损害威胁时，进口成员方可以在非歧视原则的基础上对该产品的进口实施限制，其主要目的在于为区域内国家提供贸易保护，然而有时也可成为针对区域外国家的一种贸易壁垒。

（二）区域贸易协定中贸易保障措施的模式

WTO规定的贸易保障措施主要包括反倾销、反补贴和保障措施三种。

1. 当外国企业对出口产品的定价低于出口国内市场价格或者低于成本时，为了保护国内企业摆脱不公平的外国竞争，进口国政府通常会采取反倾销措施，这一措施的实施一般为征收反倾销关税（Anti-Dumping Duties）。

世贸组织在《反倾销协议》中对进口商品是否存在倾销行为的认定进行了规定，分别为：（1）出口国商品大量涌入另一国；（2）出口国的出口价格远低于正常价格，低于正常价格的部分成为倾销幅度；（3）该商品给当地国相关产业造成了或可能造成巨大损失和影响。因此进口商品是否存在倾销行为必须要对正常价格做出认定，一般而言正常价格可以通过该商品在本国或第三国的销售价格来认定，而当该国属于非市场经济国家时则采用与该国同等发展水平的国家销售该类产品的价格来确定正常价格。目前国际上对于市场主义国家的认定尚无定论，包括欧盟与美国在内的众多国家和组织都对其有自己的定义，这也导致在实际贸易往来中对反倾销措施的认定存在着很大的不确定性。

在世贸组织的框架下，只有一国的政府才能采取反倾销措施，因此贸易商或某个产业必须通过政府来启动反倾销程序。虽然世贸组织在《关贸总协定》中已经对反倾销问题做出了明确规定，然而在目前各个一体化组织中，仍然存在不少组织将反倾销措施作为发起贸易战以及打击他国出口商品的主要手段之一。

2. 反补贴措施则是进口国政府对外国政府的出口补贴或生产补贴行为做出的回应，实施方法为征收反补贴关税（Countervailing Duties）。

与反倾销措施类似，对于补贴的认定也需要满足三个条件，即（1）该商品给当地国相关产业造成了或可能造成巨大损失和影响；（2）出口国确实存在补贴行为；（3）是由于出口国政府的补贴行为导致了该商品造成或可能造成巨大损失。与反倾销措施相比，反补贴作为新型贸易壁垒对一国外贸出口和经济发展具有更大的危害性，其特点如下：

①反补贴的调查范围更广泛。反倾销措施的涉及范围往往是某一特定的企业或行业，而反补贴的涉及范围可能会包括接受政府补贴对象的下游企业甚至整个产业链，其范围更大，对于整个国家经济的危害也更大；

②反补贴的影响时间较长。其主要原因在于，为了应对由其他国家发起的反补贴调查，一国政府必须逐步调整相应的贸易和产业政策，这种调整将在长时间内对一国经济、政治、社会发展产生巨大影响；

③反补贴具有更强的连锁效应。一体化组织的某一成员方在进行反补贴调查中被认定的补贴措施，可以直接被其他成员在反补贴调查中援引。尤其是在当前 WTO 的其他成员国对反补贴是否使用非市场经济国家这一概念尚且没有明确定论时，美国对于某种产品的判断很有可能导致欧盟或其他 WTO 成员与美国采取类似的标准和做法，进

而重新修订其反补贴法,使之适用于其希望针对的出口产品。

3. 保障措施(Safeguard Measures):是成员在进口激增并对其国内产业造成严重损害或严重损害威胁时,依据GATT条款所采取的进口限制措施。该措施是成员政府在正常贸易条件下维护本国国内产业利益的一种重要手段,它与针对不公平贸易的措施不同。

目前在各个区域经济一体化组织的实践中,为确保双边(Bilateral)和复边(Plurilateral)贸易的公平竞争[①],众多一体化组织都在贸易协定中加入了贸易保障措施条款,用以赋予缔约方对来自其他缔约方的产品倾销且对本国产业造成损害时进行对抗的权利。一方面通过使用保障措施各个一体化组织可以保证区域内贸易的公平性,有助于提高组织内各国参与区内贸易的积极性,但另一方面保障措施还未在国际上有统一明确的执行标准,因而一旦某一国家或地区有针对性地使用保障措施,就会对被执行国造成直接伤害。

四 原产地规则

(一)原产地规则的概念及内涵

原产地规则(Rules of Origin)也称货物原产地规则,是指一国根据国家法令或国际协定确定的原则制定并实施的,以确定生产或制造货物的国家或地区的具体规定,WTO的《原产地规则协议》第1条第1款将原产地规则定义为:"原产地规则是指任何成员为确定货物的原产国而实行的普遍适用的法律、法规和行政命令。"

(二)区域贸易协定中原产地规则的模式

一体化组织对于原产地规则的规定相较于国家层面的规定会更为细致,在原产地标准、直接运输规则和书面证明要求之外,还对原产地累计条款、微量条款和吸收原则等其他内容进行规定。在区域贸易协定中对原产地标准进行界定的目的在于对不同国家实施关税的优惠或差别待遇、数量限制或与贸易有关的其他措施,原产地也是各个一体化组织对产品"经济国籍"进行识别的依据,只有对于具备本组

---

① 按照WTO的界定,复边是指并非全体WTO成员都参加的"小多边"协议,对未参加的成员不承担权利义务。

织"经济国籍"的产品才可以享受贸易协定中的优惠政策。

1. 原产地标准（Origin Criterion）。区域贸易协定中货物的原产地标准主要分为两大类，即完全原产品标准和部分原产品标准。完全原产品是指完全使用本国原料、零部件所生产的产品。部分原产品则是指产品中含有来自其他国家或地区零部件的产品，对于部分原产品的认定，大多数区域经济一体化组织确定其原产地的重要依据是货物是否发生了"实质性改变"，主要判别方法包括税则分类改变标准、制造或加工工序标准和从价百分比标准三种。[1]

①税则分类改变标准（Criterion of Change of Tariff Heading）。若某一产品在经过出口国加工或制造后，在特定的税则目录中其应归入的税则号与其原本所使用的税则号发生了改变，那么就可将该产品视作发生了实质性改变。目前国际上常用的税则分类的标准是《商品名称及编码协调制度》（HS表）。

②制造或加工工序标准（Criterion of Manufacturing or Processing Operation）。一体化组织事先列出制造加工工序清单，明确指出某一产品的哪些工序或生产阶段在国内完成可以获得原产地地位，若产品的制造加工过程符合清单要求，可被认为发生了实质性改变。

③从价百分比标准（Criterion of Ad Valorem Percentage）。也称增值百分比法。若某一产品在出口国生产中所使用本国原材料或部件费用和生产费用的总和，在该产品价格中所占的比例必须达到或超过一定的百分比，或者出口产品在出口国生产中所使用的外国进口原材料或部件的价值，在该产品的出厂价格所占的比例不得超过规定的百分比。

2. 直接运输规则（Rule of Direct Consignment）。原产于出口国的产品必须从出口国直接运往进口国，用以保证出口国的产品不会在第三国进行再加工或调包。但由于在跨国贸易中商品运输的地理特性，以及某些商品的特殊要求，在一些特殊情况下也允许货物经过第三国，但同时产品需要满足如下条件才符合直接运输规则：（1）产品

---

[1] Mitsuo Matsushita, Thomas J. Schoenbaum, Petros C. Mavroidis, *The World Trade Organization Law, Practice, and Policy*, Oxford University Press, 2004.

必须处于该途经国海关监管之下；（2）产品未进入第三国市场，且未经过当地使用和消费；（3）产品未经过除包装加固、分类挑选等使其保持良好状态的必要处理外的任何再加工。

3. 原产地证书（Certificate of Origin）。是一种用于证明产品原产地的具体位置的书面文件，具体是指商品的出口商应进口商或其他机构的要求，依据一体化组织的原产地规则对产品签发的，用于明确说明产品原产于某一国家或地区的书面文件。

4. 原产地累积规则（Cumulation Rule of Origin）。一体化组织在确定受惠国产品原产地资格时，把若干个或所有受惠国家或地区视为一个整体，在其内部进行生产或加工产品所取得的增值，可以作为受惠国的本国成分加以累加。目前各个一体化组织采用的累积规则分为双边累积、对角累积、完全累积三种。双边累积允许两个贸易伙伴在加工或制造货物时使用原产于对方的原材料或零部件，对角累积允许受惠国在加工或制造货物时使用原产于其他受惠国的原材料或零部件，其强调的是获得受惠国原产地资格的原材料和零部件的累积。完全累积规则更为宽松自由，不仅允许受惠国使用原产于其他受惠国的原材料或零部件，而且受惠国对非原产材料的共同加工或制造或价值增加额可以累积计算。[①]

5. 微量条款（De Minimis Rule）。大多数区域贸易安排的原产地规则中都含有微量条款，即允许原产品内含有少部分来自非原产地的原料，但该产品仍然可以被视为具备原产地资格。如果区域内生产的产品使用了部分进口原料，而该产品所用进口原料与本地产原料之比在某一百分比之下，则该产品仍可被视为区内产品。由于在税目改变标准和加工工序标准下可能导致某些加工产品即使采用了很少的非原产材料所制成的成品却仍然不能满足相关要求，因而无法取得原产地资格。因而微量条款可以看作是严格的税目改变标准和加工工序标准的软化剂，让含有非原产地材料的产品也可以满足原产地资格。[②]

[①] Stefano Inama, *Rules of Origin in International Trade*, Cambridge University Press, 2009.

[②] 厉力：《论原产地规则及其在区域贸易安排中的适用》，博士学位论文，华东政法大学，2008年。

原产地规则作为区域贸易协定的重要组成部分在各个一体化组织中都发挥着重要作用，通过对货物的原产地进行区分，一体化组织可以实现有针对性地向组织内部成员提供各项优惠待遇，如给予优惠关税等，这在一定程度上相当于提高了区域内贸易的自由化程度，进而使得来自一体化组织内部的产品更具竞争力，从而促进成员国之间的贸易往来，因此货物原产地身份的确认在国际贸易中至关重要。

五 技术性贸易壁垒

（一）技术性贸易壁垒的概念及内涵

技术性贸易壁垒（Technical Barriers to Trade，TBT）又被称为技术性贸易措施，是指进口国所采取的限制或禁止进口的各种技术性措施，在 WTO 框架下，区域经济一体化组织中的技术性贸易壁垒则是指，在国际贸易中，成员方为了保护国家或地区安全、保护人类健康和消费者权益、防止欺诈行为、保证产品质量、保护环境和动植物安全而采取的贸易措施。[①] 其涉及的内容广泛，涵盖科学技术、卫生、检疫、安全、环保、产品质量和认证等诸多技术性指标体系。由于这类壁垒大量地以技术面目出现，因此常常被认定为是合理合法的，也因此 TBT 也被认为是当前国际贸易中最为隐蔽的非关税壁垒。

（二）区域贸易协定中技术性贸易壁垒的模式

根据 WTO《技术性贸易壁垒协议》的规定，目前国际上主要将技术性贸易壁垒分为技术法规、技术标准和合格评定程序三部分。区域内贸易协定中关于技术性贸易壁垒的相关规定主要体现在对于成员国有关这三部分相关规定的协调，以及对于成员国之间合格评定程序的互认方面，同时大多数区域贸易协定对于成员国内技术性贸易壁垒的透明度也会进行规定。

1. 技术法规是规定强制执行的产品特性或其相关工艺和生产方法，包括可适用的管理规定在内的文件，如有关产品、工艺或生产方法的专门术语、符号、包装、标志或标签要求。

[①] 杨昌举：《技术性贸易壁垒：欧盟的经验及对中国的启示》，法律出版社 2003 年版。

2. 技术标准是经公认机构批准的、规定非强制执行的、供通用或反复使用的产品或相关工艺和生产方法的规则、指南或特性的文件，由此可见技术法规与技术标准的性质是不同的，其关键区别在于前者具有强制性，而后者是非强制性的。

3. 合格评定程序是指按照国际标准化组织的规定，依据技术规则和标准，对生产、产品、质量、安全、环境等环节以及对整个保障体系进行全面监督、审查和检验，合格后由国家或国外权威机构授予合格证书或合格标志，以证明某项产品或服务是符合规定的标准和技术规范。合格评定程序可进一步分为产品认证和体系认证两个方面，其中产品认证是指确认产品是否符合技术规定或标准的规定；体系认证是指确认生产或管理体系是否符合相应规定，目前国际上使用最广泛的认证体系为 ISO9000 质量管理体系认证和 ISO14000 环境管理体系认证这两种。

由于技术性贸易壁垒常常被掩盖在合理合法的"面具"之下，因此其天生的隐蔽性使得从事国际贸易的企业或个人往往难以躲避，也因此，在达成区域贸易协定中大多一体化组织都会对成员国之间贸易壁垒的使用加以规范，由此达到间接提高区域内贸易自由度的目的。同时，通过对区域内发展较为缓慢的国家或地区给予技术标准方面的优待也可以间接实现区域内福利的公平化，对于一体化组织的长久发展可以起到积极的作用。

第三节　一体化组织贸易政策的比较

为了进一步了解一体化组织的贸易政策，本节主要对中国—东盟自贸区、东盟、欧盟、北美自贸区实行的贸易政策进行比较。

一　关税政策比较

1. 中国—东盟自贸区

《中华人民共和国与东南亚国家联盟全面经济合作框架协议》中的第二条规定，各缔约方在 10 年内在实质上所有货物贸易中逐步取消关税与非关税壁垒,并且对东盟新成员国提供特殊和差别待遇及灵活性。

中国—东盟自贸区的货物贸易谈判采取的是"负面列表"(Negative List)方式,即所有没有被列入敏感产品清单的产品均被视为正常产品,也就是说,在中国—东盟自贸区框架下,绝大多数的产品都是正常产品。具体的减税步骤为,对来自中国和东盟六国(东盟老成员,即文莱、印度尼西亚、马来西亚、菲律宾、新加坡和泰国)的正常产品自2005年7月起开始降税,2007年1月1日和2009年1月1日各进行一次关税削减,2010年1月1日将关税最终削减为零;对东盟新成员国(柬埔寨、老挝、缅甸和越南),则从2005年7月起开始降税,2006年至2009年每年1月1日均要进行一次关税削减,2010年不削减关税,2011年起每两年削减一次关税,至2015年将关税降为零。对于正常品关税的具体减让要求如下:

表8-1　　　　　　东盟6国与中国施行的区内优惠税率

区内优惠税率 X	2005 年*	2007 年	2009 年	2010 年
X≥20%	20	12	5	0
15%≤X<20%	15	8	5	0
10%≤X<15%	10	8	5	0
5%<X<10%	5	5	0	0
5%≤X	保持不动		0	0

2. 东盟

根据东盟自由贸易区的主要文书《共同有效优惠关税协定》规定,在东盟自由贸易区建成后,东盟内部的关税必须降低到5%以下,东盟新成员国最晚可以将实现年限推迟到2008年。随后,在1999年11月在马尼拉召开的第三次东盟首脑非正式会议上,东盟领导人同意将原东盟6国实现零关税的时间从2015年提前到2010年,新成员国则从2018年提前到2015年。2003年1月,在《CEPR-AFTA消除进口关税协定的修改框架》签署后,原东盟6国同意取消清单中60%商品的关税,在《共同有效优惠关税协定》框架下,原东盟6国的平均关税从1993年的12.76%已经降到了1.51%。至2010年1月,原东盟6国已经取消了所有CEPR减让清单中商品的关税,新东盟4国的关税也已经减让到了0—5%。

表8-2　　　　　　　　越南施行的区内优惠税率

区内优惠税率 X	2005 年*	2006 年	2007 年	2008 年	2009 年	2011 年	2013 年	2015 年
X ≥ 60%	60	50	40	30	25	15	10	0
45% ≤ X < 60%	40	35	35	30	25	15	10	0
35% ≤ X < 45%	35	30	30	25	20	15	5	0
30% ≤ X < 35%	30	25	25	20	17	10	5	0
25% ≤ X < 30%	25	20	15	15	15	10	5	0
20% ≤ X < 25%	20	20	15	15	15	10	0—5	0
15% ≤ X < 20%	15	15	10	10	10	5	0—5	0
10% ≤ X < 15%	10	10	10	10	8	5	0—5	0
7% ≤ X < 10%	7	7	7	7	5	5	0—5	0
5% ≤ X < 7%	5	5	5	5	5	5	0—5	0
5% < X	保持不动							0

表8-3　　　　　柬埔寨、老挝和缅甸施行的区内优惠税率

区内优惠税率 X	2005 年*	2006 年	2007 年	2008 年	2009 年	2011 年	2013 年	2015 年
X ≥ 60%	60	50	40	30	25	15	10	0
45% ≤ X < 60%	40	35	35	30	25	15	10	0
35% ≤ X < 45%	35	35	30	30	20	15	5	0
30% ≤ X < 35%	30	25	25	20	20	10	5	0
25% ≤ X < 30%	25	25	20	20	20	10	5	0
20% ≤ X < 25%	20	20	15	15	15	10	0—5	0
15% ≤ X < 20%	15	15	15	15	15	5	0—5	0
10% ≤ X < 15%	10	10	10	10	10	5	0—5	0
7% ≤ X < 10%	7	7	7	7	7	5	0—5	0
5% ≤ X < 7%	5	5	5	5	5	5	0—5	0
5% < X	保持不动							0

3. 欧盟

目前欧盟内部已经实现了产品的自由流通,组织内部全面取消关税并对第三国适用同样的汇率。2002 年欧盟对组织外国家的所有进口产品平均关税税率为 6.4%,其中非农产品平均关税税率为 4.1%,农产品平均关税税率为 16.1%。欧盟在食品、饮料、烟草和纺织品等产品出口方面存在关税高峰,阻碍了有关产品的进口。关税高峰在农产品方面表现得尤为突出,有的高达 209.9%,甚至更高。非农产品领域最高关税达 36.6%。同时,欧盟在纺织品关税的制定上存在关税升级现象,欧盟规定,非优惠的供应方在向欧盟出口时需要按以下最惠国税率缴税:原料平均税率为 0.7%、纤维和纱线平均税率为 5.3%、织物和成品平均税率为 6.3%、服装平均税率为 11.9%。除此之外,欧盟对一些水果、蔬菜或园艺产品除按从量税或复合税征收关税外,还征收季节性关税。在欧盟区内出产同类产品的情况下,欧盟会按时令调整进口关税。

4. 北美自贸区

与东盟自贸区类似,由于墨西哥属于发展中国家,因此组织内部的关税减免不同步,自由贸易协定规定,自生效之日起立即取消三国约 65% 的制成品的关税,另有 15% 在 5 年内取消,余下的大部分在 10 年内取消,某些第三产品 15 年内按每年减少相同百分比逐步取消,取消关税均以 1991 年 7 月 1 日执行的税率为基点,包括加拿大的优惠税率和美国的普遍优惠税率。同时,不同于欧盟,北美自贸区的组织内部没有统一的对外关税,所以为了保护缔约国的利益,其协定对于原产地规则有着非常严格的限定以防止非成员国从关税较低的成员国转口到其他成员国。

二 配额措施比较

1. 中国—东盟自贸区

《货物贸易协议》规定,各缔约方不应保留任何数量限制措施,非 WTO 成员的缔约方也应逐步取消其数量限制。同时,各方应尽快确定其仍保留的非关税壁垒,并逐步取消。

2. 东盟

东盟的主要相关规定主要体现在《东盟自由贸易区框架协定》中，但《东盟自由贸易区框架协定》一共只有10条，且主要内容多是关税减让的相关规定，对非关税措施的相关规定涉及较少，规定方式也多为原则性的规定，相对而言，只有原产地规则和保障措施两种非关税措施进行了较为详细的规定。东盟有关配额措施的规定仅体现在《东盟自由贸易区框架协定》的第5条，即"成员国应消除框架内产品的进出口数量限制以及成员国应在协议生效后五年内逐步取消其他非关税措施"。

3. 欧盟

对于组织外部的国家，欧盟将作为一个整体对第三国分配配额，欧盟规定，如果以"先到先得"的方式分配配额，则应该首先确定在配额用尽之前出口商应享有的数量。在为所有操作员设定相同数量时，应考虑到有关产品的性质，允许分配具有经济意义的数量；如果配额是按所申请的数量成比例分配的，则成员国主管当局应按照本条所述程序确定的期限和条件，将收到的许可证申请通知委员会。当欧盟认为实行进口数量限制已无法达到限制进口、保护环境，以及保护人与动植物健康的目的时，便将通过颁布相关法令公布禁止进口的货单，禁止这些商品的进口。

在配额的分配方面欧盟也有两种方式，第一种为自主配额（Autonomous Quotas），即完全由欧盟自主决定是否征收，单方面强制性地对在一定时期内进口于某个国家或地区进口某种商品的配额做出规定，不需要征得其他国家的同意。例如，1993年2月，欧盟成立了香蕉共同市场组织，统一了欧盟的香蕉进口和销售政策，并对来自不同产地的进口香蕉确立了不同的配额方式，欧盟成员国的海外领土所产的香蕉年配额为854000吨，配额内无须缴纳关税，超出配额限制则关税为每吨750欧元。第二种为协议配额（Agreement Quotas），又称双边配额，即由欧盟与出口国家政府或民间团体之间进行协商后确定的配额。例如，根据关贸总协定下的多种纤维协定，欧共体与纺织品的主要出口国都签有相关双边协议来确定配额。[①]

---

① 王晶：《欧盟非关税壁垒措施分析》，《北方经贸》2003年第8期。

欧盟在采取配额措施时也存在一定的限制，具体包括：（1）配额的数量一般不能低于前三年的平均水平；（2）规定的配额必须要保障这些产品的正常需求量，避免产品供求关系发生问题；（3）其他，主要是不能违反国际贸易法律规定。但是保障措施适用后，满足上述条件就无法阻止贸易运输进行中的产品进入欧盟，一是该产品的目的地就是交货地点没有变化；二是进口的产品已经受限于监督措施而且进口商或者代理商能够出示进口监督文件或者进口证，在这两种情况都符合的情况下，即使采取了保障措施，这些产品也可以不受保障措施的限制进入欧盟境内。如果采取配额限制，这些配额需要在几个产品出口国之间进行分配时，欧盟会组织几个国家进行协商达成分配配额的协议，但是如果达成不了协议，就按照以前几年各国出口欧盟产品所占份额的比率进行分配，这些规定与WTO的《保障措施协议》相一致。

4. 北美自由贸易区

NAFTA对于配额的规定主要体现在区域内配额的消除方面，北美自贸协定规定三国将取消数量上的禁止和限制，如在边境实行的进口许可或配额。但各成员国仍然保留在边境实行有限限制的权利，以保障人和动植物的生命或健康，或保护环境。

但在农牧产品、汽车、能源和纺织品等特殊行业，三国对于其配额也将实行特殊规则。例如，在《美墨加协定》中，尽管美国以保护国家安全为由保留了其对全球征收25%汽车税的权利，但美方同时也为加拿大和墨西哥预留了远远超出两国产量的汽车配额。其具体内容为，在美方对全球征收汽车税的情况下，美国给予墨西哥以1080亿美元汽车零件/年的豁免配额，同时给予加拿大324亿美元/年的汽车零件配额，同时，在整车方面，美国分别给予墨西哥和加拿大两国各260万辆的配额。

三 贸易保障措施比较

1. 中国—东盟自贸区

中国—东盟自贸区有关保障措施的规定主要体现在《货物贸易协定》中的第7条："根据本协议的条款和各缔约方基于本协议第17

条对本协议进行审议所可能达成的任何未来的协议,各缔约方由此同意并重申它们遵守 WTO 规则中有关条款的承诺,其中包括非关税措施、技术贸易壁垒、卫生和植物卫生措施、补贴和反补贴措施、反倾销措施和知识产权。非 WTO 成员的缔约方应根据它们加入 WTO 的承诺遵守 WTO 的条款。"也就是说,自贸区规定各成员国需要按照 WTO 规定的措施来采取反倾销和反补贴措施。具体而言,中国—东盟自贸区的保障措施的主要内容为,若由于来自中国—东盟自贸区内部的进口激增,进而使得某一成员国国内某一产品的国内生产部门受到了实质损害或实质损害威胁时,该成员国可以采取保障措施,对自贸区内的产品提高关税。

同时,为了避免滥用保障措施,协议同时还规定了各缔约方使用保障措施的限制性条件。具体包括:(1)就具体产品而言,保障措施可使用的期限为从该产品开始降税之日起到完成该产品降税的 5 年内;(2)一次实施期限不得超过三年,且延长期不得超过一年;(3)实施保障措施的税率不得高于该产品采取保障措施时的最惠国税率;(4)自贸区法人保障措施不得与 WTO 保障措施同时使用。

值得注意的是,在《货物贸易协议》第十四条中,东盟十国明确承认中国是一个完全市场经济体,并且承诺对中国不适用《中华人民共和国加入世界贸易组织议定书》第十五条(反倾销替代国定价条款)和第十六条(特殊保障措施条款)以及《中国加入世界贸易组织工作组报告书》第 242 段(纺织品特保条款)。这一规定对我国具有特殊意义,不仅为我国企业在自贸区内争取了公平和公正的贸易竞争环境,而且也对推动世界上其他国家承认我国市场经济地位起到了很好的示范作用。[①]

2. 东盟自贸区

东盟未对保障措施做出过多规定,主要内容体现在《东盟货物贸易协定》中的第 86 条:"作为世贸组织成员的每个成员国保留其在 1994 年《关贸总协定》第十九条和《保障协定》或《农业协定》

---

① 尚国骧:《中国—东盟自贸区〈货物贸易协议〉解读》,http://www.mofcom.gov.cn/aarticle/Nocategory/200507/20050700180168.html,[2005-07-20]。

第 5 条下的权利和义务。"以及第 87 条:"1. 成员国根据 1994 年《关贸总协定》第 6 条规定的措施以及世贸组织协定附件 1A 所载的补贴和反补贴措施协定申明它们相互之间在补贴和反补贴方面的权利和义务;2. 成员国根据 1994 年《关贸总协定》第 16 条规定的措施以及世贸组织协定附件 1A 所载的补贴和反补贴措施协定申明它们相互之间在补贴和反补贴方面的权利和义务。"这也就意味着,东盟内部的成员国在采取保障措施时所遵循的主要依据是 WTO 规则。

3. 欧盟

欧盟第 260/2009 号保障措施条例中规定:进口产品必须要对欧盟境内直接竞争产业或者相似产业造成实质的严重损害或者损害威胁。欧盟保障措施的运用必须要在进口产品对欧盟国内产业造成了实质损害,或者对欧盟国内产业造成了实质损害的威胁情况下才可适用。同时,又分别对严重损害、损害威胁以及国内产业下了定义,其中,严重损害是指对欧盟境内企业造成明显、巨大的整体性损伤;损害威胁指即将出现的或者即将到来的损害。这两个定义具有一定的预见性,这为欧盟开展保障措施调查提供了一定灵活性空间。国内产业则是指欧盟境内与进口产品相似的产业,直接产生的竞争关系对本土产品在本土市场的市场份额造成影响。[1]

早期《欧洲煤钢共同体条约》和《欧洲经济共同体条约》有关共同贸易政策的规定方面均涉及反倾销问题,现如今欧盟已形成以《欧洲共同体条约》为基本法理依据、以反倾销条例为基本法,并包括诸多补充法规、指令和指南的规则综合体,这套完备规则体系的全名为《欧共体理事会关于防范非欧共体成员国倾销进口的第 1225/2009 号条例(修正版)》。其主要针对和适用的所谓倾销行为,并不对欧盟内的成员国执行,而是为来自欧盟以外非成员国之贸易行为所准备的。目前在组织内部,欧盟已经完全消除了反倾销措施在其成员之间的适用,而且对外统一使用包括反倾销在内的贸易救济工具。

需要注意的是,欧盟有关贸易保障措施的规定有三个显著特点:第一,欧盟对有关国家类别概念的使用一直是含糊其词的,对所谓

---

[1] 李向波:《欧盟保障措施法研究》,硕士学位论文,湖南师范大学,2014 年。

"非市场经济国家"的概念称呼与具体国别的指明方式经历了一个从间接到直接的变化过程。第二，和 NAFTA 类似，在二级立法中，欧盟始终未对"市场经济"或"非市场经济"的概念做出解释，更未对认定市场经济地位的标准做出任何实质性规定。第三，欧盟将进口产品的来源国区分为市场经济国家和包括转型经济体在内的非市场经济国家两大类，仅简单列举出后一类国家的名单，凡不在这些名单之内的国家即属于市场经济国家，如中国就一直未在欧盟取得市场经济国家的认定。

4. 北美自贸区

北美自贸协定的签署与美国和加拿大自由贸易协定的谈判具有直接关系，在美加自由贸易协定谈判时，加拿大的一个主要目标就是豁免加拿大出口商品适用美国反倾销法和反补贴法，《美加自由贸易协定》规定，协定生效后，美国和加拿大将对反倾销的一套替代机制进行谈判。NAFTA 缔约方对来自其他两国的进口产品适用其本国的反倾销法及有关该项法律的相关法令立法历史、规定、行政措施及司法判例等仍保留其适用的权利，并有权修改各国的反倾销法，但于修改后必须载明其适用于 NAFTA 的所有缔约方，并符合 1994 年《关贸总协定》第 6 条和关于 1994 年《关贸总协定》第 6 条的执行协定，方可对来自其他两国的进口产品适用该项修正法律。

在修订后的《美墨加协定》中，美国引入了在之前的贸易协定中罕见的歧视性条款用于对其界定的非市场经济体进行限制，即所谓的"毒丸条款"，其具体内容体现在协议 32 章第 10.4 条："任何一方与非市场经济国签订自贸协定，另外两方可以自行选择在 6 个月后退出三方协定，并达成自己之间的双边贸易协定。"并且根据协议第 32 章第 10 款："成员国如果与非市场化经济体签署自贸协定，不仅要提前三个月通知其他成员国，还要将缔约目标告知其他成员国，并提前至少 30 天将协议文本提交其他成员国审查，以确定是否会对 USMCA 产生影响。"这预示着美国似乎不再将自由贸易协议视为帮美国企业打造全球供应链的途径，而是以更严格的标准审查流入美国的商品，这一行为旨在迫使制造业回归美国。美国在 USMCA 中搁置解决钢铝关税问题，也是出于试图提升国内制造业竞争力。①

四 原产地规则比较

1. 中国—东盟自贸区

目前，享受中国—东盟自贸区协定税率必须符合两个条件。一是领取由东盟国家官方认可的签证机构出具的 E 表（FROM-E 格式的原产地证书），并在进口时按照海关报关单填制规范申报享受协定税率；二是应符合"直接运输"标准，即进口商品需从货物的原产国直接运输到进口成员国境内，如经过组织外部的国家或地区中转需提供未再加工证明文件。

中国—东盟自贸区的原产地证书取得规则以从价百分比标准法为基础，对于区域内贸易的所有产品来说，"非完全获得或者生产产品"应当满足下列条件之一：（1）原产于任意一个自由贸易区内部国家成分不少于40%的；（2）原产于非自由贸易区的材料、零件或者产物的总价值不超过所生产或者获得产品离岸价格的60%，并且最后生产工序在成员国境内完成则该产品可被认为是原产于中国—东盟自贸区的产品，在进出口贸易中享受自贸区的优惠税率。

虽然对于少数有特殊情况的产品，如纺织品、羊毛制品等，中国—东盟自贸区也采用了加工工序、税号改变等其他原产地判定方式，但协定所涉及的500多种产品中，有400余种都适用选择性原产地标准，即这些产品，可以自行选择是适用三种方法中的哪种，但是大多数产品的判别方式较为简单，几乎所有产品都适用从价百分比法。

中国东盟自贸区对累计条款也进行了规定，即原产于自由贸易区各成员国的产品在任何自由贸易区其他成员因境内被用于制造、加工成其他制成品，并且该制成品中自由贸易区各成员国成分累计值不少于40%的，就可将该成员国视为此商品原产地。特别的是，中国东盟自贸区起初对微量条款并未进行规定，后在升级的《中国—东盟

---

① 王学东：《从〈北美自由贸易协定〉到〈美墨加协定〉：缘起、发展、争论与替代》，《拉丁美洲研究》2019 年第 1 期。

自由贸易协定》中将微量条款的数值规定为了10%。

2. 东盟

东盟内部对于货物的原产地规则并未进行详细规定，其主要内容体现在累计条款方面，《东盟自由贸易区原产地规则》第四条规定："符合第一条所述的原产地标准的产品，如某一成员国用于生产在另一成员国享受优惠待遇的最终产品的中间产品，在最终产品中累计东盟成分不低于40%时，该中间产品应视为最终产品的制造或加工所在成员国的原产产品。"

3. 欧盟

欧盟内部的自由流通原则只适用于"欧盟产品"，这一概念既包括完全在欧盟生产的产品和合法进入任意成员国的产品，也包括欧盟公司使用进口自第三国的部件在欧盟内部装配而成的产品。然而，自20世纪80年代末以来，欧盟通过反倾销反规避法案，规定了原产于欧盟反倾销产品对象国的该类产品的原材料或中间产品在缴纳关税后进入欧盟市场继续加工或组装属于反倾销类的最终产品，而该产品又不能满足欧盟的相关原产地规则标准，即被认定为原产于反倾销对象国。根据这一法案，欧盟灵活地把原产地规则与反倾销反规避法案相结合，越来越倾向于要求使用进口自第三国零部件但在欧盟加工的产品必须吸引足够的其他产自欧盟的零部件，才能取得欧盟产品的资格，进而可以在欧盟内部自由流通。

不同于中国—东盟自贸区几乎对所有产品都采取了从价百分比法的认定标准，欧盟在税目改变原则的基础上，对产品的认定标准还有其他两个标准的补充，对于多种不同产品的原产地认定适用不同方法。若通过从价百分比标准法来确定最终产品的原产地，通常要求产品所采用的欧盟部件价值达到整个产品价值的50%以上的增值标准，增值40%—50%获得原产地资格比较困难，40%以下的则无法获得资格。

在累计条款方面，欧盟实行完全累计和部分累计两种方法。《欧盟关税法典执行条例》第72条规定，在贸易往来中，发展中国家所组成的区域经济一体化组织可以从单边累计中受惠，如东盟就可从中受惠，与欧盟签订了双边或优惠协定的国家或区域经济一体化组织则可以从双边累计中受惠。同时，欧盟的微量条款要求较为宽松，规定商品中来自非成员国国家的原料或零件含量只要不超过产品总成本或交易价值的15%就可以被认定为原产于欧盟。

4. 北美自贸区

NAFTA对原产地规则相当重视，其主要作用是用来确定产于缔约国境内，但本身包含有进口成分的货物的原产地。北美自贸区的原产地规则规定，全部在北美国家生产的商品可被视为原产于该地区的商品。含有区外材料的商品，只要这些材料在成员国进行加工，并且能够符合NAFTA的原产地标准也可被视为原产于美国、墨西哥、加拿大三国的商品。

NAFTA的原产地标准以税目改变标准为主，从价百分比为辅，对某些特殊产品（如纺织品）也适用加工工序法。对于汽车、化工产品，NAFTA规定采用从价百分比标准，要求该项产品中的区域价值含量（Regional Valve Content）应达到一定比例方可获得NAFTA的原产地资格，NAFTA第402条给出了计算RVC的具体公式。

$$RVC = \frac{TV - VNM}{TV} \times 100\% \qquad (8.3.1)$$

其中，RVC为区域价值含量；TV为成交价；VNM为非原产地材料的价值。

$$RVC = \frac{NC - VNM}{NC} \times 100\% \qquad (8.3.2)$$

其中，RVC为区域价值含量；NC为货物成本；VNM为非原产地材料的价值。

以上两个公式对于区域价值含量的比例要求是不同的，公式1要求不低于60%，公式2要求不低于50%，除了满足这两个公式外，有些产品则需要同时符合税目改变标准和从价百分比标准。

与欧盟的多种累计条款并存不同，NAFTA对于区域内的大多数产品都实行完全累计规则，对于微量条款的规定也更为严苛，对于某一不符合原产地规则的产品，其非NAFTA国家的原料或零件含量需要不超过产品总成本或交易价值的7%，那么尽管该产品的税号没有改变也可被视为是NAFTA产品。

值得注意的是，NAFTA 的原产地规则不仅可以判定产品能否取得享受优惠待遇，同时还可以通过制定适合本国经济发展战略和产业结构特点的规则来保护敏感行业以及增加就业等经济目标，这一点在汽车和纺织产品上表现得尤为突出。[①] 北美自贸协定规定只有汽车零部件的 62.5% 在三国内部生产才能被认定为"北美产品"，才能享受零关税，在《美墨加协定》中，这一数字则上升至 75%。同时，在汽车产业的劳工待遇方面，《美墨加协定》还规定到 2023 年，零关税汽车 40%—45% 的零部件必须由时薪最低 16 美元的工人所生产，这一条款也被视作针对墨西哥的"毒丸条款"。在纺织服装行业中，北美自贸协定还规定在区域内流通的纺织品需采用"纱以后"原则，棉纱和人造纤维线需采用"纤维以后"原则。

五 技术性贸易壁垒

1. 中国—东盟自贸区

在《中国—东盟货物贸易协定》中没有对技术性贸易壁垒进行明确的规定，所涉及的内容只是各个成员国应该逐步取消缺乏科学依据的动植物卫生检疫措施以及技术性贸易壁垒，遵守 WTO 关于技术性贸易壁垒的相关协议及规定。但在 2006 年 3 月，中国国家标准化管理委员会和东盟标准与质量协商委员会在马来西亚召开了会议，其召开目的在于，实现中国和东盟之间全面的经济合作、实现 FTA 的进程，中国与东盟应该加强在技术法规和标准以及合格评定程序方面的合作。由此可见尽管目前还未取得实质性的成果，但对技术标准的统一仍是中国—东盟自贸区努力达成的目标。

2. 东盟

《东盟货物贸易协定》在第七章中规定，东盟的各个成员国在制定新的国内技术法规和标准或修改现存技术法规和标准时，应该优先采用国际标准，具体的实施方法以 ISO/IEC 的第 21 条 "采用国际标准作为区域或国家标准" 指导原则为基础。当国际标准不符合国内实际情况时，各成员国应该参照区域内其他成员国已有的技术法规和

---

① 兰天：《北美自由贸易区经济效应研究》，博士学位论文，吉林大学，2011 年。

标准来进行制定。同时,《东盟货物贸易协定》鼓励成员国积极参与国际标准的制定,特别是东盟内部有贸易潜力的部门。

事实上,东盟自成立以来便致力于消除区域内部的各种技术性贸易壁垒,东盟关于内部成员的技术标准目标是"一个标准、一次检测、全部接受",为达成这一目标东盟于1995年召开的成员国会议中发表了关于发展区域内双边互认和国家标准与国际标准的协调声明,并随后建立了标准和质量委员会(ACCSQ)来执行这一决定。由于技术标准统一的进程较慢,东盟于1998年又协调各国签署了《关于东盟标准术语和相互认证安排的框架协定》(MRAS),规定如果一个成员国的某种产品符合东盟统一标准,那么该产品在进入任何一个成员国市场时就不必再做同样的检查和认证。[1]

在合格评定程序方面,MRAS规定各个成员国的合格评定程序必须同国际标准和做法相适应。同时MRAS进一步强调了成员国之间对合格评定结果互认的重要性,东盟在早期就开始积极推进区域内成员国之间的互认,目前已经达成了多个协议。

此外,MRAS还对透明度原则进行了规定,即对于新技术法规的实施,成员国中的一方应给予另一方至少60天的评议期,在另一方的要求下,该成员国有义务提供新技术法规的草案以及在技术法规中被引用或被用来判定符合这些技术法规的相关合格评定程序。除非紧急情况,成员国在新技术法规通告和生效的时间差不能低于6个月,以便其他成员调整其产品或者生产方法来满足进口成员国的要求。

虽然目前东盟已经成功完成了成员国在20个优先发展的产品领域国家标准和140个国际标准协调,但是在国家层面的执行和区域层面上的监管方面却发展缓慢,因此东盟内部各国的技术标准还尚不统一。

3. 欧盟

欧盟是目前为止世界上唯一实现了对技术性贸易壁垒相关技术法规、技术标准和合格评定程序等内容进行统一的一体化组织,对于要

---

[1] 蔺庆校:《区域贸易协定内技术性贸易壁垒问题研究》,博士学位论文,南开大学,2010年。

进入欧盟内部的商品所有成员国都遵循同样的标准。

在技术法规和标准方面，欧盟各国的实力较强，因此各个国家内部本身制定的技术标准水平也较高，尤其是在产品的环境标准要求方面要求更为严苛。1985年5月7日，欧盟发布了《关于技术协调和标准化的新办法》来协调欧盟内部各国的技术标准，其主要特点是依据互相承认与技术协调两点作为两点基本原则来进行内部各国技术标准的协调，同时严格区分了立法目标与手段（即基本安全要求与协调标准），这一方法的发布有效地消除了欧盟内部各国之间的技术性贸易壁垒。欧盟不仅在内部有统一的技术标准和法规，对于来自欧盟外部的进口商品也有统一的规定，从总体来看，要进入欧盟市场的产品必须至少达到三个条件之一，即：（1）符合欧洲标准EN，取得欧洲标准化委员会CEN认证标志；（2）与人身安全有关的产品，要取得欧共体安全认证标志CE；（3）进入欧共体市场的产品厂商，要取得ISO9000合格证书。同时，欧共体还明确要求进入欧共体市场的产品凡涉及欧共体指令的，必须符合指令的要求并通过一定的认证，才允许在欧洲统一市场流通。

在产品质量认证制度和合格评定程序方面，欧盟以外的国家的产品要进入欧盟国家必须符合欧盟指令和标准（CE），才能在欧盟内部进行流通。欧盟先后共批准了25个新指令，这些新指令对市场上流通的产品几乎都做了规定，被指令覆盖的产品都必须有CE标志，在国家之间互相承认检验结果之前，外国产品要进入欧盟内部市场，就必须取得一个欧盟国家的认证。[①]

4. 北美自贸区

与东盟类似，北美自由贸易协定没有对技术性贸易壁垒进行统一规定，北美自贸协定也要求各个成员国应以国际标准或其相关部分作为制定新的国内技术法规或合格评定程序的基础，除非"这些国际标准或其相关部分对于成员国实现合法目标来说是无效的或不合适的"。同时，北美自贸协定鼓励美国继续保持其高安全标准，并且鼓

[①] 易晓娟：《欧盟技术性贸易壁垒的状况及我国的对策》，《国际贸易问题》2001年第6期。

励墨西哥也将其安全和技术标准提高到北美的高水准。

除此之外,北美自贸协定也鼓励成员国之间进行技术法规和合格评定程序在存在差异时积极进行兼容,也就是说即使对方的技术法规与本国的技术法规不同,只要对方认为这些法规足以实现本国法规的目标,则应积极考虑将对方的技术法规作为等效法规加以接受,如若不接受,则应进行解释。

NAFTA 也保证三个国家的标准开发程序对其他成员国都必须是公开透明的,一国在新的技术法规生效前,要对其他成员国进行通知,并需要给予受到影响的其他成员国的公司时间来进行评定,这个时间一般不低于 60 天。对于其他成员国提出的评论意见,需要改变或新增法规的国家也应积极考虑,如不能采纳,应对意见提出国进行解释,同时强制实施组织内部技术标准只能用来确保安全和预防对设备的损害,成员国不得将其作为一种进入壁垒加以使用。

本章小结

1. 对于当今的区域经济一体化组织而言,只有确定了具体的目标后才有制定贸易协定的依据,从而才能有针对性地使用不同种类的贸易工具、制定差异化的贸易政策,进而使得区域贸易协定起到促进区域内经济发展的作用。各个一体化组织最原始的目标几乎都为通过区域经济合作来实现国内经济的增长以及福利水平的提高,具体而言这一笼统的目标可被拆分为扩大贸易规模、优化产业结构、优化组织内资源配置、提高贸易自由化水平、创造就业机会、缩小区域内贫富差距以及保护国内产业这 7 点,不同的一体化组织根据区域内部的不同情况对于建立一体化组织的目标也有所侧重,进而在此基础之上制定出有利于区域整体经济发展的贸易协定。

2. 这些目标则需要通过在贸易协定中对不同贸易工具的使用进行规定来实现,目前国际贸易往来中使用的贸易工具十分多样化,在本章中主要对关税、配额、贸易保障措施、原产地规则以及技术性贸易壁垒进行了介绍。在实践中,关税、配额、贸易保障措施与技术性贸易壁垒的实施都意味着对贸易往来的限制，因而各个一体化组织都意图通过削减甚至消除这些贸易壁垒来达成政策目标。

3. 关税是最古老也是应用最广的贸易工具，按照不同的分类标准可以分为众多类型，目前一体化组织所关注的关税都为进口关税，且在一体化组织内部各成员国所享受的关税都为优惠关税，根据区域贸易协定的规定不同，各个一体化组织内部的优惠关税也有所区别，需要注意的是在优惠关税之中，最惠国关税并非优惠关税，只是"普通"关税，只有特定优惠关税和普遍优惠关税才是真正的优惠关税。

4. 进口配额主要可以分为绝对配额和关税配额两种，但无论何种形式的进口配额对贸易的作用都是负面的。进口配额在一定程度上可以被理解为一种间接的关税，不同国家和地区所采取的配额分配方式也不尽相同，各个区域经济一体化组织通常都将消除配额作为降低贸易壁垒的努力方向之一。

5. 贸易保障措施主要包括反倾销、反补贴和保障措施三种，其中前两者的实施一般为征收反倾销关税和反补贴关税，各个一体化组织内部允许使用贸易措施的本意在于为区域内国家提供贸易保护，然而另一方面贸易保障措施一旦实施就势必会对被调查国的相关行业造成损失，因此其不确定性使得在实际贸易往来中对贸易保障措施的使用标准存在一定的争议。

6. 为了对一体化组织内部的成员国应用优惠关税以及其他优惠待遇，各个一体化组织都需要对其原产地规则进行规定，进而明确商品的"经济国籍"。一般而言一体化组织对于原产地规则的规定主要包括原产地标准、直接运输规则和书面证明要求、原产地累计条款、微量条款和吸收原则等内容，其中原产地标准主要确认依据是货物是否发生了"实质性改变"，主要判别方法包括税则分类改变标准、制造或加工工序标准和从价百分比标准三种。

7. 技术性贸易壁垒这一概念的涵盖范围十分广泛，目前国际上主要将技术性贸易壁垒分为技术法规、技术标准和合格评定程序三部分，由于这些壁垒通常被认定为是合理合法的，因此在实际贸易往来中技术性贸易壁垒的使用是具备一定隐蔽性的，也因此，在区域贸易协定中大多一体化组织都会对成员国之间贸易壁垒的使用加以规范，由此达到间接提高区域内贸易自由度的目的。

8. 欧盟作为目前世界上最大的且一体化程度最高的区域经济集团拥有着最完善、最细致的贸易政策，对于各个贸易工具的具体使用都有所规定，同时在关税、配额等方面都已经实现了欧盟内部贸易壁垒的完全消除，并且在许多方面欧盟也作为一个整体参与到与第三方的贸易往来中，欧盟的成员国则对第三方国家适用相同贸易政策。

9. 东盟目前正在向更高的一体化程度努力，但是由于发展时间较短，目前各项政策还不尽完善，然而现如今东盟已经作为一个整体参与了部分国际事务，并且与其他国家或地区签订了区域贸易协定，部分在东盟内部不够完善的政策规定也在这些贸易协定中得到了补充。

10. 中国—东盟自贸区对于我国未来的经济发展有着重要意义，尽管该贸易协定中对不同贸易工具的相关规定相对较为简略，但其涉及范围较为广泛，同时东盟对于我国市场经济国家地位的承认对于我国未来继续参与国际贸易往来也有着积极的作用。

11. 北美自贸区的相关规定虽然不及欧盟详尽，但经过多次完善与补充其内容也十分完善，对于我国未来制定其他贸易协定有着重要的参考价值。同时北美贸易区在原产地规则方面的规定相较于其他区域协定而言更为灵活，且在贸易保障措施方面其独有的"毒丸条款"对非市场经济体进行了极大的限制。

关键术语

实质性改变　优惠关税进口配额　反倾销反补贴　原产地规则　原产地标准技术性贸易壁垒　毒丸条款

本章习题

1. 国际贸易中的优惠关税主要分为哪三类？它们的定义分别是

什么？为什么说最惠国关税只是实际贸易往来中的"普通"关税？

2. 绝对配额和关税配额的定义分别是什么？两者最主要的区别是什么？欧盟分配配额的两种方式是什么？

3. 反倾销措施与反补贴措施的认定标准分别是什么？相较于反倾销措施，为什么说反补贴措施的危害更大？

4. 在欧盟、东盟、中国—东盟自贸区、北美自贸区中，哪些组织内部的关税减免是不同步的？这种不同步有利于实现一体化组织的什么目标？

5. 判别货物是否发生了"实质性改变"的规则分别是哪三种？欧盟、东盟、中国—东盟自贸区、北美自贸区分别是以哪种方法为基础的？

6. 北美自贸区的原产地规则与其他一体化组织相比最显著的不同是什么？这一不同对于区域内的成员国有何意义？

第九章

国际区域经济一体化组织的投资政策

本章学习目标：
- 掌握区域一体化组织投资政策工具；
- 理解区域一体化组织投资政策的目标；
- 了解各个区域一体化组织投资政策的异同；
- 熟悉各个区域一体化组织投资政策的亮点。

投资政策是一定时期内，一国为指导投资活动而制定和实施的具体规定和举措。它是整个经济政策和产业政策的重要组成部分，主要包括投资规模政策、投资结构政策、投资技术政策、投资管理政策等。投资规模政策旨在保持经济规模；投资结构政策的基点是合理分配投资比例及使用方向；投资技术政策着眼于生产设备现代化，加快企业技术进步，促进产业优化升级；投资管理政策旨在保证前述三种政策的顺利贯彻执行。在国际区域经济一体化组织中，投资政策的核心目标是要促进区内自由投资，并发挥整合后的市场规模优势吸引外部投资。在成员国发展存在较大差异情况下，还要注意成员国间投资利益的协调包容发展。

第一节 区域一体化组织投资政策的目标

为了深化劳动分工、优化资源配置和实现生产要素自由流动，越来越多的国家或地区通过达成经济合作的某种承诺或签订条约、协议等形式，在经济上结合起来形成一个更大的经济联合体。各国际经济一体化组织为了实现成员国共同的经济利益和经济目标，在投资领域制定了具有针对性的投资政策。本节旨在介绍一体化组织投资政策的主要目标。

一 维护公平竞争

公平竞争是市场经济的核心。公平竞争原则体现于世界贸易组织的各项协定和协议中。在世界贸易组织框架下，公平竞争原则要求成员方避免采取扭曲市场竞争的措施，纠正不公平贸易行为，在货物贸易、服务贸易和与贸易有关的知识产权领域，创造和维护公开、公平、公正的市场环境。在国际投资领域，公平竞争也是人们不断追求的目标之一。

（一）竞争中性原则

竞争政策的核心目标是反垄断和维护公平竞争，其中与投资政策关系比较密切的部分是竞争中性概念及框架。竞争中性的一般内涵是："政府的商业活动不得因其公共部门所有权地位而享受私营部门竞争者所不能享受的竞争优势，国有企业和私有企业之间应具有平等的市场竞争地位。"[1] 经济合作与发展组织（Organization for Economic Cooperation and Development，OECD）将竞争中性概念扩展到更广泛的领域，强调整个市场环境的中立性。根据 OECD 的定义，竞争中性是指"在市场中运营的任何企业都没有不当的竞争优势或竞争劣势"。竞争中性框架是指竞争中性政策、规则及执行。

（二）竞争中性原则下的投资政策

固定资产投资对于促进经济可持续增长和就业创造具有关键作用，投资环境对于吸引投资具有极高的重要性。世界各国十分重视投资工作，为推动营造开放、透明和有利的全球投资政策环境，二十国集团领导人杭州峰会（2017 年 9 月）核准了《二十国集团全球投资

---

[1] 东艳、张琳：《美国区域贸易投资协定框架下的竞争中立原则分析》，《当代亚太》2014 年第 6 期。

指导原则》，主要内容包括①：

(1) 投资政策应设置开放、非歧视、透明和可预见的投资条件。

(2) 投资政策应为投资者和投资提供有形、无形的法律确定性和强有力的保护，包括可使用有效的预防机制、争端解决机制和实施程序。争端解决程序应公平、开放、透明，有适当的保障措施防止滥用权力。

(3) 投资相关规定的制定应保证透明及所有利益相关方有机会参与，并将其纳入以法律为基础的机制性框架。

(4) 投资及对投资产生影响的政策应在国际、国内层面保持协调，以促进投资为宗旨，与可持续发展和包容性增长的目标相一致。

(5) 政府应有权为合法公共政策目的而管制投资。

(6) 投资促进政策应使经济效益最大化，具备效用和效率，以吸引、维持投资为目标，同时与促进透明的便利化举措相配合，有助于投资者开创、经营并扩大业务。

(7) 投资政策应促进和便利投资者遵循负责任企业行为和公司治理方面的国际最佳范例。

根据《二十国集团全球投资指导原则》，竞争中性原则下的投资政策应具有的主要特征包括：开放、非歧视、透明、可预见等。

(三) 竞争中性原则下的政策目标

从国际经验来看，竞争中性原则对投资政策的总体要求是维护公平竞争，并改善国内投资环境，使投资环境更有利于长期投融资发展和推动更多项目得到落实。按照竞争中性标准，投资政策必须符合税收中性、监管中性、融资中性、政府采购政策及程序中性的要求。

最早明确提出竞争中立政策的国家是澳大利亚。竞争中立是指不受外来因素干扰的市场竞争，其目的在于保证在国有企业和民营企业实现公平竞争。经济合作发展组织（OECD）是最早推动竞争中立研究的国际性组织。OECD认为竞争中立政策旨在提供一种更为公平的竞争环境，在竞争中立的框架下需要重新审视现有的法律，使国有企

---

① 杨萍：《推动与竞争政策相适应的投资政策转型》，《宏观经济研究》2020年第6期。

业的运营环境与民营企业相同①。近年来，美国积极在 OECD 等诸多国际组织中加快推进有关"竞争中立"框架的制定，试图在全球贸易投资协定中加入有关限制国有企业竞争优势的条款。美国为了强化其在区域贸易治理和全球治理中的影响力，除 TPP 外，也在 TTIP 和 2012 年双边投资协定范本中推进竞争中立原则。目前，竞争中立规则获得了国际社会广泛关注，运用"竞争中立"规则来规范和约束国有企业的竞争行为，已成为许多国家的投资规则。在未来的区域贸易协定中，规范国有企业经营行为的竞争中立原则将成为一项重要的条款，"竞争中立"规则极有可能成为新的贸易投资保护措施。

二 推进投资自由化

20 世纪 80 年代以来，信息技术革命的蓬勃发展和跨国公司在全球的大幅扩张，使得资本、信息、技术等生产要素打破国界限制在全球范围内实现了自由流动和优化配置，全球经济一体化遂成为不可阻挡的潮流。而投资领域的自由化与全球经济一体化息息相关，作为其重要组成部分，全球经济一体化的加快必然对国际直接投资自由化提出更高的要求。联合国贸发会议（UNCTAD）对国际直接投资自由化的解释包括以下三个方面②：

第一，减轻或者消除会导致市场扭曲的措施。这些措施可能是专门针对外国投资者的限制，如市场准入或经营方面的障碍；也可能是给予或者不给予某种歧视性的优惠措施或者补贴。

第二，加强外国投资者享有的特定待遇标准，如国民待遇、最惠国待遇、公平和平等待遇等。

第三，加强保证市场正常运行的监督机制，如指定竞争规则、信息披露原则和审慎管理等。

（一）放松市场准入

20 世纪 80 年代以来，世界各国纷纷放松了以往对于市场准入的

---

① 戴双兴、冀晓琦：《G20 框架下全球投资治理变革与中国的应对方略》，《经济研究参考》2019 年第 22 期。
② 卢进勇、杜奇华、杨立强：《国际投资学》第 2 版，北京大学出版社 2013 年版。

严格限制，主要表现在：放宽外资进入的领域和范围、减少对投资者权力的限制、消除履行要求以及进行外资审批程序的改革等。

放宽外资进入的领域和范围。1994年达成的《服务贸易总协定》（GATS）首次将服务贸易纳入WTO法律体系中，规定了以商业存在即对外直接投资（FDI）形式提供的服务必须遵守多边纪律。GATS规定，WTO成员方要以"承诺清单"的方式列举对其他成员国开放的服务业部门，其中包括允许其他成员国投资者在这些服务部门的投资经营。GATS的实施，进一步扩大了外资进入的领域和范围，根据GATS附件《金融服务协议》的规定，全球金融服务业市场开放率将达到90%以上。

减少和取消对外资的履行要求。履行要求是指东道国要求外国投资者承担的特定的限制性义务，实际上就是东道国对外国投资采取的一些具体管制措施，目的是达到东道国预期的社会经济发展目标，诸如当地成分要求、出口实绩要求、贸易平衡要求、当地股权要求、国内销售要求、汇出限制、外汇平衡要求、技术转让要求、生产限制、当地雇佣要求等。

对于履行要求，自80年代以来美国认为它已成为国际投资领域最严重、发展最快的问题，所以在其签订的双边投资保护协定中增加了取消履行要求的条款。禁止履行要求条款成为美式BIT中引人注目的条款之一。北美自由贸易协定（NAFTA）、《能源宪章条约》都对一些履行要求做出了禁止规定。乌拉圭回合达成的TRIMs协议也禁止使用当地成分要求、贸易平衡要求、外汇平衡要求、当地销售要求等四项履行要求。OECD下的MAI草案几乎禁止所有的履行要求，并把它扩展到市场准入阶段[①]。可见，由于履行要求直接或间接地与外资准入挂钩，使得更多的区域一体化组织越来越关注相关问题，并且大刀阔斧地限制和消除履行要求的使用。

（二）扩大国民待遇适用范围

随着国际投资活动的进一步发展，全球投资规则与治理机制也呈

---

① 叶兴平、杨静宜：《国际直接投资自由化的法律政策分析》，《武汉大学学报》（社会科学版）2002年第4期。

现新的特征。总体来看，全球投资规则自由化倾向明显，国民待遇和负面清单模式成为投资新模式。

准入前国民待遇是指国民待遇延伸至投资准入阶段，即在企业设立、取得、扩大等阶段给予外国投资者及其投资不低于本国投资者及其投资的待遇。一般来说，为了保证各国在市场准入问题上享有充分的管辖权，国民待遇主要适用于外资的运营阶段，而不包括准入阶段。例如：OECD 的《国际投资与多国企业宣言》中第二章第四部分就规定："本宣言并不适用于外国企业在东道国的准入权及设业权方面。"但目前，包括北美自由贸易协定（NAFTA）、多边投资协定（MAI）、《能源宪章条约》（ECT）、亚太经合组织（APEC）以及东南亚国家联盟（ASEAN）投资框架协议在内的一些区域性投资协定也都订立了在外资准入方面实行国民待遇的条款。例如，经合组织起草的 MAI 关于国民待遇的规定是："每一缔约方给予另一缔约方投资者及其投资的待遇应不低于它在类似的情形下给予本国投资者及其投资在投资的设立、获得、扩大、经营、管理、维持、使用、享有及出售或其他处置资产方面的待遇。"这个规定把我们通常认为只给予投资经营阶段的国民待遇扩大到外资市场准入阶段，这将是国际投资政策自由化的重大进展[①]。

但是需要注意的是，NAFTA 中墨西哥附加的大量国民待遇例外条款较大程度上削减了其实际效果，MAI 并没有生效，ECT 只是"最佳努力"条款，APEC 并不具有约束力。由此可见，大多数国家并不接受将国民待遇适用范围扩大到准入阶段，这只是个别国家和地区的实践。大多数发展中国家对此做法持极力反对的态度，因为放松准入权，就意味着自身经济主权的削弱，也在实际上影响国内经济发展目标，即使少数国家或地区愿意在准入方面承担国民待遇义务，一般也施加了诸多限制。但这些实践反映了国际直接投资自由化的一种趋势，随着投资自由化目标的确立和不断发展，准入前国民待遇也将得到更多一体化组织的认同和采用。

[①] 叶兴平、杨静宜：《国际直接投资自由化的法律政策分析》，《武汉大学学报》（社会科学版）2002 年第 4 期。

(三) 促进投资政策开放与透明

随着金融危机的继续蔓延和影响的扩大，投资在拉动全球经济增长中的作用日益显著，投资政策也成为了 G20 峰会讨论的重点。如何在全球层面减少投资规则的障碍，增加投资政策的开放与透明度日益成为 G20 成员关注的重要议题。投资政策的开放与透明一定程度上体现于法律政策的透明化。自由化是由政策法律来推进的，是靠合理的法律体系来保障的。法律政策透明化在外国直接投资中同样起着必不可少的作用，它是投资自由化具体制度实施的保障。要使国际投资有序进行，使投资者的利益得到保障，就需要东道国政府公开其影响外国企业在东道国经营活动的全部措施，使投资者随时能得到有关外资政策和实施情况的准确信息。透明化要求东道国制定正式公布法律和政策的制度，使得投资者能较容易地了解东道国的所有与外资有关的政策法律及惯例[①]。

新的投资规则在保留外资准入、设立投资者国民待遇、履行要求、资金汇兑、征用和补偿、解决争端机制等原有议题的基础上，又增加了环境政策、劳工标准、透明度、知识产权、竞争政策等一系列新的议题，不仅增加了议题内容，也提高了要求和标准，使投资开放的自由化程度更高。

另外，乌拉圭回合达成的与贸易有关的投资措施协议和服务贸易协议指出：每一成员方应公布与贸易有关的投资措施并通知秘书处，应公布和通知的措施不仅是中央政府做出的，而且还包括地方政府或地方当局所使用的措施。此外，每一成员方对于另一成员方要求提供有关信息的要求，应给予充分的考虑。当然，各成员方对于会阻碍法律执行或违背公共利益或妨碍特定企业（公有或私有）合法商业利益的资料则无须披露。TRIMs 要求各成员方公布一切与贸易有关的投资政策、法规及做法（包括由地区和地方政府机关所实施的），这有助于与外国直接投资有关的透明度增强。随着世界贸易组织的推进，投资政策必然会进一步开放与透明。

---

① 叶兴平、杨静宜：《国际直接投资自由化的法律政策分析》，《武汉大学学报》（社会科学版）2002 年第 4 期。

三 调整投资争端解决机制

伴随着全球投资规模的持续扩大，对东道国提起的投资者与国家争端解决的案件也逐年增多。在较强的不确定因素下，投资者容易因为担心各类政策的影响而降低投资意愿。建立公正合理的投资争端解决机制是破解这一难题的关键。

（一）国家间投资争端解决机制

国家间投资争端多发生于如下情形：①国家与国家之间对其签署的双边或者多边投资协定如何适用、如何解释有不一致意见而产生争端；②资本输出国替本国私人投资者出面，直接向资本输入国政府要求外交保护权或代位求偿权，最终使本来是资本输出国私人投资者与资本输入国政府间的投资争端演变为资本输出国与资本输入国之间的国际争端；③还有更为特殊的情况是，一些国际机构（如多边投资担保机构或解决投资争议国际中心）为了履行自己的职责，而与一些国际公约成员国产生了争端。

政府和政府之间的争端属于处在平等主体地位上的争端。OECD下的MAI草案就该类争端规定的解决程序是磋商、多边磋商、斡旋或调停和仲裁。北美自贸协定（NAFTA）关于投资争端解决机制规定的内容十分详尽，包括前言部分、二十二个章节、一个注释以及七个附件。其中第二十章规定了缔约国相互间存在的争端解决机制。NAFTA明确规定：除反倾销与反补贴的争议之外，缔约国之间如果就协定的解释和适用发生争端，应当适用第十一章和第二十章的争端解决机制解决争端。

（二）投资者与国家争端解决机制（ISDS）

能够引起此类争端的因素是多方面的。例如，东道国政府采取的国家行为（立法、执法等）损害外国投资者利益；东道国政府采取的国有化措施或增加税收损害外国投资者利益；东道国发生的内乱、战争等事件损害外国投资者利益；东道国政府单方面毁约损害外国投资者利益；外国投资者违反东道国国内法律；等等。由于此类投资争端产生的原因是多方面的，争端各方的法律地位也是不平等的，因此最终往往导致了争端的复杂化。正因如此，国际社会普遍希望制定一套实用的、有效的、合理的国际实体法律制度，统一规范国际投资争端。

外国投资者与东道国政府之间的争端，即被管理者与管理者之间的投资争端，是一个国家的私人个体和另一个国家之间的争端，属于处在不平等主体地位上的争端。MAI 草案就该类争端规定的解决程序是磋商、诉讼和仲裁。NAFTA 第十一章规定了投资者与东道国之间的争端解决机制，旨在解决投资者和缔约国相互间的投资争端，同时规定了其他与投资有关的实体性规范。2016 年 TPP 对于 ISDS 的具体内容进行了调整，包括：准据法规定有所细化、提交仲裁期限延长至 3 年半、合并诉讼中指定仲裁员的国籍不再限制，同时规定协定条款下发生投资争端时可由投资者自主选择争端解决方式。

常规争端解决机制（国家间争端解决机制）和投资者与国家争端解决机制（ISDS）是全球投资争端中常用的两种解决机制。但是，目前国际上还不存在一部能够全方位地调整国际投资关系的实体性的国际投资公约。现在，只有 ICSID 公约是一部较为完备的国际多边程序法公约。在国际投资领域内，正急迫地需要一个如同 WTO 争端解决机制一般的条文完备、审案规则详尽、审案时限明确、裁决通过"反向一致"表决以及执行保证有力等的多边性程序法规则。

（三）扩大发展中国家外资监管空间

现存国际投资规则的内在矛盾与经济发展越来越不适应。随着 20 世纪 80 年代以来的经济全球化发展，发达国家与发展中国家加强了投资贸易关系，以美式 BIT 为代表的、自由化程度很高的国际投资规则逐渐成为 21 世纪前后发达国家对发展中国家的投资规则范本。美国和欧盟于 2012 年 4 月共同发表了《关于国际投资共同原则的声明》，其中第二项即强调公平竞争原则，特别强调国有企业和私营企业必须享有同等的经营环境和公平的市场竞争。但是，投资规则在强调对投资保护的同时，也应不断赋予东道国对外资的相应管理权，扩大发展中国家对外资监管的空间，这对于保护国家安全具有重大意义。例如，为了保护东道国的国家根本利益，强调"根本安全利益例外条款"，避免了东道国在应对突发事件时，因担心违背国际投资协定的相关条款而面对投资争端不敢实施行动。

四　加强环境与劳工保护

21世纪以来，环境问题日益受到国际社会的广泛关注。同时，环境与劳工保护成为全球投资规则的新议题。新的投资规则着重强调了不得以背离环境保护法来鼓励投资。例如，2015年底签署的TPP协定包含了30个章节，比过去的协定内容多出一倍，除传统贸易投资议题外，还涵盖了知识产权、环境、劳工、监管一致性、国有企业和竞争政策、反腐败等边境后议题。2016年TPP中新增的环境议题有：企业的社会责任、环境和生物的多样性、投资和气候变化等。欧盟在跨大西洋贸易与投资伙伴协定（TTIP）谈判中提出的讨论框架，不仅包含市场准入内容，还包含可持续发展、能源及原材料、中小型企业、投资、竞争、知识产权和地理标识等大量规则内容。随着劳动者地位的逐步提高，过去的30年间，投资协定中的劳工条款数量不断增长。从北美自贸协定第一次对劳工标准做出规定，到2016年TPP中规定的各种劳工权利条款，都体现了全球投资治理对于劳动者的重视。这也意味着劳工保护会更多地出现在全球投资规则的议题中。

第二节　区域一体化组织投资政策工具

投资措施的定义并没有统一的观点。狭义的投资措施是指资本输入国（东道国）政府为贯彻本国的外资政策，针对外国直接投资的项目或企业所采取的各种法律和行政措施。而广义的投资措施还包括资本输出国（投资母国）为了保护本国投资的安全和利益而采取的各种投资保险措施。在乌拉圭回合谈判之前，联合国跨国公司中心就投资措施编制的一览表将投资措施分为：投资鼓励措施、履行要求、限制性商业行为和母国措施[①]。本文主要从加强对外投资和吸引外部投资的方向分析国际经济一体化组织的投资政策工具。

---

① 佟占军：《国际投资设业权研究》，法律出版社2012年版。

一 促进国际投资的政策工具

国际直接投资对投资国也产生了各种积极效应，采取促进对外投资的措施鼓励区域内企业对外投资是一大趋势。

（一）信息与技术支持政策

一体化组织中很多国家或政府部门开办的银行有专门的政策，向有意在外国投资的企业提供信息服务。此外，一体化组织还为企业对外投资提供技术上的支持援助。这些服务和支持包括：

（1）有关东道国地理的、经济的和法律条件的信息；

（2）行业调研和具体的投资机会信息；

（3）建立数据库，提供对境外投资有兴趣的国内企业的相关情况；

（4）会议、投资团组和其他实际意义的信息性项目，向潜在的投资者提供投资机会，如通过相关项目把工业化国家的高级管理人员引进发展中国家，或者把发展中国家的高级管理人员请到工业化国家，相互交流学习；

（5）中介服务，向潜在的投资者介绍适宜的投资合作项目或提供投资机会信息；

（6）对于圈定的投资机会仅以项目开发和可行性研究。

（二）财政政策

财政支持通常以馈赠、贷款和股权投资的方式提供。上述资金或是对于整个投资项目提供，或是针对海外投资项目实施进程中的某个特定阶段提供，如可行性研究、项目开发或启动阶段。根据财政支持计划的结构，投资前期规划和可行性研究，可以得到全额资助或垫付。如果一个项目被认为是可以存活的，垫付可行性研究的经费资助通常以偿还的方式进行。那些为项目开发、项目启动，包括合同准备、技术适应以及培训当地人员的财政支持计划，是为了在投资过程中帮助企业克服资金困难。这种财政支持对于没有海外投资经验的小企业更为重要[①]。区域一体化组织采用的优惠政策主要体现为优惠的税收政策。税收与投资者的利益直接相关，可直接影响国际投资活

---

① 詹晓宁、邢厚媛：《各国对外投资的政策与措施》，《政策瞭望》2013年版。

动。有些国家的政府在财政支持方面提供了更进一步的支持，比如对海外投资的公司提供直接的税收鼓励。

（三）金融政策

区域一体化组织对外投资提供的金融政策支持主要有提供信贷支持、提供担保和保险。很多一体化组织成员会设立特别金融机构，对本国投资者在海外的投资活动以贷款或出资的方式加以支持，如在经济合作与发展组织成员国中，大约有一半的国家通过各种类型的发展援助组织为私营企业对发展中国家的直接投资项目提供资金支持[1]。

投资保险和提供担保计划对保护和促进海外投资起着重要作用，有利于对外投资获取所需的资金。对外投资保险制度只限于海外私人直接投资，不包括间接投资，承保范围只限于政府风险，不包括商业风险，所以与一般商业保险有明显区别。保险的任务不是赔偿损失，而是避免风险的发生。

二 吸引外资的政策工具

除了加强区域内企业进行对外投资，吸引外资进入也可以给区域内成员国带来很多正面效应。因此，国际经济一体化组织常会通过促进行动和刺激措施达到吸引外部投资的目标。

（一）外资的促进行动

外资的促进行动包括政府重新树立形象、激发投资和提供投资服务等行动。部分区域一体化组织的成员国政府常常需要采取一些促进行动，向外国投资者重新树立形象，改变它们一贯认为该政府对外资不友好的观念。为了帮助国内企业在海外发展业务联系，谋求海外商业机会，许多区域一体化组织纷纷建立投资促进机构。在联合国贸发会议（UNCTAD）的倡导下，世界投资促进机构协会（World Association of Investment Promotion Agencies，WAIPA）于1995年成立，成员发展迅速，至2002年12月，来自134个国家的147个全国性或区域性的投资促进机构已成为其会员。这些促进行动缩短了投资者对投资机会产生的滞后反应，帮助投资者尤其是中小企业，发现它们自己没有发现

---

[1] 孔淑红、曾铮：《国际投资学》，对外经济贸易大学出版社2005年版。

的投资机会。促进行动已成为区域一体化组织吸引外资的一种工具。

(二) 投资刺激措施

联合国贸发会议(UNCTAD 1996)提出,投资刺激措施是政府为了鼓励特定的企业按照某种预期方式进行运作而对这些企业提供的可度量经济利益的措施,它包括旨在提高外资收益或降低外资成本及风险的措施[①]。

1. 财政刺激措施

按照联合国贸发会议(UNCTAD)的解释,财政刺激措施的总体目标是减轻外国投资者的税收负担。其内容主要包括以利润为基础的措施、以资本投资为基础的措施、以劳动力为基础的措施、以附加值为基础的措施、以进出口为基础的措施。

表9-1　　　　　　　　外资财政刺激措施的主要类型

刺激措施	内容
以利润为基础	降低公司收入所得税率;免税期;允许免税期内用未来或过去的利润抵消所出现的亏损。
以资本投资为基础	加速折旧;投资与再投资补贴。
以劳动力为基础	减少社会保险的支付额;根据雇员数量或其他同劳动力有关的支出额,减少收入税赋。
以附加值为基础	以公司收入或产出的净本地含量为基础,减免公司所得税;根据净收入值,给予企业优惠所得税率。
以其他支出为基础	根据企业促销等方面的支出,减免公司所得税。
以进口为基础	减免与生产有关的生产性投入(如资本货物设备、原料、零配件等)的进口关税。
以出口为基础	a) 同产出相关,如减免出口税;出口收入优惠税;对特定出口活动或制成品出口减免出口收入税;根据出口业绩减免产品国内销售税负。 b) 同投入相关,如对生产出口品的进口机器设备原料退还关税或减免关税;根据出口商品的净本地含量减免税收;扣除出口企业的海外支出及资本补贴。

资料来源:摘自 UNCTAD, Incentives and Foreign Direct Investment (1996) 第一章。

---

① UNCTAD (1996) "Incentives and Foreign Direct Investment", UNCIAD/DTCI/28, United Nations.

2. 货币刺激措施

货币刺激措施是指为了给外国投资或某些经营活动筹集资金，或为了给它们支付资本或经营成本，政府直接向企业提供资金支持的措施，最常见的货币刺激措施包括政府资助、补贴信贷、政府参股及优惠费率保险等。

表9-2　　　　　　　　货币刺激措施的主要类型

刺激措施	内容
政府资助	政府为与投资项目有关的资本、生产或营销成本提供不同形式的补偿措施。
补贴信贷	补贴贷款、贷款保证、出口信贷担保。
政府参股	出资参股高风险的投资项目。
优惠费率保险	通常政府提供汇率波动、税收及政治动荡等方面的保险。

资料来源：摘自 UNCTAD, Incentives and Foreign Direct Investment（1996）第一章。

3. 营商环境建设措施

据联合国贸发会议（UNCTAD）统计，近70%的国内投资政策变化都是为了进一步促进投资自由化、便利化，通过加大对外签署投资条约、实施投资促进措施、放宽市场准入等方式达成这一目标。在国际投资协定中扩大对外国投资的开放程度，改善国际投资环境，推动跨国资本和产业在全球范围内的自由流动，优化全球范围内的资金和技术资源配置，从而加速经济全球化的进程，为全球经济发展提供新的增长动能。当前全球治理体系正经历着更加公平合理的变革，在此背景下，构建稳定、透明和可预期的国际投资法治营商环境，有利于促进投资自由化便利化，形成更加公正合理的国际投资秩序，推动区域一体化组织的投资行为顺利进行[①]。

《欧盟投资环境报告》提出，欧盟需要进一步优化投资环境。具体来看，主要是从以下方面进行：第一，明确国家安全的适用范围，制定详尽的审查清单，确保外资政策可预期；第二，保障政策透明，

[①] 张晓君、李文婧：《全球治理视野下国际投资法治的困境与变革》，《法学杂志》2020年第1期。

完善审查流程，及时向投资者和外界公布审查进展，建立完备的审查信息查询机制，强化审查过程透明度；第三，制定外资审查制度相应解释条例等配套文件，为外国投资者提供了解本国相关政策的便利渠道；第四，强化依法行政，减少投资壁垒，坚持竞争中性原则，对各类所有制企业一视同仁，公平地保护企业的各项权利。

4. 产业竞争措施

产业竞争力，也被称为产业国际竞争力，指某国或某一地区的某个特定产业相对于他国或地区同一产业在生产效率、满足市场需求、持续获利等方面所体现出的竞争能力。对于区域经济一体化组织来说，产业竞争力也尤为重要。许多一体化协定通过制定原产地规则、设置投资行业准入、巩固供应链优势、限制先进技术行业并购等措施，维持产业领先优势，扩大区内投资增长。

从实施原产地规则的角度来看，它所带来的投资效应有两个方面：投资转移和投资创造。从运用原产地规则的实践来看，欧盟订立的原产地规则非常严格。如果要避开该规则的限制则会增加企业的生产成本或交易成本，于是会刺激企业为了实现成本最小化原则而选择在区内投资设厂，增加区内投资。北美自由贸易区建成后，区内选择了订立限制程度极高的原产地规则，从而造成区外投资者为了继续持有其在自贸区成员国中的既有市场，尽量补救由于原产地规则的限制对其出口利益造成的损失，会选择进入区内进行直接投资，利用区内当地的生产资料进行生产，有效提升了区内贸易、增加了区内投资和促进了区内产业结构的优化升级。与欧盟和北美所订立的原产地标准相比较而言，中国—东盟自由贸易区所实施的原产地规则问题重重。但是自该自贸区建成后，形成了一个资源丰裕、投资环境稳定且拥有人口众多的大市场。这一大环境的形成，以及产业结构的优化和区内需求的进一步扩大增强了整个区域对国际投资的吸引力。

三　主要区域一体化组织的投资政策工具

国际经济一体化组织都注重投资自由化和便利化程度，为了实现这一政策目标，各一体化组织也采取了相对应的政策工具。本节选取东盟、北美自由贸易协定及亚太经济合作组织作为典型代表，详细介绍这三大一体化组织为了实现投资自由化和便利化而采取的具体措施。

(一) 东盟投资自由化和便利化的具体措施

自从1992年1月签署《东盟经济合作框架协议》和《共同有效优惠关税协定》以来，东盟各国在开放服务业、促进投资自由化等方面制定了各种协议和草案，加快了投资自由化和便利化的进程。

1. 一般性投资自由化

为吸引大量投资进入东盟地区，1995年12月，第五届东盟首脑会议倡议成立"东盟投资区"(the ASEAN Investment Area, AIA)。1998年10月，《东盟投资区框架协议》签署，标志着东盟开始真正形成关于投资的制度性安排。该框架协议的主要内容是在2010年建成东盟自由投资区（越南的期限为2013年，缅甸和老挝为2015年），主要措施是促进资本、熟练劳动力、专业技术人员和技术在成员国间的自由流动；提供更加流畅简便的投资程序；削减投资壁垒，放宽有关投资的法规、条例和政策；对在本地筹资的规定，对收款、支付、利润汇出等的规定将逐步自由化；营造更加开放和透明的投资环境，提高吸引投资的竞争力。东盟希望通过各种有效措施使开发当地市场成为其新的对外资的吸引力，而不是传统的降低生产成本。

2007年8月第十届东盟投资区理事会(AIA Council)决定将《东盟促进和保护投资协议》和《东盟投资区框架协议》综合为《东盟全面投资协议》(ACIA)。ACIA的主要目标包括促进成员国投资机制的自由化，加强投资者权益保护，提高各国投资政策的透明度、一致性和可预测性，将东盟建设成为一体化的投资区域，以及促进东盟内部投资等。它的主要特征有：包含综合的投资自由化和促进条款；与东盟经济共同体相应的明确的投资自由化时间表；给在东盟投资设厂的外商独资企业以更大的优惠；保留了东盟投资区特惠安排；旨在建立一个更加自由化、便利化、透明和具有竞争性的投资环境[1]。

---

[1] 王伟、王玉主：《东盟引资政策的演变：由国别到区域合作的转向》，《南洋问题研究》2019年第1期。

《东盟全面投资协议》(ACIA) 于 2012 年 3 月正式生效,成为东盟区域引资合作的指导条款。ACIA 包括 4 个支柱:投资自由化、投资便利化、投资保护、投资促进。

表 9-3　　　　　　　　东盟全面投资协议的 4 个支柱

支柱	具体内容
投资自由化	为东盟投资者提供国民待遇和最惠国待遇;减少投资者在东盟优先一体化领域投资的限制;取消绩效要求。
投资便利化	形成更为透明、一致和可预测的投资规则、政策和程序,简化投资申请和审批程序,设立一站式投资服务中心或投资促进委员会。
投资保护	与 AIA 不同的是,ACIA 将会加强对所有东盟投资者及其资产的保护。协议包含投资者与目标国的争端解决机制条文,保障企业资本和利润可自由汇出。
投资促进	将东盟建设成为一个一体化的投资区域和生产网络;促进东盟内部投资和中小企业的发展;建立有效的双边投资协议,避免双重征税。东盟同时还发布了 ACIA 时间表即各成员国的保留清单,清单包括了成员国暂时不予国外投资者以国民待遇的行业。

2. 服务业投资自由化

行政程序繁杂(如申办工作证、临时居住证等流程繁杂及申请延期困难等)、内陆运输不便、通信设备不足以及信息取得不易等,是东盟服务业贸易发展的瓶颈,而限制外资股权比例是目前东盟服务业贸易面临的最大障碍,且普遍存在于金融、保险及电信等行业。东盟各国在经历了亚洲金融危机之后,除着手进行金融服务业重整外,还加速放宽外资股权比例,积极研究修改有关投资法令,以吸引外资进入,恢复经济增长。例如,泰国开放外国人经营批发零售业;马来西亚积极推动普险领域整合,本土企业持续成为外资并购目标,外资持股上限调增至 70%[①]。印度尼西亚允许外商与印尼企业合作设立拍

---

① 甘宜沅、王华、张荣权、黄文源、周新柠:《东盟国家引进外资的最新政策对我国的影响》,《市场论坛》2017 年第 6 期。

卖公司，经审核合格的批发零售业可拥100%的股权，已登记注册的新银行开放外资拥有100%股权。2014年，印尼推出新的保险法，撤销了对外资控股当地保险行业的设限条款，此前外资控股的上限是80%。

3. 工业投资自由化

东盟国家资源禀赋具有一定优势，石油资源、矿产资源比较丰富，例如原油和天然气占文莱国内生产总值的50%。在东南亚，文莱的石油储量和产量仅次于印度尼西亚，居第2位。中国对东盟投资的产业主要分布在制造业、采矿业、建筑业、能源产业等领域，占比为46.7%。

东盟区内各成员国政府为了吸引外部投资，不断制定对外直接投资相关政策，旨在促进东盟区域的良性发展。20世纪60年代前半期，东盟大多数国家相继设立出口加工区，以便更好地吸引外国投资。在印尼的淡巴岛一共分为四个功能区：巴图安帕尔建设转口站、石油加工和轻工业综合区；农沙建设旅游产业区和工业区；卡北尔建设重工业和中型工业综合区；丹绒温藏建设木材综合加工区。菲律宾巴丹一共设立了三个出口区：第一区为轻工业区；第二区为中型工业及汽车工业区；第三区为重工业区①。这些出口加工区在促进东盟经济多元化发展的同时，也起到了吸引外资、促进产品出口的重要作用。

此外，东盟各国也制定了具有本国特色的投资政策。例如，马来西亚政府欢迎和鼓励外国投资者对其制造业进行投资，外国投资在马来西亚享受最惠国待遇，并且通过税务减免的形式对外资实施鼓励政策和优惠措施，对于可再生能源领域、混合动力车辆生产领域、石油天然气产业等行业领域提出特别鼓励政策。为了迈向泰国4.0时代，泰国政府推出新的投资促进政策，鼓励对高新科技的投资，给予外来直接投资者额外投资优惠权益，重点鼓励对东部经济走廊（EEC）的高科技投资。

---

① 王正毅：《东盟国家的工业化战略及其对产业布局的影响》，《人文地理》1994年第2期。

4. 投资便利化

企业进行对外直接投资建立在掌握核心知识的前提之上，而这种核心知识往往表现为专有技术。因此，如果东道国能够对投资者的技术进行有效的保护，就会从投资环境方面提升投资便利性。

1999年11月东盟第三次非正式首脑会议决定在一个新的电子东盟协议下，建立一个关于信息通信行业的商品、服务和投资的自由贸易区，旨在促进商贸和电子交易的便利化，提升东盟企业在国际市场上的竞争力。2000年11月，在新加坡举行的第四次东盟非正式首脑会议签署了《电子东盟框架协议》，其主要目标之一就是促进与信息通信技术相关的产品、服务贸易和投资的自由化。

（二）北美自由贸易协定中的投资措施

投资措施是北美自由贸易协定中投资条款的两大组成部分之一。它明确地涉及外国直接投资问题的措施，呈现在协定的第11章（概括了对外直接投资的基本准则及投资者与政府间的争端解决办法）、第12章和第13章（分别论述了与服务和金融服务条款有关的投资问题），以及第17章（关于知识产权）。

1. 投资与服务条款

在北美自由贸易协定中，投资与服务条款包括：国民待遇条款、最惠国待遇条款、最低标准待遇条款、经营要求条款、利益否认条款等。

表9-4　　　　　　　　　NAFTA 投资与服务条款

NAFTA 投资与服务条款	具体内容及评价
国民待遇条款（第1102、1202、1405条）	为成员国投资者"在相同情形下对于设立机构、收购、扩张、管理、经营、销售及其他投资安排等提供不低于其给予本国投资者相似条件下的待遇"（1102.1条）。
最惠国待遇条款（第1103、1203、1406条）	给予成员国投资者"不低于在相似条件下给予其他成员国或非成员国投资者的待遇"。
最低标准待遇条款（第1105条）	零关税汽车40%—45%的零部件必须由时薪最低16美元的工人所生产。试图使各方对其行为"下限"做出承诺。

续表

NAFTA 投资与服务条款	具体内容及评价
经营要求条款① （第 1106 条）	禁止将国内含量要求、国内投入要求、贸易平衡要求同给予优惠（补贴或税收优惠）相联系；将国内销售与出口水平和获取外汇相联系。但允许政府鼓励与生产地点、特定服务的提供、工人培训与就业、特定设施的建设或扩张以及研究与开发等相联系。
利益否认条款（第 1113 条）	确立了设立在某成员国而需在另一成员国扩大其业务的非北美投资者的权利，由此亦给予外国投资者享受完全的北美自由贸易协定权利。

2. 投资者——国家争端解决机制

北美自由贸易协定对于投资争端解决机制制定了一整套规则。该协定建立了一整套解决投资争端的程序，这些程序超越了其他国际协定有关投资的争端解决程序。在北美自由贸易协定的有关程序下，绝大多数投资者可以对其与北美自由贸易协定的成员国间的争端寻求仲裁。在其他国际争端解决机制中（包括美加自由贸易协定和关贸总协定），只有政府才有"资格"。但在北美自由贸易协定中，投资者可以自己的名义获得其对另一签字国的债权，只要能证明对方违反第 11 章第 1 节或北美自由贸易协定中的其他条款的义务而导致其财产丧失或受损。

3. 知识产权保护

北美自由贸易协定的第 17 章是有关知识产权的规定，其目标在于使墨西哥在知识产权方面的法规和惯例大致与美国和加拿大的趋同。尽管关贸总协定乌拉圭回合的知识产权协定与北美协定中的知识产权条款具有相似性，但是北美协定在知识产权上要比乌拉圭回合的

---

① 注释：北美自由贸易协定对经营要求的限制比关贸总协定乌拉圭回合最终法案所包括的经营要求限制更为严厉。这主要表现在以下两个方面：第一，乌拉圭回合最终法案禁止使用贸易平衡与当地含量要求，而北美协定既禁止贸易平衡与当地含量要求，又禁止技术转移要求与独家供给要求；第二，乌拉圭回合最终法案允许发展中国家 5 年过渡期和最不发达国家 7 年过渡期以及一些广泛的例外，如可使用禁止性经营要求来保护国内幼稚产业，而在这方面墨西哥承诺在北美自由贸易协定中更严格地遵守使用这些措施的限制。

最终法案提供更多的保护。

（三）APEC 在投资自由化和便利化方面的具体措施

亚太经济合作组织（APEC）为了实现投资自由化和便利化，分别制定了单边行动计划和集体行动计划，促进了区域内营商环境的改善。

1.《大阪行动议程》关于投资自由化和便利化的规定

APEC 投资自由化内容框架体现在日本大阪会议通过的《大阪行动议程》的第一部分，包括"自由化"和"便利化"两个方面，共 15 个领域，其中与投资自由化和便利化有关的条款如下：

表 9 - 5　　《大阪行动议程》与投资自由化和便利化有关条款

有关的条款	具体内容
与投资有关的贸易自由化	①关税。通过建立关税数据库和其他方式交换信息，提高关税制度的透明度，逐渐削减关税。②非关税措施。通过建立非关税措施数据库、编撰非关税措施清单及受影响产品清单等方式，提高成员非关税措施的透明度，逐步取消出口补贴和不正当的出口禁令与限制，削减非关税措施。
一般性投资条款	逐步向投资者提供最惠国待遇和国民待遇，提高投资体制透明度，促进投资制度和投资环境的自由化，同时通过技术援助和合作活动促进投资。
在服务业领域的投资自由化	逐步减少服务贸易的市场准入限制，为服务贸易提供最惠国待遇和国民待遇。首批已在电信、交通、能源和旅游四个部门开展工作的成员可在自愿基础上在其他部门采取行动。
知识产权	《大阪行动议程》中规定，要以《WTO 与贸易有关的知识产权协议》及其他相关协议规定的最惠国待遇、国民待遇及透明度原则为基础，促进本地区知识产权方面的立法管理和执行工作。
竞争政策	通过实施充分有效的竞争政策和法律，提高透明度以及促进合作，改善本地区竞争环境，最大限度地促进市场的有效运行，增强生产和贸易之间的竞争，保护消费者的利益。可以说，竞争政策的透明度和公平性的高低是国际直接投资顺利运营和收回投资的一种关键的环境保障。APEC 对竞争政策的明确规定，无疑会大大促进区内国家之间的投资便利化。

续表

有关的条款	具体内容
对于投资的其他方面的政策和制度保证	①放宽管制。提高管理制度的透明度，消除那些由于国内规章条例引起的贸易与投资扭曲。②原产地规则。保证与国际统一的原产地规则相一致，确保各成员原产地规则的规定和适用的公正性、透明度和中立。③争端调解。促进采用及时和有效的程序解决本地区私营企业与政府之间以及私营企业之间的争端，提高政府法律、规章和行政程序的透明度，减少和避免有关贸易和投资的争端，促进建立一个稳定的、可预测的商业环境。

2. 单边行动计划

单边行动计划（IAP）是APEC实施贸易与投资自由化的主要渠道。所谓"单边"，指由各成员依据自身情况制定和实施的行动计划，没有硬性的标准和要求。IAP涉及APEC投资自由化15个领域的工作。在各领域的行动计划中，成员都须对投资体制现状进行详细描述，表明目前的发展水平和自由化的程度，并按照近期、中期和远期三个时间框架制订各自扩大市场开放和便利贸易投资的具体计划。协调的单边自由化模式既有优点又有缺点。一方面，它提供了一种在短期内实施自由化的灵活的框架；另一方面，它带来成员成果量化较为困难、各成员自由化措施存在较大差异等结果。

3. 集体行动计划

集体行动计划（CAP），是指《大阪行动议程》中确定的一些共同措施，如信息交流、人员培训等，由各成员集体采取一致行动，共同实施。其主要由APEC贸易与投资委员会负责，目标是在全球贸易与投资问题上推动APEC成员立场与意见的一致性，同时致力于建立便利的和更为开放的投资环境。

CAP同样涉及投资自由化的15个领域，但更侧重于透明度、可比性、制定原则或"最佳做法"等方面的工作，并集中在两年内的短期行动上。与IAP由各成员自行确定其自由化范围和步骤的特点相比，CAP由成员集体制定并执行，约束力较强。

4. 便利化措施

便利化措施通常与提高规章、立法及标准的透明度和可解释程度以及在各成员之间的协调程度从而降低交易成本有关。《APEC非约束性投资原则》特别提到"成员经济体要使所有与在其经济体内投资相关的法律、规定、行政管理条例和政策迅速告知公众，使之具有透明度，易于了解"。

便利化和自由化是APEC在贸易投资领域两个同等重要的目标，但前几年APEC把工作重心过多地放在自由化方面，而忽略了便利化工作。在1998年部门提前自由化受挫以后，APEC逐渐调整了其工作重心，促进投资便利化已成为当前APEC的一项重点工作。

第三节 一体化组织投资政策的比较

由于世界经济发展的不平衡性，以及地缘关系、政治信仰、民间往来、文化渊源等方面的原因，会产生一些区域性的经济合作组织。加入组织的各个国家制定了共同遵守的规则，形成了统一的投资政策，合作相对密切。这一节，我们主要介绍在区域多边层次中，一些重要的区域经济组织形成的投资政策并对其进行比较。

一 可持续发展的投资政策框架

可持续发展的投资政策框架（Investment Policy Framework for Sustainable Development，IPFSD）由联合国贸易和发展会议（UNCTAD）于2012年首次提出，旨在为国内外投资政策制定者提供制定理想的投资政策与IIAs的指南。它由四个主要部分组成："可持续发展的投资政策核心原则"（Core Principles，"核心原则"）；"国家投资政策指南"（National Investment Policy Guidelines，"国家指南"）；"国际投资协定框架"（Framework of IIAs，"投资框架"）与"促进可持续发展目标相关部门投资的行动计划"（Action Plan，"行动计划"）。其中，"核心原则"是"国家指南""投资框架"与"行动计划"的设计标准与法律基础①。

(一)"核心原则"

联合国贸发委将"核心原则"的目标阐释为将投资政策纳入总体发展战略，促进国际投资的可持续发展，平衡国家和投资者之间的权利和义务，并鼓励国际社会在国际投资挑战中的合作。具体而言，"核心原则"有如下十条：原则第 1 条"政策连续性"和第 2 条"动态政策制定"共同划定了衡量投资政策的标准——政策应该在国家和国际层面保持连贯和协同，为投资者提供可预测、有效和透明的程序，并应定期审查并适应不断变化的发展动态；核心原则 3"公共治理与体制"规定投资政策应发展为涵盖所有利益相关方且融入基于法治的制度框架。该制度框架遵循高标准的公共治理并为投资者确保可预见性、有效性及透明程度；原则第 4 条"平衡的权利与义务"强调了投资者与东道国之间权利义务应该保持平衡；原则第 5 条"平衡权利与义务"规定投资政策应基于整体发展利益，平衡国家与投资者的权利与义务；原则第 6 条"投资开放性"、第 7 条"投资保护与待遇"和第 8 条"投资促进"要求政策制定根据可持续发展目标保护投资者的公开性、公平性，减少有害的投资竞争；原则第 9 条"公司治理与责任"与第 10 条"国际合作"重申了国际投资的所有参与者都应合作，使投资政策符合企业社会责任和良好公司治理的最佳国际惯例。

(二)"国家指南"与"投资框架"

"国家指南"从战略层面、实体规范层面与行政制度层面将"核心原则"中关于投资政策制定的原则进行了解释和细化。具体而言包括四条主要政策要求：投资应与可持续发展战略结合、投资规则与促进、投资相关政策与高效投资政策。

鉴于投资政策和政策制定的具体要求，"投资框架"将"核心原则"转化为政策制定者的具体选择，其包含了政策决策的整个过程。在这一部分，"投资框架"提出了解决国际投资协定挑战的三项具体

---

① 郭镇源：《可持续发展视角下"新时代"国际投资规则的革新》，《中南财经政法大学研究生学报》2019 年第 5 期。

要求：国际投资协定的战略方针与国家发展战略相结合、保持受监管的权利以及国家和投资者的权利和义务的平衡、国际投资协定的多边共识。

（三）"行动计划"

"行动计划"作为 IPFSD 的最后一部分，概述了促进实现可持续发展目标的重要部门，如基础设施、气候变化、粮食安全、医疗与教育等投资的三项长期规划。首先，为了建立新一代的投资促进战略和机构，"行动计划"建议将投资促进机构（IPAs）纳入各国投资发展机构，并将可持续发展纳入投资激励措施；其次，为了实现可持续发展目标在金融市场的投资，"行动计划"提出风险分担措施应当被广泛使用，如公私伙伴关系（PPPs），担保和风险保险设施，官方发展援助（ODA），预先市场承诺或其他创造性的机制，并利用创新的金融工具和筹资机制来筹集可持续发展目标的资金，这些投资主要以微观金融工具（Microfinance Instruments）呈现，如影响力投资、私营部门投资等。

二　各一体化组织的投资政策

随着世界经济形势的不断变动，新的国际经济一体化组织也不断成立。本书中主要选取了欧盟、北美自贸区以及亚太经济合作组织三个具有代表性的一体化组织，介绍了其投资政策的演变以及具体内容。

（一）欧盟投资政策

早在《里斯本条约》生效前，欧盟就已经开始涉及投资事务，并且初步形成了一些有关国际投资的政策。此时的欧盟国际投资政策主要体现在欧盟缔结的自贸协定中。此时的欧盟自贸协定是以《欧盟自由贸易协定投资最低纲领》为基础的，该文件被视为是欧盟自贸协定谈判的标准文本。

提供高标准的投资保护是欧盟一直以来的主要目标，《里斯本条约》之后欧盟出台的一系列文件仍然以此为标准，但是基于种种原因，欧盟的投资政策开始发生变化，逐渐强化东道国管制的权利。2013 年 11 月欧盟委员会公布了《欧盟协定中的投资保护和投资——

国家争端解决》，该文件指出欧盟需要完善投资保护条款，并试图在国家的管制权和投资者的需求之间寻求更好的平衡。这一目标的实现主要是从以下两个方面进行：第一，通过阐明和完善投资保护规则；第二，通过改善争端解决的运作方式。欧盟希望以此来消除投资保护规则会对国家管制权造成负面影响的疑虑，确保合法的政府公共政策不会被成功地挑战，并且这些改进方式已经被欧盟纳入到正在谈判和将要谈判的投资协定之中。

在实体规则方面，欧盟已经意识到了投资规则对于仲裁员解释投资协定的重要性，于是提出必须清楚地界定投资保护规则，防止仲裁员肆意解释投资协定，这对于国家为了公共政策目标进行管制是十分重要的。从具体的角度来看，阐明和改善投资保护规则包括以下两个方面：一是欧盟投资协定必须清楚地确认成员国管制以及追求合法的公共政策目标的权利，并将其视为一个独立的原则；二是欧盟贸易协定中的投资保护标准必须以详细和精确的方式起草，特别是明确国家管制的权利得以保留[①]。相较于过去投资协定更看重投资保护的起草原则而言，现在已经逐渐转变为倾向于国家规制权和投资保护起草原则之间的平衡，确保不会因为保护投资而损害东道国正当地行使规制权。更为重要的是，欧盟提出了实现投资者权益和东道国管制权平衡的具体方法，并且将这些方法纳入到谈判的投资协定之中，在立法层面上保障了东道国的规制权，给予了东道国规制权以足够的重视，而不单单停留在喊口号阶段。

欧盟委员会利用《里斯本条约》赋予欧盟外国直接投资专属权能这一契机，在之后公布的《TTIP和以后投资协定中的投资——改革的道路，加强规制权、从当前的特设仲裁转向投资法院》中再一次申明要对投资保护的传统方法进行深层次的变革，此次变革成功的关键则在于确保保护和鼓励投资的目标不会影响欧盟及其成员国继续追求公共政策目标的能力。文件指出欧盟投资谈判中投资保护条款的进一步发展将会以TTIP中提议的内容为标准。因此虽然TTIP仅适用

---

① 杨晶晶：《欧盟投资协定中东道国规制权研究》，硕士学位论文，西南政法大学，2018年。

于欧盟和美国，但是该文件确认的一些规则将会对欧盟今后与其他第三国谈判投资协定提供指导，该文件中所蕴含的核心思想也将继续保留在未来的投资协定中。实际上，欧盟谈判的投资协定也的确与其投资政策相符合，并且这些文件中所提出的问题也在投资协定中得到了完善。

（二）北美自由贸易区的投资政策

北美自由贸易区整体实力居世界首位，是一个规模较大的南北合作的区域经济一体化组织。由于投资对美国、加拿大、墨西哥三国的经济发展有着重要意义，在北美自由贸易协定（NAFTA）中，关于相互投资的谈判进程是十分谨慎、缓慢的，墨西哥希望通过 NAFTA 吸引更多的外资，而美国和加拿大则希望墨西哥进一步取消对外资的限制。

NAFTA 取消重要的投资壁垒，给予三国的相互投资以基本保障，并建立了一种投资者和成员国之间发生争端的解决机制，协定规定给予成员国投资者以国民待遇和最惠国待遇。此外，协定规定禁止任何成员国对在其境内的投资设置经营条件，如对本国供应者的优惠待遇、技术转让、出口水平、最低国内成分、进口及出口收入约束以及要求产品在某指定地区生产等。但此规定不包括公共部门的采购、鼓励出口的项目以及关于国际援助的活动。另外，协定还指出，任何成员国均不应为吸引投资而降低其环保标准，各国对执行这些条款进行磋商。这一规定主要是美、加政府担心墨西哥为大力吸引外资而降低其环境标准而制定的。北美自由贸易协定还就治理美墨边境的环境污染达成了协议，注重环境保护问题，最大限度地发挥国际投资的积极作用，这是北美自由贸易协定在投资方面一个非常积极的政策内容。

成员国投资者依协定可将其因销售所得、利润、借贷支付或其他与投资有关的交易额而拥有的合法流通的货币，按市场占优势的兑换率兑换成外汇，且协定各成员国保证这些外汇可以自由转移。在征用方面，除却公益原因，协定的任何成员国均不得直接或间接地征用协定成员国投资者的投资。因公益原因的征用必须在非歧视原则的基础上，并根据法律规定的手续进行。受此影响的投资者应立即得到赔偿，赔偿额根据被征用投资的市场合理价格加上适当的利息确定。同时，由于违反争端解决条款而造成投资东道国的损失，成员国的投资者可通过投资者和成员以及国家间的仲裁程序要求赔偿，或向投资东道国的法庭起诉，以求公正合理的解决。

NAFTA各成员国确定实行自由化的承诺，以及不履行国民待遇、最惠国待遇和经营条件规定的例外情况。由于墨西哥法律存在特殊性，所以协定为墨西哥保留了某些例外，例如石油、天然气等部门的经营权和投资权。协定规定两年内各国将确定州和省一级的例外情况。除某些对进口敏感的部门外，一旦放开，即不能再变为更具限制性。某些敏感部门，如基础电信、社会服务、海陆运输等，不受此限制的约束。

（三）亚太经济合作与发展组织的非约束性投资原则

1994年11月，有关外国投资待遇的非约束性纲领文件在印度尼西亚茂物召开的亚太经济合作与发展组织会议上通过。此纲领的拟定是根据一份报告而进行的。该报告指出现有的双边投资条约已经远远不能满足现实的需要，外国直接投资才是亚太地区经济快速发展的主要动力，双边投资应遵循非歧视、透明度、设立权和国民待遇等基本原则，应为投资者提供资金自由转移的保障，在出于公共目的实行国有化时应提供补偿，在解决争议时提供商业性仲裁。亚太经合组织的各成员国政府不应再实行任何背离国民待遇和最惠国待遇的原则。根据透明度原则，参加方政府应明确列出设立权或其他基本原则受到限制的产业部门。各参加方应对转移定价及其他税收问题做出相应安排；应承诺不再增加新的实绩性要求或投资鼓励措施，并在现有水平上逐步取消；应提供与外国投资有关的实绩性要求（如当地成分、最低出口限额或股权要求）以及鼓励外国投资的任何税收或补贴措施。

美国和加拿大并没有接受上述报告中提出的亚太地区投资原则，因为这与它们的国内法相抵触：加拿大审查外资的法案和美国的Exon-Florio修正案均授权行政机构，将任何被视为危及国家安全的外国投资拒于国门之外。而对美国而言，提供国民待遇可能会使日本公司长驱直入，所以美国不太可能承诺此类约束性义务。而发展中国家更注重对进入境内的外国投资实行国家主权性的控制，也不可能接受上述约束性原则。所以最后只是达成了一项《亚太经济合作组织非约束性投资原则》,对外国投资待遇做出了指导性规定。

该投资原则包括11项,主要有:透明度、非歧视性待遇、国民待遇、实绩要求、征用和赔偿、汇出与兑换、争议的解决、人员入境与居留、避免双重征税、投资者行为、消除资本输出障碍等。美国主要针对国民待遇、经营实绩要求和利润汇回等问题提出反对意见。按照美国的观点,既然原则是非约束性的,那么从一开始就应该采取最高标准。

该原则也有积极的方面,如根据赫尔标准对补偿做出规定,要求增强所有涉及外国投资法律、法规的透明度,对外国直接投资经济体采取非歧视性原则,通过仲裁机构避免双重征税、解决争议。该指导性纲领建议实行国民待遇原则,但各成员国内法规定的例外除外。关于经营实绩要求的条款也只提及尽量减少此类要求的使用,而未规定取消。这主要是因为亚太地区各国经济发展水平不均衡,采取统一标准存在较大困难。有些国家将此类实绩要求作为其实现经济发展目标的重要手段,在其外国投资法中均规定此类要求,其"出口国"战略很大程度上也依靠此类规定。该原则还体现了发展中国家诉求,要求外国投资者遵循东道国法律,尊重东道国关于外国直接投资的法规[1]。将该原则纳入后,如果外国投资违反了东道国的管理体制,将不受本投资原则的保护。

三 各一体化组织投资政策之比较

各一体化组织制定执行的投资政策都有其特定的目标,侧重点也都各不相同,下面我们将从异、同点两个方面对国际经济一体化组织进行比较。

(一)投资政策的共同点

各区域一体化组织为了达成自身的既定目标,制定了各自的投资政策,在这些政策之间存在一定的共性。

1. 主要目的。区域国际直接投资政策安排的主要目的在于放松

---

[1] 张晓红、郭波、施小蕾:《新编国际投资学》,东北财经大学出版社2005年版。

对外国直接投资进入与开业的限制，进而取消歧视性经营条件。在区域层次上，国际直接投资自由化主要包括逐步取消现有的限制，公布现有管理制度及其变化，以保证政策与管理措施的透明度和进一步自由化计划的实施。

2. 基本趋势。区域协议发展的基本趋势是，所包括的自由化和保护内容不断增多，逐步取消限制的机制得到进一步加强，而且包含了投资者与东道国争端解决的条款。但是，也有一些区域性协议没有达到这种程度，如经合组织的国际投资与多国公司声明及其相关的协议，亚太经济合作组织非约束性投资原则等。

3. 行业准入。越来越多的区域协议规定了进入与开业权。如经合组织资本流动自由化法典和北美自由贸易协定都含有此类条款，但亚太经合组织则是原则上要求其成员方在这方面做出最大努力。

4. 业绩标准。在经营条件方面，业绩要求在区域层次上受到重视的程度有限。只有北美自由贸易协定明文规定禁止使用对投资者采取的业绩要求措施。与投资相关的外国高级职员准入问题日益受到重视。一些区域协议，特别是经合组织的相关声明与决议已开始涉及投资鼓励措施问题，或者通过竞争规则条款，间接地对优惠鼓励政策予以限制。

5. 多边待遇。在区域层次上，含有进入后待遇和保护标准条款的区域协议，其内容和结构与双边投资保护协定较相近。它们规定了一般标准，如国民待遇、最惠国待遇、公平公正待遇以及在征收问题上的具体的高保护义务。许多涉及自由化和待遇标准的区域协定还涉及与投资相关的资金自由转移问题，许多区域协议规定了争端的仲裁程序。如果通过协商不能解决投资争端，则可依据东道国与他国居民投资争端解决惯例或其他机制与规则来解决投资争端。

6. 企业责任。区域层次上的国际直接投资政策安排中，还涉及了一些其他重要问题。如技术转让、竞争、环境保护、税收、信息披露、雇佣与劳资关系，科技创新以及与不正当支付（转移价格）等与跨国公司经营行为有关的标准。

7. 权益对等。虽然区域协定背后存在不同的需要和利益，但协议成员却对国际直接投资有相同或相似的看法。与双边和多边安排相比,因发展水平不同而给缔约方以特殊待遇的做法较少。如果确实需要予以特别照顾,则大多数采用类似多边层次的做法。如北美自贸协定是通过例外,部分免除、保障和承诺义务等进行。亚太经合组织在原则上没有标明法律约束力,只要求尽最大努力,这就意味着在加强合作的总的精神指导下,各国在具体的实施过程中允许有差异。

8. 统一行动。一些区域集团还对来自第三国的直接投资和在第三国的投资形成了共同的政策。例如欧盟制定了旨在促进对拉美一些国家投资的投资原则,与中东欧国家的相关协议中也包括了资本自由流动,开业权和竞争规则条款。再有一个例子是南锥共同体内投资保护与促进协定书,它与双边投资保护协定的结构和内容大体相似。

(二) 对成员约束力的比较

区域性投资规则在目的和所涵盖的外国直接投资范围上的差异较大,因而不同的协定对成员国的法律约束力有所不同,我们称法律约束力较强的规则为"硬制度",反之则称为"软制度"。例如 NAFTA 就是一个典型的"硬制度",而 APEC 的投资约束则是"软制度"的代表。一般来说并不存在一个统一的标准来具体划分"硬制度"和"软制度",但下面几条规则可以作为参考。

表9-6 对成员约束力的比较

对成员约束力的比较	"硬制度"	"软制度"
有无约束性机制	"硬制度"的投资规则一般都有文字表明此协定受法律保护,并对违反协定条款的成员规定了一定的惩罚机制	"软制度"一般仅表达了成员的共同意愿,但并不必然受法律约束
自由化承诺	"硬制度"一般都规定了 FDI 自由化的具体时间表,并限期实现	"软制度"对此规定较弱
争端解决机制	"硬制度"一般对争端解决规定了程序性机制,使争议一旦发生即有章可循	"软制度"较多予以形式性规定,无具体操作程序
待遇标准的适用	"硬制度"同时运用国民待遇和最惠国待遇来避免投资者在东道国受到歧视性待遇	"软制度"对此仅有规则性规定

续表

对成员约束力的比较	"硬制度"	"软制度"
履行要求	"硬制度"同样关注履行要求的禁止，使其不作为限制外资准入及运营的障碍，且近几年履行要求禁止名单有越来越长的趋势	"软制度"多不予以考虑
例外条款	例外条款可以降低投资协定的实际效果，而"硬制度"的例外很少	"软制度"在此方面相较而言要多得多

四 国际经济一体化组织投资政策的新发展

2018年3月8日，备受关注的《全面与进步跨太平洋伙伴关系协定》（CPTPP）得以签署，并于12月30日正式生效。与《跨太平洋伙伴关系协定》（TPP）相比，CPTPP的经济规模和战略影响力大不如前，但在国际经贸规则方面，它仍然代表新一代贸易协定的最高标准，可引领21世纪国际经贸规则。2018年9月30日，美国、墨西哥和加拿大就北美自贸协定的重新谈判达成一致，并将新的协定命名为《美国—墨西哥—加拿大协定》（United States-Mexico-Canada Agreement（USMCA），又称《美墨加协定》）。这两大一体化组织的变动给投资政策带来了新的发展。

（一）TPP协定中投资政策的变动

2002年新西兰、文莱、智利、新加坡四个APEC成员方发起谈判，并于2005年达成《跨太平洋战略经济伙伴关系协定》（Trans-Pacific Strategic Economic Partnership Agreement），即"P4协定"。这是《跨太平洋伙伴关系协定》（Trans-Pacific Partnership，TPP）的前身。2009年美国宣布加入谈判，并联合澳大利亚、秘鲁、越南、马来西亚、墨西哥、加拿大和日本，经过五年40多轮的封闭谈判，于2015年10月5日达成一项涵盖货物贸易、服务贸易、投资规则、知识产权、国有企业、劳工与环境、竞争政策等诸多议题的巨型区域贸易协定。区域性承诺方式、包容性贸易、全面的市场准入、应对新的贸易挑战以及区域一体化平台这五大特征使得TPP成为"21世纪标志性协定"①。2015年11月5日公布的最终文本显示，TPP协定议题覆盖广泛，包括30章内容。投资章节列于第九章，包括A、B两节内容和12个附录及缔约方谈判达成的两类负面清单。总体上看，TPP缔约方采取负面清单谈判模式，以非歧视性投资政策为基础促进和保护外国投资，同时注重实现各缔约方的合法政策目标。

1. TPP协定投资章节的主要内容

（1）投资和投资者待遇。投资和投资者待遇条款是促进和保护国际投资的基石性条款，一般包括国民待遇、最惠国待遇、公平公正待遇（Fair and Equitable Treatment，即"FET"）与全面保护和安全待遇（Full Protection and Security Treatment，即FPS）等，分别对应TPP投资章节的第9.4条、第9.5条和第9.6条。

①国民待遇和最惠国待遇。在国民待遇和最惠国待遇的判定方面，TPP投资章节中对"同等情况"（Like Circumstances）的解释值得关注。协定第9.4条脚注14指出，"为进一步确定、判断一待遇是否违反国民待遇或最惠国待遇完全取决于具体情形，包括依据合法的公共利益目标，该相关待遇是否在不同投资者和投资之间有所区别"。这一规定将"合法的公共利益目标"作为判断是否处于"同等情况"的考虑因素之一，体现出TPP缔约方对公共利益的关注。此外，TPP投资章节明确规定最惠国待遇不适用于争端解决程序或B节的ISDS机制，但美国之前的投资协定文本中并无该项限制②。

②公平公正待遇与全面保护和安全待遇。相较国民待遇和最惠国待遇，公平公正待遇（FET）与全面保护和安全待遇（FPS）无须其他待遇作为参照，属于一种绝对待遇。TPP投资章节采取美式投资协定的传统模式，将FET和FPS共同规定在同一条款中，规定应根据习惯国际法给予外国人的最低待遇标准，不要求附加或超过最低待遇标准，且不创设额外的实体权利。同时，缔约方应依据附录9-A（习惯国际法）解释该条款。

---

① 张文磊：《CPTPP视角下投资者——国家间争端解决机制的发展我国对策研究》，硕士学位论文，华东政法大学，2019年。

② 石静霞、马兰：《〈跨太平洋伙伴关系协定〉（TPP）投资章节核心规则解析》，《国家行政学院学报》2016年第1期。

(2) 征收与补偿标准。根据 TPP 投资章节第 9.7 条，一缔约方只有在特定情况下才可对另一缔约方投资者的投资实施征收、国有化或采取其他等同措施：为公共目的；以非歧视方式实施；在前两种情形下给予及时、充分和有效补偿；符合正当法律程序。补偿不应拖延，应以征收公布时或征收发生时被征收投资的公平市场价值计算等。

在征收与补偿问题上，TPP 投资章节沿用传统美式投资协定的规定体例，未在正文中对"征收、国有化或其他等同措施"的概念作出具体规定，而是在附录中加以说明。在补偿标准方面，采用美国一贯主张的"赫尔三原则"，即"充分、及时、有效"(prompt, adequate, and effective) 的补偿标准。TPP 投资章节在该问题上的特色规定之处显示出其缔约方对补贴政策的一致关注，而文莱、马来西亚、新加坡和越南就土地征收的说明也表明其对土地征收的谨慎态度。

(3) 不符措施。不符措施 (Non-Conforming Measures, NCMs) 是"负面清单"的正式法律用语。在国际投资协定中，缔约方将其对国民待遇、最惠国待遇、业绩要求、高级管理人与董事会四项的例外措施列入清单，并成为协定的一部分，这是不符措施的主要表现。列入清单的措施性质、水平和部门分布体现了缔约国在外资准入方面的实际限制程度和灵活性等方面的偏好。WTO 项下的《服务贸易总协定》(General Agreement on Trade in Services, GATS) 主要采用"正面清单"方式，但是美式投资协定主要采用北美自贸协定 (North American Free Trade Agreement, NAFTA) 开创的"负面清单"模式。

TPP 协定投资章节第 9.11 条规定了不符措施条款，即"缔约国提供的国民待遇、最惠国待遇、业绩要求、高级管理人与董事会等义务，不适用于政府采购或补贴等领域"，并设立附件 I 和附件 II，对 TPP 全体缔约国各自的敏感部门予以例外，但仅限于国民待遇、最惠国待遇、业绩要求以及高级管理人与董事会四项义务。具体而言，除列入下述两种附件的不符措施外，TPP 成员的国内市场应向外国投资者全面开放；成员承诺其现有措施不会在将来更具限制性，不会约束任何将来的自由化；成员在未来保留完全自由裁量权的措施和政策。

(4)"投资者—东道国"争端解决机制。"投资者—东道国"争端解决机制（Investor-State Dispute Settlement，ISDS）是 TPP 投资章节中颇具争议性的内容。TPP 投资规则中的投资保护条款与 ISDS 条款自谈判伊始一直备受争议，如何在追求 TPP 高标准促进投资自由化的同时，谨慎平衡投资者与东道国利益，建立公正透明的 ISDS 机制，始终是 TPP 谈判方的核心分歧之一[①]。

从最终文本看，ISDS 机制规定在 TPP 投资章节 B 节的第 9.17 条至第 9.29 条，基本秉承了美式投资协定的内容，但融入了一些新的规则，如在投资授权、仲裁员选任、赔偿范围、投资者的证明责任等方面有所细化。TPP 缔约方在 ISDS 方面进行的调整还包括：将提交仲裁的期限延长至 3 年零 6 个月、对准据法规定更加具体、不再限制合并诉讼中指定仲裁员的国籍、规定更详尽的"法庭之友"规则等。

2. CPTPP 协定对投资条款的冻结

2017 年 1 月美国退出《跨太平洋伙伴关系协定》（TPP）后，协定的前景一度黯淡。但是在日本等国的推动下，除美国外的 TPP 协定 11 国于 2018 年 3 月签署了《全面与进步跨太平洋伙伴关系协定》（CPTPP）。相比较 TPP，CPTPP 保留了原协定的大部分内容，比较明显的变化是暂时冻结了 TPP 的一些规定[②]。CPTPP 冻结的条款主要集中在知识产权和投资争端解决机制（Investor-State Dispute Settlement，ISDS）两方面。其中不少条款都是美国在参加 TPP 谈判时力主加入的，但是对于其他成员国而言却有些难以实施或执行。特别是在 ISDS 机制方面，CPTPP 除了冻结部分条款外，还允许成员方通过补充协议的方式对投资仲裁的争议范围进行限制。

CPTPP 投资争端解决条款的文本变化方面，与 TPP 相比，在 ISDS 机制方面，CPTPP 在文本内容上做出改变的主要目的在于限制 ISDS 的受案范围。为此，CPTPP 成员方从以下两个方面做出了努力：

①冻结条款。CPTPP 在投资章节设计上不少方面都沿袭了北美自

[①] 石静霞、马兰：《〈跨太平洋伙伴关系协定〉（TPP）投资章节核心规则解析》，《国家行政学院学报》2016 年第 1 期。

[②] 张生：《CPTPP 投资争端解决机制的演进与中国的对策》，《国际经贸探索》2018 年第 12 期。

贸协定（NAFTA）和美国投资条约范本的规定。一些学者通过研究发现 TPP 投资章节的文本与 2006 年《美国—哥伦比亚自由贸易协定》的 81% 相同。美国在投资条约实践中会特别明确，因东道国政府违反投资协议和投资授权而产生的争议可以提交国际投资仲裁。不过 CPTPP 却冻结了与投资协议和投资授权有关的规定，这些规定体现在投资定义、提交仲裁请求、仲裁员的选择和准据法等条款以及专门规定投资协议的附件。如此一来，以东道国在自然资源开发和基础设施建设方面违反与投资者签订的投资协定为由提请仲裁将不再被接受。此外，CPTPP 也冻结了金融服务一章中有关公平与公正待遇的相关规定，据此外国投资者不能主张缔约国的金融服务措施违反了公平与公正待遇而提起投资仲裁。

②换文或互惠协定。与 TPP 相比，CPTPP 成员国享有更多的缔约自主权，对于 ISDS 机制的适用，CPTPP 考虑到各国的不同国情，并未明文禁止各成员国之间通过签订互惠协定或更为便捷的换文的形式限制 ISDS 机制的适用范围。许多成员国依据自身情况纷纷采取此类形式。例如，新西兰与澳大利亚通过签署互惠协定规定 CPTPP 中的 ISDS 机制在两国之间不适用。同时，新西兰也与文莱、马来西亚和越南签署换文，详细规定"用尽当地救济"原则。此外，新西兰和文莱的换文直接排除 ISDS 机制的适用，投资者的母国应当与东道国依据双方签署的有关双边磋商的协定进行协商。新西兰宣布，将不断推进与其他成员国的友好协商，借以解决新西兰对适用 ISDS 机制解决投资争端的担忧。除此之外，在交换文化参考资料时，加拿大政府表示它可以针对"加拿大内容"发展做出一些歧视性安排，或者限制公众对在线外国影视文化内容的访问。秘鲁否认外国投资者享有对烟草控制措施提请仲裁的权利。若秘鲁政府尚未对争端提出处理意见，而第三方仲裁机构对此类案件进行仲裁，则该仲裁程序应当终止[①]。

（二）USMCA 投资章节的内容变化

USMCA 是美国与墨西哥、加拿大在 1994 年 NAFTA 的基础上更

---

① 张文磊：《CPTPP 视角下投资者——国家间争端解决机制的发展我国对策研究》，硕士学位论文，华东政法大学，2019 年。

新的协定。但与 NAFTA 不同的是 USMCA 协定的实质发生了根本变化。与 NAFTA、美国 2012 年投资协定范本和美国曾参与谈判的《跨太平洋合作伙伴协定》(TPP)相比，USMCA 的投资章节在投资保护、企业社会责任和争端解决方面都做出了不少改变。在国际投资法制正面临大变革的背景下，这样的改变增加了国际投资仲裁制度改革的不确定性。

1. 投资保护

在投资定义方面，USMCA 沿袭了美国 2012 年投资协定范本和 TPP，规定投资涵盖投资者直接或间接拥有或控制的各种财产，同时投资需具有资本或其他资源投入、收益或利润的期待以及风险的承担等特征。不同的是，USCMA 明确排除将司法或行政行为中做出的决定或判决看作投资。

关于国民待遇和最惠国待遇，USMCA 也参考了 TPP，规定在认定政府是否在"同类情形"下授予待遇时，需要考虑整个情形，包括相关待遇是否基于合法的公共福利目标在投资者之间或投资之间进行区分。此外，USMCA 对于这两种待遇的具体适用还做出进一步规定，判断是否存在歧视待遇要考察同一政府针对不同投资者所采取的措施，尤其是对于非中央层面的政府而言[1]。

在公平与公正待遇方面，与美国 2012 年投资协定范本相同，USMCA 同样指出公平与公正待遇以及完全的保护和安全不要求额外的或超过最低待遇标准的待遇，也不创设额外的实体权利。USMCA 还进一步指出不能仅依照缔约一方采取或未采取与投资者期待不一致的行为，就认定该缔约方违反了公平与公正待遇，即使政府作为或不作为的结果造成了投资者的损失。需要指出的是，尽管投资者的合法期待在认定公平与公正待遇方面不起主要作用，却与征收有着密切联系。USMCA 针对征收的附件 14-B 规定，在逐案认定间接征收是否存在时，需要重点考虑政府行为干预投资者明显的和合理的投资期待的程度。

---

[1] Saluka Investments B. V. V. The Czech Republic, UNCITRAL, Partial Award, 17 March 2006, p. 302.

2. 企业社会责任

与 NAFTA 相比，USMCA 引入了企业社会责任条款①，要求缔约方鼓励其境内或受其管辖的企业自愿将缔约方支持或认可的有关企业社会责任的国际公认的标准、指南和原则纳入企业内部政策。这种规定与 TPP 基本相同。差别在于，USMCA 进一步明确相关国际公认的标准包括《经合组织跨国公司指南》等。这些标准、指南和原则能够就企业在环境、劳工、人权、性别平等、原住民权利和腐败等方面的行为提供指引。USMCA 将相关的企业社会责任标准进一步具体化，能够为企业实现相关目标提供更明确的引导②。

3. 投资争端解决

与 NAFTA、CPTPP 相比，USMCA 中投资争端解决机制出现国别变化。加拿大完全放弃国际投资争端的仲裁路径，这意味着，除非另有约定，美国与加拿大的投资争端、墨西哥与加拿大的投资争端，不得诉诸仲裁进行解决，只能诉诸国内法院、国家间的仲裁或其他救济方式解决。2014 年加拿大在《加拿大与欧洲联盟综合经济与贸易协定》(CETA) 中设置了投资法庭与上诉机构作为解决机制，表明加拿大支持设立多边投资法院的方式来解决投资争端，不再诉诸国际投资机制解决③。这是一种新动向，意味着国际投资争端解决机制在不断进行改革。

此外，美国与墨西哥之间的投资争端仍可通过 ISDS 进行国际仲裁解决，USMCA 对投资仲裁方式进行了相当大程度的限制，这种限制规定在第 14 章投资章节中，具体为附件 14-D 墨西哥与美国国际投资争端。该附件对投资争端仲裁的限制主要从以下两个层面进行：一是限缩了可诉诸仲裁的投资争端范围，明确将投资设立与取得、间接征收排除在可仲裁范围之外；二是规定了仲裁的前置程序，分别从时限要求与当地救济两个维度对仲裁程序的启动进行了限制。时限要求指的是在国内法院程序终结后或起诉后之日起三十个月后方可提起仲

---

① Article 9.17 of TPP.
② 张生：《从〈北美自由贸易协定〉到〈美墨加协定〉：国际投资法制的新发展与中国的因应》，《中南大学学报》（社会科学版）2019 年第 4 期。
③ GATT (1947) 第 24.4 条。

裁程序；当地救济要求指的是投资者在依 ISDS 机制提起仲裁前首先应在东道国国内法院起诉，即用尽当地救济①。

但上述两方面的限制，使得仲裁程序的提起呈现高难度的特征，考虑到时间成本及提起仲裁的难度，迫使投资者放弃仲裁救济，转向国内救济，这也是在国际投资仲裁领域出现的新动向，即投资仲裁解决机制回归国家化，扩展东道国对该投资争端的治理。

4. 美国与墨西哥之间有关协定涵盖的政府合同的争议

除了规定一般的投资争议解决程序外，美国和墨西哥专门就涵盖政府合同有关的争议解决做出特别规定，目的是为美国投资者在墨西哥的投资，特别是油气行业投资，提供额外保护。墨西哥新总统提出的能源独立的主张使得美国的一些能源巨头担心它们的投资会受到影响，而 USMCA 的规定消除了这些企业的顾虑，保障了美国的能源企业的潜在收益。

USMCA 规定的"涵盖政府合同"指的是缔约方的国内当局与另一缔约方投资者之间达成的授予其或其投资在涵盖部门相关权利的书面协议。而"涵盖部门"指石油、天然气、通信服务、发电服务、交通服务以及公路、铁路、河道和桥梁等的拥有和管理等。

USMCA 规定，对于因涵盖政府合同而产生的投资争议，投资者在提起仲裁请求时的依据没有限制，既可以主张东道国违反了国民待遇和最惠国待遇，也可以主张东道国的行为违反了公平与公正待遇，或者构成了间接征收。但它同时要求，引发仲裁请求的事件发生之日起 6 个月内投资者不能提出仲裁请求，投资者需要在首次知道或者应当知道东道国政府违反协定后 3 年内提出请求。

（三）一体化组织投资政策的发展趋势

USMCA 的签署以及 CPTPP 的重新签订，都对国际直接投资的发展产生了深远的影响，也显示了区域经济的发展趋势。

1. ISDS 机制正从美国主导向多元化路径演进

美国签署 NAFTA 后，国际投资协定在很大程度上体现出一种

---

① 翁国民、宋丽：《〈美墨加协定〉对国际经贸规则的影响及中国之因应——以 NAFTA 与 CPTPP 为比较视角》，《浙江社会科学》2020 年第 8 期。

"美国化"（Americanization），特别是2000年后这一趋势更加明显，包括欧盟在内的世界上的主要国家或地区在进行投资协定谈判时都开始沿袭NAFTA的相关规定。2018年，CPTPP的成功签署意味着美国在国际投资条约和ISDS机制发展方面的影响力正在逐渐减弱。尤其是在ISDS机制改革方面，各国都在积极考虑相应的对策。目前联合国国际贸易法委员会（UNCITRAL）也在多边层面推动探讨ISDS机制的改革。不同的改革主张，体现着不同国家或组织间的话语权之争，可以预见在不久的将来，这些不同的主张将会持续并存，共同推动ISDS机制从美国主导向多元化路径发展。

2. "卡尔沃主义"回归和"美国化"

"卡尔沃主义"是由阿根廷国际法学家卡尔沃（1868年）提出的在国际投资争议中坚持东道国国内法管辖的主张，核心是反对外国投资者享受超国民待遇。当外国投资者与东道国政府产生争议后，外国投资者也应当将争议提交国内法院审理。"卡尔沃主义"一经提出，就广受发展中国家欢迎。20世纪70年代，当国际经济新秩序运动达到顶峰时，"卡尔沃主义"的一些原则还一度被写入联合国大会通过的《各国经济权利和义务宪章》等系列决议中。

但随着国际投资自由化进程的推进，发展中国家为了扩大利用外资，不得不接受国际仲裁庭的管辖权，这一度使得"卡尔沃主义"逐渐沉寂。但拉美国家退出《ICSID公约》和终止它们签署的投资协定，以及USMCA的签署，都表明"卡尔沃主义"正在回归。USMCA体现出来的"卡尔沃主义"色彩，这主要体现在：加拿大退出了国际投资仲裁机制，美国在USTR的谈判目标中明确提出，美国要求外国投资者不能获得超越美国国民的优惠权利。即使美国和墨西哥之间存在国际投资仲裁制度，USMCA也要求外国投资者在提起国际投资仲裁之前将争议提交东道国国内法院审理。USMCA所体现出的美国和加拿大在对待国际投资仲裁上的态度，表明不管是对发展中国家，还是对发达国家来说，对国际投资仲裁制度已经不再持完全自由化的支持态度。"卡尔沃主义"的回归，不仅存在于发展中国家的缔约实践中，在发达国家所缔结的自由贸易协定或投资协定中也有清楚的体现。可以预见，它也会对以后的投资协定产生持续影响①，形成新的投资争端解决原则。

3. 投资争端解决机制改革方案"碎片化"加剧

虽然国际投资制度改革已经成为各国的共识，但是在具体的改革方案上分化明显。有学者曾试图将各国立场分为改革派、改良派、忠诚派和立场不定派等 4 个类别②，但是这样的区分也无法反映与此相关的全部立场。事实上，一国可能在不同的贸易或投资协定中采取不同的立场，背后可能是博弈的结果。例如，加拿大在《中国—加拿大双边投资协定》中接受了投资仲裁机制，在《加拿大—欧盟全面经贸协定》中接受了欧盟提出的投资法庭制度，并积极与欧盟共同推动建立多边投资法庭，但它却在 USMCA 中退出了投资仲裁制度。此外，美国虽然接受了投资仲裁机制，但是与其 2012 年投资协定范本规定的全面仲裁不同，USMCA 对于投资仲裁设置了诸多限制。这反映出不少国家更愿意根据自己的不同需求，针对投资仲裁机制在双边或者区域层面进行"个性化的定制"，这就使得原本不成体系的国际投资法制的"碎片化"进一步加剧。

本章小结

1. 投资政策是指一定时期内，一国为指导投资活动而制定和实施的具体规定和举措。它是整个经济政策和产业政策的重要组成部分，主要包括投资规模政策、投资结构政策、投资技术政策、投资管理政策等。

2. 投资政策目标的树立影响深远，并且随着国际投资环境的不

---

① 张生：《从〈北美自由贸易协定〉到〈美墨加协定〉：国际投资法制的新发展与中国的因应》，《中南大学学报》（社会科学版）2019 年第 4 期。

② Roberts A., "The Shifting Landscape of Investor-state Arbitration: Loyalists, Reformists, Revolutionaries and Undecideds", (2017 - 06 - 15) [2019 - 04 - 12]. https://www.ejiltalk.org/the shifting landscape of investor state arbitration loyalists reformists revolutionaries and undecideds.

断改善，投资政策目标也在不断变动。国际区域一体化组织的投资政策目标主要包括：维护公平竞争、推进投资自由化、调整投资争端解决机制以及加强环境与劳工保护。投资政策目标的设立为区域一体化组织投资政策的对策及比较奠定了基础。

3. 国际区域经济一体化组织的投资政策工具主要分为加强对外投资和吸引外部投资两个方向，其中以东盟、北美自由贸易协定及亚太经济合作组织作为典型代表，它们为了实现投资自由化和便利化采取了一系列的具体措施。加强对外投资的政策工具主要包括：信息与技术支持政策、财政政策、金融政策；吸引外资的政策工具包括：外资的促进行动、投资刺激措施。

4. 在区域多边层次中，一些重要的区域经济组织形成各自的投资政策，第三节的目标是通过对其投资政策进行比较，从而明晰其间的共同点及差异性。在主要目的、基本趋势、行业准入、业绩标准、多边待遇、企业责任、权益对等以及统一行动方面，国际区域经济一体化组织或多或少存在一部分共通之处，而区别之处主要体现在，不同的协定对成员国的法律约束力有所不同，法律约束力较强的规则为"硬制度"，反之则称为"软制度"。

5. 全面与进步跨太平洋伙伴关系协定（CPTPP）和美墨加协定（USMCA）的变动给投资政策带来了新的发展。与TPP相比，CPTPP对知识产权和投资争端解决（Investor-State Dispute Settlement，ISDS）机制等条款进行了冻结。USMCA的投资章节在投资保护、企业社会责任和争端解决方面都做出了重要改变。这两大一体化组织在投资条款上的变动表明国际投资政策正在面临"卡尔沃主义"的回归。

关键术语

投资政策　竞争中性投资　争端解决机制　外资促进行动　投资刺激措施　投资保护　产业竞争力　投资者与国家争端解决机制

本章习题

1. 区域一体化组织投资政策的目标主要包括哪些内容？

2. 比较促进国际投资的政策工具和吸引外来投资的政策工具之间的异同。

3. 国际直接投资自由化的含义是什么？与贸易自由化的联系和区别是什么？

4. 全球经济一体化影响深远，投资自由化也是各区域经济一体化组织不断倡导的目标，请问二者之间关系如何？投资政策自由化措施的施行对各区域经济一体化进程有何影响？

5. 国际直接投资便利化的主要表现是什么？

6. 欧盟、北美自由贸易区和亚太经济合作和发展组织制定的国际投资政策有何区别？原因是什么？

7. 国际经济一体化组织投资政策的新发展趋势如何？对中国参与国际投资具有哪些启示？

第十章

国际区域经济一体化组织的竞争政策

本章学习目标：
- 掌握竞争政策的实施目标；
- 理解广义竞争政策与狭义竞争政策的异同；
- 了解反垄断政策的内容以及反垄断模式如何推动区域经济一体化；
- 熟悉欧盟、东盟自贸区以及北美自贸区的竞争政策及异同。

1890年7月2日美国颁布的《谢尔曼法》最早提及"竞争政策"（Competition Policy）相关内容。该法规定："凡以托拉斯形式订立契约、实行合并或阴谋限制贸易的行为，均属违法。"作为美国的"经济宪法"，《谢尔曼法》的实施为美国竞争政策的实施奠定了重要的基础，被认为是当代竞争政策的起源。区域贸易协定也较早对竞争政策相关问题进行规范，例如，1957年3月为建立欧洲经济共同体而签订的《罗马条约》就已制定了统一的竞争规则，1960年5月生效的《欧洲自由贸易联盟》第一次在自由贸易协定中纳入了竞争政策议题[①]。

对竞争政策的解释，迄今为止仍是一个比较模糊的概念，并没有一个统一的定义。从世界各国和经济体的竞争政策实践来看，现阶段

---

① 钟立国：《CEPA框架下粤港澳大湾区建设法律制度的协调与完善》，《广东财经大学学报》2020年第5期。

学者将竞争政策分为广义竞争政策和狭义竞争政策。狭义的竞争政策指鼓励竞争、限制垄断的反垄断政策[①],通常以反垄断法为核心的竞争法形式出现。广义的竞争政策是指影响市场竞争的所有政策,包括竞争立法和间接影响市场竞争的政策[②]。在世界现有的经济体中,美国、欧盟主要采用以竞争法为核心的狭义的竞争政策;世界贸易组织、联合国贸易和发展会议则从广义角度界定竞争政策,将竞争政策界定为包括竞争法和其他旨在促进经济发展的竞争相关措施[③]。

第一节 一体化组织竞争政策的目标

区域经济一体化组织对竞争政策的定义和认知理论虽然存在差异,但从竞争政策的主要实施目标来看,各区域经济一体化组织存在共通性。区域经济一体化竞争政策的实施以局部突破的方式释放贸易自由化红利,有助于维护区域内公平竞争、减少成员国内部的冲突,建立自由贸易网络从而推动区域内经济进一步融合和产业政策发展提高。区域内自由贸易网络的建立有利于资源配置效率提高和经济增长,从而进一步提升与其他国家的谈判能力和在国际社会的话语权。

一 维护公平竞争,提高区域内资源配置效率

国际区域经济一体化通过实现产品、生产要素的自由流动,降低区域内成员国市场交易成本、提高成员国之间的分工水平从而提高各国的生产力。国际区域经济一体化使各成员国经济相互渗透和融合,提高成员国之间资源配置效率。

(一) 维护区域内公平竞争及消费者权益

区域内各国间贸易壁垒的取消有助于促进区域内公平竞争,使区域内价格下降,同时可以提高区域内产品的品质进而提高给消费者带

---

① 江山:《政策融合视野下中国能源行业管制与竞争的法律建构——以石油行业为中心》,《当代法学》2014年第6期。
② 孔祥俊:《反垄断法原理》,中国法制出版社2001年版。
③ 王山:《实施竞争政策,应对复杂经济形势》,《中国经济周刊》2019年第22期。

来的福利。企业通过直接投资或跨国公司的形式进入新的国家时,东道国会采取一系列限制措施限制厂商进入,限制政策提高了厂商的生产成本,消费者从生产者得到的商品价格也随之上升,消费者的福利受到损失。为保证企业追求利润与提升消费者经济福利相统一,就必须建立一种经济秩序。

亚当·斯密以看不见的手生动形象地描述了追求自我利益和经济福利两者之间的关系。如果存在竞争,谋求自我利益的企业家"在看不见的手的引导下,促成了原不是他本意的结果"[①]。为使看不见的手有用武之地,竞争政策必须以确保经济不受阻挡为目标,促进厂商公平竞争和增加消费者福利。反垄断法通过立法的方式为企业创造了公平的营商环境。反垄断法反对回避竞争和排斥竞争的行为,通过对市场上企业的竞争行为、竞争策略以及市场结构进行规制,促进区域内公平竞争。

(二)提高区域内资源配置效率

通过反垄断法可以间接提高区域内资源配置效率。区域内各个成员国资源禀赋不同,区域经济一体化的建立有利于资源在成员国之间流动,降低产品生产成本,提高资源配置效率。

20世纪80年代以来,双边自由贸易协定重点强调自然资源,尤其是能源的供给稳定和运输安全[②]。首先,美国通过与加拿大、墨西哥签订北美自贸协定,使美国能源供应有了稳定的保障。其次,墨西哥拥有廉价的劳动力资源,美国将劳动力密集产业转到墨西哥可以降低美国产品生产成本,增强美国产品竞争力。建立自贸区之后,美国产品可以更自由地进入加拿大、墨西哥市场,为美国创造了优越的市场环境。这对扩大区内能源合作,提升能源产业效率显然是大有裨益的。

二 减少内部冲突,共同应对外部威胁

区域经济一体化政策的实施可以增加成员国之间的经济依赖,减

---

① [英]亚当·斯密:《国富论》,谢宗林、李华夏译,中央编译出版社2010年版。
② 姜文学:《国际经济一体化理论与战略》,东北财经出版社2013年版。

少成员国之间内部冲突。对于许多小国尤其是发展中国家而言，区域经济一体化政策的实施有助于抵御外部经济压力和政治压力。

(一) 减少成员国间的冲突

区域内关税政策和优惠待遇促进成员国之间经济交流，成员国彼此之间经济依赖逐渐加强。随着成员国之间经济依赖加强，切断这种经济依赖的成本随国家之间联系密切程度不断提高，成为国家关系破裂的掣肘。另外，竞争政策的实施减少了成员国贸易阻碍，成员国之间贸易往来更加频繁。有学者的研究表明，国家之间贸易量的增加会带来冲突的减少，两国之间的贸易额翻一番将使其发生冲突的可能性降低17%[①]。所以，竞争政策成为维系成员国之间和平共处关系、减少成员国之间冲突的重要力量。当然，也要看到，这种基于经济利益的冲突制衡作用是相对而非绝对的，对"经济压舱石"的作用限度和效度，仍需要审慎把握。

(二) 应对非成员国外部威胁

自1993年《马斯特里赫特条约》正式生效，欧盟诞生对世界其他地区经济联合起到了示范作用，促进世界新格局的形成。欧盟登上世界舞台后，美国为了适应全球化进程中区域经济一体化发展的总趋势，同时为了增强自身在世界经济中的总体竞争力来应对来自欧盟以及东亚经济区可能形成的威胁和挑战，美国联合加拿大、墨西哥建立北美自贸区巩固和加强美国在世界经济格局中的主导地位。对发展中国家而言，与区域内国家建立自由贸易协定同样有利于增强国家竞争力、促进国内经济发展。美国与墨西哥成立的北美自贸区除了可以各取所需，提高资源配置效率外，北美三国相互依赖程度进一步加深，经济政治联系进一步增强。

发展中国家与发展中国家之间的联合有利于增加其在国际市场上的影响力，有利于获得更多的贸易进出口、吸引更多外资，同时保障国内政治安全。随着欧盟、北美自贸区等几个典型区域经济一体化组织的形成，经济集团对全球市场进行分割，一体化组织内部贸易活动的增强使得发展中国家的产品越来越难以进口到发达国家。因此，发

---

① 姜文学：《国际经济一体化理论与战略》，东北财经出版社2013年版。

展中国家意识到只有加强地区团结才能反对超级大国的干涉和控制，增强国际话语权。例如，2010年1月1日正式启动的东盟自贸区一方面有利于巩固中国和东盟国家现有合作关系，扩大双方投资、贸易规模；另一方面东盟的建立有助于促进区域内各国物流、资金流和信息流流动，促进区域市场发展、创造更多财富，提升整个区域整体竞争能力，能更好应对来自欧盟、北美自贸区等区域经济一体化组织的施压。

三 提高谈判能力，强化同盟国关系

由于大国的经济规模庞大，在谈判中处于有利地位。而单个的小国家在与世界上其他国家和地区进行谈判时，由于讨价还价能力太低，往往处于不利地位。中小国家通过经济一体化可以采取集体行动，提高讨价还价的能力。

（一）提高贸易谈判能力

世界各国都重视经济竞争，在国与国之间的竞争愈演愈烈后，日益转变为区域贸易组织之间的竞争，变成经济区域之间流通能力的竞争。各国为了寻求在顺畅的流通中效用的最大化，以某种形式的让渡、国界的虚化换取流通的更大自由。如欧盟采取"合纵连横"的战略，不仅在欧洲加紧对外经济扩展，致力于"大欧洲自由贸易区"的构想，而且在拉美、非洲和亚洲等地积极展开经济合作；美国为抗衡不断扩大的欧盟，设立北美自由贸易区，并与其他国家签订区域协定[1]。

大国旨在通过区域贸易协定的方式，在全球范围内建立区域贸易协定网络，成为轮轴国，增强在国际范围内的话语权，实现本国的外交政策。单个中小国家在与世界其他国家或者地区进行贸易谈判时，由于国家太小，讨价还价能力不强，往往处于不利地位。因此，中小国家通过与大国签订区域贸易协定的方式可以获得先发优势，有助于实现市场多元化，通过轮轴国这一"跳板"，进入发达国家市场，形成足够大的贸易额，提高讨价还价的能力和国际市场竞争力。例如，

---

[1] 刘德标、李秀娥：《区域贸易协定概论》，中国商务出版社2009年版。

欧洲通过小国抱团方式构建欧洲经济共同体与美国的谈判，促进美国更大程度开放制成品市场，改善了欧盟成员国的制成品进入美国市场的条件。类似的逻辑在东盟国家也正在上演，并显示出巨大推动力。

（二）强化同盟国关系

由于发展水平不同、利益诉求相异，发达经济体意识到在多边范围内达成贸易协定难以取得进展。为此，美欧贸易政策做出重大调整，从倚重多边体系框架转向谋求多元化的规则重构路径，推动《服务贸易协定》（TISA）的诸边谈判、双边和区域自由贸易协定谈判，包括《跨太平洋伙伴关系协定》（TPP）和《跨大西洋贸易投资伙伴关系协定》（TTIP）谈判，试图占据规则谈判制高点[①]。美国选择 FTA 谈判对象通常会从政治上和经济上进行权衡，标准之一是伙伴国是否履行在 WTO 框架下承诺的义务，是否支持美国在美洲自由贸易区和 WTO 谈判的关键立场。在这种形势下，发展中国家要坚定自身立场，增强与同盟国之间的关系，维护发展中国家发展权利，推动高标准国际经贸规则重构中兼顾发达国家和发展中国家的利益。

四 推动区域融合，规范全球贸易秩序

在区域经济一体化背景下，全球区域贸易协定数量急剧增加。区域贸易协定的实施有助于推动区域融合，规范全球贸易秩序，促进区域经济一体化组织形态向更高层次转变。

（一）推动区域竞争政策融合

世界各国竞争政策的发展推动全球竞争秩序的完善，但是经济全球化的发展也导致跨国并购野蛮扩张、国际卡特尔无序增长等反竞争行为频发，阻碍全球良好竞争秩序的构建[②]。不同国家在处理竞争事件时往往受到本国产业政策、政府态度的影响，这使国家在处理跨国化的竞争事件时做出的判决或采取的立场常常遭到其他国家的激烈批评或反对。不同国家竞争法的不同带来的冲突导致企业在全球市场上

---

① 张萍：《服务贸易规则重构对中国的影响及应对》，《国际经济合作》2017 年第 6 期。
② 王晨竹：《全球竞争政策协调的图景展示和发展趋势》，《竞争法律与政策评论》2020 年第 6 期。

的经营成本和不确定性增加，间接影响消费者成本给全球竞争带来负面影响。在缺少统一国际竞争政策的背景下，竞争政策的国际协调呈现多层次、多维度的特点。域外适用作为单边主义的路径选择曾经发挥过重要的作用，随着国际礼让原则式微而逐渐失效，域外适用滥用带来的负面影响越来越明显。

WTO贸易与竞争政策工作组试图将竞争法纳入其中，规范全球竞争秩序。但是各国竞争法目标、规范、方法和机构的不一致使WTO竞争政策谈判一度陷入停滞，竞争政策多边贸易谈判面临很大阻力。域外适用原则对竞争政策的管辖权进行扩张，突破国界范围，对其他国家和地区影响本国的竞争政策进行规范。美国作为第一个拥有现代竞争法的国家，也是首先确立竞争法域外适用规则的国家。美国反垄断法的域外原则扩大了美国竞争政策管辖范围同时影响了其他国家竞争政策管辖权，有助于倒逼其他国家或引导其他国家主动适用域外原则。与美国不同，欧共体竞争法在最初生效时的首要任务就是把各成员国的市场统一成一个经济自由、竞争秩序稳定的共同市场。所以，欧共体反垄断法不仅要维护公平竞争秩序，还需要保护成员竞争法融合统一的过程。欧共体的竞争法体系无论是从实体还是程序上都是目前最为完善的区域竞争体系，是一个非常重要的区域竞争规范范本，欧共体竞争政策的架构和具体内容对其他区域有很强的借鉴意义。

（二）规范全球竞争秩序

随着经济全球化的发展，各国经济相互影响的关联性不断加强。一个国家的跨国公司实施的反竞争商业行为可能会损害其他国家的竞争秩序，所以建立符合经济和政治原则的国际竞争协定对反竞争行为进行规制尤为重要。但是在全球范围内建立统一的竞争政策难以协调各国利益，往往只能实现最低标准的竞争目的，国际竞争法只能先在区域内慢慢建立，逐步推动全球竞争秩序的形成。

五 促进产业创新，协调与产业政策关系

产业政策和竞争政策都是国家政策体系的重要组成部分，是国家经济治理的重要工具。竞争政策是促进产业政策实施的重要条件，因为它能够给创新提供正确的激励。竞争政策实施可以促进产业创新，协调与产业政策之间的关系。

（一）促进产业创新

国际经验表明，政府应多把政策重心放在提供一个良好的环境上，其中任何产业和任何企业只要具有创新能力和较高的生产率就能够发展壮大。在区域经济组织发展中，市场支配地位、限制性交易协议、企业并购行为和政府权力都会阻碍创新，阻碍市场公平竞争。竞争政策的实施可为产业政策创造良好的公平竞争环境，使产业政策走向现代化的创新型经济之路。

（二）协调与产业政策之间的关系

按照结构性主义的说法，竞争政策是政府做出的产业制度安排，旨在实现有利于提升经济福利的产业结构。与此相反，进化主义则认为，竞争是每个人出于自我利益需要而产生的动态发现过程，进化主义不主张通过政府调控来实现资源最优配置和最优的技术变化率[①]。市场经济发展到今天，只靠亚当·斯密"看不见的手"不能解决现代市场经济中出现的各种问题。因此，协调竞争政策与产业政策之间的关系，避免制度冲突对经济发展的不利影响成为各国实施竞争政策的目标之一。

六　采取局部突破方式，加速释放贸易自由化红利

相较于困难重重的多边贸易自由化，区域经济一体化是突破多边谈判困境，通过次优选择获取贸易自由化红利最直接可行的方式。

（一）采取局部突破方式

20世纪90年代以来，全球多边贸易谈判举步维艰，各国通过区域经济一体化促进自由贸易和经济增长。就WTO而言，随着越来越多的成员国加入，成员国谈判达成一致或准一致的交易成本越来越高。当谈判内容涉及复杂的经济问题、政治战略及利益分歧时，成员国很难达成一致的意见。区域贸易协定采取局部突破方式，相较全球

---

① ［德］曼弗里德·诺伊曼：《竞争政策——历史、理论及实践》，谷爱俊译，北京大学出版社2003年版。

区域协定有更广泛的应用前途。区域贸易协定以特定区域为突破口，率先实现较小范围的贸易自由化，试图建立区域层面的多边机制，以此为基点向全球范围内扩散，逐步实现多边贸易竞争公平的指导目标[①]。

（二）加速释放贸易红利

由于在区域一体化组织内，成员国数目比 WTO 成员数目要少得多，在谈判过程中更愿意减让和提供便利，因此谈判比较容易达成。北美和欧盟地区都已经形成了自己的区域经济一体化组织安排。美国通过地区战略工具发展自由贸易区建设战略，通过先于周边国家签订双边自由贸易协定然后逐步融合成自由贸易区，实现国家经济发展战略和安全战略，与美国签订区域贸易协定的国家也通过这种方式增强了在国际社会上的话语权。区域贸易协定也有助于成员国经济增长，成员国之间贸易壁垒的削减甚至拆除有助于生产要素和商品的流动，降低产品生产成本，提升经济效益，达到"双赢"或"多赢"的目的。

第二节 一体化竞争政策的工具

一体化竞争政策工具主要包括反垄断法（Anti-monopoly Law）、原产地规则（Rules of Origin）、竞争中性（Competitive Neutrality）、市场准入（Market Access）和救济措施（Relief Measure）等。

一 区域经济一体化与反垄断

反垄断法是调节市场竞争关系的法律，是竞争政策的核心。反垄断法从各国的国内法中成长起来，成为规范国际领域市场经济的方式。

（一）反垄断法的概念及内涵

经济学意义上的垄断，通常有两种含义：其一为垄断状态，系指

[①] 肖雯：《区域贸易协定与 WTO 多边贸易体制的对立统一及良性互动——兼论中国的战略选择商业时代》，2014 年第 25 期。

在垄断资本主义阶段,竞争的发展导致了资本的集中,当资本集中到一定程度就会出现一家企业独占市场或几家企业分占(寡占)市场的局面;其二为垄断组织①。反垄断法,顾名思义就是反对垄断和保护竞争的法律制度②,是通过规范垄断和限制竞争行为来调整企业和企业联合组织相互之间竞争关系的法律规范的总和③。

(二)区域贸易协定中反垄断法内容

在区域经济一体化进程中,反垄断法规制的对象主要包括:垄断协议、滥用市场支配地位、经营者不适当集中、行政垄断等。

垄断协议(Monopoly Agreement)即限制竞争协议,是指排除、限制竞争的协议、决定或其他协同行为。垄断协议通常可分为横向垄断协议和纵向垄断协议,二者存在很大的区别。同一行业的经营者存在竞争行为,如果它们试图通过固定价格、划分市场、限制数量或联合抵制等行为来阻止其他经营者进入市场,从而谋取不正当利益就构成了横向垄断协议行为。横向垄断协议的竞争者存在明显的对立关系,对竞争影响较大,各国往往对横向竞争协议进行严格把控。纵向垄断协议的行为主体是处于不同经营层次具有上下游关系的经营者。纵向竞争协议中的经营者一般不处于同一层次,更多的是买卖交易关系,主要包括供应商和承销商之间达成的限制竞争的协议。相较于横向垄断协议,虽然纵向垄断协议也会导致经营者攫取不当利润,但是纵向垄断协议也有利于解决提高服务质量和解决"搭便车"的问题,因此各国对于纵向垄断协议限制没有横向垄断协议限制强。欧盟颁布的《纵向价格行为限制条例》中同样对有利于市场竞争的纵向价格垄断协议进行了豁免。

市场支配地位(Market Dominant Position)是指在相关产品市场上,企业没有竞争者或者没有实质上的竞争者,在市场上具有某种程度的支配或控制力量。企业支配地位是由企业竞争产生的一种经济现象,本身并不违法,当企业滥用市场支配地位限制其他企业进入市场

---

① 这里的垄断组织包括:卡特尔(Cartel)、辛迪加(Syndicat)、托拉斯(Trust)、康采恩(Konzern)。
② 周昀:《反垄断法新论》,中国政法大学出版社2016年版。
③ 曹士兵:《反垄断法研究》,法律出版社1996年版。

就需要利用法律手段予以限制。厂商滥用市场地位的行为主要包括实施垄断价格、实施掠夺性定价、搭售和附加不合理条件、拒绝交易和独家交易等。在国际市场上，一个国家由于拥有某些自然资源、特质资源或者其他国家没有的优势，其他国家对该国家的需求大于供给，使得资本不断聚集形成市场支配地位。在该领域的生产和销售就会被垄断组织所控制，垄断组织通过垄断高价卖出或垄断低价买入形成高额垄断利润，同时排挤相同领域的竞争对手。厂商利用掠夺性定价（Predatory Pricing）将价格控制在绝对的价格低位时，就可以通过搭售的杠杆效益将市场的支配地位扩大到另外一个市场，同时拒绝与特定对象交易或选择某些特定对象进行独家交易。滥用市场支配地位严重违背了自由竞争的贸易原则，阻碍区域经济一体化进程。

　　经营者不适当集中是指经营者通过企业合并、取得股权或者资产以及通过合同等方式对其他经营者的控制权或者能够对其他经营者施加决定性影响。[1] 企业通过合并、取得股权等方式获得企业的控制权，市场上的经营者因为"集中"导致数量减少。当市场上的经营者数量过少过度集中时，就会影响到市场上的有效竞争，消费者利益和市场运行效率就会受到影响。随着经济全球化发展趋势，跨国公司的兴起给区域经济一体化自由竞争贸易形式带来了机遇和挑战。各区域经济一体化组织一直致力于规范经营者集中相关组织协定，减少大型企业特别是跨国公司对市场自由竞争造成的严重影响。

　　除了反垄断法外，公平审查制度也以制度形式予以补充。传统的反垄断法主要规制市场的竞争行为，当公权力通过某种手段干预市场时，法律无法对其进行管制。公平竞争审查制度是国家政府有意识地对公权力干预市场的能力采取的内部的控制机制，体现了一个国家的决策层对市场自发形成的秩序的敬畏感。欧盟的公平审查制度超越了一般的关税同盟或自由贸易区的自我审查制度，构成了一套超国家的司法审查体系。欧洲法院行使监管裁决职能，对区域内国家违反公平竞争的行为进行裁决。监督区域内每一个国家遵守法律法规，谨防滥用主权地位、实施垄断价格、竞争者不适当集中等垄断行为出现，维

---

[1] 尚明：《反垄断法理论与中外案例评析》，北京大学出版社2008年版。

护区域经济自由贸易。北美自贸区并没有涉及公平审查制度的专门规定，由各成员国分散审查，自主做出行政决定。

（三）区域贸易协定的反垄断模式

区域自由贸易协定的实施是为了实现区域内经济一体化，促进经济迅速发展，提高社会福利。但很明显，私人限制竞争肯定是不利于区域内经济自由化的。为了更好地发展区域贸易自由化，反垄断法作为一种政策工具出现了。反垄断法作为维护市场经济体制的根本法，通过维持和促进竞争，推动市场要素的合理流动，调节生产和优化配置资源。

二　原产地规则

原产地规则的目的在于限制"贸易偏转"，防止区外第三国免费"搭便车"行为。在多边贸易自由化进程受阻的客观环境下，考虑到区域贸易安排在推动地区贸易自由化方面的积极作用，WTO 允许原产地规则在区域内可以实行"对内自由、对外歧视"的差别贸易政策，界定区域内真正的受惠对象，遏制区外成员"搭便车"的行为。区域贸易安排原产地规则作为维护优惠区域内部公平贸易竞争环境的"守门人"，实现了维护和创造公平、公正、透明的区域内公平竞争环境的职能。

（一）原产地规则的概念及内涵

原产地是指生产或者制造货物的国家中，对产品进行实质性改变生产的最后一个国家。原产地规则也称"货物原产地规则"，指一国根据国家法令或国际协定确定的原则制定并实施的，以确定生产或制造货物的国家或地区的具体规定。海关根据原产地规则标准确定货物是否由区域内成员生产，并给以相应的海关待遇。

当前的区域贸易安排以自由贸易区和关税同盟为主，而且以自贸区最多。由于自由贸易区在对内取消贸易壁垒的情况下，对外仍保持各自的贸易政策，这就使其他区外非成员有可能利用成员国之间关税等贸易壁垒的差异，以外部贸易壁垒最低的成员国为通道享受区域贸易安排，从而使外部贸易壁垒较高的成员国损失关税收入或其他经济利益。有学者曾指出，如果没有原产地规则限制，区外非成员国货物通过市场准入条件较低的成员国转运或经过简单加工而进入市场准入条件较高的成员国，贸易偏转行为会使区内成员国为了获得关税收入，而竞相降低外部关税[①]。

(二) 区域贸易协定原产地规则的基本内容

就区域贸易协定原产地规则本身结构而言，区域贸易安排原产地规则的内容一般包含两大部分：一是关于原产地认定标准的定义，又可称为"实体规则"，二是关于原产地规则实施海关程序的规定，又可称为"程序规则"。"实体规则"中货物原产地判定标注是原产地规则的核心内容，它具体规定了确定商品（也称产品）原产地的标准。程序规则主要就其制定原则、适用范围、实施程序、管理机构、罚则及争端的解决等做出规定，规范原产地规则的管理体系，体现原产地的透明度。

根据产品生成是否包含进口材料或加工活动，具体产品的原产地规则可以分为完全获得原产地规则或实质性改变原产地规则。完全获得原产地标准，该标准是指若生产品的生产获得只涉及一个国家为原产地。由于这类产品的获得或生产只涉及一个国家，其原产地的判定具有很大的确定性，各国大都做此规定，不易产生分歧，相对比较简单。实质性改变规则，该标准是指若产品的生产加工设置涉及一个以上国家，所以该产品最后完成实质性改变的国家为原产地。判断是否发生实质性改变的标准主要有：税则分类改变标准、价值增值标准和技术要求标准。

税则分类改变标准是根据产品与生产产品所用的中间投入品所属的 HS 税则分类是否在规定层级发生了变化，由此来判定含有进口成分的最终产品是否在出口国发生了实质性改变，如果机构成分在生产加工前后所属的税号归类在某一层，则可以认为该产品已经经过充分的制造或加工，发生了实质性改变，产品的原产地即为生产活动的发生国。从价百分比标准是根据产品在出口国生产加工后所获得的价值增量来判断商品是否发生"实质性改变"。

价值增值标准是根据产品在出口国生产加工后所获得的价值增量

---

① 梁瑞：《区域贸易安排的原产地规则》，知识产权出版社2012年版。

状况来判断产品是否发生"实质性改变"。具体有三种表示方法：最低区内价值成分、最高进口价值成分、最低原产零部件价值成分。该标准对原产地资格的规定相对间接明了，而且通常是规定一个统一的比例适用所有的商品。由于是既定的唯一的比例限制，因此和其他标准相比，该标准很难在技术层面上给某些产品增加限制。

加工工序标准是根据产品生产加工过程中的某些特定工序是否在成员国进行过加工，来判定产品是否能够取得该国的原产地资格，因此又被称为加工工序标准。该标准主要适用于某些特定产品，一般不单独使用，而是作为税则分类改变标准或者价值增值标准的补充标准。

除了产品特定原产地规则外，多数区域贸易协定还通过一般性的制度性规定来放松或者加强产品特定原产地规则，主要包括：容忍原则、吸收原则、累计原则等，这些规定在一定程度上放松了产品特定原产地规则对区域优惠的限制程度，使区域一体化成员国能够实施"对内自由，对外歧视"的差别贸易政策以及在现行区域安排成员国中广泛存在的区外差别政策。

（三）区域贸易协定的原产地规则模式

关于原产地规则，世界贸易组织没有对区域贸易协定中的原产地规则做出具体规定，只对成员国原产地规则作了概括和抽象性要求，给区域一体化组织制定原产地规则留下了较大的自由裁量空间。

为了提高区域内贸易效率，世界贸易组织框架内双边和区域贸易协定数量大大增加，不同区域贸易协定制定适合自己的区域原产地标准。从区域内范围来看，优惠原产地规则使区内生产商更多选择区内成员国的原材料或产品，有利于保护区域内成员国的既得利益；从全球范围看，交错复杂的原产地规则导致全球秩序"多轨化"，加剧了区域内"意大利面碗"效应，提高了企业的生产成本。经济全球化的发展使生产商的产品零部件可能来自不同国家，不同区域交错复杂的原产地规则使生产商不得不按照不同的原产地规则组织生产，使构建供应链的过程大大复杂化。

众多区域原产地规则中较有代表性的区域贸易协定原产地规则是以北美自贸区为代表的区域原产地规则和以欧盟为代表的区域原产地

规则。欧盟主要使用以税则主目改变为标准的税则分类标准和30%—50%的零部件价值标准；北美自贸区则把章和目的改变都作为税则分类标准和采用40%—60%的区域成分检测。与欧盟和北美自由贸易区复杂的原产地规则相比，许多亚洲、非洲和中东地区国家的区域贸易协定原产地规则要相对透明和简洁，基本上全面运用从价百分比标准增值比例要求，从25%到50%不等，特别是进口成分检测，有时以税则归类改变标准作为补充；税号改变标准经常是要求税则税目发生改变即可，也有规定必须是税则子目发生改变的。由于受到北美自贸区和欧盟原产地规则的影响，非洲和亚洲区域贸易协定原产地规则在一定程度上与北美自由贸易区或欧盟原产地规则体系相近。

三 竞争中性

竞争中性政策最初是用来保护国内市场公平竞争秩序的工具，后来逐渐演变成了一种对世界主要经济体具有约束力、促进国际市场上经营者公平竞争的国际通行规则[1]。

（一）竞争中性的概念及内涵

竞争中性政策是指在市场经济中任何经营者均不存在不当的竞争优势或者是竞争劣势。竞争中立作为竞争政策的一项重要内容，最早由澳大利亚提出。1993年联邦政府发布的《国家竞争政策》指出：国有企业因为所有权问题而享受各种特殊的竞争优势，这导致竞争市场的扭曲，竞争中立的核心就是纠正这些扭曲。经济合作与发展组织（OECD）在《国有企业和竞争中立原则》中给出更明确的定义，竞争中立可以被理解为一种法律和管制环境，在这种环境下，各种企业不管是公共的还是私有的，都将面对相同的规则体系，政府所拥有或是涉入的都不应当享有不公平的优势[2]。总的来说，竞争中立要求政府保持自身的中立性，旨在维护国有企业和私营企业的公平竞争环境。

---

[1] 张晨颖、李兆阳：《竞争中性政策的逻辑、构建与本土化实施》，《河北法学》2020年第6期。

[2] 鲁桐：《竞争中立：政策应用及启示》，《国际经济评论》2019年第6期。

（二）竞争中性的主要内容

竞争中立主要包括税收中立、债务中立、回报率要求、管制中立等方面的规定。税收中立要求政府在对国有企业和私营企业征税时采取非歧视原则，在从事商业活动时税赋水平应相当。债务中立要求政府要对政府担保的国有企业征税以补偿国有企业因政府担保产生的竞争优势。回报率要求是指国有企业要实行商业化运作，经营回报率应与市场水平一致。管制中立是指政府应给国有企业和私营企业提供相同的管制环境，不得对国有企业的商业活动放松监管。

（三）区域贸易协定中的竞争中立模式

近年来，竞争中立原则得到了欧美国家的认可和采纳，美国副国务卿罗伯特·霍马茨提到金融危机以来，许多国有企业在国际市场中具有竞争优势是靠政府的支持而不是自身的创新优势和生产率，这影响了国际经济形势下市场的公平竞争。在北美自贸协定中，美国提出不能偏向于本国国有企业[1]。2018年签署的美墨加协定（USMCA）中指出，缔约方应当同意就分享包括竞争中立规则在内的以确保国有企业和私营企业之间公平竞争的最优做法的信息。美加墨三国的竞争中立制度比较抽象，三国可以就如何更好维护区域内良性竞争环境进行协商，欧盟则是较清晰地对竞争中立做出了规定。《欧盟运行条约》第106条规定：公用企业或拥有特殊排他性权利的企业应当同等适用市场竞争规则，若国家法律对其做出竞争豁免，则视为对本条约的违反，除非该措施对提供一般经济利益服务具有必要性[2]。因为欧盟成员国较多且国情各不相同，欧盟在区域范围内制定了相关的法律规定，各成员国可以根据各自国情制定相关政策。

四 市场准入

市场准入原则旨在通过增强各国对外贸易体制的透明度，减少和取消关税、配额和其他各种强制性限制市场进入的非关税壁垒，以及

---

[1] 尤敏：《浅析竞争中立政策及其对中国的影响》，《法制博览》2019年第16期。
[2] 毕金平、丁国峰：《论竞争中立制度对我国的影响及应对措施》，《江海学刊》2018年第6期。

通过各国对外开放本国服务业市场所做出的具体承诺，切实改善各缔约方市场准入的条件，使各国在一定期限内逐步放宽服务业市场开放的领域。

（一）市场准入的概念及内涵

市场准入是指在国际贸易方面两国政府间为了相互开放市场而对各种进出口贸易的限制措施。《1994年关贸总协定》要求各成员逐步开放市场，即降低关税和取消对进口的数量限制，以允许外国商品进入本国市场与国内产品进行竞争。这些逐步开放的承诺要求任一成员国在没有得到WTO的允许下，不得随意把关税提高到超越约束水平。市场准入措施包括关税壁垒、配额和进口许可证、技术性贸易壁垒，这里不再赘述。

（二）区域贸易协定中的市场标准模式

区域经济一体化可以减少关税壁垒和非关税壁垒，消除贸易障碍，促进产品和要素在区域内自由流动，促进资源在区域内高效配置。由于自由贸易协定的谈判生效时间、零关税过渡期、优惠安排的内容以及伙伴国的比较优势不同，区内成员国为了达成一致通过单边降税让渡部分权力，免税商品范围不断扩大。在南北型区域贸易协定中，发达国家在货物贸易的关税与非关税方面给予让步，即在关税减让的范围和程度上给发展中国家更大的优惠，而要求发展中国家在服务贸易环境劳工以及国内经济贸易政策等非传统利益方面的合作。对于区外国家，WTO规定不得实质性提高对非成员国的关税水平和贸易壁垒。理论上说，非成员国享有进入已经签署区域贸易协定成员国市场的权力，但区域贸易协定的排他性会对域外国家进入市场设置障碍。

第三节 一体化组织竞争政策的比较

区域贸易协定是一种国际机制，区域贸易协定机制的有效运转依赖于成员国相同的目标以及规则的合理运行。由于区域贸易协定签订的经济环境各不相同，加之各区域经济一体化组织层次不同，区域经济一体化组织各有其鲜明特色。

一　北美自贸协定的竞争政策

传统理论认为，只有在经济发达的国家之间，才能建立成员国间的平等互利的市场竞争，北美自贸区的存在打破了这个固定认知。北美自由贸易区由经济实力强大的发达国家和经济发展水平较低的发展中国家建立了经济上既有较大互补性和相互依存性、又有明显的不对称性的贸易集团。

（一）北美自贸区竞争政策的发展背景

1989年1月1日美加自由贸易协定的生效为北美自由贸易区提供了经验与范例。美加协定规定在10年内逐步消除关税壁垒以及解决贸易争端等内容，以促进美加双边贸易。美加自由贸易协定是一个"成功的开端"，为北美自贸区区域联合打下了基础，是北美自贸区成立的催化剂。1979年美国国会贸易协定法案中提出北美自贸区的构想，但起初并未受很大重视。1988年墨西哥总统萨利纳斯实行经济改革，采取了降低关税、清除非关税壁垒等措施，使墨西哥走出了困境，出现了经济增长与繁荣。萨利纳斯一系列促进自由贸易和公平竞争的手段增加了墨西哥对美加的吸引力，北美自贸区谈判正式提上日程。1992年12月17日，美加墨签署北美自贸协定，北美自贸区正式形成。北美自贸协定的顺利签订，标志着90年代世界区域经济一体化进一步发展。

北美自贸协定的主要内容包括：消除关税和削减非关税壁垒、开放服务贸易、便利和贸易有关的投资，以及实行原产地规则等。北美自贸区的建立，不仅对美加墨三国的经济产生了推动作用，也对世界贸易和经济产生了很大影响。北美自贸区具有区域集团的共同特点，即对内开放、对外保护。这样使世界其他地区加快了建立区域经济合作区的步伐，在一定程度上意味着区域保护主义的加重以及世界更加多极化。

（二）北美自贸协定的相关规定

北美自贸区建立的宗旨包括"消除贸易壁垒，便利货物和服务在成员领土间跨国界流动"和"改善自由贸易区公平竞争条件"。北美自贸区主要通过原产地规则、关税和非关税壁垒等方式实现消除贸易壁垒，促进成员国平等竞争解决贸易争端，促进区域性经济合作的目的。

1. 反垄断法

北美自贸协定中指出协定的任何条款不得解释为禁止任何一成员设立或支持一种垄断企业，即北美自由贸易区仅在竞争政策及法律原则上对垄断进行限制性规定，并不阻止垄断的存在。垄断企业在意欲建立或授权建立垄断企业时，必须通知受害者同时将受损失企业的损失根除或降到最低，垄断企业要在协定的限制范围内运作[①]。除了对私企的垄断行为进行限制性规定，协定对国有企业的行为也做出了相关规定。国有企业按照协定相关规定给予另一成员国在其领域内的货物、投资和服务以非歧视待遇。北美自由贸易协定通过对私人企业和国有企业的行为进行规定，规范了垄断企业的经营行为，为企业开展自由贸易提供保障，有助于区域经济公平竞争秩序的实现。

2. 原产地规则

为了防止贸易偏转，北美自贸协定制定了严格的原产地规则。

（1）按照原产地规则规定，凡全部在北美地区制造的商品即为原产地产品。凡非该地区原料所制造的商品，只要在北美自由贸易区任何一个成员国内加工，也可列为原产地产品。但加工后的产品需足以改变其税号分类。凡成品与其原件的税目分类相同，可以视为原产地产品。

（2）有些产品难以按照税目分类确定是否属于原产地产品，则须按照商品在当地生产增值的比例加以评判。

（3）汽车工业产品为享受第三国优惠待遇，应具备一定的地区成分比例。

（4）协定对纺织品专门规定了"从纱线起"和"从纤维起"的原产地规则。美国在2003年以前，对墨西哥生产但不符合原产地规则的某些种类的纺织品仍给予一定配额，在此配额内也享受优惠关税。

---

① 李昌奎：《世界贸易组织〈反倾销协定〉释义》，机械工业出版社2005年版。

第十章　国际区域经济一体化组织的竞争政策

（5）为避免有些产品因含有少量非本地区材料而失去优惠待遇，协定规定了"最低限度"条款。根据该条款，某一商品虽然在其他方面不符合特定的原产地规则，但只要外来材料价值低于商品总成本或价格的7%，也被视为区内产品。

原产地规则确保只给区域内的成员国生产的商品予以优惠，而不给予全部或者大部分在其他国家生产的商品，以保证成员国对外贸易政策，尤其是关税政策的实施。

3. 关税与非关税措施

北美自贸协定在关税与非关税措施方面，针对三个成员国不同的经济发展情况，制定了如下措施：

（1）对根据原产地规则被视为北美的商品逐步取消所有的关税。99%的商品贸易的关税或在5年或10年内逐步取消。某些敏感产品的税率最迟在15年的期限内按每年减少相同的百分比取消。

（2）三国取消数量上的禁止和限制，如在边境实行的进口许可和配额。但是，每个成员国保留在边境上实行有限制的权利，以保障人和动植物的生命或健康或保护环境。并对墨西哥不符合原产地规则的加工产品逐步取消进口配额。

二　欧盟的竞争政策

欧洲联盟（European Union），简称欧盟（EU），是当今世界上经济实力最强、经济一体化程度最高、最具影响力的一体化组织。欧盟的发展是一个长期的动态整合过程，既包括了一体化程度的加深，也包括成员国数量的增加。欧盟区域贸易协定是一个逐步发展与深化的庞大的条约与法律、政策体系，为了实现统一大市场在竞争政策领域制定和实施了共同的政策和制度。

（一）欧盟竞争政策背景

欧洲煤钢共同体（ECSC）的成立标志着欧共体竞争政策的开始。1951年签订的《欧洲煤钢共同体条约》第65条和第66条分别规定，首先应该禁止卡特尔，其次，企业并购必须事先得到最高当局的批准。1957年的《欧共体条约》规定，除个别特例外，禁止签订限制竞争的相关协议、禁止滥用主导地位。1989年，增加了有关并购监管的规定。

欧共体竞争政策的首要目标表现在《欧共体条约》的第 3 条，即监理一种能保护共同市场上的竞争既不会因个人限制也不会因国家干预而遭到扭曲的制度。因此，欧共体的竞争政策还包括对成员国予以本土企业国家政策补贴的监督。除了保持欧盟内部市场上的公平竞争以促进经济发展之外，欧盟还将促进欧盟市场的进一步发展作为第二个目标。欧盟共同对外政策的基本目标和原则在《欧洲经济共同体条约》中做了明确规定：成员国之间为着共同的利益建立关税同盟，旨在使世界贸易协调发展，旨在降低关税壁垒，逐步消除国际贸易障碍。欧盟区域贸易协定逐步深化与发展，已经实现了货物、服务、人员和资本的自由流动，并在许多经济社会领域制定和实施了共同的制度和政策。

（二）欧盟的竞争政策

欧盟的竞争政策主要包括反垄断法、原产地规则、共同关税政策和一系列救济措施等政策。

1. 反垄断法

欧盟的反垄断法主要涉及禁止企业间限制竞争、禁止企业滥用市场优势地位和有关企业合并的规定。

（1）禁止企业间限制竞争

欧盟竞争法规定，禁止企业间限制竞争的协议、决定和联合一致的做法。这个禁止不仅适用于横向，即竞争企业间的协议、界定和联合一致的做法，也适用于纵向，即独家销售协议、决定和联合一致的做法。

（2）禁止企业滥用市场优势地位

欧盟竞争法规定，禁止企业滥用市场优势地位，即一个或几个企业滥用其在公共市场的优势地位或在相当一部分市场中的优势地位，从而影响成员国间的贸易，均被认为与共同市场相抵触，应予以禁止。

（3）有关企业合并的规定

欧盟竞争法规定，欧盟可以对欧盟内可能造成或加强优势地位并对共同市场自由竞争造成影响的兼并行动进行管制。

第十章 国际区域经济一体化组织的竞争政策

欧盟竞争法制定的目的是维护开放和自由竞争的市场经济原则，保证不违反共同市场内部竞争制度，最终促进欧盟各成员国在经济和社会政治上的融合。

2. 原产地规则

优惠原产地规则适用于欧盟与第三国或者其他区域贸易集团所缔结的区域贸易协定、优惠性贸易协定以及欧盟单方面针对特定国家提供的优惠。欧盟优惠性原产地规则由优惠性贸易协定和普惠制两个部分组成。

优惠的原产地规则没有统一的国际协议，不同的优惠贸易协议在具体的规定和商品范围上各有差别。获得原产地证明的产品必须是全部在该国制造，或者在该国进行了充分的加工。例如，对制成品中来源于非原产地国家成分的限制在40%以下。

根据欧盟原产地规则，那些与欧盟签署了区域贸易协定、优惠性贸易协定的国家，必须出具"原产地证明"，才能够以比自主税率、协定税率更优惠的税率进入欧盟市场。

3. 共同关税政策

欧盟关税同盟始于1985年，共同体六个成员国之间对内取消关税，成员国间禁止征收货物进出口关税，禁止征收直接、间接保护本国产品的歧视性关税、捐税，以及在成员国间取消与关税具有同等作用的一切措施（进口许可证、数量限制、卫生检查费等）。

欧盟的关税政策体现在两个方面：一是取消成员国之间限制产品流动的关税以及其他有相同效应的收费；二是欧盟各成员国建立关税同盟，并实行统一的对外关税非关税政策。在与第三国的关系上，欧盟各成员国建立统一关境，同意对来自区外的第三国产品采用共同的关税率。管理关税的国家权力已经完全转移给欧共体。欧盟协定取消了欧盟成员国间进出口数量的限制及有相同效应的措施，标准已一致化。

4. 救济措施

欧盟已经制定了欧盟反倾销法、反补贴法、保障措施等法律法规。

(1) 欧盟反倾销法

《欧盟反倾销基本法》首先规定了构成产品倾销的原则和确定方法。《欧盟反倾销基本法》第九条第四款规定："某一产品进口被视为倾销，并对我们的产业造成损害，而倾销与损害间存在因果关系，且欧盟公共利益要求启动反倾销调查。"[①]

在损害的确定上，《欧盟反倾销基本法》第三条第一款规定，只有倾销的进口产品对共同体产业造成实质性损害或损害威胁，或严重阻碍了该产业的建立时，才能裁定存在着损害。只有证明被指控倾销的进口产品数量和价格水平与欧盟产业受到损害存在因果关系时，反倾销机构才可以实施反倾销措施。[②]

在公共利益要求对倾销进行干涉上，《欧盟反倾销基本法》第21条规定："在实施任何反倾销措施之前，调查机关应当进行公共利益考察，只有在这种反倾销措施符合欧盟公共利益要求时方可实行。"[③]

(2) 欧盟反补贴法

1997年，欧盟公布了第2026/97号法令，取代原来的反补贴法条例。反补贴法规定，补贴的存在必须具备两个条件：第一个是有关产品的原产地国或出口国提供的财政补贴，或政府提供的任何形式的收入支持或价格支持；第二个是接受补贴的产业由此受益。欧盟采取反补贴措施的第二个实质要素是在欧盟内自由流动的产品受到补贴产品带来的损害。根据条例，损害是指对欧盟工业造成实质损害或构成实质损害的威胁或损害有关工业的建立。与反补贴程序一样，对被补贴的产品采取反补贴措施只有在欧共体利益要求进行干预的情况下才能做出。

(3) 欧盟保障措施

欧盟保障措施的实施条件包括进口数量大大增加，对国内产业的损害或损害威胁有因果关系。欧盟委员国在欧盟委员会关于保障措施的裁定中，同样对实施保障措施对各当事方利益的影响做出分

---

① 《欧盟反倾销基本法》第九条第四款。
② 《欧盟反倾销基本法》第三条第一款。
③ 《欧盟反倾销基本法》第二十条。

析，判断是否存在充分的理由，说明实施保障措施不符合共同体利益。根据欧共体第 3285/94 号条法令规定，实施欧盟保障措施必须符合以下实质性要件：进口的产品对与之相同产品或直接竞争产品的欧共体生产者造成严重损害或严重损害之威胁；欧共体利益要求实施保障措施。

三 东盟的竞争政策

东盟自贸区（ASEAN Free Trade Area，AFTA）是在东南亚国家联盟的基础上发展起来的。东盟是在东亚地区最早启动区域经济一体化的地区，并成为东南亚区域经济一体化的核心。经过几十年的不断努力，东盟已成为"南南合作"的范例，形成了以求同存异、循序渐进为原则的、被国际社会广泛称道的东盟方式。

（一）东盟自贸区建立的背景

1992 年 1 月，在新加坡举行的第四次东盟首脑会议决定设立东盟自由贸易区。会议发表的《新加坡宣言》和《加强东盟经济合作的框架协议》对东盟自由贸易区的目标做出了具体规定，即东盟从 1992 年 1 月起，在 15 年内建成东盟自由贸易区，将关税最终降至 0%—5%，以"增强东盟作为单一生产单位的竞争优势；通过减少成员国之间的关税和非关税壁垒，期待创造出更高的经济效益、生产率和竞争力"。1994 年，东南亚十国签署的关于建立东亚共同体设想的声明。在东南亚历史上第一次明确提出了建立一个包括十个国家组成的共同体的设想。2002 年 1 月 1 日，东盟自贸区正式成立。东盟是东南亚区域经济一体化的实现形式，东盟经济共同体所建设的目标是建设一个稳定繁荣高度竞争且经济上一体化的单一市场和生产机制。

（二）东盟自贸区的竞争政策

东盟自贸区的竞争政策主要包括关税减让、取消数量限制非关税壁垒及实施原产地规则等。

1. 关税减让

"10 + 1"的关税自由化体现在"贸易条款"中，条款规定各缔约方的关税削减或取消计划应要求逐步削减列入减让表的产品关税，并在适当时期按照本条予以取消。纳入关税削减或取消计划的产品应包括没有被本协议第六条所列的"早期收获"计划所涵盖的所有产品，这些产品分为正常类和敏感类产品。条约对两大类产品关税的取消，在时间上进行了规定，并对敏感产品数量设立了上限。

东盟自贸区自从 1992 年启动以来，一直处在一个不断加速建设的过程中，降税计划做了多次调整。根据东盟秘书处提供的资料显示，东盟老成员提出的 2000 年关税调降 42622 项，有 38456 项已调至 5% 以下，占全部清单的 90.2%。东盟老成员于 2010 年免除清单内所有产品关税，实现自由化，而越南、老挝、缅甸、柬埔寨亦于 2015 年达成自由化目标[①]。

2. 取消数量限制和非关税壁垒

"10 + 1"的非关税措施也体现在"贸易条款"中，条款指出，"非关税措施"应包括非关税壁垒，是指对货物贸易或早期收获计划涵盖的任何产品的进口或者出口、出口销售采取的数量限制或禁止缺乏科学依据的动植物卫生检疫措施以及技术性壁垒应该被取消。东盟老成员国六国将于 2010 年 1 月 1 日前、越南于 2013 年 1 月 1 日前、老挝和缅甸于 2015 年 1 月 1 日前、柬埔寨于 2017 年 1 月 1 日前取消所有敏感和高度敏感产品的非关税壁垒和数量限制[②]。

3. 原产地规则

1992 年 12 月 11 日，东盟自贸区理事会制定了《CEPT 原产地规则》。中国—东盟自由贸易区的原产地规则规定：完全在一成员方获得或生产以及非完全获得或生产及原产于任何一成员方的成分应不少于 40%；原产于一成员方境外及非中国—东盟自贸区的材料零件或产品的总价值超过所获得或生产产品离岸价格的 60% 且最后生产工序在成员方境内完成的产品即为原产地产品。

四 竞争政策比较

北美自贸区、欧盟和东盟自贸区通过一定范围内的区域经济合作

[①] 张蕴岭：《世界区域化的发展与模式》，世界知识出版社 2004 年版。
[②] 刘德标、张秀娥：《区域贸易协定概论》，中国商务出版社 2009 年版。

第十章 国际区域经济一体化组织的竞争政策

促进经济发展,同时注重加强其他方面的合作,增强了区域集团的实力地位,为维护区域经济稳定发展创造了有利的环境。在竞争政策的实施内容和目标等方面,三个区域经济一体化组织既存在相同点也存在不同之处。

(一)竞争政策的相同点

三个区域经济一体化组织在竞争政策组成成分和在提高区域内公平竞争的目标方面存在相同之处。

1. 竞争政策涉及内容相同

在北美自贸区、欧盟和东盟自贸区实施促进自由竞争的政策中,虽然政策内容有细微的差别,但是在组成成分上,三个自贸区都包含反垄断法、原产地规则、关税壁垒与非关税壁垒等内容。表明随着经济全球化趋势的发展,各个自贸区竞争政策部分内容逐渐趋同,有相互融合的趋势。

2. 促进区域内公平竞争

三个自贸区的建立都以保护市场公平竞争,提高经济运行效率,维护消费者和社会公共利益,促进市场经济健康发展为目标。由于各国资源与产业的差异促使发达国家和发达国家、发达国家与发展中国家、发展中国家之间结成联盟,通过关税壁垒和非关税壁垒保护建立了统一市场。不同的区域集团对区内限制竞争的行为进行禁止,并对区域内市场进行保护,促进区域内公平竞争。

(二)竞争政策的不同点

三个区域经济一体化组织的竞争政策成员国性质不同,发展中国家、发达国家数量不一致。因此,在目标方面,三个自贸区有不同的实施目标,同时在载体、法律约束力、对外开放程度以及具体内容方面也存在不同。

1. 政策实施目标不同

北美自贸区的竞争政策实施的主要目的是调节成员国之间的关系,是在尊重各成员国竞争政策的基础上,对各成员国的竞争政策进行比较,找出关于限制竞争行为规定的异同点进行分析,以更好地进行协调;欧盟是致力于制定区域内统一适用的竞争政策,旨在最大程度将影响市场竞争条件的限制竞争行为囊括在自己的管辖内,建立一种能保护共同市场上既不会因个人也不会因国家干预而遭受到扭曲的制度。东盟自贸区奉行的目标是区域经济一体化，因此东盟自贸区确立经济政策的目标也是保证区域经济自由，提高区域经济一体化的程度。

2. 载体和法律约束力不同

北美自由贸易协定的竞争政策是在尊重三个国家竞争政策的基础上协调美加墨三个国家的竞争政策，内容比较抽象笼统、涵盖的内容比较宽泛，不具有系统性。而欧盟关于限制竞争行为的规定不仅存在于《欧共体条约》这一基本法律文件中，而且还颁布了很多条例、指南以及通告对各种限制竞争行为进行具体的规定，载体较为丰富，涵盖内容比较全面而且具体。基于国家利益、民族特点和历史原因，东盟至今没有形成一个超国家的决策机构。东盟运作机制奉行"全体一致"的原则，议案只有在全体成员国没有反对意见的情况下才能通过。

3. 内容不同

北美自由贸易区虽然对限制竞争行为没有具体进行描述，但其对限制竞争行为的关注还是集中在几个主要内容上，就是横向限制、纵向限制、企业合并以及滥用垄断地位等；欧盟对限制竞争行为的规定系统全面，比北美自由贸易区中的规定要丰富得多，不仅涵盖了限制竞争协议、滥用市场支配地位和企业集中，并且还包括欧盟所特有的规制国家补贴相关规定。东盟自贸区对反垄断法的描述相对较少。

4. 对外开放不同

北美自贸区、欧盟和东盟自贸区对自由贸易协定的态度是各不相同的。北美自贸区本身不与区外国家签订区外贸易协定，但允许成员与区外国家签订区域贸易协定；欧盟只以本身与区外国家签订区域贸易协定，不允许其成员与区外国家签订区域贸易协定；而东盟自贸区不仅允许本身与区外国家签订区域贸易协定，也允许其成员与区外国家签订区域贸易协定，显示了东盟自由贸易区的开放性。

第十章 国际区域经济一体化组织的竞争政策

本章小结

1. 从世界各国和经济体的竞争政策实践来看，竞争政策可分为广义竞争政策和狭义竞争政策。狭义竞争政策是指鼓励竞争、限制垄断的反垄断法政策，通常以反垄断为核心的竞争形式出现；广义竞争政策是指影响市场竞争的所有政策。

2. 区域经济一体化竞争政策的实施目标主要包括：维护公平竞争，提高区域内资源配置效率；减少内部冲突，共同应对外部威胁；提高谈判能力，强化同盟国关系；推动区域融合，规范全球贸易秩序；促进产业创新，协调与产业政策的关系；采取局部突破方式，加速释放贸易自由化红利。

3. 反垄断法是调节市场竞争关系的法律，是竞争政策的核心。反垄断法通过规范垄断和限制竞争行为来调整企业和企业联合组织之间的竞争关系，维护竞争环境。反垄断法规制的主要对象主要包括垄断协议、滥用市场支配地位、经营者不适当集中、行政垄断等。反垄断法作为一种维护市场经济体制的政策工具，能够通过维持和促进竞争，推动市场要素的合理流动，调节生产和优化配置资源。

4. 区域贸易安排原产地规则的目的在于限制"贸易偏转"，维护区域内部公平贸易竞争环境。区域贸易安排原产地规则的内容一般包含"实体规则"和"程序规则"两大部分。"实体规则"中货物原产地判定标准是原产地规则的核心内容。为了提高区域内贸易效率，世界贸易组织框架内双边和区域贸易协定数量大大增加，不同区域贸易协定制定适合自己的区域原产地标准，在保护区域内成员国的既得利益的同时也加剧了区域内的"意大利面碗"效应。

5. 竞争中性政策是指在市场经济中任何经营者均不存在不当的竞争优势或者是竞争劣势。竞争中立要求政府保持自身的中立性，旨在维护国有企业和私营企业公平竞争环境。竞争中立主要包括税收中立、债务中立、回报率要求、管制中立等方面的规定。近年来，美国、欧盟都将竞争中性政策列为区域贸易协定的内容。

6. 市场准入指在国际贸易方面两国政府间为了相互开放市场而对各种进出口贸易采取的限制措施。市场准入措施包括关税壁垒和非关税壁垒。区域经济一体化可以减少关税壁垒和非关税壁垒，消除贸易障碍，促进产品和要素在区域内自由流动，促进资源在区域内高效配置。非成员国享有进入已经签署区域贸易协定成员国市场的权力，但区域贸易协定的排他性会对域外国家进入市场设置障碍。

7. 区域贸易协定中的贸易救济措施是指区域贸易协定缔约方认为自己的贸易利益因其他成员的行为而受到损害或者根据协定所享有的利益丧失、受损或贸易集团目标的实现受到阻碍时，受损方有权按照区域贸易协定使用反倾销、反补贴和保障措施等手段给予国内企业救助，保护国内企业不受伤害。各国缔约区域贸易协定在区域内获得更大范围和更高程度的自由化，因此要限制或减少缔约方相互援用贸易救济措施，减少贸易救济措施对区域贸易自由化的不当阻碍。

8. 北美自贸区、欧盟和东盟自贸区通过一定范围内的区域经济合作促进经济发展，同时注重加强其他方面的合作，增强了区域集团的实力地位，为维护区域经济稳定发展创造了有利的环境。

关键术语

狭义竞争政策　广义竞争政策　反垄断法　竞争中性　市场准入　贸易救济措施

本章习题

1. 广义竞争政策与狭义竞争政策有什么区别？不同经济体各采用哪种类型的竞争政策？
2. 从竞争政策的主要实施目标来看，各区域经济一体化组织存在共通性，简述竞争政策的实施目标。
3. 简述反垄断政策的内容，并说明反垄断模式是如何实现区域内经济一体化，提高区域内社会福利的？

4. 在多边贸易自由化进程受阻的客观环境下，原产地规则如何推动区域内经济发展，防止"贸易偏转"？世界贸易组织框架内双边和区域贸易协定数量增加对各成员国有什么影响？

5. 在南北型区域贸易协定中，发达国家和发展中国家如何就关税方面达成一致？区域贸易协定市场准入政策会给非成员国带来什么影响？

6. 竞争中立政策作为一项竞争政策如何维护国际市场竞争公平？欧盟和北美自贸区的竞争中立政策有什么区别？

7. 简述北美自贸区、欧盟和东盟自贸区的竞争政策。比较三个自贸区竞争政策的异同点。

第十一章

国际区域经济一体化的发展趋势及前景

本章学习目标：
- 掌握国际区域一体化的发展趋势与具体表现；
- 理解国际区域经济一体化的发展前景；
- 了解国际区域经济一体化的发展动态；
- 熟悉各个区域与组织之间达成的一体化协定。

以经济全球化的时代背景为依托，世界市场规模不断扩大，推动了商品在世界范围内自由流通，国际分工更加细致有效，让各国充分发挥自身的相对优势，从而深化世界范围内资源的有效配置。与此同时，诸多挑战也将接踵而至，为了应对形形色色的风险和挑战，区域经济一体化成为世界经济发展的新热潮，已经成为21世纪世界各个国家和地区的重要发展战略之一。

第一节 国际区域经济一体化的发展趋势

区域经济一体化概念的提出时间稍晚，1942年前此概念尚未被使用，直到1950年，经济学家才开始将"经济一体化"定义为单独的经济整合为范围更广的经济的一种状态或过程。当今世界，越来越多的国家通过实践认识到，单单选择市场经济体制作为根本经济制度是远远不够的，只有实现区域内经济的协同发展才能加快本国经济发展的速度、提高经济的运转效率和国际竞争力。区域经济一体化的发展消除了商品、生产要素、资本以及技术在国家之间进行流动的经济体制上的障碍,为开展多地区间的经济合作提供了诸多优势要素,其中以下四种发展趋势最为显著。

一 从浅层次一体化到深度一体化

与经济全球化发展趋势齐头并进,区域经济一体化的发展同样展现了由浅层次逐步向深层次推进的发展趋势。这个过程,实际上是区域经济一体化组织在合作制度框架的设计中,对适用于成员国的规则、制度等方面的协调水平和程度。相对来说,浅层次一体化的合作较为松散,有较大灵活空间,对于成员国发展水平不均衡,制度差异大,对权利让渡敏感的,能够有效破除阻碍,促进合作,包括特惠贸易协定和自由贸易区在内的有代表性的一体化,能够实现较好的包容性。而深层次一体化较浅层次而言,在贸易、投资、要素等领域的开放程度及国际经济政策协调都明显较高,这对达成合作提出了较高要求,往往都是一些发展水平较为接近的国家参与,一般都伴随着明确的权利让渡,例如关税同盟统一制定对外关税,甚至如同欧盟,在财税货币政策方面达成了很多统一及共识。

一体化的发展既体现在一体化组织数量的增长上,更体现在协定内容的深化上。区域贸易协定在很大程度上都属于"WTO+"范畴。在关税、通关便利化、市场开放、投资者保护等方面,区域贸易协定都较 WTO 提出了更高要求,形成了诸多"WTO+"条款。随着经济社会发展,国际分工深化,国际依靠空前加深,国际贸易风险也在积蓄。构建深度一体化组织,对于推进区域合作,促进利益包容共赢,提高区域经济韧性,降低国际经贸风险有重要价值。当前的区域经济合作领域已经扩展到服务、管理、技术、知识产权保护、投资保护、环境保护等方面。区域经济合作组织通过对内部政策的调整,对现有经济协议进行补充和修正,不断深化合作。

二 从扩大区内贸易到共建区内产业链

与其他一体化进程相似,区域经济一体化期望达到也必须达到的最低要求是拉动经济增长，这一指标在一体化区域内以区内贸易能否取得发展体现出来。随着一体化程度的增加，技术与生产要素在区域内的流动不可避免地完善了区域内全体成员的相关产业链条，区域范围内生产要素的转移与资源的合理配置推动了产业结构的升级改造，区域内的企业从竞争走向合作，进而创造效率，逐步摆脱单一国家资源与市场的限制，只有区域资源与市场达成一体化，才能使一国经济在目前条件下最大限度地摆脱资源和市场的束缚。

（一）扩大区内贸易

在不同层次的众多经济一体化集团中，不同国家间通过削减关税或免除关税，取消贸易的数量限制，削减非关税壁垒形成区域性的统一市场，加上集团内国际分工向纵深发展，使经济相互依赖加深，使得成员国间制成品的贸易环境比第三国市场好得多，从而使域内成员国间的贸易迅速增长，集团内部贸易在成员国对外贸易总额中所占比重也明显提高。进入 21 世纪，共同体内部贸易额占成员国贸易总额的比重从 30% 提高至 60%。其中欧共体工业生产增长了 20%，区内贸易额从 2005 年的 55% 上升到 2006 年的 62%。2007 年欧洲大市场内，欧共体内部贸易的增长更快。其他的贸易集团也大致相同。

区域经济一体化能够大幅度提升国际贸易经济，具体表现为形成区域经济一体化的集团国家、地区在宽松的贸易政策中能够互惠共利。关税、数量配额管制等政策的彻底取消，使得成员国之间能够加大贸易力度，建立起良好的贸易关系，使得"贸易创造效应""贸易转移效应"等经济效应为区域经济一体化内的成员国提升了巨大的经济效益。新形势下，经济的重要性已经为人们所熟知，越来越多的国家、地区将重心投入到经济发展的过程中来，对经济的关注度也在逐步提升。因此，区域经济一体化对国际贸易的发展能够起到大幅度的推动作用。

（二）共建区内产业链

随着区内产业的扩大，区内产业链打造和优势产品培育变得愈发重要。区域经济一体化加速了产业结构的优化组合，也有助于成员国之间科技的协调和合作。例如，在欧共体共同机构的推动和组织下，成员国在许多单纯依靠本国力量难以胜任的重大科研项目中，如原子能利用，航空、航天技术，大型电子计算机等高精尖技术领域进行合作。经济一体化给域内企业提供了重新组织和提高竞争能力的机会和客观条件。通过兼并或企业间的合作，促进了企业效率的提高，同时加速了产业结构调整，实现了产业结构的高级化和优化。1958 年欧洲共同体 6 个成员国工业生产总值不及美国的一半，出口贸易与美国相近。但到 1979 年时，欧洲共同体 9 国国内生产总值已达 23800 亿美元，超过了美国的 23480 亿美元，出口贸易额是美国的 2 倍以上。同时，在关贸总协定多边贸易谈判，欧共体以统一的声音同其他缔约方谈判，不仅大大增强了自己的谈判实力，也敢于同任何一个大国或贸易集团抗衡，达到维护自己贸易利益的目的。

一体化区域内的成员国能够通过优惠的贸易政策来细化、优化成员国之间的分工。在新形势下，随着国际分工合作界限越来越模糊，许多国家在发展自身优势的同时也不忘对自身的劣势进行发展。国际分工协作在区域经济一体化中，促进下得到了极大程度的优化，区域经济一体化通过成员国之间的企业加速了对区域内的产业结构转变，使得成员国的分工协作得到了一定的调整及优化，进而使区域内的成员国能够获得良好的经济效益及经济地位。这一措施极大地提高了世界经济活跃度，而世界经济格局随着经济的活跃程度逐渐转变。区域内的成员国由于享受良好的优惠贸易政策，没有过高的贸易壁垒，因而获取了良好的经济效益。长此以往，区域内的成员国就会凭借这一优势提高其经济地位，进而获得更多的经济效益，其最终结果就是区域内成员国的贸易发展远快于区域外的国家，世界贸易经济格局也会随着世界经济的转变而逐渐发生变化，其主要原因在于，参与了区域经济一体化的国家或地区的经济效益能够拉动世界的经济，使得世界的生产要素逐渐倾斜至经济回报率高的地区。

在新形势下，区域经济一体化的国家或地区能够使成员国内的分工和专业化水平大大提升。在传统的国际贸易中，各国生产、制造、流通的贸易商品主要是能够为本国带来良好经济效益的、具有一定市场竞争优势的商品。而在区域经济一体化中，成员国则可将多重优势集于一身，共同发展，不但能够发展本国的优势领域，还能够一并提携本国内较为劣势的领域。区域一体化更能够使生产要素及相关资源很好地流通，充分利用好区域经济一体化带来的优惠政策，发展自身薄弱但重要的领域，如科技领域、工业领域等，最终推动区域内重点产业的发展和产业链完善，实现区域一体化从贸易发展到产业共建的跨越。

三 从区域贸易自由化到参与全球区域治理

贸易自由化的理论基础来源于亚当·斯密和大卫·李嘉图的比较优势论。该理论认为，对于一个国家来说，不仅在其具有超过其他国家的绝对优势的产品上进行专业生产是有利的，而且在那些具有比较优势的行业进行专业生产也是有利的。通过贸易互通有无，各国在具有相对较高生产力的领域进行专业化生产，将有助于提高各国的真实财富总量。在这一理论的支持下，推动区域经济一体化将加强区域贸易自由化程度，从而达成提高真实财富总量的目标。

贸易自由化蕴含着更广泛的国际政策协调和区域治理。当代贸易政策和竞争政策的关系非常密切，这是由于，由于关税壁垒的降低和非关税措施的逐步减少，企业日益依赖于限制性商业惯例来保护自己，从而使贸易自由化的果实越来越多地受到竞争政策所管辖的限制性商业惯例的侵蚀。同时，竞争政策和贸易政策的目标和实施之间在某些情况下至少在短期内也会存在不一致的情况。特别是当贸易政策措施旨在保护或促进国内产业时，此类政策措施将会限制外国企业在本国国内市场的作用，并且会消除市场的竞争。如果贸易政策措施无视对经济的长期影响，那么政策措施将会与竞争政策原则相冲突。随着贸易自由化的深入发展，竞争政策对国际贸易的影响日渐增大，二者的协调就日益重要。

随着一体化程度的深入，结成组织的区域与地区将不可避免地参与全球层次的区域治理中。区域治理在本质上有利于全球治理的有效实现。在具有一体化的组织内，通过创建公共机构、形成公共权威、制定管理规则，维持地区秩序，可以增进地区共同利益。

事实上，随着全球化进程的日益深入，各国的国家主权事实上已经受到不同程度的削弱，而人类所面临的经济、政治、生态等问题则越来越具有全球性，需要国际社会的共同努力。国际区域经济一体化进程本身就是区域治理的一种尝试，顺应了经济社会的发展需要，是参与全球治理的重要平台，为构建有利于在全球化时代确立新的国际政治经济秩序奠定了良好基础。

四 从深化贸易合作到提升贸易安全

深化贸易合作是区域经济一体化组织发展的重要目标。成员国均期望通过一体化以促进进出口发展，扩大贸易政策合作，优化贸易条件，扩大双边贸易规模。

深化贸易合作的主体需立足比较优势，对于各国不具有竞争优势的部门政府要加以扶持，让该部门的龙头企业带动发展落后的企业。为此，各经济主体都会积极争取本国或地区比较优势领域更开放的市场准入，进一步取消非关税壁垒的限制。此外，双方应加大彼此优势部门的合作，切实提高双边服务贸易开放水平，以期深化贸易合作。

随着贸易合作方式与领域不断扩大，区域内部亟待解决的首要问题也从贸易合作的深度转向维护贸易的安全与公正，而当前错综复杂的国际与地区形势，随时可能遭受的经济冲击也佐证了提升贸易安全的必要性。一体化组织成为提升国家贸易安全的重要手段。

比较优势理论没有考虑贸易安全问题，而是认为贸易可以通过市场得到完全保证，只是贸易条件及利益会有所区别，而这恰恰是有条件的。关于贸易安全的含义，学界并没有给出一个明确的定义，目前主要从状态和能力两个角度来解释：①从状态角度来说，贸易安全就是指在经济全球化条件下一国对外贸易活动不受外来势力和风险威胁或影响的状态；②从能力角度来说，贸易安全就是指一国对外贸易在面临国内外各种不利因素的冲击时，可通过参与国际竞争和国际合作使本国产品具有较强的抵御冲击和抗风险能力，保持可持续健康发展的能力。根据以上解释，可做如下界定：贸易安全就是在经济全球化和区域经济一体化背景下，一国为避免受到国内外诸多不利因素影响，通过参与国际竞争和国际合作从而保证本国贸易可持续健康发展和维护国家安全的状态和能力。据此，我们可以理解为：贸易安全就是要提高一个国家参与国际竞争中获得利益，抵御各种国内外风险和维护国家安全的整体能力。贸易安全的根本目的就是要发展和繁荣国民经济，提高国家在国际上的经济地位，提高本国福利水平；核心是要提高国家整体国际竞争能力。区域经济一体化合作，具有促进利益深度融合，提升产业链、供应链嵌入水平的优势，在多边贸易风险剧增背景下，深化一体化合作对于提高区域贸易安全水平和经济韧性具有长远意义。

第二节　国际区域经济一体化的发展前景

当前，多边贸易自由化进程受阻，贸易保护主义抬头，反全球化思潮正盛。即便如此，国际区域经济一体化由于具备高度灵活性，进一步，可以成为多边贸易自由化的垫脚石，扩大开放水平和质量；退一步，可以成为抵制贸易保护主义冲击和制衡第三国负面效应的贸易集团，通过区内利益联结提升经济韧性和供应链、价值链安全水平，必然会继续发挥重要作用。

一　继续引领贸易自由化进程

从长期历史趋势来看，全球贸易自由化是长期历史过程，是大势所趋。第二次世界大战后的整体和平环境使得各国都在贸易自由化的进程中获得了好处，全世界国际贸易的增长率长期超过世界经济的增长率。

无论是比较优势理论，还是要素禀赋理论，都强调合理国际分工的重要性，各国应该依据自身的要素禀赋确定进出口产品。通过这种分工，再辅之以自由贸易环境，各国都能实现资源的最优配置，从而实现经济收益的最大化。当然，由于国家之间的障碍不能完全排除（如劳动力的自由流动），以及国家安全等方面的考虑（如粮食生产需要一定程度的自给自足），不可能做到完全的国际分工，因此现实中处于不完全分工状态，对应地，这种非充分分工的福利损失也是直观可见的。各国采取贸易保护措施的初衷是保护本国利益，但结果常常事与愿违。第一，限制外国商品的进口并不必然促进本国的出口。因为，正是本国商品缺乏竞争力，才导致出口不顺，甚至造成逆差，对外国商品征税并不能提高本国商品的竞争力。第二，对外国商品征税容易造成对象国家采取反制措施，进行报复，这就会提高本国出口商品的价格，减少出口数量。第三，实施保护措施，目的是让本国企业有机会增加出口，但本国企业不一定按照政府的意图行事，很可能借助保护措施享受超额利润。一方面抬高本国商品的价格，给消费者增加负担，降低本国福利；另一方面，企业容易产生依赖思想，花费大量资源对政府进行游说，进一步恶化市场环境。

但必须看到，这些并不奏效的措施可能会长期存在，这也是国际区域经济一体化持续发挥作用的基础。为了扶持本国产业的发展，发达国家仍然会继续对幼稚工业进行保护，仍会出于战略制衡需要强行培育不具备成本优势的产业，推动"再工业化"，其中的机会成本、资源错配和效率损失是显而易见的，从长期来看，甚至是经济发展的不可承受之重。通过区域经济一体化，成员国可以降低类似焦虑，使得分工持续深化，效率持续提高，区域内的贸易自由化继续得到有力支撑和持续推动，从而成为推动新一轮贸易自由化的核心动力。

二 持续深化区域产业合作

区域一体化的推进对深化区域产业提供了天然支撑。产业合作涉及要素禀赋、研发、产业体系、市场发育水平、贸易成本等方面。在区域产业合作的现实中，相关区域合作的制度安排十分重要，与上述因素密切相关。产业合作是以产业分工及差别化定位为基础的。分工是合作的基础和前提，合作是分工的必然要求和目标。根据比较优势理论，只要地区间存在生产成本的相对差别，各地区在不同产品的生产上就具有不同的比较优势，这是地域分工的理论基础。劳动地域分工客观上要求区域之间加强合作。区域通过调节自身的经济行为，实现地域分工的区域合作，促进地域分工进一步发展，各区域之间通过有效的区内和区际分工，建立合理的区域合作体系。从这个角度来看，区域经济一体化内部，由于制度的完善和交易成本、贸易成本的持续下降，产业合作是一种必然性的优势和发展趋势。

在跨境设施资源要素配置，构建产业链的过程中，企业具有人们趋利避害、趋大利而避小利的经济理性。政府间达成的可预期的贸易投资政策和其他政策协调统一对于向企业及企业家传达市场信心具有重要意义，有利于鼓励企业在资源上立足优势互补，在产品上实现模块分工，在基础设施上实现畅通，构建紧密稳健的供应链关系。对一些跨国公司而言，其跨境供应链可能是母公司与子公司之间、子公司与子公司之间的贸易、投资联系，本质上属于公司内贸易，其韧性是不言而喻的。

三 推动区域经济可持续发展

区域经济的可持续发展是以区域内经济发展的内部因素与外部条件良性互动，持续促进科技研发，实现产业结构升级，深化区内产业分工，提高生产效率和产业竞争力为基础的。

任何一个单一经济体，都面临区域经济可持续增长的条件限制。而推动区域经济一体化，就是打破条件限制，实现融合借力发展，增强经济活力的重要路径。在区域一体化进程中，通过分工合作，有利于实现优势互补，解决市场规模、运输成本、产业结构、要素禀赋等方面的限制，从而构建有国际竞争力的产业结构和贸易网络。相对一般性的开放环境，区域经济一体化组织通过对伙伴国的选择、贸易、投资及知识产权保护、争端解决机制、开放领域及开放水平等制度机制设计，能够更可靠而持续地提升区域政策的可持续性，更好挖掘产业跨境合作潜力，提高跨境资源配置效率，从而形成促进区域经济可持续增长的稳定动力。

四 制衡贸易保护主义

从理论和经验来看，全球贸易保护主义与经济增长具有反向关系。当全球经济保持较快增长时，贸易保护整体呈减少趋势，反之，低迷的经济增长将成为贸易保护主义的温床。金融危机以来，发达国家经济复苏缓慢，面临突出的就业和实体产业空心化压力，有较强实施贸易保护主义的动机。发展中国家虽然受金融危机影响相对较小，但面临中长期工业化和农业劳动力转移的艰巨任务，就业压力也长期存在，同样也有实施贸易保护主义的动机。总体来看，国际金融危机以来，低迷的全球增长导致全球贸易保护主义高发，对国际贸易投资环境形成了深刻影响。从这个角度来看，贸易保护主义和全球化具有深刻的时代烙印。

区域经济一体化是制衡贸易保护主义的有效路径。世界各国采取贸易保护主义措施，核心是要保护和发展本国产业，最终摆脱低增长泥潭。但这显然是一个恶性循环的陷阱。在开放条件下，既需要适当地保护避免遭受开放环境的过度危机传导，更需要持续地扩大开放，深化分工，从而提供资源配置效率，提高生产率，从而持续性地改进社会福利，促进社会发展。从这个意义上来说，世界既需要保护，更需要自由开放的贸易环境。国际分工的趋势不可逆转，每一个国家都很难在完整的产品链上独立完成，维护自由贸易体制，反对贸易保护主义，符合大多数国家的利益。在这个方面，区域一体化组织具有内在优势。通过扩大区内贸易和投资，深化区域分工，构建共赢的供应链、价值链，能够最大程度上构建维护自由贸易、鼓励分工合作的区域利益共同体，从而继续推动贸易自由化红利的释放，对贸易保护主义形成有力制约。

五 增强区内经济韧性

经济韧性是一个经济体通过调整经济结构和增长方式，有效应对内外部干扰、抵御冲击，实现经济可持续发展的能力，是决定一个经济体能否在遭受冲击之后成功复苏并重新实现经济稳步增长的关键所在。经济韧性有多方面的具体体现，从开放条件下的经济韧性来看，主要是在遭遇贸易保护、出口管制、中间品供应等方面的政策冲击时，经济系统抵御外部冲击、恢复稳步增长、产业实现持续升级的能力。在开放条件下，很多高度开放的经济系统实际上可能很脆弱，例如大进大出的经济系统，由于过度依赖外部市场作为最终消费地，过度依赖外部技术和中间品作为投入品，可能导致在出现外部冲击时导致产业链中断，产业升级受阻，产品出口停滞，加剧经济系统脆弱性。

区域经济一体化包含着多维度的跨国经济政策协调，形成事实上的利益共同体。推动区域经济一体化，意味着对经济系统自身的主动优化，有利于提升外部冲击的应对及适应能力，通过创造新发展路径实现持续增长的能力，其实质就是经济体更好维持自身健康、可持续发展，并不断迈向更高发展水平的能力。从供应链来看，区内供应链的利益关联更紧密，成员国更及时有效应对日益增加的供应不确定性，竭力避免其成为实现增长的障碍，已经成为一体化内部提升经济韧性的重要实践逻辑。尤其由于公共卫生、贸易摩擦等极端因素导致生产和需求造成全面冲击，对供应链的上游、中游和下游产生了重要影响的过程中，区域一体化组织对于稳固区域供应链、产业链、贸易链和投资链不稳定的合力和共识是毋庸置疑的，可谓一荣俱荣，一损俱损。从这个角度而言，区域经济一体化对于提升区内经济韧性具有很大的政策创新与合作空间。

第三节 国际区域经济一体化发展动态

当前，国际区域经济一体化进程仍在加速，并取得了突出的合作成效，也呈现出很多新特征、新趋势。本节着重分析区域全面经济伙伴关系协定、全面与进步跨太平洋伙伴关系协定、中国—东盟自贸协定升级版、美墨加协定等四个一体化组织的发展动态。

一 区域全面经济伙伴关系协定（RCEP）

《区域全面经济伙伴关系协定》（Regional Comprehensive Economic Partnership, RCEP）在2012年由东盟发起，历时八年，由包括中国、日本、韩国、澳大利亚、新西兰和东盟十国共15方成员参与的区域贸易协定。2020年11月15日，第四次领导人会议以视频方式举行，会后15个亚太国家正式签署了《区域全面经济伙伴关系协定》。2022年1月1日，RCEP正式生效，《区域全面经济伙伴关系协定》的签署，标志着当前世界上人口最多、经贸规模最大、最具发展潜力的自由贸易区正式启航。

（一）建立RCEP的一般原则

2011年11月，在印尼巴厘岛召开的第19届东盟领导人会议通过了建立东盟"区域全面经济伙伴关系"（RCEP）框架的专门共识文件，建立了 RCEP 的一般原则，主要包括：开放加入；透明性，签署协议将予以公开，确保利益相关者理解和利用经济一体化与合作；经济技术合作将成为协议中不可分割的一部分，以支持东盟成员国和执行协议利益最大化；便利化，通过切实可行的措施和共同努力促使贸易和投资便利，包括降低交易成本；经济一体化，推动东盟经济一体化，经济均衡发展，加强东盟成员国之间以及东盟与其伙伴国之间的经济合作；特殊和差别待遇，为东盟成员国提供特殊差别待遇，特别是柬埔寨、老挝、缅甸和越南；遵循 WTO 协议；定期审查，确保有效且有益地执行。

（二）协定内容概述

1. 初始条款和一般定义。阐明 RCEP 缔约方的目标是共同建立一个现代、全面、高质量以及互惠共赢的经济伙伴关系合作框架，以促进区域贸易和投资增长，并为全球经济发展作出贡献。该章节还对协定中的通用术语进行了定义。

2. 货物贸易。推动实现区域内高水平的贸易自由化，并对与货物贸易相关的承诺作出规定。规定包括：承诺根据《关税与贸易总协定》第三条给予其他缔约方的货物国民待遇；通过逐步实施关税自由化给予优惠的市场准入；特定货物的临时免税入境；取消农业出口补贴；以及全面取消数量限制、进口许可程序管理，以及与进出口相关的费用和手续等非关税措施方面的约束。

3. 原产地规则。确定了 RCEP 项下有资格享受优惠关税待遇的原产货物的认定规则。在确保适用实质性改变原则的同时，突出了技术可行性、贸易便利性和商业友好性，以使企业尤其是中小企业易于理解和使用 RCEP 协定。在本章节第一节中，第二条（原产货物）和第三条（完全获得或者完全生产的货物）以及附件一《产品特定原产地规则》（PSR）列明了授予货物"原产地位"的标准。协定还允许在确定货物是否适用 RCEP 关税优惠时，将来自 RCEP 任何缔约方的价值成分都考虑在内，实行原产地多边累积规则。在第二节中，规定了相关操作认证程序，包括申请 RCEP 原产地证明、申请优惠关税待遇以及核实货物"原产地位"的详细程序。本章节有两个附件：（1）产品特定原产地规则，涵盖约 5205 条 6 位税目产品；（2）最低信息要求，列明了原产地证书或原产地声明所要求的信息。

4. 海关程序与贸易便利化。确保海关法律和法规具有可预测性、一致性和透明性的条款，以及促进海关程序的有效管理和货物快速通关的条款，目标是创造一个促进区域供应链的环境。本章包含高于WTO《贸易便利化协定》水平的增强条款，包括：对税则归类、原产地以及海关估价的预裁定；为符合特定条件的经营者（授权经营者）提供与进出口、过境手续和程序有关的便利措施；用于海关监管和通关后审核的风险管理方法等。

5. 卫生与植物卫生措施。制定了为保护人类、动物或植物的生命或健康而制定、采取和实施卫生与植物卫生措施的基本框架，同时确保上述措施尽可能不对贸易造成限制，以及在相似条件下缔约方实施的卫生与植物卫生措施不存在不合理的歧视。虽然缔约方已在WTO《卫生与植物卫生措施协定》中声明了其权利和义务，但是协定加强了在病虫害非疫区和低度流行区、风险分析、审核、认证、进口检查以及紧急措施等执行的条款。

6. 标准、技术法规和合格评定程序。加强了缔约方对WTO《技术性贸易壁垒协定》的履行，并认可缔约方就标准、技术法规和合格评定程序达成的谅解。同时，推动缔约方在承认标准、技术法规和合格评定程序中减少不必要的技术性贸易壁垒，确保标准、技术法规以及合格评定程序符合WTO《技术性贸易壁垒协定》规定等方面的信息交流与合作。

7. 贸易救济。包括"保障措施"和"反倾销和反补贴税"两部分内容。关于保障措施，协定重申缔约方在WTO《保障措施协定》下的权利义务，并设立过渡性保障措施制度，对各方因履行协议降税而遭受损害的情况提供救济。关于反倾销和反补贴税，协定重申缔约方在WTO相关协定中的权利和义务，并制订了"与反倾销和反补贴调查相关的做法"附件，规范了书面信息、磋商机会、裁定公告和说明等实践做法，促进提升贸易救济调查的透明度和正当程序。

8. 服务贸易。消减了各成员影响跨境服务贸易的限制性、歧视性措施，为缔约方间进一步扩大服务贸易创造了条件。包括市场准入承诺表、国民待遇、最惠国待遇、当地存在、国内法规等规则。部分缔约方采用负面清单方式进行市场准入承诺，要求采用正面清单的缔约方在协定生效后 6 年内转化为负面清单模式对其服务承诺做出安排。包括金融服务、电信服务、专业服务等附件。

9. 自然人移动。列明了缔约方为促进从事货物贸易、提供服务或进行投资的自然人临时入境和临时停留所做的承诺，制定了缔约方批准此类临时入境和临时停留许可的规则，提高人员流动政策透明度。所附承诺表列明了涵盖商务访问者、公司内部流动人员等类别的承诺以及承诺所要求的条件和限制。

10. 投资。涵盖了投资保护、自由化、促进和便利化四个方面，是对原"东盟'10＋1'自由贸易协定"投资规则的整合和升级，包括承诺最惠国待遇、禁止业绩要求、采用负面清单模式做出非服务业领域市场准入承诺并适用棘轮机制（自由化水平不可倒退）。投资便利化部分还包括争端预防和外商投诉的协调解决。本章附有各方投资及不符措施承诺表。

11. 知识产权。为本区域知识产权的保护和促进提供了平衡、包容的方案。内容涵盖著作权、商标、地理标志、专利、外观设计、遗传资源、传统知识和民间文艺、反不正当竞争、知识产权执法、合作、透明度、技术援助等广泛领域，其整体保护水平较《与贸易有关的知识产权协定》有所加强。

12. 电子商务。旨在促进缔约方之间电子商务的使用与合作，列出了鼓励缔约方通过电子方式改善贸易管理与程序的条款；要求缔约方为电子商务创造有利环境，保护电子商务用户的个人信息，为在线消费者提供保护，并针对非应邀商业电子信息加强监管和合作；对计算机设施位置、通过电子方式跨境传输信息提出相关措施方向，并设立了监管政策空间。缔约方还同意根据 WTO 部长级会议的决定，维持当前不对电子商务征收关税的做法。

13. 竞争。为缔约方制定了在竞争政策和法律方面进行合作的框架，以提高经济效率、增进消费者福利。规定缔约方有义务建立或维持法律或机构，以禁止限制竞争的活动，同时承认缔约方拥有制定和执行本国竞争法的主权权利，并允许基于公共政策或公共利益的排除或豁免。本章还涉及消费者权益保护，缔约方有义务采取或维持国内法律和法规，以制止误导行为、在贸易中作虚假或误导性描述；促进对消费者救济机制的理解和使用；就有关保障消费者的共同利益进行合作。

14. 中小企业。缔约方同意在协定上提供中小企业会谈平台，以开展旨在提高中小企业利用协定、并在该协定所创造的机会中受益的经济合作项目和活动，将中小企业纳入区域供应链的主流之中。协定强调充分共享RCEP中涉及中小企业的信息，包括协定内容、与中小企业相关的贸易和投资领域的法律法规，以及其他与中小企业参与协定并从中受益的其他商务相关信息。

15. 经济与技术合作。缔约方将实施技术援助和能力建设项目，促进包容、有效与高效的实施和利用协定所有领域，包括货物贸易、服务贸易、投资、知识产权、竞争、中小企业和电子商务等。同时将优先考虑最不发达国家的需求。

16. 政府采购。深化政府关于对政府采购在推进区域经济一体化以促进经济发展上的认知，将着力提高法律、法规和程序的透明度，促进缔约方在政府采购方面的合作。本章包含审议条款，旨在未来对本章节进行完善，以促进政府采购。

17. 一般条款与例外。规定了适用于整个RCEP协定的总则，包括缔约方法律、法规、程序和普遍适用的行政裁定的透明度、就每一缔约方行政程序建立适当的审查与上诉机制、保护保密信息、协定的地理适用范围等。同时，本章将GATT1994第二十条和GATS第十四条所列一般例外作必要修改后纳入本协定。缔约方可以采取其认为保护其基本安全利益所必需的行动或措施。本章还允许缔约方在面临严重的收支平衡失衡，外部财政困难或受到威胁的情况下采取某些措施。

18. 机构条款。规定了RCEP的机构安排，以及部长会议、联合委员会和其他委员会或分委员会的结构。联合委员会将监督和指导协定的实施，包括根据协定监督和协调新设或未来设立的附属机构的工作。

19. 争端解决。为解决协定项下产生的争端提供有效、高效和透明的程序。在争端解决有关场所的选择、争端双方的磋商、关于斡旋、调解或调停、设立专家组、第三方权利等方面作了明确规定。本章节还详细规定了专家组职能、专家组程序、专家组最终报告的执行、执行审查程序、赔偿以及中止减让或其他义务等。

20. 最终条款。本章节主要包括关于附件、附录和脚注的处理；协定与其他国际协定之间的关系；一般性审查机制；协定的生效、保管、修订、加入及退出条款等。指定东盟秘书长作为协定的保管方，负责向所有缔约方接收和分发文件，包括所有通知、加入请求、批准书、接受书或核准书。条约的生效条款规定，协定至少需要6个东盟成员国和3个东盟自由贸易协定伙伴交存批准书、接受书或核准书后正式生效。

当前，《区域全面经济伙伴关系协定》（RCEP）已经成为全球经济规模最大、人口数量最多的自由贸易协定。RCEP的落地实施不仅有助于成员国推进经济复苏、增进政治互信、提振全球化信心，还有助于促进中国双循环新发展格局的形成和发展。RCEP各成员国的自身经济发展水平以及与中国的双边贸易程度都存在较大差异，如何提高各成员国的贸易效率、拓展贸易空间、实现各国共赢，成为当前亟待解决的问题。充分挖掘中国与RCEP伙伴国的贸易潜力，厘清影响中国与RCEP伙伴国贸易效率的因素，对推动RCEP建设具有重要意义。

二　全面与进步跨太平洋伙伴关系协定（CPTPP）

《全面与进步跨太平洋伙伴关系协定》（CPTPP）涵盖日本、加拿大、澳大利亚、智利、新西兰、新加坡、文莱、马来西亚、越南、墨西哥和秘鲁11国，于2018年12月30日正式生效，对促进亚太区域的商品、服务及技术、人才、资金、数据等要素自由流动和经济共同发展具有重要意义。尤为重要的是，CPTPP开放标准高、覆盖范围广、边境后议题多，充分体现了"自由、公平、包容"的开放原则。在贸易投资规则上体现了高度自由化、便利化，在国内规制上体现了高度市场化、法治化和国际化的公平竞争环境，在开放标准上体现了对发展中经济体的包容性，在组织成员发展上体现了多边开放原则，因此是具有世界影响力、能够引领未来国际经贸规则创新变革趋势的高标准自由贸易协定。

1. 服务贸易规则。CPTPP 对服务贸易领域在市场准入、国民待遇、政策透明度等方面做出了严格规定，主要体现在：服务贸易采用负面清单模式；通过设置棘轮机制保证各缔约方的开放度"只进不退"；赋予跨境服务提供者市场准入自由，允许缔约方企业在满足监管标准前提下自由进入市场和自主决定经营方式；取消对服务提供者进入的数量、配额、形式等限制；取消对外资企业股比、高管和董事会成员国籍等限制；取消在学历和职业资格互认、自然人流动、资金自由流动方面的限制；同时对各缔约方的国内批准程序、争端解决机制等提出更高要求。如金融领域规定，"一缔约方的监管机构应在 120 天内对另一缔约方的一金融机构的投资者、一金融机构或一跨境金融服务提供者提出的与提供金融服务相关的完整申请做出行政决定"。"每一缔约方应允许所有与跨境服务提供相关的转移和支付自由进出其领土且无迟延"，并按照"现行市场汇率进行"等。

2. 电子商务规则。CPTPP 致力于消除发展电子商务的障碍，其规则与 WTO 及我国参与的 FTA 相比更加全面、标准更高，内容涵盖数字品贸易零关税和非歧视待遇，要求数据跨境自由流动、取消本地化储存限制，严格要求源代码保护、个人隐私保护、在线消费者权益保护，消除在电子认证和电子签名、无纸贸易、接入和使用互联网开展电子商务方面的障碍。如明确"任何缔约方给予在另一缔约方领土内创造、生产、出版、定约、代理或首次商业化提供的数字产品待遇，或给予作者、表演者、生产者、开发者或所有者为另一缔约方人的数字产品待遇，不得低于给予其他同类数字产品的待遇"。"不得将要求转移或获得另一方的人所拥有的软件源代码作为在其领土内进口、分销、销售或使用该软件或含有该软件的产品的条件"等。

3. 货物贸易规则。一是 CPTPP 货物贸易开放的首要表现为零关税。这一措施将有效降低各国贸易成本，反映了以中间品贸易为主体的全球价值链贸易的发展趋势和内在要求。11 国货物贸易最终实施零关税的税目平均达 99%，高于 RCEP 90% 的水平；第一年零关税的税目平均超过 86%。各国非零关税产品主要集中在农业，工业基本实现零关税，且实施零关税的过渡期普遍小于其他自贸协定。二是更开放的市场准入。取消对再制造货物的关税和限制性措施,不得对再制造货物的进口采取任何禁止或限制措施,不得对修理改制后再入境的货物征收任何关税,从而进一步降低了货物贸易成本。三是要求更高的原产地规则。CPTPP 规定原产地区域价值成分为 40%—55%,高于 RCEP(40%)的标准。纺织服装"从纱认定"要求从纱线原料采购到加工制造必须满足原产地规则才能享受关税优惠。四是对通关速度提出更高要求。

4. 投资规则。CPTPP 不仅包括传统自贸协定投资规则的全部领域,还在投资者—国家争端解决等新议题上有大幅进展。一是覆盖领域广。投资范围不仅包括传统的企业、股权、建设项目,还包括金融资产、特许权、租赁、抵押、知识产权等。二是自由化程度高。CPTPP 采用投资与跨境服务贸易一张负面清单形式。"禁止业绩要求"条款由传统领域推广至服务、技术等新领域,强调东道国不得对外资施加或强制执行相关要求,也不得强制要求外资作出相关承诺保证。三是对投资者保护程度高。投资者—国家争端解决机制(IS-DS)赋予投资者单项启动、直接对东道国提起仲裁的权力,是保护投资者利益的有力武器。CPTPP 引入投资者—国家争端解决程序,推行争端解决程序标准化,确保投资者利益。投资者实施东道国起诉后仍可申请国际投资仲裁,且仲裁机构和规则有多元选择,这对东道国司法权威构成了重大挑战。

5. 知识产权规则。CPTPP 覆盖了 TPP 绝大部分知识产权条款(仅搁置 11 条),是最高标准、全球领先的知识产权规则。一是通过扩大保护客体范围、延长保护期限提高保护门槛。将声音、气味注册商标纳入保护范围,将驰名商标保护范围由同类扩大到跨类且认定不以注册为要件,将著作权保护期限延长至 70 年,将 TRIPS 协议未规定的"域名""国名"纳入保护范围。对专利新颖性的宽限期进行专门规定并延长保护期限。二是通过更严格的法律和更大力度执法,提高知识产权保护水平。如要求各缔约方在海关监管的货物启动边境措施范围,包括进口、准备出口、过境货物且被怀疑属假冒商标或盗版货物。更加重视数字环境下的商标、版权、著作权的保护和侵权执法。如在复制权保护方面,对成员国新增了网络或电子版权的保护义务，扩大了版权人的权利范围；在著作权保护方面，要求对以营利为目的故意侵权行为适用刑事程序，并增加了商业秘密刑事保护的规定。三是为权利人提供更充分的救济。如为权利人发现侵权、收集证据提供便利等。

6. 竞争政策规则。CPTPP 强调竞争中立和非歧视待遇。在竞争政策、国有企业和指定垄断两个部分，分别从竞争立法和确保执法公正、透明度及国有企业、非商业援助、产业损害等方面做出规定，特别要求保证国有企业遵循竞争中立原则，防止其商业行为扭曲市场。一是强调缔约方进行竞争立法并确保执法程序公正。需确保国内竞争法及相关政策适用于其领土内的所有商业活动，从制度上保证公平的市场竞争行为；同时还要求严格执法，禁止欺诈性商业活动，保障私人诉权。二是强调竞争政策制定和执行中遵循透明度原则。要求及时向公众或缔约方公布竞争法律法规和政策措施，执法要符合公正程序，各方要利用通知、通告、磋商和信息交流方式开展合作。三是明确国有企业和指定垄断的商业行为限制。如遵循"非歧视待遇""禁止提供非商业援助"原则，各类企业从事商业活动在使用资源和监管待遇方面保持一致，国有企业必须根据商业考量进行采购和销售，保证不歧视他国企业、产品和服务。主管机关不得滥用监管权力向国企提供各类优惠待遇。

7. 补贴规则。CPTPP 涉及的补贴内容主要体现在货物贸易、跨境服务贸易、国有企业和指定垄断等章节。一是扩展补贴认定范围。CPTPP 将"公共机构"认定由政府扩大至国有企业和国有商业银行，将接受补贴主体由国有企业扩大到其海外分支机构，"公共机构"向下游企业提供货物或服务、向其他企业提供贷款或参股的行为都视为补贴。"公共机构"非商业援助规则实现全方位覆盖且认定过程简化，从而扩大了补贴在国有企业的适用范围。二是提高国有企业补贴透明度要求。如提高国有企业信息披露要求，包括内部重要信息和非商业援助的详细信息等，只要其他成员国提出书面请求就需提供有关信息，且豁免透明度要求难度较高。三是提高补贴损害认定要求。在判断"不利影响"与"损害"时，《SCM 协定》会涉及同类产品、同一市场、份额变化、价格降低等量化分析，而 CPTPP 补贴只做出定性规定，较前者要求更高。

8. 劳工标准。首先，CPTPP劳工议题确定保护的基本劳工权利范围采用"4+1"的形式。在1998年国际劳工大会《宣言》确定的四项核心标准基础上，CPTPP首次将最低工资、工作时间及职业安全与健康可接受的工作条件纳入基本劳工权利范畴，将其区分为核心标准与非核心标准，并首次提出将其转化为各缔约方国内法的要求。其次，限制强迫或强制劳动生产的货物进口。要求缔约方采取相关举措限制进口强迫或强制劳动生产的货物。协议并没有限定强迫劳动生产的商品来源国范围，这意味着不但督促缔约方消除国内强迫劳动现象，还将对非缔约方的外贸活动造成直接影响。最后，允许将劳工纠纷诉诸争端解决机制并通过强制性手段解决。规定违反协议义务将实施赔偿、中止福利待遇、货币评估等制裁措施以保证协议的强制约束力。协定考虑海关特殊监管区应具有更高开放水平和更优营商环境，以"不得减损"原则规定覆盖全部基本劳工权利。

整体上看，CPTPP中货物贸易、服务贸易、投资条款有非常明显的排外意图。这会使得短期内，缔约方与非缔约方的贸易部分转移到缔约方之间，产生贸易和投资转移效应。就货物贸易而言，CPTPP延续TPP对关税的规定致力于将目前的关税水平降为零。可以看出CPTPP实施后，绝大部分成员国零关税的比重将达到80%以上。就服务贸易而言，CPTPP和TPP一样，旨在促进更多行业开放，减少例外和限制。从服务部门的承诺中可以看出，承诺的开放水平大大增加，除非信息安全和关乎国家利益的服务部门，一般是取消限制，CPTPP是采用彻底的负面清单方式，并且对非成员国"歧视"，不自动从中获益。就投资而言，CPTPP中投资条款旨在为成员国进行海外投资建立一个稳定、透明、可预见和非歧视的保护框架。成员国投资环境的改善会对非成员国产生一定的投资转移效应。

CPTPP成员国中有7国来自亚太区域且与我国经贸关系密切，我国加入CPTPP将增强整个亚太地区的产业链、供应链、创新链的韧性和市场竞争力，也符合这些国家产业链安全和经济安全的利益。但机遇往往与挑战并存，来自地缘政治的挑战仍然不可忽视。美国虽已退出TPP，但仍对CPTPP具有重大影响力，我国在何时以何种方式加入 CPTPP 仍有待观察和评估。

三　中国—东盟自贸协定升级版（CAFTA）

中国—东盟自贸区升级《议定书》是中国—东盟自贸区升级谈判成果文件，全称为《中华人民共和国与东南亚国家联盟关于修订〈中国—东盟全面经济合作框架协议〉及项下部分协议的议定书》，于 2015 年 11 月 22 日在马来西亚首都吉隆坡正式签署。2019 年 8 月 22 日，所有东盟国家均完成了国内核准程序，10 月 22 日，升级《议定书》对所有协定成员全面生效。

1. 以"类欧盟"为远景。借鉴欧盟模式，不断增强各方战略互信，消除相互开放的狐疑和猜忌。在各国平等协商的前提下，加快推进"10＋1"人流、物流、资金流、信息流区内无障碍流通，基础设施区内无障碍互联互通，以及政策规划区内无障碍协调沟通的进程，尽快形成较高水平的区域经济一体化新格局。

2. 形成区域共同市场。在"10＋1"自由贸易区现有框架基础上，形成区内货物、服务、资本、资源、劳动、技术和管理自由流通的统一市场。不断提升、完善双方自由贸易安排，降低敏感产品和服务的关税与非关税壁垒，缩短敏感行业准入过渡期；尽快启动更高版本的中国—东盟投资协定谈判，进一步降低或取消相互投资的准入门槛，实现商品要素有序自由流动、资源高效配置、市场深度融合。

3. 深化金融合作。适应"10＋1"贸易投资结算中人民币需求不断上升的趋势，在各国拥有主权货币的前提下，推动人民币成为区内贸易投资主要结算货币，争取成为东盟国家主要储备货币之一；深化"10＋1"货币合作，探索人民币与东盟国家货币直接汇率形成机制；进一步扩大区域货币储备库规模，尽快将与 IMF 脱钩的比例提高到 40%—50%；加强货币当局战略合作，打造亚洲货币稳定体系、亚洲信用体系和亚洲投融资合作体系。

4. 加强宏观政策协调。加强与东盟各国的宏观政策协调，强化经济韧性，提高增长的稳定性。整合现有政策对话机制，成立"10＋1"宏观经济政策协调理事会，协调区内各成员国的财政、货币、汇率与贸易等政策；借鉴欧盟起步阶段煤钢同盟的做法，争取以部分产业政策的统一行动为突破口，提高财政、货币、产业、贸易、投资政策的协调程度；实现宏观经济政策协调的制度化，加强政策协调的约束性，逐步建立起共同应对全球和区域性危机的政策协调体系。

5. 在全球性和区域性事务上集体发声。加强"10+1"重大事务协调力度，共同争取在 WB、IMF、WTO 等国际组织内更大的发言权和影响力，在全球经济治理上集体发声，表达区域共同关注；共同推进 APEC、亚洲开发银行等区域性组织的改革创新。

四 美墨加协定（USMCA）

《美墨加协定》（USMCA）的前身是北美自贸协定（NAFTA）。NAFTA 于 1994 年达成，特朗普上台之后进行重谈。2018 年 11 月 30 日，三方签署新协定《美墨加协定》，宣告替代了北美自贸协定，但协定的生效并不顺利。此后，美墨加三国继续举行了多次谈判，对 USMCA 的内容进行修订。2019 年 12 月 10 日，三方签署了《美墨加协定》修订版。2020 年 7 月 1 日，《美墨加协定》正式生效。

（一）主要变化

（1）设置农业专章。NAFTA 中没有设农业专章，但设立了农业、卫生与植物检疫措施专章，TPP 中也没有设农业专章，只是在货物国民待遇与市场准入章节中的 C 节里面对农业进行了专门规定。USMCA 中设置了农业专章。

（2）原产地规则分设两章。NAFTA 里面只有原产地规则，TPP 里面不仅有原产地规则而且有原产地程序规定，但两部分同属于一章。USMCA 中将原产地分设两章，一章为原产地规则，另一章为原产地程序规定，可见对原产地议题的高度重视。

（3）纺织品和服装单独设章。NAFTA 中没有单独设章，只是在货物国民待遇与市场准入附件 300-B 中有所涉及。但是在 TPP 中纺织品和服装单独设章，USMCA 延续了 TPP 的设计。

（4）强调海关管理与贸易便利化。NAFTA 里面是海关程序，TPP 中是海关管理和贸易便利化，贸易便利化议题更为凸显，USMCA 沿用了这一设计。

（5）特设议题。USMCA 中专门增加了"墨西哥拥有碳氢化物的承认"章节，这属于 USMCA 的特设议题，NAFTA 和 TPP 没有。

（6）优化贸易救济措施。NAFTA 里面涉及贸易救济议题的分为两章：第 8 章的紧急行动（保障措施）和第 19 章的反倾销与反补贴。TPP 与 USMCA 将两章合二为一。

（7）设立技术性贸易壁垒专章。NAFTA 里没有这种提法，而是单纯地就"标准相关措施"进行规定，TPP 和 USMCA 对技术性贸易壁垒有专章论述。

（8）行政部门附件。NAFTA 里专门对能源与基本石化产品进行专章规定，TPP 里面没有，USMCA 将此进一步扩展为"行政部门附件"。

（9）设置数字贸易专章。NAFTA 没有涉及，TPP 设置了电子商务专章，USMCA 中演进为数字贸易专章。

（10）设置竞争政策与国有企业专章。在 NAFTA 里面是一章，到 TPP 和 USMCA 中将这一议题分设为竞争政策、国有企业和指定垄断两章。

（11）设置劳工和环境专章。在 NAFTA 正文里面没有出现，在附属协议中有所增补，在 TPP 和 USMCA 正文中出现了劳工和环境专章。

（12）设置中小企业专章。在 NAFTA 里面没有，到 TPP 和 USMCA 中单独设章。

（13）优化竞争力专章。在 NAFTA 里面没有，到 TPP 和 USMCA 中单独设章。其中 TPP 中为竞争力和商务便利化，USMCA 中为竞争力。

（14）透明度条款。NAFTA 中为"法律的发布、通报与实施"，TPP 中为"透明度和反腐败"，USMCA 中为"公布和管理"，条款涉及透明度，不涉及反腐败。

（15）设置管理和机制条款、争端解决专章。NAFTA 用一章来分析这一议题，而 TPP 和 USMCA 中是分设"管理和机制条款"和"争端解决"两章。

（16）设置宏观政策和汇率专章。NAFTA 和 TPP 都没有相关章节，USMCA中首次对该议题单独设章。

（二）文本特征

USMCA与NAFTA、TPP相比，不仅在很多章节里面规定了更高水平的实体性规则，而且对程序性规则进行了深度完善。比如投资、原产地、数字贸易、劳工问题、跨境服务贸易等章节。以劳工为例进行详细说明。在劳工章节中，USMCA对工人权利的维护力度超过了《国际劳工公约》以及NAFTA和TPP。该协定里，除了结社自由、集体谈判权、禁止强迫劳动、禁止童工、同工同酬条款之外，还增加了对工作场所条件、移民劳工权利保障以及劳工权利实现中不应使用暴力的规定。另外，USMCA还花了大量精力完善USMCA程序性规则。在旧版USMCA中，丰富了劳动法的执行、公众历史与程序保证、公众意见、联络点、劳工磋商、争端解决等条款。但由于美国和加拿大仍然担心墨西哥无法落实协议中的劳工条款，于是在新版USMCA中两国分别与墨西哥签订附加协议，建立美国—墨西哥、加拿大—墨西哥的"便捷具体、快速反应的劳工机制"，进一步完善了劳工强化执行机制。这种安排相当于给墨西哥套上了"紧箍咒"，最大限度地从程序上保证了墨西哥对条款的履行。

USMCA中贸易救济章节的保障措施条款体现出架空世界贸易组织（WTO）的态势。TPP中的保障措施条款延续了WTO的精神。按照WTO的相关规定，受到影响的国家如果没有获得贸易补偿，应该到WTO去申诉。如果被诉方败诉后仍不纠正其违规措施，申诉方可再请求WTO授予其报复权进行报复。但是USMCA绕过了WTO贸易救济的正常程序，即受到影响的国家如果没有获得贸易补偿，就可以直接采取任意报复措施进行报复。此外，在争端解决章节中USMCA也有进一步削弱WTO的规定，比如争端解决的决策中，减少了对WTO上诉机构报告的参考。上述做法意在绕过WTO，采取"单边主义"的做法来直接调整美国与其他国家之间的贸易关系。"美国优先"的思想一直贯穿于特朗普团队的执政理念当中。该思想在USMCA中体现得非常充分。

自贸区毫无疑问具有产业转移效应，当前部分发达国家基于所谓战略安全考虑，提出全球供应链重塑，推动再工业化，这对我国参与国际分工形成一定压力，尤其是这些贸易政策再叠加国际区域经济一体化，其负面影响不容忽视。虽然短期承压，但从长期来看，超大规模市场优势和持续的产业结构升级为我国保持经济发展的主动性，突破单边主义、贸易保护主义逆流奠定了坚实的基础。在习近平经济思想的引领下，高质量的国际区域经济一体化建设必然成为引领新阶段中国式现代化再上新台阶、再迎新辉煌的关键支撑。

本章小结

1. 虽然一体化存在深度一体化与浅层次一体化之分，但二者在便利化水平和融合程度上的差别并不意味着深度一体化较浅层次一体化更优，并不必然意味着所有的浅层次一体化会最终走向深度一体化。这是因为在现实发展环境中，成员国受地理、历史、经济、政治、文化、民族等多维因素影响，其合作的基础、逻辑、路径都存在重要差异。

2. 处于不同发展水平和能力阶段的国家，在一体化、全球化互动发展中的可选择性和积极作为也会导致一体化发展的分化。同时，深度一体化本身对国际经济政策协调甚至国际政治合作都提出了更高要求，而这对很多国家、地区而言，其成本非常高，甚至不可行。再考虑到国家主权的不同程度让渡，国家责任的不平衡负担、区内利益补偿的滞后及不充分，发展差异导致的区内政策差异化需求，都会加剧一体化内部矛盾，同时，一体化利益本身也受全球化水平的影响。很多国家也都在致力于一体化发展和融入全球化的过程中积极探索，但除了主导型大国之外，这个一体化与全球化均衡协调发展的过程本身就是统一的，并行不悖的。

3. 当前世界，各国经济联系空前强化，无论是一体化还是全球化，都体现了全球分工的深化，都是经济融合的表现。在贸易保护主义浪潮兴起背景下，通过推动国际区域经济一体化实现区域抱团发展，无疑有助于对冲贸易风险，提升贸易韧性，促进区域经济共同增长。

4. 从长远来看，无论是为了促进区内经济体的长远发展，抑或为了规避一体化组织"多米诺骨牌效应"式无序生长带来的国际市场碎片化、对立化，一体化与全球化都需要走向包容式、互促性发展道路，通过在更大市场范围、更深层次开展更有效率、更具规模、更高质量的分工协作，实现更高水平的自由贸易、政策协调和目标兼容，全球经济的协同发展才能形成，全球经济的增长红利才能释放得更为充分，才能实现基于人类命运共同体构建所描绘出的美好发展愿景。

关键术语

浅层次一体化　深度一体化　贸易安全　经济韧性　全球区域治理　贸易安全　CPTPP　RCEP　USMCA　CAFTA

本章习题

1. 简述国际区域经济一体化从浅层次一体化到深度一体化的影响是什么？

2. 简述为什么国际区域经济一体化有利于提升参与全球区域治理水平？

3. 结合贸易安全谈谈加强国际区域经济一体化的意义。

4. 结合国际区域经济一体化趋势，谈谈我国推进一体化的思路及策略。

参考文献

白英瑞、康增奎：《欧盟：经济一体化理论与实践》，经济管理出版社 2002 年版。

毕金平、丁国峰：《论竞争中立制度对我国的影响及应对措施》，《江海学刊》2018 年第 6 期。

宾建成：《新一代双边自由贸易协定的比较与借鉴——以日新 FTA、欧墨 FTA 为例》，《经济社会体制比较》2003 年第 5 期。

蔡春林：《补贴与反补贴措施协议研究》，对外经济贸易大学出版社 2007 年版。

蔡冬青、葛广宇：《国际投资体制变革对"一带一路"倡议的影响及应对研究》，《对外经贸》2020 年第 6 期。

蔡万焕：《经济金融化视角下的美国经济结构与中美经贸摩擦》，《教学与研究》2019 年第 11 期。

曹宏苓：《自由贸易区拉动发展中国家国际直接投资效应的比较研究——以东盟国家与墨西哥为例》，《世界经济研究》2007 年第 6 期。

柴亚杰：《中国—东盟自由贸易区的贸易效应——基于贸易引力模型分析》，云南财经大学，硕士学位论文，2016 年。

陈继勇：《论 NAFTA 投资条款与美加墨相互直接投资》，《世界经济》1996 年第 5 期。

陈淑梅、全毅：《TPP、RCEP 谈判与亚太经济一体化进程》，《亚太经济》2013 年第 2 期。

陈雯：《试析东盟自由贸易区建设对东盟区内贸易的影响》，《世界经济》2002 年第 3 期。

参考文献

陈先勤：《产业集群是推动区域经济发展的重要途径》，《经济师》2010年第6期。

陈岩：《国际一体化经济学》，商务印书馆2001年版。

程大中、汪宁、甄洋：《中国参与RCEP：基础、规则与前景》，《学术月刊》2021年第3期。

程鉴冰：《技术性贸易壁垒的比较制度分析》，人民出版社2015年版。

池漫郊：《〈美墨加协定〉投资争端解决之"三国四制"：表象、成因及启示》，《经贸法律评论》2019年第4期。

褚葆一：《经济大辞典·世界经济卷》，上海辞书出版社1985年版。

崔建华：《中国特色社会主义市场经济的三重逻辑》，《改革与战略》2021年第9期。

崔庆波、梁双陆：《竞争性自由贸易区发展趋势研判》，《开放导报》2015年第2期。

戴双兴、冀晓琦：《G20框架下全球投资治理变革与中国的应对方略》，《经济研究参考》2019年第22期。

丁斗：《东亚地区的次区域经济合作》，北京大学出版社2001年版。

东艳：《南南型区域经济一体化能否促进FDI流入？——中国—东盟自由贸易区引资效应分析》，《南开经济研究》2006年第6期。

东艳、张琳：《美国区域贸易投资协定框架下的竞争中立原则分析》，《当代亚太》2014年第6期。

董静然：《欧盟国际投资规则的源与流》，《上海对外经贸大学学报》2020年第2期。

樊莹：《国际区域一体化的经济效应》，中国经济出版社2005年版。

范巾妹：《〈区域全面经济伙伴关系协定〉争端解决机制探究》，《对外经贸》2022年第12期。

冯金华：《国别价值、国际价值和国际贸易》，《世界经济》2016年第10期。

符裔：《中国—东盟自由贸易区税收协调研究》，中南财经政法大学，博士学位论文，2019年。

甘宜沅、王华、张荣权等：《东盟国家引进外资的最新政策对我国的影响》，《市场论坛》2017年第6期。

高奇琦：《西方马克思主义视阈下的欧洲一体化》，《国际政治研究》
　　2013 年第 1 期。

葛延昭：《中加自由贸易区建设的经贸基础与经济效应研究》，燕山大
　　学，硕士学位论文，2018 年。

宫占奎、曾霞：《亚太地区 FTA 整合问题研究》，《南开学报》（哲学社
　　会科学版）2013 年第 4 期。

龚柏华：《USMCA 如何冲击全球经贸规则》，《第一财经日报》2020 年
　　7 月 13 日第 A11 版。

郭浩、王禹：《中国参与区域经济一体化进程分析》，《区域与全球发
　　展》2019 年第 3 期。

郭镇源：《可持续发展视角下"新时代"国际投资规则的革新》，《中
　　南财经政法大学研究生学报》2019 年第 5 期。

贺平：《地区主义还是多边主义：贸易自由化的路径》，《当代亚太》
　　2012 年第 6 期。

赫国胜等主编：《新编国际经济学》，清华大学出版社 2008 年版。

胡东兴：《FTA 下的贸易自由化对中国畜牧业的影响研究》，吉林农业
　　大学，博士学位论文，2017 年。

胡明、陈建：《基于安全与便利化的国际贸易发展战略研究》，《现代管
　　理科学》2017 年第 5 期。

胡毅翔：《国际区域经济一体化的原因、发展及未来前景》，《现代商
　　业》2020 年第 8 期。

黄伟荣：《中国—东盟自由贸易区升级版研究——贸易效应与发展前
　　景》，对外经济贸易大学，博士学位论文，2019 年。

江山：《政策融合视野下中国能源行业管制与竞争的法律建构——以石
　　油行业为中心》，《当代法学》2014 年第 6 期。

姜文仙、许娇丽：《中国—东盟自由贸易区的经济效应分析》，《东南亚
　　南亚研究》2010 年第 6 期。

姜文学：《国际经济一体化：理论与战略》，东北财经大学出版社 2013
　　年版。

鞠君峰：《FTAs 对山东省农产品出口的影响及对策研究》，山东财经大
　　学，硕士学位论文，2017 年。

孔淑红、曾铮：《国际投资学》，对外经济贸易大学出版社2005年版。

匡增杰：《中日韩自贸区经济效应的理论分析》，《海关与经贸研究》2014年第3期。

兰天：《北美自由贸易区经济效应研究》，吉林大学，博士学位论文，2011年。

兰天：《欧盟经济一体化模式研究》，东北财经大学，博士学位论文，2005年。

雷博：《中国新西兰自由贸易区的经济效应研究》，南京大学，硕士学位论文，2017年。

黎玲君：《中国对北美自由贸易区国家直接投资与投资环境的互动效应研究》，陕西师范大学，硕士学位论文，2019年。

李昌奎：《世界贸易组织〈反倾销协定〉释义》，机械工业出版社2005年版。

李琮主编：《世界经济学大辞典》，经济科学出版社2000年版。

李琮、徐葵：《经济全球化、地区化与中国》，中共中央党校出版社2000年版。

李刚：《国际对外投资政策与实践》，北京师范大学出版社2008年版。

李光辉：《加快实施自由贸易区战略》，《学习时报》2017年4月21日第1版。

李倩：《RCEP背景下我国对外贸易发展的策略分析》，《商场现代化》2022年第23期。

李瑞林、骆华松：《区域经济一体化：内涵、效应与实现途径》，《经济问题探索》2007年第1期。

李瑞琴主编：《区域经济一体化对世界多边自由贸易进程的影响》，中国财政经济出版社2008年版。

李皖南：《东盟自由贸易区的投资效应分析》，《当代亚太》2004年第9期。

李向波：《欧盟保障措施法研究》，湖南师范大学，硕士学位论文，2014年。

李向阳：《国际经济规则的形成机制》，《世界经济与政治》2006年第9期。

李向阳:《跨太平洋伙伴关系协定：中国崛起过程中的重大挑战》,《国际经济评论》2012年第2期。

李向阳:《区域经济合作中的小国战略》,《当代亚太》2008年第3期。

李向阳:《全球化时代的区域经济合作》,《世界经济》2002年第5期。

李向阳:《新区域主义与大国战略》,《国际经济评论》2003年第4期。

李欣红:《国际区域经济一体化的产业区位效应研究》,中国经济出版社2015年版。

李燕如、胡朝霞、麻昌港:《CAFTA对区内贸易的扩大效应——基于引力模型的实证研究》,《生产力研究》2011年第10期。

李占卫、李皖南:《试析中国—东盟自由贸易区的贸易和投资效应》,《亚太经济》2004年第6期。

厉力:《论原产地规则及其在区域贸易安排中的适用》,华东政法大学,博士学位论文,2008年。

梁宏、姜振寰:《提升产业集群竞争力是推进区域经济发展的重要途径》,《商业经济》2005年第3期。

梁瑞:《区域贸易安排的原产地规则》,知识产权出版社2012年版。

梁双陆、程小军:《国际区域经济一体化理论综述》,《经济问题探索》2007年第1期。

蔺庆校:《区域贸易协定内技术性贸易壁垒问题研究》,南开大学,博士学位论文,2010年。

刘德标、张秀娥:《区域贸易协定概论》,中国商务出版社2009年版。

刘凤义:《劳动力商品理论与资本主义多样性研究论纲》,《政治经济学评论》2016年第1期。

刘光溪:《多边贸易体制运行的新机制——世界贸易组织》,《国际贸易问题》1995年第4期。

刘光溪:《共赢性博弈论——多边贸易体制的国际政治经济学分析》,复旦大学,博士学位论文,2006年。

刘光溪:《互补性竞争论——区域集团与多边贸易体制》,经济日报出版社2006年版。

刘辉群、卢进勇:《国际投资规则的演变与中国企业"走出去"战略》,厦门大学出版社2016年版。

刘会：《东道国FTA的签订对我国OFDI区位选择的影响》，南京大学，硕士学位论文，2017年。

刘均胜、沈铭辉：《亚太区域合作制度的演进：大国竞争的视角》，《太平洋学报》2012年第9期。

刘珂：《新形势下区域经济一体化对国际贸易发展的影响》，《营销界》2021年第24期。

刘千：《中国—新西兰自由贸易区的贸易效应研究》，河北大学，硕士学位论文，2019年。

刘翔峰：《建立中韩自由贸易区的必要性及前景分析》，《当代亚太》2005年第4期。

刘向东：《对接CPTPP完善中国竞争规则基础制度的建议》，《全球化》2022年第4期。

刘旭：《"十二五"时期国际贸易保护主义发展趋势及其对中国的影响》，《国际贸易》2012年第1期。

龙云安：《基于中国—东盟自由贸易区产业集聚与平衡效应研究》，《世界经济研究》2013年第1期。

卢进勇、杜奇华、杨立强：《国际投资学》（第2版），北京大学出版社2013年版。

孟庆民：《区域经济一体化的概念与机制》，《开发研究》2001年第2期。

潘圆圆、张明：《资本充裕度与国际投资体制的演变》，《世界经济与政治》2022年第2期。

钱进：《〈区域全面经济伙伴关系协定〉的经济效应及产业产出分析》，《国际商务研究》2021年第1期。

桑百川、李玉梅：《国际直接投资》，北京师范大学出版社2008年版。

商务部跨国经营管理人才培训教材编写组：《中外对外投资合作政策比较》，中国商务出版社2009年版。

尚国骥：《中国—东盟自贸区〈货物贸易协议〉解读》，http：//www.mofcom.gov.cn/aarticle/Nocategory/200507/20050700180168.html，[2005-07-20]。

尚明：《反垄断法理论与中外案例评析》，北京大学出版社2008年版。

沈陈：《区域性公共产品与中国亚洲外交的新思路》，《国际观察》2013年第1期。

石静霞、马兰：《〈跨太平洋伙伴关系协定〉（TPP）投资章节核心规则解析》，《国家行政学院学报》2016年第1期。

宋岩、侯铁珊：《关税同盟理论的发展与福利效应评析》，《首都经济贸易大学学报》2005年第2期。

孙洪：《中国—东盟自由贸易区"升级版"原产地规则及其贸易效应研究》，云南大学，硕士学位论文，2018年。

孙忆：《CPTPP、RCEP与亚太区域经济一体化的前景》，《东北亚论坛》2022年第4期。

孙志忠、张晓燕：《自由贸易区研究理论综述》，《兰州文理学院学报》（社会科学版）2015年第6期。

田青：《国际经济一体化：理论与实证研究》，中国经济出版社2005年版。

佟占军：《国际投资设业权研究》，法律出版社2012年版。

屠启宇：《区域一体化与20世纪世界经济》，《世界经济研究》1995年第2期。

汪占熬、陈小倩：《区域经济一体化经济效应研究动态》，《经济纵横》2012年第10期。

汪占熬、陈小倩：《中国—东盟自由贸易区投资效应研究》，《华东经济管理》2013年第6期。

王晨竹：《全球竞争政策协调的图景展示和发展趋势》，《竞争法律与政策评论》2020年第6期。

王晶：《欧盟非关税壁垒措施分析》，《北方经贸》2003年第8期。

王觉非、杨豫：《欧洲历史大辞典·下》，上海辞书出版社2007年版。

王萌：《中国东盟自由贸易区对中国货物贸易出口的影响及预测》，东北师范大学，硕士学位论文，2016年。

王明昊：《中俄蒙自由贸易区贸易效应研究》，东北师范大学，博士学位论文，2019年。

王勤：《东盟国际竞争力研究》，中国经济出版社2007年版。

王锐：《欧盟共同农业政策的演进、走向与启示——基于区域经济一体化和贸易自由化的博弈》,《国际经贸探索》2012 年第 8 期。

王伟、王玉主:《东盟引资政策的演变:由国别到区域合作的转向》,《南洋问题研究》2019 年第 1 期。

王炜瀚、王健、梁蓓编著:《国际商务》,机械工业出版社 2013 年版。

王学东:《从〈北美自由贸易协定〉到〈美墨加协定〉:缘起、发展、争论与替代》,《拉丁美洲研究》2019 年第 1 期。

王正毅:《东盟国家的工业化战略及其对产业布局的影响》,《人文地理》1994 年第 2 期。

翁国民、宋丽:《〈美墨加协定〉对国际经贸规则的影响及中国之因应——以 NAFTA 与 CPTPP 为比较视角》,《浙江社会科学》2020 年第 8 期。

伍贻康、周建平:《区域性国际经济一体化的比较》,北京经济科学出版社 1994 年版。

武娜、王群勇:《RTA 对 FDI 影响的第三国效应——挤出还是溢出》,《世界经济研究》2010 年第 1 期。

武娜、张文韬:《区域贸易协定、服务贸易自由化与生产性服务业全球价值链》,《南开经济研究》2022 年第 5 期。

小岛清:《对外贸易论》,南开大学出版社 1987 年版。

鄢波、杜军、杨柳青:《中国—新加坡自由贸易区经济效应分析》,《广西财经学院学报》2017 年第 5 期。

闫永梅:《北美自由贸易区经济效应研究》,河北大学,硕士学位论文,2017 年。

杨昌举:《技术性贸易壁垒:欧盟的经验及对中国的启示》,法律出版社 2003 年版。

杨国亮:《关于竞争优势的马克思主义分析框架》,《中国人民大学学报》2005 年第 5 期。

杨晶晶:《欧盟投资协定中东道国规制权研究》,西南政法大学,硕士学位论文,2018 年。

杨萍:《推动与竞争政策相适应的投资政策转型》,《宏观经济研究》2020 年第 6 期。

叶兴平、杨静宜:《国际直接投资自由化的法律政策分析》,《武汉大学学报》（哲学社会科学版）2002 年第 4 期。

易晓娟：《欧盟技术性贸易壁垒的状况及我国的对策》，《国际贸易问题》2001 年第 6 期。

尤敏：《浅析竞争中立政策及其对中国的影响》，《法制博览》2019 年第 16 期。

余菁：《竞争中性原则的政策应用》，《求是学刊》2020 年第 2 期。

岳文、陈飞翔：《积极加速我国自由贸易区的建设步伐》，《经济学家》2014 年第 1 期。

曾鹏：《中国—东盟自由贸易区效应对广西和云南企业迁移作用的比较研究》，《数理统计与管理》2016 年第 4 期。

詹晓宁、邢厚媛：《各国对外投资的政策与措施》，《政策瞭望》2013 年第 6 期。

张彬：《国际区域经济一体化比较研究》，人民出版社 2010 年版。

张彬、王胜、余振：《国际经济一体化福利效应——基于发展中国家视角的比较研究》，社会科学文献出版社 2009 年版。

张彬、朱润东：《经济一体化对不同质国家的经济增长效应分析——对美国与墨西哥的比较研究》，《世界经济研究》2009 年第 4 期。

张博、刘沛志：《建设中国—东盟自由贸易区谈判中的博弈分析》，《对外经贸实务》2007 年第 7 期。

张帆：《建立中国—东盟自由贸易区贸易与投资效应分析》，《国际经贸探索》2002 年第 5 期。

张帆：《中国—东盟自由贸易区与深圳市国际化发展的关系分析》，《亚太经济》2004 年第 4 期。

张宏、蔡彤娟：《中国—东盟自由贸易区的投资效应分析》，《当代亚太》2007 年第 2 期。

张璐、李秀芹主编：《国际投资学——理论·政策·案例》，北京交通大学出版社、清华大学出版社 2014 年版。

张萌萌、张军：《深化中国—东盟双边服务贸易合作研究》，《中国经贸导刊》（中）2021 年第 1 期。

张萍：《服务贸易规则重构对中国的影响及应对》，《国际经济合作》2017 年第 6 期。

张生:《CPTPP 投资争端解决机制的演进与中国的对策》,《国际经贸探索》2018 年第 12 期。

张生:《从〈北美自由贸易协定〉到〈美墨加协定〉:国际投资法制的新发展与中国的因应》,《中南大学学报》(社会科学版) 2019 年第 4 期。

张威、李丹、卫平东:《地缘风险、不确定性与深化 RCEP 贸易合作的中国策略》,《国际贸易》2022 年第 7 期。

张文磊:《CPTPP 视角下投资者——国家间争端解决机制的发展及我国对策研究》,华东政法大学,硕士学位论文,2019 年。

张晓红、郭波、施小蕾编著:《新编国际投资学》,东北财经大学出版社,2005 年。

张晓君、李文婧:《全球治理视野下国际投资法治的困境与变革》,《法学杂志》2020 年第 1 期。

张宇燕、张幼文等:《国际经济新变化与中国对外经济政策》,《国际经济评论》2011 年第 6 期。

张玉奇:《马克思主义经济学的创新性发展研究——评〈马克思经济学研究立场的转变〉》,《当代财经》2023 年第 1 期。

张志敏、何爱平:《马克思经济学与西方经济学国际贸易理论比较研究》,《经济纵横》2013 年第 8 期。

张中宁:《中美两国自由贸易区战略比较研究》,对外经济贸易大学,博士学位论文,2018 年。

赵春明:《评张彬〈国际区域经济一体化比较研究〉》,《世界经济》2010 年第 12 期。

赵放:《日本 FTA 战略的困惑》,《当代亚太》2010 年第 1 期。

赵瑾:《习近平关于中国对外投资的重要论述研究——兼论"十四五"我国"走出去"的政策着力点》,《经济学家》2021 年第 11 期。

赵亚南:《基于 TPP 的亚太经济一体化前景分析及中国的对策》,《改革与战略》2014 年第 3 期。

赵玉焕、张晓甦、余晓泓主编:《区域经贸集团》,对外经济贸易大学出版社 2007 年版。

中共中央马克思恩格斯列宁斯大林著作编译局:《马克思恩格斯全集》

第 43 卷，人民出版社 2016 年版。

中国商务部：《中国—东盟自贸区简介》，中国自由贸易区服务网，http://fta.mofcom.gov.cn/dongmeng/dm_xieyijianjie.shtml。

钟昌标：《国际贸易与区域发展》，经济管理出版社 2001 年版。

钟立国：《CEPA 框架下粤港澳大湾区建设法律制度的协调与完善》，《广东财经大学学报》2020 年第 5 期。

周八骏：《迈向新世纪的国际经济一体化——理论·实践·前景》，上海人民出版社 1999 年版。

［德］尤尔根·哈贝马斯：《后民族结构》，曹卫东译，上海人民出版社 2002 年版。

［美］多米尼克·萨尔瓦多：《国际经济学》（第 9 版），杨冰译，清华大学出版社 2008 年版。

［意］葛兰西·安东尼奥：《狱中札记》，曹雷雨等译，中国社会科学出版社 2000 年版。

［英］彼得·罗布森：《国际一体化经济学》，戴炳然等译，上海译文出版社 2001 年版。

［英］约翰·伊特韦尔、默里·米尔盖特、彼得·纽曼：《新帕尔格雷夫经济学大辞典》，陈岱孙等译，经济科学出版社 1992 年版。

Amjadi A, Winters L A, "Transport Costs and 'Natural' Integration in Mercosur", Policy Research Working Paper Series, 1997.

Andreev Oleg, The Cong Phan, Gura Dmitry, Bozhko Lesya, "The Relationship between Online Retailing and the Regional Economy", Journal of Industrial and Business Economics, 2022, 49 (4): 691 – 711.

Andrew F Hayes, "Beyond Baron and Kenny: Statistical Mediation Analysis in the New Millennium", Communication Monographs, 2009, 76 (4): 408 – 420.

Arndt S W, "Customs Union and the Theory of Tariffs", American Economic Review, 1969, 59 (1): 108 – 118.

Balassa B, "The Theory of Economic Integration", London: Allen and Unwin, 1962: 1 – 2.

BALA, Vladimir. Saluka Investments B V (The Netherlands) v., "The

Czech Republic Comments on the Partial Arbitral Award of 17 March 2006", *Journal of World Investment & Trade*, 2006, 7 (3): 371-381.

Berry Robert, Vigani Mauro, Urquhart Julie, "Economic Resilience of Agriculture in England and Wales: a spatial analysis", *Journal of Maps*, 2022, 18 (1): 70-78.

Bhagwati J, Panagariya A, "The Theory of Preferential Trade Agreements: Historical Evolution and Current Trends", *American Economic Review*, 1996, 86 (2): 82-87.

Blomstrom M, Konan D, Lipsey R E, "FDI in the Restructuring of the Japanese Economy", National Bureau of Economic Research, 2000.

Bosworth W, Guiraud R, Kessler L G, "Late Cretaceous (ca. 84 Ma) Compressive Deformation of the Stable Platform of Northeast Africa (Egypt): Far-field Stress Effects of the 'Santonian Event' and Origin of the Syrian Arc Deformation Belt", *Geology*, 1999, 27 (7): 633-636.

Bruno van Pottelsberghe de la Potterie, Frank Lichtenberg, "Does Foreign Direct Investment Transfer Technology Across Borders?", *Review of Economics and Statistics*, 2001, 83 (3): 490-497.

Carlo Perroni, John Whalley, "The New Regionalism: Trade Liberalization or Insurance?", NBER Working Paper, 2000, 33 (1): 1-24.

Corden W M, "Economies of Scale and Customs Union Theory", *Journal of Political Economy*, 1972, 80 (3): 465-475.

Daniel Trefler, "The Long and Short of the Canada-US Free Trade Agreement", *American Economic Review*, 2004, 94 (4): 870-895.

Deepak Nair, "Regionalism in the Asia Pacific/East Asia: A Frustrated Regionalism?", *Contemporary Southeast Asia*, 2008, 131 (11): 110-142.

Denis Medvedev, "Beyond Trade: The Impact of Preferential Trade Agreements on FDI Inflows", *World Development*, 2012, 40 (1): 49-61.

Deverux M, Lapham B, "The Stability of Economic Integration and Endogenous Growth", *Quarterly Journal of Economics*, 1994, 109 (1): 299-305.

Driffield N, Love J H, "Foreign Direct Investment, Technology Sourcing and Reverse Spillovers", *The Manchester School*, 2003, 71 (6): 659-672.

Elhanan Helpman, Marc Melitz, Yona Rubinstein, "Estimating Trade Flows: Trading Partners and Trading Volumes", *The Quarterly Journal of Economics*, 2008, 123 (2): 441-487.

Frank Hoffmeister, Gabriela Alexandru, "A First Glimpse of Light on the Emerging Invisible EU Model BIT", *The Journal of World Investment & Trade*, 2014, 15 (3-4): 379-386.

Grossman G M, Krueger A B, "Environmental Impacts of a North American Free Trade Agreement", *National Bureau of Economic Research*, 1991, 3914 (3914): 1-57.

Gur Ofer, "Industrial Structure, Urbanization, and the Growth Strategy of Socialist Countries", *The Quarterly Journal of Economics*, 1976, 90 (2): 219-244.

Harimin Tarigan, Abdul Rahim Matondang, Suwardi Lubis, Sirojuzilam Sirojuzilam, "The Effect of Road Transportation Infrastructure on Freight Transport Mobility and Regional Economy in Indonesia", *The Journal of Asian Finance*, Economics and Business, 2021, 8 (3): 645-654.

Hollis B. Chenery, Alan M. Strout, "Foreign Assistance and Economic Development", *The American Economic Review*, 1966, 56 (4): 679-733.

Jan Tinbergen, *International Economic Integration*, Amsterdam: Elseviev, 1954.

Kees Van der Pijl., Een Amerikaans Plan Voor Europa: achtergronden van het ontstaan van de EEG, Amsterdam: SUA, 1978.

Kees Van der Pijl., "Ruling Classes, Hegemony, and the State System: Theoretical and Historical Considerations", *International Journal of Political Economy*, 1989, 19 (3): 7-35.

Kees van der Pijl., "Two Faces of the Transnational Cadre under Neo-Liberalism", *Journal of International Relations and Development*, 2004, (7): 177-207.

Kemp M C, Wan H, "An Elementary Proposition Concerning the Formation of Customs Unions", *Journal of International Economics*, 1976, 6 (1): 95 –97.

Keyu Jin, "Industrial Structure and Capital Flows", *American Economic Review*, 2012, 102 (5): 2111 –2146.

Krugman P R, "Increasing Returns, Monopolistic Competition, and International Trade", *Journal of International Economics*, 1979, 9 (4): 469 –479.

Lee Branstetter, "Is Foreign Direct Investment a Channel of Knowledge Spillovers? Evidence from Japan's FDI in the United States", *Journal of International Economics*, 2006, 68 (2): 325 –344.

Lubitz R, United States Direct Investment in Canada and Canadian Capital Formation, 1950 –1962, Harvard University, 1967.

Maggie Xiaoyang Chen, Sumit Joshi, " Third – country Effects on the Formation of Free Trade Agreements", *Journal of International Economics*, 2010, 82 (2): 238 –248.

Magnus Blomström, Gunnar Fors, Robert E Lipsey, "Foreign Direct Investment And Employment: Home Country Experience In The United States And Sweden", *The Economic Journal*, 1997, 107 (445).

Marc J Melitz, "The Impact of Trade on Intra – Industry Reallocations and Aggregate Industry Productivity", *Econometrica*, 2003, 71 (6): 1695 –1725.

Marianne Baxter, Michael A Kouparitsas, " Trade Structure, Industrial Structure, and International Business Cycles", *American Economic Review*, 2003, 93 (2): 51 –56.

Meade J E, Trade and Welfare, Oxford: Oxford University Press, 1955.

Michael Frenkel, Thomas Trauth, "Growth Effects of Integration among Unequal Countries", *Global Finance Journal*, 1997, 8 (1): 113 –128.

Mitsuo Matsushita, Thomas J Schoenbaum, Petros C Mavroidis, The World Trade Organization: Law, Practice, and Policy, 1sted, Oxford University Press, 2004.

Philippe Martin, Carol Ann Rogers, "Industrial Location and Public Infrastructure", *Journal of International Economics*, 1995, 39 (3): 335 – 351.

Picciotto S, Radice H, "European Integration: Capital and the State", *Bulletin of the CSE*, 1971, 1 (1): 32 – 54.

Richard Baldwin, Dany Jaimovich, "Are Free Trade Agreements Contagious?", *Journal of International Economics*, 2012, 88 (1): 1 – 16.

Richard E. Baldwin, Rikard Forslid, Jan I. Haaland, "Investment Creation and Diversion in Europe", *World Economy*, 1996, 19 (6): 635 – 659.

River – Batiz L A, Romer P M, "Economic Integration and Endogenous Growth", *Quarterly Journal of Economics*, 1991, 106: 539 – 541.

Robert Cox, "Gramsci, Hegemony, and International Relation", in Robert Cox and Timothy Sinclair, eds., *Approaches to World Order*, Cambridge: Cambridge University Press, 1996, 131 – 133.

Rowthorn B, "Imperialism in the Seventies: Unity or Rivalry", *New Left Review*, 1971, 69: 31 – 54.

Schiff M, "Small is Beautiful: Preferential Trade Agreements and the Impact of Country Size, Market Share, Efficiency, and Trade Policy", Policy Research Working Paper Series, 1996.

Stefano Inama, *Rules of Origin in International Trade*, Cambridge University Press, 2009.

Stephen W Salant, Sheldon Switzer, Robert J Reynolds, "Losses from Horizontal Merger: The Effects of an Exogenous Change in Industry Structure on Cournot – Nash Equilibrium", *The Quarterly Journal of Economics*, 1983, 98 (2): 185 – 199.

Thorsten Beck, Ross Levine, "Industry Growth and Capital Allocation", *Journal of Financial Economics*, 2002, 64 (2): 147 – 180.

Vincent Vicard, "Determinants of Successful Regional Trade Agreements", *Economics Letters*, 2011, 111 (3), 188 – 190.

Vincent Vicard, "Trade, Conflict, and Political Integration: Explaining the Heterogeneity of Regional Trade Agreements", *European Economic Review*, 2012, 56 (1): 54 – 71.

Viner J, *The Customs Union Issue*, New York: Carnegie Endowment for International Peace, 1950.

William J Baumol, Dietrich Fischer, "Cost – Minimizing Number of Firms and Determination of Industry Structure", *The Quarterly Journal of Economics*, 1978, 92 (3): 439 –468.

Wonnacott P, Wonnacott R, "Is Unilateral Tariff Reduction Preferable to a Customs Union? The Curious Case of the Missing Foreign Tariffs", *American Economic Review*, 1981, 71 (4): 704 –714.

Wonnacott P, Wonnacott R, "The Customs Union Issue Reopened", *The Manchester School of Economic & Social Studies*, 1992, 60 (2): 119 –135.

Wooton I, " Preferential Trading Agreements: An Investigation", *Journal of International Economics*, 1986, 21: 81 –97.

World Trade Organization, "The Changing Landscape of Regional Trade Agreements", Prepared for the Seminar on Regional Trade Agreements and The WTO, DISCUSSION PAPER NO. 8, 2003.

Yusaf H Akbar, J Brad McBride, "Multinational Enterprise Strategy, Foreign Direct Investment and Economic Development: The Case of the Hungarian Banking Industry", *Journal of World Business*, 2004, 39 (1): 89 –105.

后　记

编写本书对我和其他参与的师生而言是一个巨大挑战。所幸的是，在全体编写人员的共同努力下，我们有效执行编写计划，较好完成了编写目标，尽最大可能地缩小了编写质量与编写预期的差距。

部分教师和研究生不辞辛劳参与了本书的编写及资料、数据整理工作，付出了巨大的努力。本书具体分工如下：第一章、第二章崔庆波，第三章仵丹阳、崔庆波，第四章周子爵、崔庆波，第五章师津京，第六章张利军、崔庆波，第七章于浩洋、刘欣，第八章辛玥仪、崔庆波，第九章陈颖，第十章张宇，第十一章任东泽、崔庆波。最后由崔庆波完成全书统稿及修订。全体参编者都先后参与了后期繁重细致的校对工作。我同期指导的部分研究生和本科生也参与了书稿的校对、试读及意见反馈。本书责任编辑孙萍老师为本书的编写提供了非常专业及时的帮助和指导，在此表示诚挚感谢。没有大家的帮助和共同努力，本书难以如此高效、顺利地出版。

本书的出版得到云南大学"双一流"建设项目资助，系云南省高层次人才培养支持计划"青年拔尖人才"专项、云南大学"东陆中青年骨干教师培养计划"、云南大学教学改革研究重点项目"新文科专业人才培养的价值取向与理论融通——以国际经济与贸易专业为例"（项目编号：2019Z10）、云南大学教学改革研究项目"自贸试验区提升战略下国际经贸拔尖人才培养模式研究"（项目编号：2023Y40）和云南大学人文社会科学研究基金项目"以开放平台引领辐射中心建设研究"（项目编号：2023YNUZK03）的阶段性成果。

崔庆波
于云南大学东一院
2023 年 11 月 28 日